区域教育信息化丛书

区域教育信息化基础环境建设

韩　骏　李中华　编著

北京大学出版社
PEKING UNIVERSITY PRESS

图书在版编目(CIP)数据

区域教育信息化基础环境建设/韩骏,李中华编著. —北京：北京大学出版社,2012.4
(区域教育信息化丛书)
ISBN 978-7-301-20530-3

Ⅰ.①区… Ⅱ.①韩… ②李… Ⅲ.①信息技术－应用－基础教育－研究－中国 Ⅳ.①G639.2

中国版本图书馆 CIP 数据核字(2012)第 067012 号

书　　　名：区域教育信息化基础环境建设
著作责任者：韩　骏　李中华　编著
丛 书 主 持：李淑方
责 任 编 辑：泮颖雯
标 准 书 号：ISBN 978-7-301-20530-3/G·3395
出 版 发 行：北京大学出版社
地　　　址：北京市海淀区成府路 205 号　100871
网　　　址：http://www.pup.cn　电子信箱：zyl@pup.pku.edu.cn
电　　　话：邮购部 62752015　发行部 62750672　编辑部 62767346
　　　　　　出版部 62754962
印　刷　者：三河市北燕印装有限公司
经　销　者：新华书店
　　　　　　650 毫米×980 毫米　16 开本　23.75 印张　376 千字
　　　　　　2012 年 4 月第 1 版　2012 年 4 月第 1 次印刷
定　　　价：49.00 元

总　　序

区域推进教育信息化是我国教育信息化发展进程中的重要环节和内容，近年来呈现出强劲的发展态势。区域教育信息化对于教育均衡发展、优质资源共建共享、数字校园建设与应用都将产生重大影响和巨大的促进作用。为了更好地贯彻《国家中长期教育改革和发展规划纲要（2010—2020 年）》精神，总结我国区域教育信息化的发展经验和规律，推进新时期区域教育信息化工作，中央电化教育馆编辑出版了“区域教育信息化丛书”。

我国区域教育信息化的发展，经历了几个不同的发展阶段。早在 20 世纪 90 年代，我国许多地方就开展了区域教育信息化的实践。从区域电化教育的发展模式向以城域网为基础的区域教育信息化发展模式转变，引发了人们对区域教育信息化发展中心是建在“县市”还是建在“地市”的思考或争论；21 世纪初，由于“校校通”工程的推进、网络和通讯技术的发展、学校教育信息化的普及，人们在实践中，进一步认识到区域推进教育信息化的重要性和迫切性，并且总结形成区域教育信息化的内涵和规律。这个时期，区域推进教育信息化从我国的东部到西部，从城市到农村都得到了蓬勃发展；近年来，随着农村远程教育工程的实施，数字校园和“班班通”工程的建设，教育规划纲要的贯彻落实，信息技术对教育改革和发展的影响被提到了空前的认识高度，区域推进教育信息化得到国家和各级教育行政部门高度重视，涌现出了一批先进典型和成功案例。

本丛书试图择几朵奇葩，从区域教育信息化的理论与实践、区域教育信息化的基础环境建设、区域教育信息化的创新实践、区域教育信息化的互动发展与实践探索、区域教育信息化的服务模式和实践创新等几个不同层面或方向，阐述区域教育信息化的建设与应用的内涵和规律，介绍区域教育信息化的经验和成功实践等，对于新时期我国区域教育信息化工作具有重要的理论和实践价值。

本丛书包括 5 种：

1.《区域教育信息化的理论与实践》，由中央电化教育馆研究部主任、教授陈庆贵编著。

该书从理论和实践层面探索区域教育信息化的发展。概述了区域教育信息化的现状、内涵、重要意义及目标与任务；从发展思路、整体设计、建设标准与原则等方面介绍如何规划区域教育信息化的发展；如何建设区域教育信息化的基础环境；如何建设区域教育信息化公共服务平台；如何共建共享区域优质教育资源；阐述了区域教育信息化的应用；区域教育信息化的评价以及区域教育信息化的可持续发展等。

2.《区域教育信息化基础环境建设》，由首都师范大学教育技术系副教授韩骏和星网锐捷网络技术教育副总裁李中华编著。

该书概述了区域教育信息化的基础环境，着重介绍了区域教育信息化基础环境的内容和意义。通过对区域教育信息化基础环境的现状分析，总结了区域教育信息化基础环境的建设模式；阐述了区域教育信息化基础环境建设的发展趋势和一些新的挑战，提出了区域教育信息化基础环节建设的原则；介绍了区域教育信息化基础环境建设的总体设计的原则、方法和案例，介绍了区域教育信息化基础环境建设中的关键技术与实现方法。

3.《区域推进教育信息化的创新实践》，由江苏扬州教育局副局长周应华著。

该书从扬州全面推进区域教育信息化、不断深化教育信息化应用，以促进区域教育跨越式发展和均衡发展的成功实践，系统阐述了扬州区域推进教育信息化的创新实践，重点介绍了扬州区域推进优质教育资源共建共享、区域推进数字校园建设与应用、区域推进城乡学校网上结对子等一系列重大实践活动，通过大量案例和实践成果，深刻揭示了区域教育信息化的发展内涵、发展重点、发展方向和发展前景。

4.《区域教育信息化互动发展的实践探索》，由深圳市宝安区教育局局长吴少平和内蒙古自治区鄂尔多斯市教育局局长阿拉腾乌拉共同编著。

该书探索不同地区之间，尤其是东部发达地区和中西部欠发达地区之间，如何通过信息化手段，缩小区域之间的"数字鸿沟"，实现优势互补、资源共享、互惠共赢、联动发展，以深圳市宝安区教育局和鄂尔多斯市教育局共同开展的"基于远程互动平台的东部与中西部地区基础教育信息化发展研究"为实证，系统阐述了区域之间教育信息化互动发展的理念、模式、内容、条件和现状等，并以区域教育信息化互动发展和校际教育信息化互动发展为主线，介绍了各自的软硬件环境建设以及成功应用案例，揭示了区域教育信息化互动发展的重要意义和显著成效。

5.《区域教育信息化的服务模式与实践创新》，由广东佛山市市长助理、市教育局局长、教授李亚娟编著。

该书主要论述区域教育信息化服务体系的基本理论框架、技术架构的基本功能等，并以佛山市教育信息化公共服务平台为例，系统介绍教育信息化服务平台的建设、区域应用推进、运营及服务模式。该书结合佛山市教育信息化工作的多年实践，提供市、区、学校等不同层面的教育教学创新应用案例，阐述了信息化促进教育教学变革与创新的方法与途径。

我国区域教育信息化正呈现出新的发展态势，特别是随着我国《教育信息化十年发展规划》的颁布和实施，"中国数字教育 2020"行动计划将迅速推进。教育部在已经启动的教育信息化试点工作中，全面部署了教育信息化区域综合试点项目。试点工作是教育信息化建设和应用的先导性工程，对全面加快教育信息化进程具有重要意义。本丛书既是对过去区域教育信息化工作的总结，更是对未来区域推进教育信息化的思考。相信本丛书的出版，对区域教育信息化的试点工作和新时期区域教育信息化的建设与应用起到重要的借鉴意义和参考价值。让我们携手共进，为全面推进区域教育信息化和加快实现教育现代化而努力！

王珠珠

2012 年 3 月 20 日

序　　言

教育必须优先发展，才能发挥教育在整个国家经济社会发展中的基础性、全局性、先导性作用。信息技术对教育发展具有革命性影响。面对这一教育变革的重要力量，加快信息化发展已经成为世界各国政府的共同选择，也已经成为衡量一个国家教育现代化水平的重要标志。

经过多年的努力，我国教育信息化取得了长足发展。我国已经建成并启用了中国教育与科研网和中国卫星宽带远程教育网络，实施了中小学“校校通”工程和农村中小学现代远程教育工程。各级教育决策管理部门对教育信息化高度重视，投资建设信息网络基础设施、各类教育资源，探索新型学习与教学模式，培养新一代教师和教育管理者。从我国目前发展教育信息化的基本情况看，既有经济发达，其建设与应用开展得较好的地区，也有经济条件较差，教育信息化软硬件还比较落后的地区。加快区域教育信息化建设，是国家推动教育发展的重要策略，同时也是在我国地域广阔、发展不均衡的国情下，切实推进各地教育信息化深入发展的重要途径。

区域教育信息化是指各地在国家统一规划下，根据自身的实际情况，应用现代信息技术加速本地区教育现代化的过程。实现区域教育信息化是实现国家信息化的基础。在推进区域基础教育信息化的过程中存在一些亟待解决的问题，如均衡问题、规划问题、建设与应用问题等。为了更好地推进区域教育信息化，需要在理论、实践与技术应用方面进行研究和指导。《区域教育信息化基础环境建设》一书是在我国区域教育信息化快速发展的背景下出版的。该书从理论基础、建设方案、实践案例等方面深入挖掘了区域教育信息化建设的有效策略和方法，可以有效推进区域教育信息化的建设水平。在理论方面，该书吸纳与整合国内外相关研究成果，提出了区域教育信息化的基础环境的概念，与读者共享了原创性的理论观点；在实践探索领域，该书结合多年从事教育信息化建设的实践经验，给出了区域教育信息化基础环境的建设规划，并提供了适合地市级、区县级的基础环境建设方案；在技术应用方面，该书推荐了一些适用于地市级、区县级基础环境建设方案和设备选型，并介绍了在区域教育宽带网的建设中涉及的多种技术的应用。

信息技术日新月异，正向各行各业越来越广泛、快速地渗透，现今已经具备了加速推进教育信息化的很好基础。国家“十二五”规划提出，全面提高信息化水平，加快建设宽带、融合、安全、泛在的下一代国家信息基础设施。在全国各地教育领域认真学习国家“十二五”规划，积极贯彻落实《教育规划纲要》，努力实现“十二五”良好开局的关键时刻，我们一定要把握这个难得的机遇。

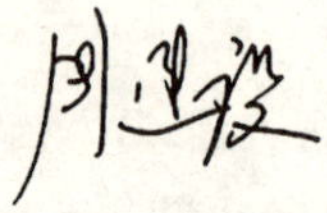

首都师范大学副校长

2011 年 12 月 20 日

前　言

加快教育信息化进程，是中央和各级政府部门越来越关注的一件事，而加快教育信息基础设施建设，加强优质教育资源开发与应用，是加快推进教育信息化的基础。当前，在推进教育信息化的进程中，还存在一些问题，如缺乏长远规划等。本书的编写在实践与理论结合方面进行深入的挖掘，为区域教育信息化的推进提供了可操作的建设方案。

本书的内容主要呈现以下特点：

1. 系统性。从广义上讲，区域教育信息化的基础环境至少包括教育信息产业，网络基础设施，教育信息资源，教育信息化人才，教育信息化政策、法规、标准等方面。由于对象的复杂性，本书讨论的重点不在于广义的概念，而在于狭义的区域教育信息化基础环境。在系统、深入地分析区域教育信息化建设现状的基础上，总结了基础环境建设的意义、历程及发展趋势。

2. 可操作性。区域教育信息化基础环境建设已开展多年，但是各地发展不平衡。本书提出了区域教育信息化基础环境建设的原则、目标、总体设计及方案规划。同时根据地市与区县的不同情况，分别给出了相应的建设方案，包含操作性极强的实施要求和技术方案。

本书内容主要由三部分组成：

第一部分为理论部分，重点介绍了区域教育信息化基础环境的定义。区域教育信息化是一个动态、复杂的建设过程。本书从技术应用的角度，给出了区域教育信息化基础环境建设的定义。

第二部分为本书的主体部分，介绍了区域教育信息化基础环境建设的原则及目标；基础环境建设的总体设计，即从区域教育信息化的业务（应用平台）入手，分析其关键的业务承载和交互平台（网络基础设施），以及关键的网络技术保障手段（针对网络基础设施的安全及运营维护），对其建设进行总体构架；区域教育信息化基础环境的定义。从实践角度分别给出了地市级、区县级教育宽带网、数据中心、接入单位建设方案，并强调从区域的角度推进数字化校园建设及安全体系建设规划。

第三部分为本书涉及的技术概述，详细介绍在区域教育信息化基础环境建设中所应用的相关技术，为非技术专业的读者提供技术基础知识，以解决阅读中可能遇到的技术障碍。

由于作者水平有限，书中还存在许多不足或错误，望读者不吝指正。

目　　录

第一章

区域教育信息化基础环境建设的现状与趋势

第一节 基础环境建设概述

一、基础环境建设的背景

教育信息化是在20世纪90年代伴随着信息高速公路的兴建而提出的。我国自20世纪90年代末开始，随着网络技术的迅速普及，整个社会的发展与信息技术的关系越来越密切，人们越来越关注信息技术对社会发展的影响，“社会信息化”的提法开始出现。在教育领域，“教育信息化”的提法也开始出现了。十余年来，我国教育信息化经历了以下发展轨迹：“九五”期间多媒体教学发展期和网络教育启蒙期，“十五”期间多媒体应用期和网络建设发展期，“十一五”期间网络持续建设和应用普及期。

基础教育是面向全体学生的国民素质教育。多年来，国家坚持教育要适度超前发展，把基础教育摆在优先地位，并作为基础设施和教育事业发展的重点领域予以保障。发展区域教育信息化对促进我国基础教育发展和增强国家竞争力具有重要意义。从2000年起，我国开始在全国中小学普及信息技术教育，全面实施“校校通”工程，以信息化带动教育现代化，努力实现基础教育的跨越式发展。2003—2007年，国家实施了农村中小学现代远程教育工程，以“三种模式”搭建一个遍及全国农村的现代远程教育网络，实现优质教育资源共享，提高农村教育教学质量与效益，促进义务教育均衡发展，为区域教育信息化的网络基础设施建设奠定了基础。

（一）信息化基础设施建设取得显著进展

近年来，各级政府及教育行政部门普遍重视基础教育信息化工作，信息化基础设施建设力度不断加大。中国教育卫星宽带多媒体传输网、中国教育和科研计算机网不断发展，各地建设了各具特色的教育区域网络，初步构建了优质教育资源的共享平台。中小学连通互联网和中国教育卫星宽带网的比率大幅度提高。

（二）教育资源建设取得突出成效

资源建设作为教育信息化的重点，已列入了各级教育行政部门的重要议事日程。2004年，教育部成立了基础教育资源中心，发布了《基础教育元数据规范》，加强了资源建设规划、征集评审、组织开发的工作力度，初步建成了国家基础教育资源库。各地普遍加大了对资源建设的投入，优质资源建设和共享机制初步形成。国家重点加强了面向农村中小学的优质教育资源建设。通过公开征集、遴选评审、组织开发、招标采购等方式，基本建成了义务教育阶段所有学科和年级的优秀课程资源库，并通过中国教育卫星宽带网免费向农村中小学提供，形成了一批符合新课程标准和促进学生全面发展的多种形式的精品资源。开发建设了大量的课堂教学资源、学习辅导资源、专题教育资源、教师培训资源和多媒体教学素材。组织开发并征集遴选了大批以小班教学为主的优质教学光盘，涵盖了语文、数学、英语、音乐、美术等多个学科和多种类型的专题教育内容。农村学校优质教育资源严重匮乏的局面得到了有效缓解。

（三）信息技术应用深入开展

信息技术在中小学得到广泛应用，正在成为教师教学的重要手段和学生学习的新型工具。广大教师积极探索，勇于创新，在实践中创造了信息技术环境下的多种教学模式，同时，知识的呈现方式、教师的教学方式、学生的学习方式、师生的互动方式都发生了可喜的变化，教学过程更加生动活泼，学生学习更加积极主动，提高了中小学的教育质量和教学效益。

农村中小学现代远程教育工程的实施，为广大农村中小学提供了丰富的优质教育资源，开阔了农村孩子们的视野，打开了其瞭望世界的窗口。特别是教学光盘走进课堂，有效地缓解了教师结构性短缺和受培训机会较少导致的教学水平不高等问题，提高了教学效果，深受师生的欢迎。随着远程教育工程的实施和信息技术的广泛应用，农村中小学教师的教学理念变了，可用的优质教学资源多了，教研水平提高了；学生学习行为变了，自主学习的多了，学习兴趣提高了。

（四）我国基础教育信息化取得了很多宝贵经验

新世纪以来，我国基础教育信息化工作取得了一些成功经验，可以概括为：一是把教育信息技术作为教育改革和发展的制高点，将信息化作为带动教育现代化的战略举措；二是从我国的教育实际出发，把全面推进基础教育信息化作为解决教育现实紧迫问题和发展难题的重要内容；三是把优质教育资源建设放到突出位置，加强统筹协调，促进资源共建共享；四是大力推进教师培训，把加强教师信息技术能力建设作为教育信息化工作的关键环节，不断提高教师的教育信息化素养和应用能力；五是把普及信息技术的应用作为教育信息化工作的核心，为全面实施素质教育服务，促进教育质量的提高、推进课程改革、推动义务教育的均衡发展。

（五）教育信息化纳入国家信息化发展的整体战略

在《国家中长期教育改革和发展规划纲要》中强调，“信息技术对教育发展具有革命性影响，必须予以高度重视。把教育信息化纳入国家信息化发展整体战略，超前部署教育信息网络。到 2020 年，基本建成覆盖城乡各级各类学校的教育信息化体系，促进教育内容、教学手段和方法现代化。充分利用优质资源和先进技术，创新运行机制和管理模式，整合现有资源，构建先进、高效、实用的数字化教育基础设施。加快终端设施普及，推进数字化校园建设，实现多种方式接入互联网。重点加强农村学校信息基础建设，缩小城乡数字化差距。加快中国教育和科研计算机网、中国教育卫星宽带传输网升级换代。制定教育信息化基本标准，促进信息系统互联互通。”

加快教育信息化进程，已引起中央和各级政府部门越来越多的关注，而加快教育信息基础设施建设，加强优质教育资源开发与应用，是搭建教育现代化平台的根基。但是，在推进基础教育信息化的工作中依然存在一些亟待解决的问题，特别是对基础教育信息化的基础环境建设缺乏统一规划，区域信息化的基础环境建设目前主要都是各自为政，重复投资严重、资源利用率非常低。

二、基础环境的定义

区域教育信息化的基础环境包括网络基础设施、业务应用平台及安全运维体系三部分。网络基础设施是硬性环境，业务应用平台是软性环境，安全运行维护体系是硬性环境、软性环境的基础保障。如图 1-1 所示：

业务应用平台包括通用支撑软件、统一基础数据库、教育信息化业务系统、统一信息门户四个部分。其中，通用支撑软件主要包括操作系统、数据库、中间件等支撑上层教育业务应用的通用软件；统一基础数据库包括学生基本情况数据库、教职工基本情况数据库、科研基本情况数据库和资产基本情况数据库等，形成统一的数据库，为经费安排、教师定编、招生计划及决策分析提供数据支撑；教育信息化的业务系统包括管理信息化业务系统、教学信息化业务系统、教育公共服务系统三个部分；统一信息门户，将为教育行政管理者、老师、学生及社会提供服务。

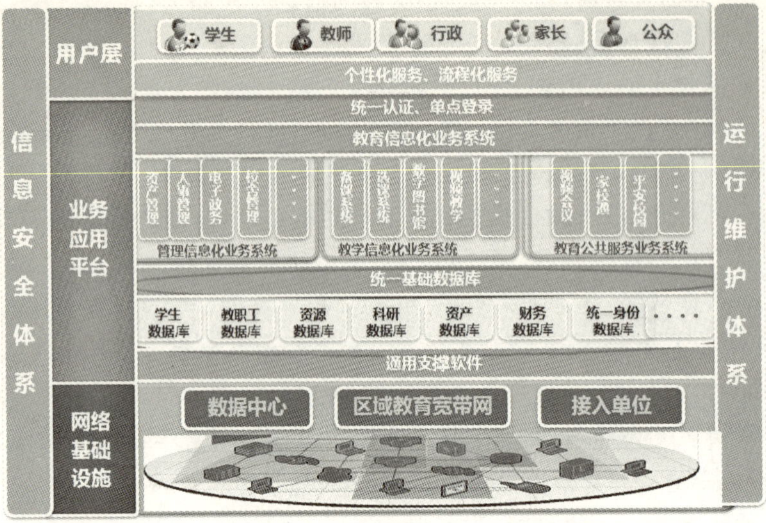

图 1-1　基础环境的整体架构图

网络基础设施包括本区域的数据中心、区域教育宽带网、下属接入单位三个部分。

本区域的数据中心作为区域内教育信息化业务的承载平台，实现区域内的基础数据、教学资源的共建和共享。区域教育宽带网实现区域内各教育结构的网络互联、互通，并与国家教育宽带主干网进行互联，最终实现区域教育网络的全面覆盖。利用公开通信传输资源，建设统一规划、分级管理，由主干网、接入网和校园网组成的国家教育宽带网络，全国所有教育机构直接或经由接入网接入主干网，中小学等校园网经由省或省级以下的区域教育宽带网络、部分偏远地区学校经由双向宽带卫星网络接入主干网。到 2015 年区域教育宽带网络覆盖各级各类学校，中小学接入带宽到达 100Mbps 以上，边远地区农村中小学接入带宽达到 2Mbps 以上，省级网络接入带宽达到 10Gbps 以上。支持 ipv6 协议，与 ipv6 和现有的 ipv4 实现互联互通。下属接入单位主要包括下属接入单位的出口及下属接入单位的基础环境要求两个方面。

安全运行维护体系（以下简称为安全运维体系）包括信息安全体系和运维管理体系，主要为区域教育信息化的网络基础设施建设、业务应用平台的开展保驾护航。信息安全体系是指结合区域教育信息化的自身特点，按照国家等级保护的安全策略的要求及目标，构建面向等级保护和关键业务应用的安全体系。

运维管理体系是指构建一个可从整体上对包括 IP 网络、存储、安全、业务应用管理等组件的运维管理体系，形成IT网络基础设施综合管理的平台，以保证凝聚了巨大人力物力的网络基础设施和业务应用平台发挥出其作用，保障整个信息系统的平稳可靠运行。

三、基础环境建设的意义

教育信息化是国民经济和社会信息化的重要组成部分，是教育发展全局中的关键环节，是国家整体信息化发展的重要组成部分和战略重点之一。教育信息化不仅需要完成教育自身的数字化改造，还担负着为其他社会部门和事业发展培养信息技术人才、提升全民信息技术素养和技能的重要使命。教育信息化是构建现代国民教育体系，形成全民学习、终身学习的学习型社会的内在要求；以教育信息化为龙头，带动教育现代化，实现教育全面发展是我国教育事业发展的战略选择。

（一）有助于优质教育资源开发与应用

加强网络教学资源体系建设。引进国际优质数字化教学资源，开发网络学习课程，建立数字图书馆和虚拟实验室，建立开放灵活的教育资源公共服务平台，促进优质教育资源普及共享。创新网络教学模式，开展高质量高水平远程学历教育。继续推进农村中小学远程教育，使农村和边远地区师生能够享受优质教育资源。

强化信息技术应用。提高教师信息技术应用水平，更新教学观念，改进教学方法，提高教学效果。鼓励学生利用信息手段主动学习、自主学习，增强运用信息技术分析、解决问题的能力。

（二）有助于推进教育管理信息化

制定学校基础信息管理要求，加快学校管理信息化进程，促进学校管理标准化、规范化。推进政府教育管理信息化，积累基础资料，掌握总体状况，加强动态监测，提高管理效率。整合各级各类教育管理资源，搭建国家教育管理公共服务平台，为宏观决策提供科学依据，为公众提供公共教育信息，不断提高教育管理现代化水平。

（三）有助于促进教育均衡发展

教育改革与发展的重中之重就是大力推进义务教育均衡发展，我国基础教育发展不均衡的问题已经由来已久，硬件条件、师资水平、教学质量的“均衡”难以有效解决，而教育信息化为我们解决基础教育发展不均衡的问题提供了新的突破口和契机。通过同步课堂、视频互动教学可以突破地域限制，实现在不同地域的学生通过网络在线听课、共享宝贵的师资资源。

第二节　基础环境的建设模式

在经济发达的东部、沿海的区域，主管部门一般非常重视教育信息化，资金投入较大，信息化起步较早，在基础环境建设和规划方面，形成了较成熟的解决方案，积累了大量的实践经验，为其他区域教育信息化基础环境建设指明了方向并提供了借鉴思路。然而，在中西部地区，主管部门一般对教育信息化重视不够，信息化起步较晚，基础环境建设尚处于起步阶段。由于各地教育信息化的重视程度、资金投入多少的不同，导致区域教育信息化的基础环境建设具有较大的差异性、较强阶段性的特点。

网络基础设施是基础，业务应用平台是核心，安全运维体系是保障。在区域教育信息化的发展历程中，“业务应用平台驱动网络基础设施建设”是基本的建设思想。具体而言，网络基础设施建设的内容和规模应取决于在其上需要承载的业务类型和特性。区域网络基础设施建设的根本是为了保障关键业务应用的良好运行，同时，在网络基础设施建设和业务应用平台规划中，信息安全体系和运维管理体系自始至终应作为最重要的保障体系贯彻在整个教育信息化建设、使用、推广过程中。从各区域教育信息化的基础环境建设的现状和发展来看，区域教育信息化基础环境建设有四种模式。

一、模式一

在有些地区，只开展了网页、文本、即时通讯等简单的网络应用，而这些应用属于“文本类”的业务系统，对基础网络设施的要求不高。因此，在这种情况下，基础环境的建设尚处于起步阶段。从业务上讲，学校几乎没有开展任何和教学相关的业务应用，师生只能访问教育局的网站及互联网资源。从网络上讲，各个学校通过简单的 ADSL 拨号方式连接到互联网，线路带宽一般较低，在 512 K～2 M 之间。从管理上讲，教育局对学校的校园网建设几乎不干预，各个学校根据自己的需求独立接入互联网。无论从业务应用系统的开展、教育宽带网的建设，还是安全运维体系的落实，教育局和下属学校之间都缺乏统一的规划和管理。上述情况，我们称为基础环境建设的“模式一”(模式一的架构图如图 1-2 所示)。其典型特点是，从业务上讲，没有开展教育信息化的业务系统；从网络上讲，没有严格意义上的教育宽带网；从管理上讲，教育局对学校的基础环境建设几乎不干预。

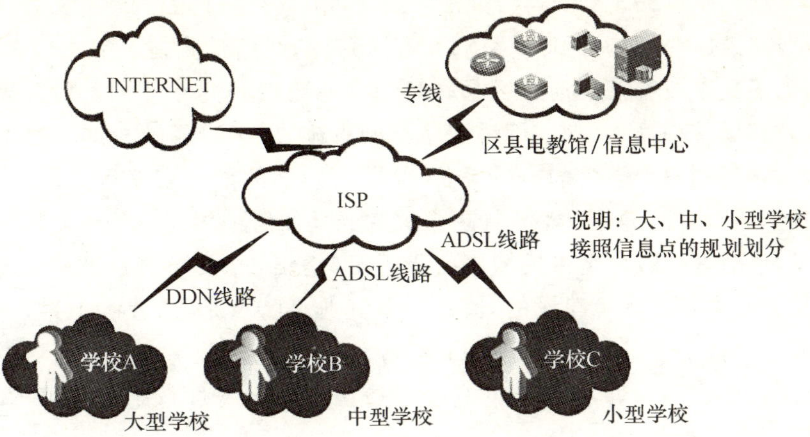

图 1-2　模式一架构图

二、模式二

随着教育信息化的发展，很多区域开展了教与学的服务支撑系统、教育管理信息化的业务系统，如基于网络的备课系统、选课系统、学籍管理系统等。师生若需要方便、快速地使用这些业务系统，就需要解决互联网访问的带宽不稳定和安全性差的问题。也就是说，信息化主管部门需要为这些业务系统提供合适的带宽和足够的安全保障。在区域教育信息化的基础环境建设和管理的实践中，针对带宽不稳定、互联网安全隐患大的问题，最有效的解决办法有两种，一是进行教育专网的建设，二是“上收”下属的学校的互联网出口。大部分学校不容许有自己的互联网出口，各个学校统一从教育局的出口访问互联网。模式二架构图如下图 1-3 所示。

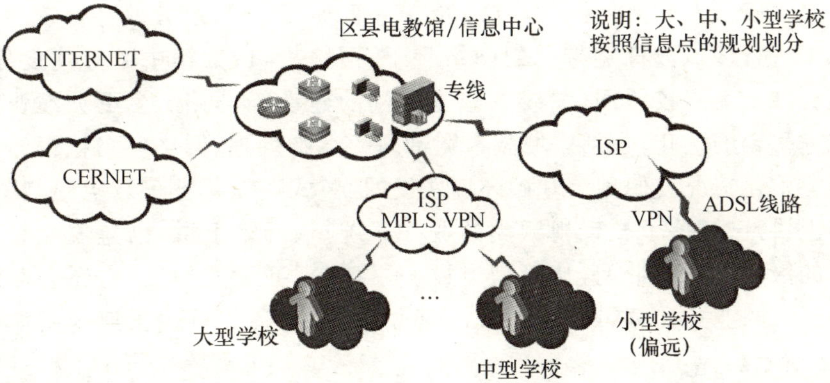

图 1-3　模式二架构图

此时，从网络上讲，学校和教育局之间一般通过运营商专线进行互联，线路链路一般为 ADSL、MSTP 等，出口的线路带宽在 2 M～10 M 之间，大多数学校都需要通过区县教育局统一出口访问互联网。从管理上讲，教育局统一规划、统一部署网络基础设施，对于下属学校的校园网管理，只管理到各个学校的出口设备，校园网内部的网络安全运维和管理，由各个学校自己进行。教育局更多关注的是如何主导区域教育宽带网的建设，包括区域教育宽带网的网络骨干、网络出口、数据中心等。上述情况我们称为基础环境建设的“模式二”，其典型特点是，从业务上讲，开展了常规的教学信息化业务系统；从网络上讲，已建成统一出口的区域教育宽带网；从管理上讲，教育局对各个学校出口的设备进行统一管理、统一维护。

三、模式三

随着教育信息化的发展，不少地区，已逐渐开展视频会议、网络教育电视台、视频教学等视频类的业务应用，这些业务应用系统对区域教育宽带网的带宽、性能要求很高。显然，区域教育宽带网建设模式二，已很难满足高性能的视频业务应用的开展，因此，对区域教育宽带网的升级已成为开展视频类业务的前提工作。如何升级呢？从网络上讲，可通过自建、租用裸光纤或运营商提供高带宽专线实现区域教育宽带网的互联。这种情况下，各学校接入城域网的带宽一般在 100 M～1000 M 之间，所有接入学校通过教育局统一出口访问互联网，同时，在很多区域，已开始了无线教育宽带网的建设和运营。从管理上讲，教育局对教育宽带网进行统一规划、统一部署，实现对有线网络、无线网络、远程 VPN 访问等多种接入方式的统一管理。此时，地方教育行政部门除了进行区域教育宽带网的网络骨干、网络出口、数据中心等建设外，还会涉及无线校园网、无线教育宽带网的建设等，同时，会更关注业务支撑平台的优化，包括区域教育宽带网的运维管理、网络实名认证体系等。上述情况我们称为基础环境建设的“模式三”，其典型特点是，从业务上讲，已开展了教育视频类的业务系统；从网络上讲，已建成光纤互联的区域教育宽带网；从管理上讲，不仅管理到学校的出口，还会对整个区域的业务和宽带网进行统一规划、统一管理。模式三架构图如图 1-4 所示。

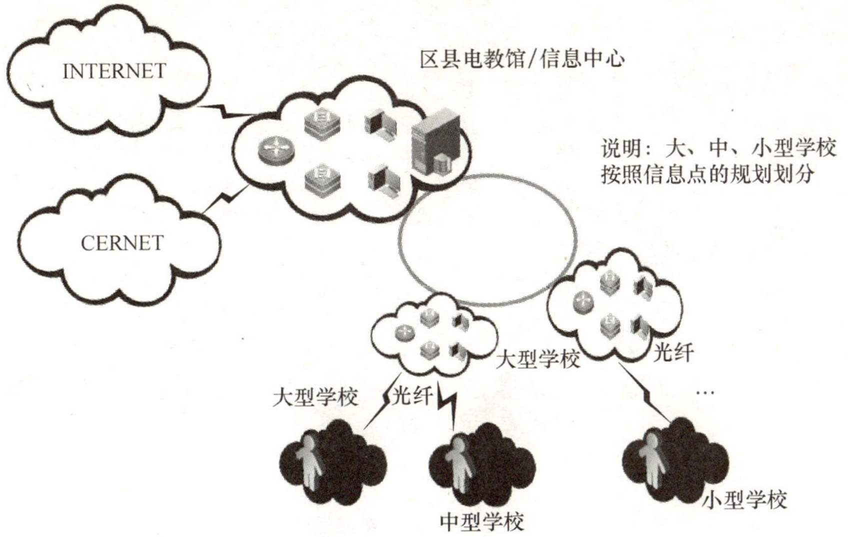

图 1-4 模式三架构图

四、模式四

随着教育信息化的进一步发展，很多地区的教育业务都已通过网络进行，同时，随着这些业务系统越来越多的投入使用，给区域教育信息化的基础环境建设带来了新的难题。第一，如何实现各个业务系统的统一认证、单点登录及数据整合，已成为这些区域非常棘手的问题。第二，教育局下属的学校需要通过有线网络、无线网络、VPN 等多种接入方式访问教育宽带网，如何保障师生访问的方便、安全，已成为一个安全运维管理的难题。在基础环境建设和管理的实践中，实名制认证是解决这两个问题的最好办法。此时，教育局除了对整网进行统一规划和部署外，更关注区域教育宽带网的接入是否可控、日志审计是否能定位到人、是否能区分师生的访问服务及是否能保障用户良好体验等问题。上述情况我们称为基础环境建设的“模式四”。其典型特点是，从业务上讲，多业务并存需要实现统一认证、单点登录；从网络上讲，需要支持有线、无线、远程 VPN 访问等多种接入方式的统一实名认证；从管理上讲，更关注实名制的安全管理。模式四架构图如图 1-5 所示。

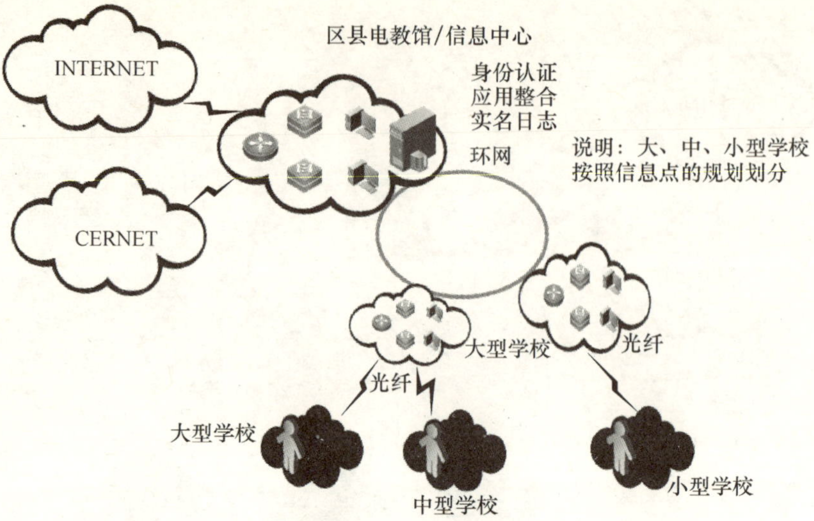

图 1-5 模式四架构图

综上所述，区域教育宽带网建设的发展具有明显的阶段性特征或区域特征。模式一处于网络基础设施的初级阶段，这个建设模式解决了网络的“从无到有”问题；模式二处于网络基础设施完善阶段，实现有线网络的改造和完善、网络出口的带宽优化、数据中心的建设、无线网络的覆盖等；模式三处于业务支撑优化阶段，实现以业务为核心的运维管理、教育宽带网的实名制管理等；模式四处于应用整合优化阶段，实现网络层及业务应用层的统一认证、单点登录等。区域教育信息化建设模式与发展阶段如图 1-6 所示。

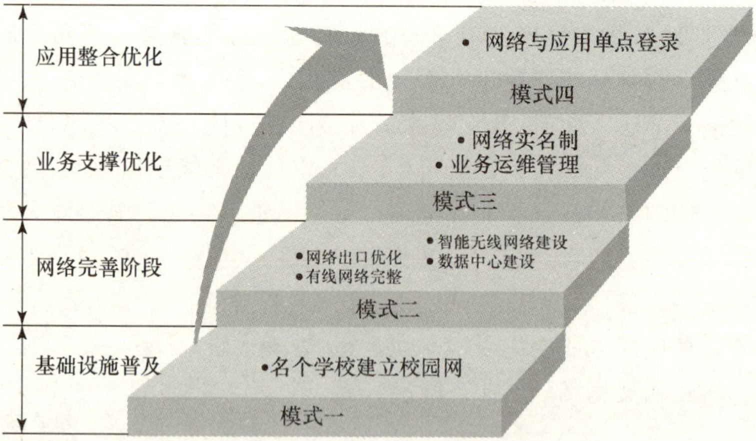

图 1-6 建设模式与发展阶段

第三节　基础环境建设的发展趋势

一、基础环境建设的新挑战

（一）教育智能终端的支持

随着信息技术发展，电子书包、IPAD 等智能终端越来越多的应用于教学课堂，教育智能终端给教学带来新的变化和挑战。

“电子书包”是指具有电纸书阅读功能、上网计算机的信息处理功能，适合学习者个体使用的数字化学习终端。在经济相对发达的东部，如上海、江苏、浙江等地正积极探索电子书包进入日常课堂，引领全国教育信息化的潮流。上海虹口区的基础教育电子书包计划引起了社会的高度关注，国家及各省纷纷为电子课本及电子书包探讨和建设相关的标准，电子书包的产业链已经初步形成。随着信息技术的发展，电子书包技术及应用的成熟，在不远的将来，在课堂教学中广泛应用电子书包一定能够实现。在上海市的中长期教育改革和发展规划纲要（2010—2015 年）中明确提出，推动“电子书包”和“云计算辅助教学”的发展，促进学生运用信息技术丰富课内外学习与研究。可见，新技术发展对推进教育整体变革起着引领作用，教育信息化正逐渐被各级教育主管领导所重视。

电子书包的教学应用场景：

课堂中，一旦老师提出问题，学生们就能通过电脑进行查询解答。借助无线教育宽带网或无线校园网（电子书包之间的通信基于无线信号），老师可以看到每个学生的回答速度及答案，学生之间还可以展开讨论而不影响他人。电子书包应用于课堂教学后，不仅课堂上师生间的互动增多了，假期师生间也可以即时“面对面”沟通。老师能够通过电子书包布置、批改电子作业，在线答疑；学生能够在线学习、测试、提交作业；而家长又可以通过网络即时了解孩子的学习情况。此外，视频、网页、Flash 等多媒体的交互应用，使得学习不再是翻翻书本那样枯燥无味。因为学习材料处于“云”端，可以根据学习需求随时被下载，学生能随时随地学习。课前，老师布置预习作业后，通过网络可知道，哪些学生预习了，哪些没有预习，哪些问题能自行解决，哪些问题理解上有偏颇；课中，老师不用面面俱到，只需根据教学目标，将学生理解上有偏颇的问题讲清楚即可，提升了老师教学和学生学习的效率；课后，通过在线作业、及时检测和反馈练习，老师们不再需要一本本地批改作业，就能了解学生作业情况和问题，有的放矢地进行针对性教学。

RFID(Radio Frequency Identification)校园一卡通系统、资产管理系统的应用场景：

随着电子信息技术的发展，智能卡（IC卡）在生活中随处可见，而射频识别卡（简称射频卡、RFID卡）正逐渐取代传统的接触式IC卡，成为智能卡领域的新潮流。学生考勤系统设计利用无线射频识别（RFID）技术，实现对学生进行考勤、记录等功能。通过点名、磁卡和接触式IC卡等方式对学生的到课情况进行考勤、记录管理，既耗时又容易相互干扰；而非接触式RFID学生考勤系统实现了利用无线射频识别技术对学生考勤管理，既方便快捷，又省时。

通过无线射频技术，防止了校内贵重教学仪器、设备等，被人盗窃。可以通过在这些物体上贴无线定位标记卡，只要该物体处于校园无线网络的覆盖范围内，如果被移动出房间，就会被无线网络发现并在网络管理软件上立即报警，管理人员马上可以获知该盗窃事件的发生，并在事后通过现场的视频监控记录追查犯罪嫌疑人。

除了电子书包、无线考勤及资产管理以外，很多学校利用便利的无线环境，还开展终端手机信息推送、无线视频实时同步等新业务应用。随着基础教育信息化的发展，学校有线网络建设、优化和使用已趋于成熟，在经济相对发达的地区，很多学校采用移动式的无线网络支撑教学和办公。利用部署完成的校园无线网络，包括教学楼、实验室、湖边、草地、公园、体育馆、操场等在内的每一个角落，学生通过笔记本电脑都可以随时随地地访问校内数字图书馆等数字资源，老师可以随时随地查找资料来应对学生的提问，课后可以在校内任何地方随时与学生保持即时通信来指导作业，校内任何地点可以随时完成网络访问和视频回传、实现实时的电子公告等。

电子书包、无线考勤定位、手机智能终端等应用于教学，将对信息化的基础环境建设带来巨大的挑战和机遇，特别是对区域的无线网络性能和稳定性提出了挑战。

（二）业务应用整合的支撑

区域教育宽带网建设的目的是要构建一个连接学校、区县教育局、市教育局等三级教育信息网络系统，形成辐射市、区县教育局和所有中小学、幼儿园、职业技术学校、各类成人教育培训机构，面向社会开放的、具有现代远程教学功能、教育信息资源共享功能以及教育教学管理信息交换功能，实现实时视频信息传输的高带宽的教育信息化网络系统。

近年来，随着教育信息化的不断发展与深入，各级各类教育应用系统呈现越来越丰富的态势且发展速度迅猛。中小学管理信息系统广泛应用，市区校三级教育管理信息的共享与交换环境日渐成熟，学生卡的各种应用不断扩展，已逐步成为学生认证和信息记录的重要载体，教师卡的发放和应用推广各地已开始分步实施；随着教育教学业务的不断拓展，新的应用系统层出不穷。

随着应用系统的不断增多，在教育信息化建设进程中形成了多应用系统独立运行、资源分散和分别管理的状况。所有应用系统都在建设各自的用户管理和认证方式，这些系统彼此独立、资源分散，形成了业务隔离、数据孤岛，需要进行业务系统的整合，实现数据共享、统一认证及单点登录。

（三）教育云服务平台的建设

传统的数据中心网络采用传统以太网技术构建，随着各类业务应用对 IT 需求的深入发展，业务部门对资源的需求正以几何级数增长，传统的 IT 基础架构方式给管理员和未来业务的扩展带来巨大挑战。具体问题如下：

1. 维护、管理难

在传统构架的网络中进行业务扩容、迁移或增加新的服务功能越来越困难，每一次变更都将牵涉相互关联的、不同时期按不同初衷建设的多种物理设施，涉及多个不同领域、不同服务方向、不同部门，工作繁琐、维护困难，而且容易出现漏洞和差错。比如数据中心新增加一个业务类型，需要重新调整应用访问控制需求，此时管理员不仅要了解新业务的逻辑访问策略，还要精通物理的防火墙实体的部署、连接、安装，要考虑是增加新的防火墙端口，还是需要添置新的防火墙设备，要考虑如何以及何处接入，有没有相应的接口，如何跳线以及随之而来的 VLAN、路由等等，如果网络中还有诸如地址转换、七层交换等等服务与之相关联，那将是非常繁杂的任务。当这样的 IT 资源需求在短期内累积，使得系统维护的质量和稳定性下降，同时反过来减慢新业务的部署，进而阻碍教育信息化业务的推进和发展。

2. 资源利用率低

传统架构方式对底层资源的投入与在上层业务所收到的效果很难得到同比发展，最普遍的现象就是忙的设备不堪重负，闲的设备资源负载很少，二者相互之间又无法借用和共用。这是由于底层网络建设是以功能单元为中心进行的，并不考虑上层业务对底层资源调用的优化，这使得对网络的投入往往无法取得同样的业务应用效果，反而浪费了较多的资源和维护成本。

因此，传统底层基础设施所提供的服务能力已无法适应当前业务急剧扩展所需的资源要求，现有的数据中心建设需要遵照一种崭新的体系结构思路来构造新的数据中心 IT 基础架构，采取计算、存储、网络等资源集中部署、集中分配、集中管理，由各学校合理申请相关的资源，教育局统一提供计算、存储、网络等资源供学校使用，实现按需分配。避免各个学校独立建设数据中心的 IT 基础设施，重复建设，浪费资源。

（四）新技术的应用

新技术层出不穷，三网融合、物联网及云计算等新技术在各行各业都有广泛的应用，技术方向的多样性与教育行业特点的结合，对区域教育信息化的基础环境建设带来根本性的影响。技术和行业的结合非常重要，技术选择的关键是技术到底为行业客户解决了什么问题，而不是为了“技术”而选择技术。如云计算，是新瓶装老酒，要关心云计算到底解决教育信息化的什么问题，而不是“云”的概念。

三网融合是指电信网、计算机网和有线电视网三大网络通过技术改造，能够提供包括语音、数据、图像等综合多媒体的通信业务。“三网融合”后，民众可用电视遥控器打电话，在手机上看电视剧，随需选择网络和终端，只要拉一条线或无线接入即完成通信、看电视、上网等。

物联网这个概念，在中国早在 1999 年就提出来了，当时叫传感网。其定义是：通过无线射频识别（RFID）、红外感应器、全球定位系统、激光扫描器等信息传感设备，按约定的协议，把任何物品与互联网相连接，进行信息交换和通信，以实现智能化识别、定位、跟踪、监控和管理的一种网络概念。“物联网概念”是在“互联网概念”的基础上，将其用户端延伸和扩展到任何物品与物品之间，进行信息交换和通信的一种网络概念。物联网（Internet of Things）是一个基于互联网、传统电信网等信息承载体，让所有能够被独立寻址的普通物理对象实现互联互通的网络。它具有普通对象设备化、自治终端互联化和普适服务智能化 3 个重要特征。

狭义云计算指 IT 基础设施的交付和使用模式，指通过网络以按需、易扩展的方式获得所需资源。这种服务可以是 IT 和软件、互联网相关，也可是其他服务。云计算的核心思想，是将大量用网络连接的计算资源统一管理和调度，构成一个计算资源池向用户按需服务。提供资源的网络被称为“云”。“云”中的资源在使用者看来是可以无限扩展的，并且可以随时获取,按需使用,随时扩展,按使用付费。

移动互联网及云计算的迅猛发展,使得智能终端的重要性凸显。不仅要有强大的云端,而且要有强大的终端。“云+端”的发展不仅体现在更多的PC软件应用平台的拓展上,智能手机应用平台也不可或缺。同时,即时通信、网络交互、音频等服务均会集成在新一代沟通平台上,为用户带来更多的应用体验。智能终端的发展,不仅体现在物理按键消失,多点触控上,存储能力、计算能力、运行速度也都有大幅度提升,更重要的是,终端能力的提升最终要体现在移动互联网时代无穷无尽的各种应用中,如基于商务的、家居的、个性化的娱乐应用等都能够通过智能终端这个出入口得以体现。

随着智能手机的普及,Android等开放平台的应用,以及Apple TV、Google TV等诸多新品新概念的传播,智能化终端正逐步成为业界的发展趋势。而随着智能电视终端的推出,也相应开始形成对于应用的需求。于是应用程序商店的形态也便成为目前产业的关注重点,同时也反过来对智能终端提出了更高的要求。

二、基础环境建设的趋势

(一)基础数据与认证管理的统一化

1. 统一基础数据库

区域教育信息化业务建设和发展中,随着业务系统的使用率越来越高,随之产生了各种各样的数据信息,而其中最重要的数据信息就是教育行业的基础数据库。教育基础数据库包括学生基本情况数据库、教职工基本情况数据库、校舍基本情况数据库和校产基本情况数据库等,经费安排、教师定编、招生计划均以教育基础数据库的数据为准。目前,教师、学生、校舍、校产等各类基础信息及数据来源往往来自多个部门,无法实时更新,也缺乏准确性,因此统一基础数据的建设是大势所趋,也是教育信息化部门目前最头疼的事情。

具体来说,基础数据库将包含地市或区县等各级各类学校的基本信息、全市近百万级的在校学生和近十万级的教职工的个人信息。建库工作完成后还需按规定及时对数据进行更新和维护。市教育行政部门组织的各项评估(包括对党政绩效的评估、对教育强区的评估、对学校的各项评估等)、经费安排、教师定编、招生计划以及对社会公布信息等需要使用的数据,一律以教育基础数据库的数据为准。基础数据可采取分阶段实施和建设,建立义务教育阶段、高中阶段等基础教育的学生基本情况数据库和教师基本情况数据库。同时，对已使用其他系统建立了学生及教师数据库的学校，完成数据的转换工作后，实施数据导入工作。对已建立的数据库信息进行核查，重点核查是否有多报、漏报或错报的情况，统计口径是否一致，对由此产生的有关数据进行分析，发现问题并及时改正。数据库的建设将统一数据口径，杜绝数出多门。确保各级教育行政部门使用的数据均能从教育基础数据库中产生，系统将自动生成各级部门所需数据，并以此数据为准，不得使用其他来源的数据。

2. 统一公共认证

随着教育信息化的业务系统快速发展，出现了业务隔离、数据孤岛等问题，给教育信息化的快速推广和部署带来新的阻力，使用麻烦、维护困难、管理效率低等问题同时也给使用者、管理者带来了新的挑战。由于各个应用系统往往由不同的单位开发，使之呈现出多个应用系统、多个登录界面、多个用户、多个口令，这是管理员和用户面临的最复杂的问题。多个应用系统，多种用户管理和认证方式，不同的用户身份信息库，不同的用户权限库，加大了应用系统的维护成本。多个应用系统，各自独立的用户管理模式，使各个系统成为信息孤岛，用户信息无法共享，需要重复建设用户管理和认证方式，各系统间不能形成一个统一、联动的整体，使得管理效率低下，违背了信息化发展的趋势。

国内很多信息化做的较早的区域已经意识到，加速信息化建设，不仅需要关注信息化建设对业务的覆盖程度，更需要以人为本，关注信息化运用的使用效率，提升各应用系统之间资源分配的合理性和效率。这些都迫切需要摒弃原有应用系统的分散管理模式，采用集中统一的用户管理模式，搭建一个多应用系统的统一认证管理平台，实现如下的功能：

统一的用户管理：多个应用系统实行统一的用户身份信息、角色信息和组织机构信息，由一个管理平台进行统一维护和管理，从而降低整体维护成本和管理风险。

统一的认证方式：多个应用系统实行统一的用户注册、身份认证和权限管理，用户只需注册一次，即可访问所有应用系统。另外，由于各应用系统自身的安全等级不同，统一认证管理平台应能支持不同安全等级的注册、身份认证方式。

单点登录，多点漫游：在统一身份认证的基础上，实现单点登录，用户只需一次登录就可以访问其权限范围内的各应用系统，并且可以方便地在各应用系统间切换访问，极大地方便用户，实现“单点登录，多点漫游”。

安全性、高效性、扩展性：认证系统是其他应用系统的入口，必须保证用户认证过程的安全性，并满足大量应用系统的认证请求，同时满足认证接口的多样性需求，使得各种各样的应用系统都可以使用本中心进行身份认证。

3. 统一的实名身份体系

在教育信息化发展较快的区域，链路带宽、网络拓扑、出口规划等方面都已经很完善，为区域教育信息化的基础环境建设探索了新的道路。然而，随着互联网技术的快速发展，城域网和互联网承载的应用日新月异，电子书包、无线考勤定位、无线视频监控、多媒体录播、网上阅卷系统等各种新应用层出不穷，微博、开心网等应用慢慢融入学校师生的网络活动，网络舆论成为互联网新的关注焦点。随着应用数量、规模的变化，应用驱动建设对于基础网络的建设必定带来新的挑战，在区域教育信息化做的有特色的地方，开始建设统一实名身份体系，实现网络及业务层的统一认证。

（二）基础设备的虚拟化

1. 服务器虚拟化

随着云计算等新技术的迅猛发展，教育信息化走在前列的区域，在数据中心建设方面采取"教育云"的思路进行，打破地区和学校界线，整合区域各类教育资源，建立和完善优质资源共享体系。实施区域内学校服务器集中托管、教育信息资源集中存储，构筑高容量数据存储空间和数据安全保障体系，减少重复投资，提高资源利用率，降低网络安全隐患，以支撑教育信息化的各类业务系统的稳定运行。信息化基础环境建设按照"肥中心、瘦学校"的建设思路，信息中心对全区域的信息化建设和应用进行统一规划和统一实施，区县教育局通过服务器虚拟化技术，一台物理服务器提供多台虚拟机，可满足整个学校的共同使用。通过提供教育云的数据中心，实现计算、网络、存储等各种资源的虚拟化，形成统一的资源层，按需为学校提供计算、网络、存储等资源。学校的各种业务应用都由区县教育云服务中心承载，而不必关心教育云数据中心的机房建设、服务器建设、网络维护及管理等，对于学校而言，需要计算、存储等资源，只需到区县申请就可以。教育云让 IT 资源的建设和使用更简单！

2. 网络的虚拟化

多个网络节点承载上层应用，基于冗余的网络设计是解决网络可靠性最常用的解决方案，在带来便利的同时，也给网络设计带来了复杂性。将多个网络节点进行整合，虚拟化成一台逻辑设备，提升数据中心网络可用性和节点性能的同时也将极大简化网络架构。

数据中心是IT架构的核心领域，传统的数据中心网络架构由于多层架构、安全区域、安全等级、策略部分、路由控制、VLAN划分、二层环路、冗余设计等诸多因素，导致网络结构比较复杂，使得数据中心的基础网络运维管理难度较高。使用网络虚拟化技术，用户可以将多台设备连接，"横向组合"起来组成一个"整体设备"，并将这些设备看做单一设备进行管理和使用。两台核心交换设备虚拟化后，在逻辑上变成一个逻辑单元，在网络中表现为一个网元节点，管理简单化、配置简单化，极大地简化了网络架构，同时提高了设备的性能利用率，进一步增强冗余可靠性。

3. 存储的虚拟化

随着信息业务的不断运行和发展，存储系统已经成为一个核心平台，大量高价值数据积淀下来。围绕这些数据的应用对平台的要求也越来越高，不只是在存储容量上，还包括数据访问性能、数据传输性能、数据管理能力、存储扩展能力等多个方面。可以说，存储网络的综合性能的优劣，将直接影响到整个系统的正常运行。存储虚拟化技术应运而生。

将存储资源虚拟成一个"存储池"，这样做的好处是把许多零散的存储资源整合起来，从而提高整体利用率，同时降低系统管理成本。与存储虚拟化配套的资源分配功能具有资源分割和分配能力，可以依据"服务水平协议"(service level agreement)的要求对整合起来的存储池进行划分，以最高的效率、最低的成本来满足各类不同应用在性能和容量等方面的需求。

除了时间和成本方面的好处，存储虚拟化还可以提升存储环境的整体性能和可用性水平，这主要是得益于"在单一的控制界面动态地管理和分配存储资源"。

在当今的企业运行环境中，数据的增长速度非常之快，而企业管理数据能力的提高速度总是远远落在后面。通过虚拟化，许多既消耗时间又多次重复的工作，例如备份恢复、数据归档和存储资源分配等，可以通过自动化的方式来进行，大大减少了人工作业。因此，通过将数据管理工作纳入单一的自动化管理体系，存储虚拟化可以显著地缩短数据增长速度与企业数据管理能力之间的差距。

（三）安全设计的全局化

从2000年国家推行"校校通"工程以来，各地的基础网络建设发展到了一个新的阶段，教育城域专网在经济发达地区已完成两轮建设，在建设和使用区域教育宽带网的过程中，安全是一个最基本的问题，也是区域教育信息化的基础环境建设最基础的内容之一。随着区域教育信息化业务应用的逐渐开展,大家都意识到,安全不应该被孤立、分割地来考虑和设计,而应该遵循相关的管理标准进行整体、统一的规划和设计。目前,国内信息业务系统的安全管理主要有等级保护和分级保护两个标准。根据教育行业的特点,教育信息化的业务系统主要采取公安部的等级保护管理办法进行安全管理,包括主机系统的安全、通信网络的安全、区域边界的安全及整体安全设计等内容。在目前区域教育信息化的安全设计中,采取对防火墙、入侵检测系统、VPN 加密系统等基础安全设备进行安全设计和建设,缺乏全局安全设计的思想。

安全设计全局化是教育信息化主管领导在进行安全建设方面考虑的一个重要的内容。要做到"让正确的人,使用健康的主机,访问安全的网络,做规范的事情"。"让正确的人"的意思是,当学校的老师或学生接入教育网络时,就要检查其身份是否合法,是不是学校的师生,避免非法用户的接入;"使用健康的主机"的意思是,当用户在家里使用笔记本,若不小心感染病毒或没有打操作系统补丁的情况下,在接入区域教育宽带网时,将会检查其机器是否安装杀毒软件或是否打补丁,若没有,就要强制要求用户先装好杀毒软件或打好补丁,才能接入教育网络;"访问安全的网络"的意思是,整个网络通过防火墙、VPN、入侵检测系统、Web 应用安全防护系统、数据审计等安全管理产品和技术实现整个网络的安全,同时这些设备能与后端的安全管理平台实现安全联动,保证访问网络的安全;"做规范的事情"的意思是,用户在访问整个互联网或区域教育宽带网资源中,有权限的管理员,在系统后台,能自动地基于实名信息查询相关访问的记录,比如什么人在什么时间访问什么网站,发了什么帖子等。

安全设计全局化做到以"用户"为核心的安全,让正确的人,使用健康的主机,访问安全的网络,做规范的事情。

(四) 业务为核心的基础环境管理

当前的信息化已经从基础网络建设、应用系统建设,逐步进入了一个应用和网络融合发展,网络和应用系统复杂度及规模不断成熟和扩大的时期,IP 技术也逐步成为关联和承载各种数据、工作流、应用交互、多媒体信息等业务的关键基础架构。一方面,所有服务于组织核心业务的信息系统,都需要基于 IP 技术来实现互联互通;另一方面,IP 技术对这些复杂信息系统进行访问和管理提供了一个一致性好、覆盖面广、实时性好的管理通道。使基于 IP 基础网络实现各种网络、计算、存储和应用的综合管理成为可能。

随着信息化建设的推进，为了让凝聚了巨大人力物力的信息基础设施发挥其效益，保障整个信息系统从组织内部各个层面都能够平稳可靠运行，尤其需要有一个可从整体上对包括 IP 网络、存储、安全等组件在内的 IT 基础设施环境进行综合管理的平台，并能够提供业务系统运行异常的实时报警和进行图形化问题定位、性能趋势分析和预警，能够基于关键业务系统的角度，以业务重要性为导向进行事件处理和通知。

而在当前的 IT 管理组织的运维体系下，往往存在以下现象：对不同的技术采用不同的专业人员进行管理；缺乏某个方面的专业技术积累，即使长期培养的某方面技术维护能力容易因为人员的流动而难以保持；运维经验在管理人员之间难以得到交流和共享，因为难以综合各个领域的技术知识和难以及时对问题进行定位和有效的处理；难以通过有效简洁的手段及时得知复杂的网络和应用系统的运行状态；对于信息化主管领导而言，缺少一个易于理解和实施的体系，以整个单位的核心绩效为导向，来决策 IT 工作的改进方向，并通过量化、图形化、体系化的方式加以评估。

建设一个全局的、统一的关键网络和业务运维保障体系，已经成为保障区域教育信息化可持续发展的核心问题。针对上述问题，需要提出以业务为核心的运维管理系统，对关键应用、用户网络设备、安全设备、网络终端的管理统一考虑、整体规划，建设一个跨教育信息中心和各个校园网的整体安全防护体系和管理体系，以自动化、分布式、智能化的监控和管理手段实现全面的安全防护与管理。

第二章

区域教育信息化基础环境的建设与规划

第一节　基础环境建设的原则及目标

一、建设原则

区域教育信息化的基础环境建设，应根据区域信息化建设的总体规划，按照“以应用促建设，以需求促发展”的总体原则来统筹全区信息化的网络基础设施建设和业务应用的推广。信息网络是基础，信息资源是核心，信息技术应用是手段，转变工作方式、提高工作效率是目的，人才、技术、政策法规和标准是保障，在整个区域教育信息化基础环境建设过程中，需求和应用是关键，基础环境是根本。重点加强网络基础设施建设，推进管理信息化业务系统、教学业务系统的应用，推动各级各类学校信息资源库和各类专门基础数据库的建设，尽快发挥效益。

（一）网络基础设施建设：加大投入、稳步推进、超前部署

基础设施的建设，需要做到区域一盘棋考虑，具体来说，针对不同的区域，需秉持不同的建设原则，根据本区域的特点，因地制宜提出可行的建设和实施方案。同时，考虑到业务应用的扩展性、前瞻性，需要适度超前部署信息网络，为管理信息化业务系统、教学信息化业务系统提供良好的支撑和保障。

对信息化水平较低的区域，加大信息化投入，从人员、PC 的配备到基础网络环境的搭建，需要做到从无到有，从有到优。争取利用 2～3 年的时间，在信息化水平较低的区域普及教职员工及学校领导的电脑使用，更新这些区域信息中心的老旧信息化设备，优化这些区域信息中心及校园网中心的信息系统架构。

对于信息化水平较高的区域，则需要脚踏实地、稳步推进，在保证基础信息系统架构不落后的前提下，开展基础信息系统设施的更新、升级及亮点建设工作。在基础设施的投入上，可以考虑一些教育信息化对未来

接入方式、教学方式、管理方式的兼容支持，例如无线区域教育宽带网、校园网实名认证、基础教育云网络架构等。

（二）业务应用平台：总体规划、统一标准、分层推进、分步实施

为适应信息时代的要求，加速区域教育信息化进程，提高各级教育行政部门及中小学校管理的现代化水平和信息化程度，各区域必须秉持“总体规划、统一标准、分层推进、分步实施”的建设原则，开展业务应用平台的建设和推广工作。各类业务应用平台要以标准的协议、接口开发，数据按照标准格式存储，以利于跨平台的数据共享；各教育应用资源建设应统筹规划，科学管理，避免出现重复建设或建设完成后无法有效利用的现象。争取建设、应用、优化、推广四步相结合的分层推进原则，将本区域的建设模式和建设经验与其他区域共享，帮助其他区域共同开展应用资源的建设，以自身的发展带动其他区域的信息化建设，以一帮二，以一带多，全面共享信息化资源建设成果，将自身的信息化建设成果的各方效益最大化，让更多的用户从信息化资源建设中受益。在市、区县、学校各级业务系统的规划和实施中，既要考虑到业务系统之间的共性，也要考虑到业务系统之间的差异性，还要考虑到区域现有业务系统的整合，做到分层设计、分步实施。

二、建设目标

区域教育信息化的提出，就是超越孤立的教师个体、学校个体，开展跨学校、跨区域的合作，推动教育信息化整体、协同发展，这样做既能解决网络管理人才和资金缺乏的难题，又可以建立丰富的网络教学资源，实现区域内各学校间的资源共享。区域教育信息化最根本、最基础的建设是区域教育信息化基础环境的建设，总体来说，区域教育信息化的基础环境建设的目标包括：

（一）实现网络基础设施全覆盖

区域教育信息化以计算机网络技术为依托，以信息技术设施为支持，以教育资源和应用建设为基础，全面实现教育信息数字化、教学手段现代化、教育行政管理电子化，为区域教育系统提供网络基础设施环境。建设区域教育宽带网的根本目的是以教育信息化促进教育的均衡化，推进教育公平，使广大教师和学生充分利用优秀教育信息资源进行教育教学改革，提高现代教育水平；以教育信息化带动教育现代化，努力实现区域教育的跨越式、可持续发展。

具体来说，网络基础设施的全覆盖是实现学校、区县和地市的基础教

育宽带网的高速互联互通，并向上级单位提供高速的网络上行接口，最终作为全国教育宽带网的一个部分，在区域范围内建成一张区域教育信息化的专用传输网络，实现区域教育信息资源共享。同时，实现市、区县的两级数据中心，为区域教育信息化提供数据的承载中心和交付平台；完成区域推进数字化校园的建设，全市中心小学以上学校基本达到数字化校园建设标准，为初步实现教育信息数字化、教学手段现代化、教育管理电子化做支撑。

（二）实现管理信息化、教学信息化

通过教育信息化提高教育行政管理的效率，为领导提供教育决策服务，以电子政务、视频会议、网络电话等方式逐步实现教育电子政务，通过学籍管理系统、教师管理系统、校产管理系统等实现统一的教育局基础数据库，解决目前基础数据无法实时、准确获取的问题，为管理者提供统计、分析、决策等支撑。教育基础数据库应包括学生基本情况数据库、教职工基本情况数据库、校舍基本情况数据库和校产基本情况数据库等，其经费安排、教师定编、招生计划均以教育基础数据库数据为准。

以教育信息化建设为契机，加强对教育研究培训中心的信息化改造，按照“建网就是建学校”的思路，创建“虚拟教研中心”，共建网上资源中心，开展远程教育培训，创建一支能够适应信息时代挑战的教师队伍，大力开展教师网络学习和网络教育研究，并形成相应的体制和运行机制，提高培训的效率。

（三）建立统一的安全和运维管理体系

1. 建立信息安全管理体系

信息安全管理的目标就是通过采取适当的控制措施来保障信息的保密性、完整性、可用性，从而确保信息系统内不发生安全事件、少发生安全事件，即使发生安全事件也能有效控制事件造成的影响。通过建设集中的管理平台，实现对信息资产、安全风险等的统一分析与监管，通过关联分析技术，使系统管理人员能够迅速发现问题，定位问题，有效应对安全事件的发生。

2. 建立IT运维管理体系

教育信息化的各类业务系统采用了多个厂家的网络设备、服务器、中间件、数据库、存储设备，因此首先要解决的问题是通过建设全面的监控管理平台将目前各个业务系统中的各种设备、软件、业务应用纳入到监控平台中来，做到以业务为核心，实现各种IT资源的统一管理。消除管理对象之间的差别，消除数据采集手段的差别，消除管理软件的差别，对各种不同数据来源进行统一处理、统一展现、统一用户登录、统一权限控制。IT 管理平台应具有很好的开放性，保证跟相关系统的集成。监控管理平台应具有良好的扩展性，不仅可以满足现阶段用户对系统管理的需要，而且随着教育信息化业务的不断发展，监控功能添加或管理节点数量增加时，监控管理平台应可以很好满足教育客户的需求。

第二节　基础环境建设的总体设计

一、基础环境设计的概述

区域教育信息化是一个动态、复杂的建设和发展过程。区域教育信息化的建设、开发、应用，均涉及区域教育环境、区域教育内容、区域教育管理等方方面面。从广义上讲，区域教育信息化的基础环境至少包括以下几个方面：

- 教育信息产业
- 教育信息技术应用
- 教育信息资源
- 教育信息网络
- 教育信息化人才
- 教育信息化政策、法规、标准等

广义的区域教育信息化基础环境不是本书讨论的重点。如前文所述，本书尝试从技术应用的角度，定义一种狭义的区域教育信息化基础环境，即从区域教育信息化的业务（应用平台）入手，分析其关键的业务承载和交付平台（网络基础设施），以及关键的网络技术保障手段（网络基础设施的安全及运维）。

（一）业务应用平台概述

业务应用平台包含区域教育信息化中的所有业务系统。从当前各区域实践的情况来看，业务应用平台主要集中在管理信息化、教学信息化、教育公共服务三个方面，其本质是通过日益发展的计算机技术、多媒体技术、网络通信技术等，将传统的教育资源、流程、形式等进行电子化、计算机化、网络化等，从而提高教育的效率、质量和水平。业务系统是最直观的区域教育信息化体验，也是几乎所有单位进行区域教育信息化建设的出发点和着眼点。在早期的业务系统的建设过程中，区域教育信息化的业务应用平台和相应的信息资源多以单机化、本地化的模式为主，但随着信息技术特别是网络技术的发展，新时代下的区域教育信息化业务应用平台，逐渐呈现出“集中化、网络化”的特点。区域教育信息化的业务应用平台、教育信息资源与云计算不断结合。尤其是在区域教育信息化的建设进程中，涌现出了不少以区域为单位的教育“业务云”、“资源云”。区域教育信息化和云计算开始逐渐进行结合，在不断的提高区域教育信息化水平的同时，也将进一步降低区域教育信息化业务和应用系统的建设成本。

（二）业务承载和交付

在区域教育信息化业务和应用平台建设的早期阶段，业务数量和信息资源量相对较小、承载和交付的模式都相对简单，例如在早期的单机应用环境，只需要一台 PC 即可完成应用的部署、信息资源数据的存储以及业务的交付。但在信息技术高速发展的今天，这种传统的区域教育信息化模式早已成为历史。“云计算”技术的发展、“区域教育信息化”模式的出现以及二者的逐步融合，为今天的区域教育信息化业务、应用的承载和交付带来了新的挑战。典型情况如下：

从当前区域教育信息化发展的历程来看，新的业务和应用总是不断涌现，资源数据量也随之快速增加，这一现象从当前各教育单位不断增加的 IT 基础设施，例如服务器数量、硬盘阵列容量的急剧增加得到明显印证。而且，这一增长规模随着区域教育信息化的集约建设、业务大集中、云计算技术的兴起变得更加剧烈。

举一个最简单的业务大集中的例子：某学校的学生学籍管理系统，可能需要维护管理本校近千名学生的学籍信息，随着学校招生规模的逐年扩大，该系统的数据量日益增大，逐渐发展到数千学生规模；随后，随着区域教育信息化的推进，该区域计划由教育局集中建设全区 100 余所学校的学籍信息平台，并通过覆盖全区的教育宽带城域网实现各个学校的学籍信息共享。要实现这样一个集中的学籍信息平台，教育局需要维护 100 余所学校的数万学籍信息规模。教育局学籍信息系统相对某学校的规模，呈现出爆炸式增长。然而，随着教育局集中学籍信息平台的建成，区内的各个学校将不再建设、维护各自的学籍信息平台，而只需要通过教育宽带城域网，共享使用教育局集中的学籍信息平台。这是一个非常典型的区域教育信息化应用例子，通过教育局集中建设的全区学籍信息平台，实际上发挥了云计算“集约化”的优势，通过一次性的大规模集中投入，相对于区内各个学校自行建设、自行维护各自的学生学籍信息系统，全区的业务总成本反而下降。

云计算和区域教育信息化进行融合,实现区域教育信息和资源共享,降低全区业务总成本的例子,在区域的实践过程中非常多。又比如全区集中建设教学资源库,相对于各学校自行维护、自行建设,有效地降低了各个学校对教学资源库的采购、维护等成本,并且极大地方便了学校的使用。

然而,云计算并非万能和完美,云计算和区域教育信息化的融合,毫无疑问带来了云端数据的爆炸式增长。并且,云端的可靠性、性能、服务质量保障等,成为影响区域教育信息的关键要素。云计算数据中心建设的提出,为云计算的可靠性、性能、服务质量保障、成本等方面提出了新的指导思想。通过进行数据中心的建设,将为基于云计算的网络服务模型的云端建设奠定坚实的技术基础。

在区域教育信息化的进程中,随着教育私有云建设的流行,以及业务和应用向云计算模式的迁移,教育局数据中心建设必将迎来一个新的建设高潮,以帮助各级区域教育信息化主管部门应对业务大集中后的业务规模和资源、数据的爆炸式增长。

(三)高效的远程业务交付

随着区域教育信息化的集中化,以及教育私有云服务模式的流行,网络已经不再是简单的信息传输工具,而成为区域教育信息化业务开展的核心载体,对云端业务的最终交付起着十分关键的管道作用。网络能否保证业务交付过程中的可靠、高效、安全,成为区域教育信息化的另一大挑战。

教育宽带城域网,利用成熟的计算机宽带网络技术,将有效地帮助用户应对区域教育信息化新形势下的远程业务交付问题。区别于公众互联网,教育宽带城域网一般由教育信息管理部门投资建设,是独立于其他网络的一张区域教育业务城域专网,具有传输带宽高、业务有保障(专线专用)、可管理性强、安全性高等典型特征。

在过去几年的实践中,全国各地广泛掀起了建设教育宽带城域网的高潮,区县教育信息主管部门成为教育宽带城域网建设的主体力量,全国大多数区域已经实现了区县一级教育宽带城域网的覆盖。部分有条件的区域,还建设了地市、区县的教育宽带城域网,实现了区县之间以及区县与地市之间的业务、资源、信息共享。

(四)业务支撑的保障体系

在早期的区域教育信息化建设中,由于其结构、系统的简单性,其业务的保障也相对简单，例如，有专人负责进行PC机维护即可。但现今基于区域教育"云服务"模型，在教育宽带网的区域教育信息化建设背景下，整个区域教育信息化基础环境对服务的保障提出了新的需求，典型的保障需求包括安全体系和运维管理体系。

1. 安全体系

在区域教育信息化基础环境的建设中，必须要注意整个业务应用和网络基础设施的安全体系建设，例如，业务信息系统的安全、教育信息数据中心的安全、教育宽带网的网络安全、教育宽带网接入单位的安全、安全管理制度、安全人才队伍等。本书后文中将从技术维度对信息系统的安全、数据中心安全、教育宽带网网络安全等方面进行详细阐述和分析。

2. 运维管理体系

运维管理体系，是现今区域教育信息化基础环境建设中需要考虑的另外一个问题，主要包括业务信息系统的运维、数据中心的运维、教育宽带网的运维、运维制度、运维人才等。本书后文将对此区域教育信息化中的主要运维技术和方案进行基本的阐述和分析。

二、基础环境的总体架构设计

区域教育信息化建设的核心目的是服务。具体来讲，教育信息主管部门必须注重在区域教育信息化"云服务"模式下，通过教育宽带城域网为区域内教育相关部门提供服务，对服务对象产生影响。

当前，对于区域内教育相关部门如何解决好接入教育宽带城域网的问题；如何解决好业务上收的问题，以及解决好哪些业务需要上收到教育信息管理部门以"云模式"开展，哪些业务要保留由各单位分布式开展的问题；如何解决好区域教育信息化建设主体的问题，即由教育信息管理部门进行区域内各单位的集中信息化建设，还是各单位独立开展建设的问题，以及是由教育信息管理部门对区域的信息化建设进行统一管理，还是各单位独立自行管理的问题，针对这些在区域教育信息化基础环境建设的过程中长期存在的问题，各地应根据区域实际情况，制定适合区域实际情况的区域教育信息化建设、管理、服务模式，提高区域教育信息化建设的服务质量和服务水平。

（一）业务应用平台整体架构

1. 业务应用平台的功能设计

总的来说，业务应用平台是区域内各区域教育信息化业务系统的总称。根据业务平台面向的服务对象不同，可以将区域教育信息化业务系统分为三类：

(A) 管理信息化业务系统：该类业务系统主要面向教育行政管理，典型的例如学籍系统、教师系统、办公自动化系统等应用。管理信息化业务系统主要面向教师、教育行政管理人员，一般不提供给学生和社会公众。

(B) 教与学支持服务系统：与管理信息化业务系统不同，教与学支持服务系统主要面向师生，为教学提供信息化辅助。例如网上备课系统、网上考试系统、网上阅卷系统等即是典型的教学信息化业务系统。教学信息化业务系统由于其服务对象和功能定位的特点，一般具有数据容量大、访问密集、访问流量大等典型特征。

(C) 教育公共服务系统：区别于前两类业务系统，教育公众服务系统主要服务于社会公众，例如学生家长、社会群众等。例如家校互联平台、家校即时通讯等即是典型的教育公共服务系统。教育公共服务系统的特点在于其与社会公众的交互性，因此在业务承载平台、系统安全等方面需要进行特殊设计。

(1) 管理信息化业务系统

a) 办公自动化(OA)系统

办公自动化(OA)系统是区域教育信息化管理的核心内容。办公自动化(OA)系统着重完成办公文档全电子稿，构建网上办公信息发布平台，实现会议通知、活动安排、重大事件公告化。办公自动化系统能够使教育局各级部门，以及所有有关的办公人员都可以在桌面计算机上处理日常工作，在网络上完成绝大部分公文的处理和传送工作，提高各部门之间的协作效率，确保学校领导能够方便、及时地获得各种信息和统计数据，了解各项工作的进展情况。

b) 学籍管理系统

学籍管理系统主要是对学生的学籍信息进行全方位的管理，涵盖“基本信息收集、整理、统计、分析、与其他系统交互”等过程。学校和教育主管部门有各自不同的业务侧重点，它们共用一个平台、一个数据库，通过不同角色的不同权限来进行操作。

(2) 教与学支持服务系统

a) 课程管理系统

通过课程管理系统，老师可以在其上发布课程大纲、教学计划，以及每堂课的教学内容，布置作业、批改作业、公布学生成绩。课程管理系统往往还为课程提供一些通讯工具，如讨论组、聊天室等，支持某课程师生之间的交流。

b）教务成绩管理系统

教务成绩管理系统主要对教育局及所属学校的教务工作及考试成绩工作进行管理。教务管理可以灵活地设置学科模块信息、课程开设情况等教务基础信息，这些信息作为系统的基本数据信息的一部分，对其他功能起着支撑作用。教务成绩管理系统还可提供课程表的维护和各种课表的查询功能。考试成绩管理主要提供给教育局和所属学校对学生的考试及考试成绩进行统一管理；成绩管理分为教育局使用部分和学校使用部分。其中教育局使用的成绩管理主要是对统一的考试做统一设置，并对各个学校的成绩做分析查询和成绩的导出；学校使用的成绩管理部分主要设置本学校的考试信息、成绩的录入、各种分析报表。通过统一的成绩管理，教育局可以及时准确地掌握各个学校的教学成果，避免延报、谎报等情况的发生，对教育局了解整体的教育水平起到重要作用。

c）教育视频点播系统

教育视频点播系统在实际应用意义上不仅仅是一个完善的流媒体服务系统，还为网络服务提供了统一的运行平台。该系统一方面能支持各种格式的视频、音频节目和各种文本、图片、动画、执行文件等课件的网上点播，同时，还支持视频广播直播服务。

d）网上阅卷系统

网上阅卷系统不仅能对教学成绩进行深度而全面的统计，而且能够对学生、老师、班级、年级、学校历次考试的成绩进行跟踪测评，并自动建立历次考试的纵向和横向成绩分析报告，通过许多成绩报告直观图，非常直观地看出学生、老师、班级、年级、学校在教学和学习各个阶段的进步情况，了解学生、老师、班级、年级、学校在教学和学习方面的变化趋势，因而能帮助学校在不同阶段采取不同的措施，促使学生、老师、班级、年级、学校持续不断地提高教学质量。

e）教师备课系统

教师备课系统旨在解决现阶段备课方式单一、备课工作效率低下、可参考资料欠缺、年轻教师备课无人协助指点等诸多常见问题。教师备课系统拥有丰富备课原始素材和优秀范例的资源后台作为支撑的现代型备授课平台，为教师提供一个宽松的备课环境、可探讨交流的畅谈空间、可接受名师专家指点的氛围，同时，系统开辟了一条通向教育界的最新信息通道，可随时更新、发布，以供教师参考。本系统还提供严格的编审机制，控制用户、审核资源，保证资源的价值性，既避免备课参考的资料良莠不齐，又可以控制浏览级别和用户权限，保证不同级别分级浏览有的放矢，系统安全稳定。

(3) 教育公共服务业务系统

a) 即时通讯平台

即时通讯平台具有强大的通讯功能，它可以让教育管理者、学生、家长和教师通过文字、短信、图片、文件、语音、视频等多种形式来实现信息交流，通过这种新的交流方式大大降低了教育管理者、学生、家长与教师之间实时和非实时的交流成本，让沟通变得更加简单。

即时通讯平台将所有用户分为教育局职员、学校老师、学生、家长四大类。该平台所有用户采取实名制以保证整个交流的群体和交流的信息是安全的、绿色的，避免出现 QQ 等通用软件由于用户人群复杂而造成信息不安全、不可信的情况。有了实名制的保证，家长和老师对于学生上网聊天也放心多了，家长和老师的交流也变得轻松起来。

另一方面，即时通讯平台会根据用户的身份不同，显示与用户身份相对应的组织架构，用户不但可以看到自己单位或学校的所有部门、班级、老师、学生、家长列表，还可以看到上级、同级、下级单位或学校的相应用户列表。这些列表不需要用户单独去查找添加，用户一登录系统就会自动的显示这些联系人，为用户提供最大的便捷，为教育系统内部建立了一个畅通无阻的沟通渠道。有了即时通讯平台，家校联系的局限，QQ、MSN 用户无法统一，电话与短信不便等问题将迎刃而解。

b) 家校互联系统

面对家校交流的断层，家校互联便捷地为家长、教师和孩子架起了无限沟通的桥梁，充分调动社会教育资源，形成家庭、学校、社会的教育合力，达到了学校教育和家庭教育的融合。让家长在百忙之中也可以轻松掌握孩子在校动态和最新教育理念；让教师及时获得来自家长的反馈和建议；让孩子随时与家长和教师打开心扉平等交流，给孩子营造更广阔的成长空间。

对于学校，家校互联平台提供了学校日常管理、教务工作管理、学生管理、学生成绩录入、教师管理、教师考勤、学生平安点到等功能。

对于教师，通过家校互联平台，可以实现对家长留言、发送班级通知或学校通知、发送学生考试成绩和学生在校表现(评语)、布置家庭作业等功能。教师不仅可从家访、开家长会等繁重的工作中解脱出来，而且还可通过多种途径及时让家长了解到孩子的最新情况，确保学生向家长反映信息的真实性和及时性。

对于家长，通过家校互联平台，可以即时接收到孩子的到校、离校等平安短信。另一方面家长可通过多种途径及时了解到孩子的学习成绩，在校表现等各种情况，并且可及时将自己的想法、意见和教师、其他家长进行沟通，改进教育方法，促进孩子健康发展。

2. 业务应用平台的分级架构设计

(1) 分级架构概述

区域教育信息化主管部门采取行政区划分的架构，形成了在区域教育信息业务的部署实践中，业务呈现分级部署的架构。按照业务部署范围不同，可将业务分为纵向业务和特色业务(本书重点指本地化、个性化的业务系统)。以下以地市、区县、校级，对业务分级架构进行分级介绍。区域业务应用系统分级部署图如下图 2-1 所示。

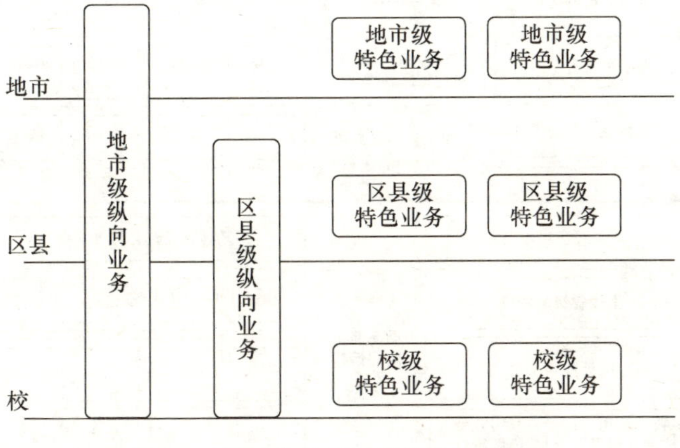

图 2-1　区域业务应用系统分级部署图

纵向业务：

纵向业务由地市或区县级教育行政管理部门发起，业务的范围覆盖地市内各区县、各学校(地市纵向业务)或区县内各学校(区县纵向业务)(见图 2-1 所示)。例如 XX 市学籍管理系统、XX 区教育资源库等。纵向业务在地市级平台、区县级平台、学校之间提供统一的数据接口和操作界面，各级教育部门部署的业务系统或采用同一套业务系统，或采用不同供应商提供的业务系统但采用统一标准化接口进行对接，总之，纵向业务能够在覆盖的范围之内实现某项业务的统一开展。

特色业务：

特色业务与纵向业务的覆盖范围不同，特色业务往往只针对某一具体区域，由该区域教育行政部门或某重点学校建设，服务的对象和覆盖主要限于该特定区域。特色应用往往较难实现跨区共享。特别要注意，区县级特色业务、地市级特色业务可能在该区县、该地市内部是一个纵向业务，但对其他区县、其他地市而言却是一个特色业务。

(2) 分级架构的支撑设计

针对目前区域教育信息化中最常见的地市、区县、学校的三级架构，根据纵向业务或特色业务的开展，通常存在地市级应用平台、区县级应用平台、学校级应用平台的建设需求。区域业务应用系统分级架构如图 2-2 所示：

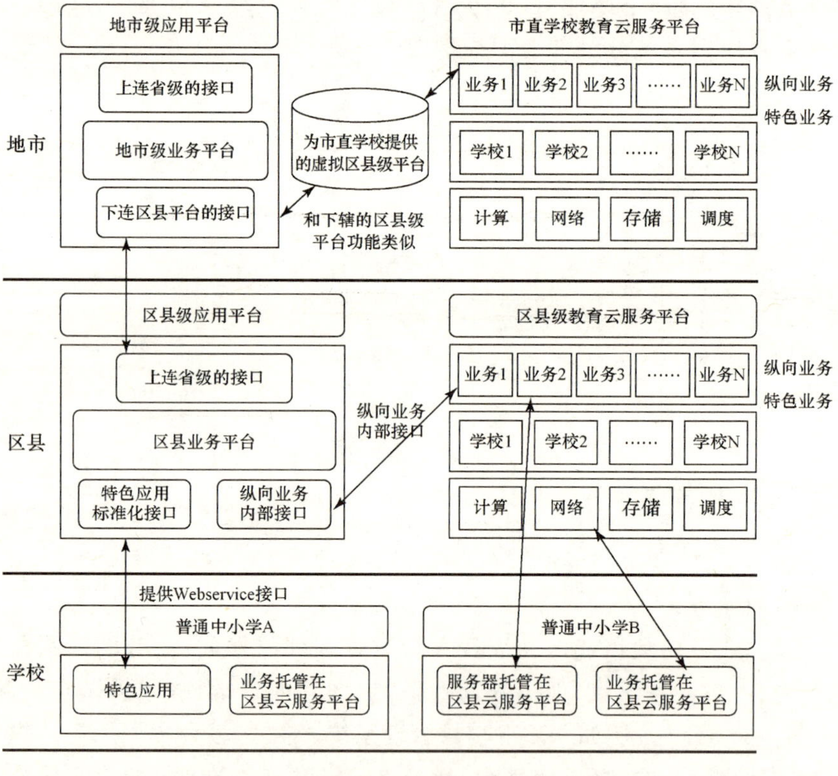

图 2-2　区域业务应用系统分级架构图

地市级业务应用平台：

1）地市级业务应用平台：包含地市级纵向业务平台和地市级特色应

用平台，特色应用平台的数据最终能通过标准接口汇总到纵向业务平台，纵向业务平台作为全区的统一平台。

2）上连接口：提供到更高级别的区域教育行政主管部门的上连接口，以利于后期省级、部级纵向业务的开展，为省级单位提供全市相关数据信息上传的标准接口。

3）下连接口：用于到下级区域教育信息化行政主管部门的下连接口，将本级发起或从上级继承的纵向业务延伸到下级单位，也为下级单位提供相关数据信息给地市级的访问接口。

4）虚拟区县级平台：为市内直属的学校，提供虚拟区县级平台，即作为地市级直属学校的教育云服务平台，以教育私有云的方式，为地市级直属学校提供计算资源、存储资源的托管，以及资源的分配和调度，通过市直学校网络接入平台为学校提供业务访问。

5）地市级分析系统：提供全市集中海量数据分析，并按照不同部门、不同人员的需求进行输出和呈现。

区县级应用平台包括：

1）区县业务平台：包含区县级纵向业务平台和区县级特色应用平台，特色应用平台的数据最终能通过标准接口汇总到纵向业务平台，纵向业务平台作为全区的统一平台。

2）上连接口：提供到地市级教育行政主管部门的上连接口，用于承接上级纵向业务和访问上级特色业务。

3）区县级教育云服务平台：以教育私有云的方式，为区县级学校提供计算资源、存储资源的托管，以及资源的分配和调度，通过区县学校网络接入平台为区县学校提供业务访问。

4）校级特色应用标准化接口：对区内重点学校的特色应用提供标准化的访问接口，与学校特色应用实现对接，使区内的其他学校乃至上级单位能够访问重点学校的特色应用。

5）区县级分析系统：提供全区集中海量数据分析，并按照不同部门、不同人员的需求进行输出和呈现。

学校应用平台包括：

对于小规模学校，其服务器、业务均可以考虑托管到区县的教育云服务平台中，学校端无须部署服务器和业务应用系统，学校直接使用在教育宽带网上托管的业务系统。

对于中大规模学校，其纵向业务可以托管到区县的教育云服务平台中，而学校端可以根据地市级情况，继续使用原来已开展并使用很好的业务系统。这些业务系统根据实际情况，通过开放的标准 Web Service 接口，把区县业务平台所需要采集的数据上传到区县平台。

（二）网络基础设施整体架构设计

区域教育信息化基础设施建设，是支撑区域教育信息化各类业务、各项应用开展的保障和基石。在区域教育信息化建设过程中，网络基础设施包括数据中心、区域教育宽带和接入单位。以目前区域教育信息化建设的主流模式“地市—区县—学校”三级架构为例，基础设施的整体架构如图 2-3 所示：

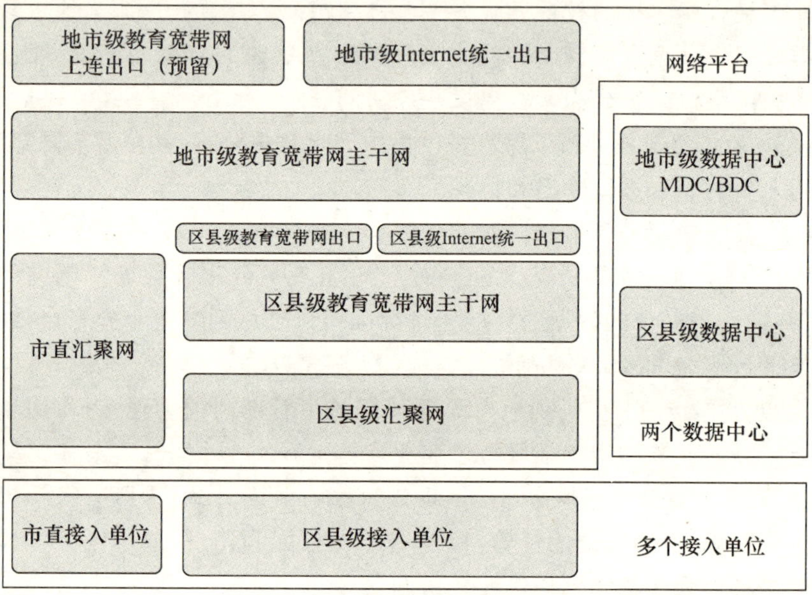

图 2-3　区域网络基础设施架构图

网络基础设施架构的组成分为三个部分，即网络基础平台、数据中心及接入单位，即“两点一线”，“两点”是指本级数据中心、下属接入单位这两个点，“一线”是指连接这“两点”的一系列线路形成的网络。如图 2-3 所示，网络基础设施的三个组成部分分别是，一张区域教育宽带网（包括地市级骨干网、市直学校的汇聚网络、县级骨干网络、县级的汇聚接入网络、两级出口设计等），两级数据中心（包括地市级数据中心、区县数据中心），多个接入单位（包括市教育局下属的市直接入单位、县教育局下属的县级接入单位等）。

目前，从各个区域的互联网出口设计的应用现状看，各个学校拥有各自独立的互联网出口，会给整个区域的教育宽带网带来安全、管理的问题；而下属的近千所学校统一使用地市级的互联网出口（区县没有独立互联网出口），则下属学校的互联网访问速度会很慢。因此，要特别关注互联网出口的设计问题。

整个区域教育宽带的互联网接入设计应该采取分布式与集中式结合的二级出口设计思路。市教育局通过统一出口接入多个运营商的互联网，各个区县有自己的独立互联网出口，各区县下属的每所学校不容许有互联网出口，全部通过区县教育局统一出口访问互联网，各学校平常通过自己的区县教育局出口访问互联网，当区县互联网出口负载很大或出现问题时，地市级互联网出口可以作为备份出口。这样，既能保证教育宽带网专网的速度，同时也能保证互联网访问速度，整个网络安全管理也更可控。

1. 区域教育宽带整体架构

区域教育宽带整体架构设计包括地市级教育宽带网架构设计、区县教育宽带网架构设计等两个部分。

（1）地市级教育宽带网架构设计

图 2-4 是典型的地市级教育宽带网的设计方案拓扑图。在进行地市级教育宽带网的建设时，可参考以下类型分区，将地市级教育宽带网划分为以下几大功能区域：

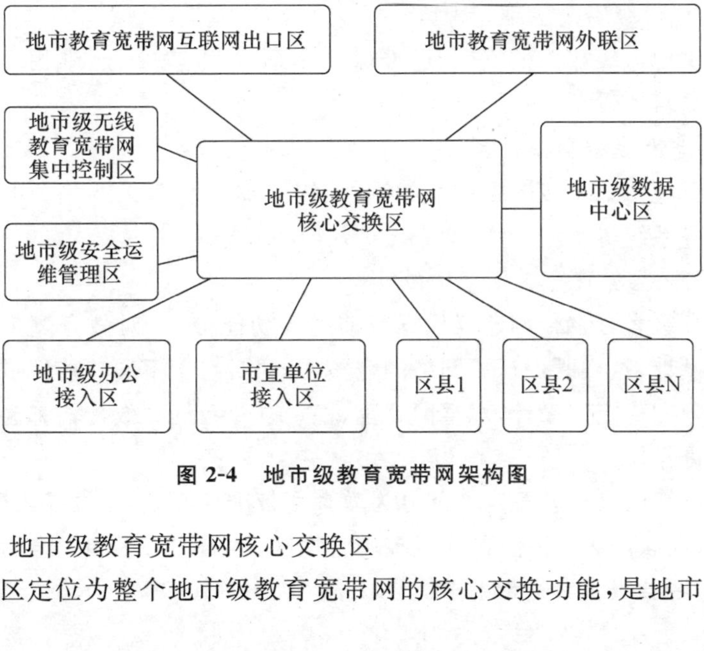

图 2-4　地市级教育宽带网架构图

1）地市级教育宽带网核心交换区

该区定位为整个地市级教育宽带网的核心交换功能，是地市级所有数据、业务的集中交互区，应进行重点规划和建设。市辖的每个区县均设置一个市教育宽带网骨干节点，将对应区县接入地市级教育宽带网。

2）地市级教育宽带网互联网出口区

统一地市级教育宽带网到互联网的连接，主要承担市直学校的备份出口、教育局相关职能部门的互联网访问及整个地市级数据中心的出口。

3）地市级办公接入区

该接入区为典型的地市级单位（如教育局）办公接入，即地市级单位办公局域网。

4）市直单位接入区

该区域功能定位为市内直属单位接入地市级教育宽带网的入口，视连接距离，一般情况下需要由运营商提供租用链路。

5）地市级教育宽带网外连区

提供地市级教育宽带网到上级部门（主要指省级）的上连，同时，考虑未来区域教育信息化业务的相关部门（例如银行、医疗、税务系统）等其他单位的连接入口。

6）地市级无线教育宽带网集中控制区

定位于以地市级为单位建设无线教育宽带网的功能实现，典型情况下包括大型无线集中管理控制器等功能组件，实现市直学校等无线 AP 的统一规划和管理。

7）地市级安全运维管理区

提供地市级相关的安全、运维保障体系，涉及安全、运维相关等硬件和软件平台。

8）地市级数据中心区

主要包含地市级数据中心的网络、服务器、存储，以及相关的支撑软件和业务系统等。

（2）区县教育宽带网架构设计

区县级教育宽带网建议根据目前主要功能分区，对教育宽带网进行区块化设计，这样既保证了网络的完整性，同时对于不同功能区进行单独安全保障和稳定性设计，对整网安全、稳定以及数据高效传输都起到非常好的促进作用。

可以把区县级教育宽带网分为教育宽带网核心区、汇聚接入区、办公接入区、互联网区、外连区、无线控制管理区、数据中心区和安全运维区八大区域，区县级教育宽带网整体设计的拓扑图如图 2-5 所示。

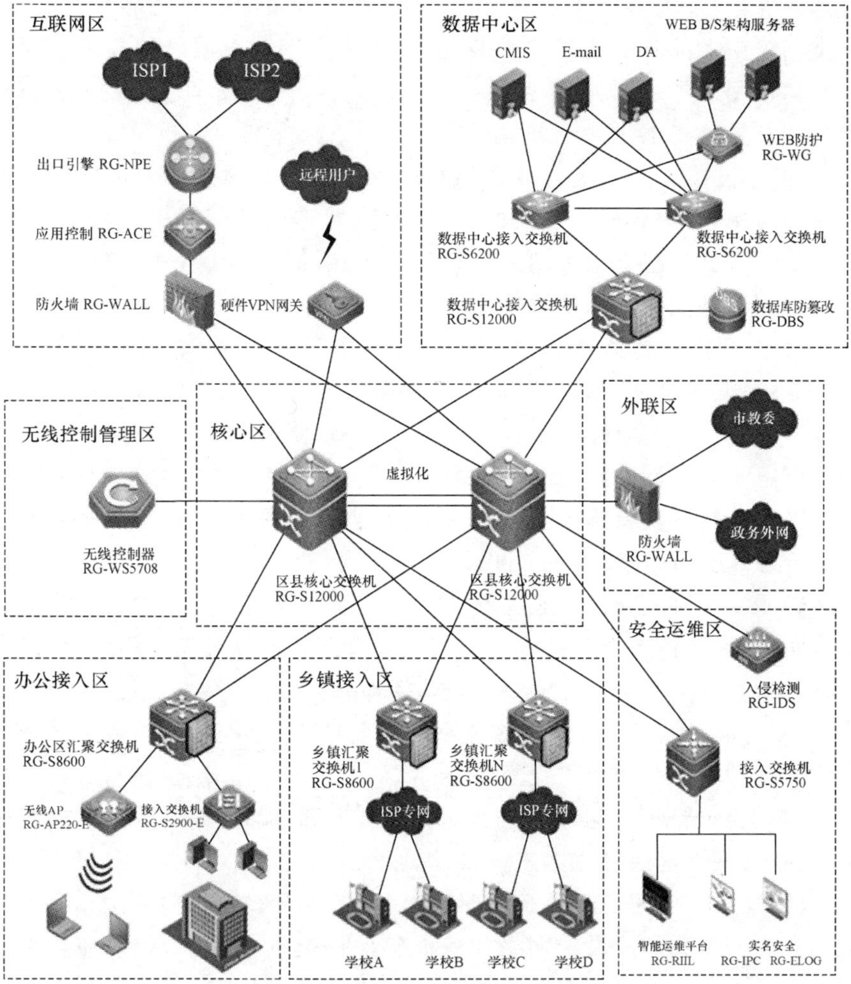

图 2-5　区县级教育宽带网架构图

区县级教育宽带网的八大功能区块之间各司其职又互联互通，不同的区块有不同的业务和功能需求：

1）核心区是整个区县城域网的“中枢”，位于教育宽带网的中心，负责进行数据包快速交换、转发，实现与互联网的互联。作为数据高速交换区其高性能、高稳定以及高安全和扩展性是核心区的主要要求。

2）汇聚接入区可以扩展核心层设备的端口密度和种类，扩大核心层节点的业务覆盖范围，实现接入用户的可管理性。接入层节点的设置主要是为了接入直接用户和进一步扩展城域网的覆盖范围，将不同地理分布的具体学校用户快速有效地接入。汇聚层负责为全网的数据转发提供高速的通道，汇聚各种流量进入核心层，此层设备除了路由转发外，还要负责网络中大部分的控制和服务处理，作为乡镇和直属学校接入区县级教育宽带网的中继，其对于路由寻址的高效性、内部安全性以及运营商链路选择有具体要求。

3）办公接入区是区县教育局局域网接入区。高速安全的办公网是其建设目标，考虑到网络功能的可扩展性，对于以后不断出现的新应用，必须要求网络设备有很好的诸如防御病毒、防御攻击等先进功能，具备一定的数据吞吐能力和网络管理功能，提供良好的网络扩展能力。

4）互联网区是整个区县城域网的“咽喉”，该区的所有设备不能成为网络瓶颈，其高性能、易管理、可扩展是必须要考虑的因素。

5）外连区是过渡区，起着承上启下的作用，主要用于与地市级平台和政府电子政务网对接，因此需要考虑安全高效统一的问题。只有把这八个区域进行分别实施但又不脱离整体规划，才能将区县级教育宽带网搭建合理、起到珠璧联辉的效果。

6）无线控制管理区，定位于以区县级为单位建设无线教育宽带网的功能实现，典型情况下包括大型无线集中管理控制器等功能组件，实现区县下属学校等无线 AP 的统一规划和管理。

7）安全运维区作为一个对整网的控管区，其管控功能是否有效落地是整个区县城域网平台建设好坏的重要一环，其中承载着整网身份认证系统、单点登录平台、网络设备和业务监控系统等重要部分，需要选择成熟度高、简便易部署的方案进行设计。

8）数据中心区是区县级管理机构的“王牌”区域，目前数据中心的建设如火如荼。我们建设的网络如何能够保证数据的安全，如何使得各项业务能够顺畅开展是所有网络规划者矢志不渝的追求，各个区县需要根据自身的实际情况和需求选择合理的技术和产品进行数据中心搭建。

总之，将区县级教育宽带网按照不同功能分区进行“区块化”设计，全网 IP、VLAN、路由策略、安全策略统一部署，实现数据高速交换和有效安全防护。通过区块化的设计思想，局部区块故障不会影响全局网络安全稳定运行，而且需要保证整网高性能、高可靠、易管理、可扩展。教育宽带网按照八大区块建成以后，各个学校的资源不再是“孤立的资源”，在城域网内部都可以访问、共享，提高了资源利用效率和节省总体投资成本。学生和老师可以随时随地访问需要的资源，可以做到双向沟通，教育主管部门可以随时了解各个学校的教学情况，提升对整个辖区的掌控，家长能够及时掌握学生在校学习、生活情况，将学校教育和家庭教育很好结合起来。通过对本系统的建设，必将为各个区县的教育事业的飞速发展打下坚实的基础。

2. 数据中心整体架构

两级数据中心，即地市级数据中心和区县级数据中心，对应于地市级和区县级区域教育信息化业务开展的需要，尤其是两级“云服务”平台的建设，数据中心在整体建设上有三个关键的方面，区域教育信息化数据中心建设的主体、数据中心建设的模式及数据中心建设的架构。

(1) 数据中心建设的主体

从“数据集中”、“教育私有云”的建设模式来看，如果进行规模化的业务上收、数据上收，对于区域教育信息化的总成本而言，整体呈下降趋势，可以一定程度上降低区域教育信息化的建设、维护成本。这是否意味着，可以只进行地市级数据中心建设，无需再进行县级数据中心的建设？从理论上来讲，上述问题的答案是肯定的。然而，在区域教育化的实践过程中，区域教育信息化数据中心的建设依然呈现出以区县为主体的趋势。

a) 区县级教育信息化主管部门是区域教育信息化建设的实践主体

从区域教育信息化的实践过程来看，各地区县级教育信息主管部门(如区县电教馆、区县教育信息管理中心等)成为区域教育信息化的一线工作者和探索者。通过各区县小规模的实践，逐步探索出了我国区域教育信息化中的业务开展、建设模式、运营模式等，为区域教育信息化的规模建设积累了丰富的经验。这种建设模式，也奠定了区县一级业务中心在区域教育信息化中的支柱地位，拉动了区县数据中心的建设需求。

b) 外部环境制约

受各地资金、技术、人才、政策等多种外部环境制约，由地市级或更高级别的区域教育信息化主管部门进行统一的规划、建设、运营，实现市或更大范围的区域教育信息化业务上收、数据上收，存在相当大的实施难度，这也进一步顺应了以区县为单位进行区域教育信息化业务中心、数据中心建设的这一客观现状。随着各区区域教育信息化基础设施的逐步完善，在此基础之上，建立市一级或更高级别的业务中心、数据中心，为市内各区县之间甚至更大范围实现业务和数据共享提供统一的交换平台，适应了区域教育信息化建设的发展需求。

c) 服务质量需求

“云服务”模型，对传统业务的服务质量带来了挑战。例如，云端业务依赖于教育宽带网进行实时数据传输，教育宽带网的传输质量，在相当大程度上决定了云服务的用户体验。在区域教育信息化的进程中，教育宽带网的建设参差不齐。这在一定程度上阻碍了区域教育信息化业务向“云端”化迈进的步伐，相对于全市唯一的数据中心和业务中心，以各区县为单位建设的数据中心和业务中心，能够以更低的成本实现“云服务”基础设施的建设、优化，为区域教育信息化用户提供更佳的使用体验。这也在一定程度上拉动了区县建设业务中心和数据中心的需求。

d）接入单位与数据中心

一般而言，由于区县“云端”业务和数据中心的建设，带来了“胖中心、瘦学校”的区域教育信息化业务模式。依托于云计算的优势，学校通常无需另外进行业务和数据中心的建设规划。这样，学校等接入单位可以将建设重点转移到“云服务”接入平台的建设和维护上，而将一些纵向业务、私有业务在“云服务中心”进行集中托管。一方面降低了系统的建设和运行维护成本，另一方面更容易获得优秀的区域教育信息化业务服务。

但在部分优势或大型接入单位如重点中学，长期以来已开展了很多功能丰富的本校特色的业务系统的需求，仍然会存在小型数据中心，甚至业务中心的建设需求，只是和区县、地市级的数据中心、业务中心相比，规模要小得多。此类数据中心、业务中心一般由所属学校或单位进行自主建设、管理，区县级数据中心可以考虑通过开放标准化的数据接口，为这类接入单位的内部数据中心的对外共享提供业务支持。

综上，在当前区域教育信息化的建设过程中，基于“云服务”模式的业务中心以及其依托的教育数据中心，仍呈现以区县为主体建设的总体趋势，并在此基础之上，逐步产生了建立以“共享”、“交换”为主要定位的更高级业务和数据中心的建设需求。

（2）数据中心建设的模式

a）传统的数据中心

对于信息化投入薄弱的地区，大量的数据零散在大量的 PC 机中，甚至还有众多的数据采用传统手工记录的方式，对于这些区域来讲，迫切需要的是将传统的纸质文件转换为电子文件，并与部分的电子文件进行统一的存储和灾备，以适应教育的发展。

b）基于教育云的数据中心

随着数据量的保障性增长，数据中心将越来越大，越来越具有规模，并发的用户数量将以万记、十万记乃至更大，对传统的数据中心提出了挑战。现有的数据中心架构如何过渡到云计算架构是现在面临的新挑战。在云计算之前，每个学校采用独立部署服务器加业务系统的方式，负责本地的教育信息化，该方式在一定程度上使得教育信息化得到了发展，但是，随着教育信息化的深入，该种方式的弊端越来越严重，具体表现在：

孤立的点的建设方式，导致了信息孤岛的大量存在，进一步人为地阻碍了教育公平的推动。不能够从全局出发，进行信息化的统一建设、管理和维护，而最终使得信息化渗入到教育的所有角落。

通过基于云计算的建设思想，将下属学校的服务器统一上收到区县，建设区县的云数据中心，且将其方法改为云计算后，能在根本上脱离低效的“单个应用程序、单台服务器模式”的局面，因而，教育信息化主管部门能够将其以前用于维护的资源集中用于推动业务创新和支持增长。

那么，教育信息化 IT 部门如何实现建设区县的云数据中心呢？

第一阶段：建设教育云“基础设施即服务(IaaS)”

通往区县云数据中心的第一阶段首先是集中放置 IT 资源，即将服务器、存储和网络虚拟化、抽象化为区县虚拟资源池。通过将下属学校的 IT 资源统一上收到区县数据中心，完成区县云数据中心基础架构搭建，即建设云基础设施架构平台，这一阶段通过服务器整合可以有效提高整个 IT 基础架构的资源利用率，显著降低总体建设成本。

第二阶段：建设教育云“平台即服务(PaaS)”

依托于云基础架构的动态基础架构的随需应变的优势，为用户提供丰富的应用运行支持和平台的运营管理能力，用户可以通过各自角色的服务门户实现自助服务，即发展到第二阶段平台即服务 PaaS。这一阶段将应用运行所需的 IT 资源和基础设施以服务的方式提供给用户，包括了中间件服务、信息服务、连通性服务、整合服务和消息服务等多种服务形式。

第三阶段：建设教育云“软件即服务(SaaS)”

最终通过在区县云数据中心统一部署业务系统，以实现区县信息化的快速推进，为全区所有学校提供业务服务的承载和运维，学校将不再建设 IT 基础设施及业务应用，完全从复杂的 IT 架构和业务中解放出来，仅仅需要关心业务系统的使用。

(3) 数据中心建设的架构

由于数据中心在区域教育信息化“云服务”中的关键性，数据中心在建设时，需要考虑到本地备份、地市级数据中心建设，应重点考虑灾备中心的建设，经济条件相对较好的区县，可考虑数据中心的本地备份和异地备份相结合的建设模式。区域教育信息化数据中心备份示意图如图 2-6 所示。

1) 地市级建立主数据中心(MDC)与灾备数据中心(BDC)。主数据中心和备份数据中心之间采用裸光纤进行直连，对主数据中心的数据进行同步备份，保证主备数据中心数据的一致性，备份数据中心应能够完全独立支持地市级业务平台的正常运行。

2）区县级建立主数据中心与备份数据中心。区县级数据中心需要考虑本地数据备份，经济相对较好的区县可以参照地市级灾备数据中心的建设模式，建设主数据中心和灾备数据中心，主备数据中心之间通过光纤进行直连，进行数据同步备份，保证主备数据中心数据的一致性。区县级备份数据中心能够完全独立支持区县级业务平台的正常运行。

3）区县级数据中心使用地市级数据中心进行备份。大部分区县不再单独建设备份数据中心，通过直接光纤或教育宽带网使用地市级数据中心进行同步或异步备份。

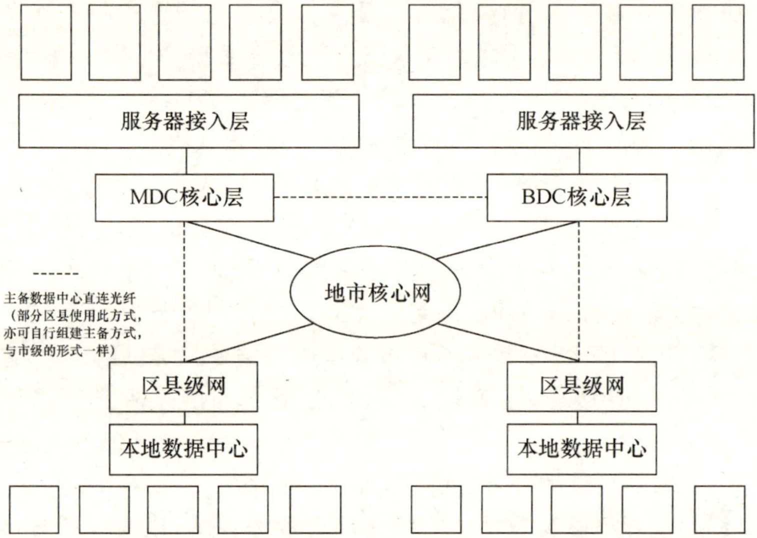

图 2-6　区域教育信息化数据中心备份示意图

3. 接入单位整体架构

（1）接入单位的设计

接入单位是区域教育信息化业务的主要服务对象，根据其获取区域教育信息化业务的服务提供点不同，可分为地市级接入单位和区县级接入单位。

地市级接入单位一般包括区县教育局的出口接入、市直学校的出口接入，更多的是需要考虑建设或维护界面要清晰和具体，其主要内容指下属接入单位的出口设备的选型和链路选择。

区县级接入单位一般指区县下属的中小学的出口接入，各个中小学出口设备一般由区县教育局统一建设、统一维护，需要做好中小学出口设备的选型及链路选择。

地市级接入单位、区县级接入单位最终的落脚点都会立足于数字化校园的建设，因此，接入单位的建设重点是数字化校园基础环境的建设，数字校园是区域教育信息化业务平台各类业务、各项应用，也是学校特色应用的最终交付点。

(2) 接入单位的基础环境要求

接入单位的基础环境要求主要包括两个部分：区县平台和数字化校园的基础环境。

区县平台的基础环境要求主要包括采取区块化设计思想，把区县级教育宽带网分为教育宽带网核心骨干区、汇聚接入区、办公接入区、互联网出口区、城域网外连区、无线控制管理区、数据中心区和安全运维管理区八大区域，详细内容参考区县平台方案规划部分。

数字化校园的基础环境要求如下：具备一体化出口网关设备、具有高性能核心交换设备，整网要求具有身份认证功能，所有网络设备要求支持 SNMP 网管协议，二层接入交换机设备还应该具有防范 ARP 欺骗、丰富 ACL 策略等主流安全功能。整个校园网千兆接入、万兆核心，或百兆接入、千兆核心(小型学校)来保证校园网高性能，具体内容详见区域推进数字化校园部分内容。

(三) 安全运维体系整体架构

1. 安全体系概述

伴随着信息系统的快速发展，信息系统所面临的安全威胁日益复杂，对信息安全系统的需求与日俱增，按照国家等级保护的安全策略的要求、风险分析的结果及整个网络的安全目标，构建面向等级保护的安全体系，要从网络、主机、应用系统不同层面建设多层次、立体化安全防护体系，要集中统一建设必备的网络安全防护手段。在划分安全区域、统一边界的基础上，实现重点防护和隔离。

从外部环境来看，信息安全已经成为近几年信息化建设的热点话题，如何保障信息系统的安全已经成为国家关注的焦点，国家也陆续出台了一系列的安全政策和标准，提出了以“适度安全、分级保护”为核心的等级保护建设思路，公安部、保密局、国密办以及国信办陆续出台政策，要求国内重要的信息系统应按照等级保护的办法和要求，进行相关安全防护系统的建设，并于 2007 年启动了等级保护的定级备案工作。等级保护针对信息安全系统建设的过程，提出了具体的管理办法和实施指南，并对信息安全系统提出了技术和管理方面的建设要求。根据信息系统的重要性及影响，划分为五级安全保护级别。

不同等级的安全保护：

第一级信息系统：经过安全建设整改，信息系统具有抵御一般性攻击的能力，防范常见计算机病毒和恶意代码危害的能力；系统遭到损害后，具有恢复系统主要功能的能力。

第二级信息系统：经过安全建设整改，信息系统具有抵御小规模、较弱强度恶意攻击的能力，抵抗一般的自然灾害的能力，防范一般性计算机病毒和恶意代码危害的能力；具有检测常见的攻击行为，并对安全事件进行记录的能力；系统遭到损害后，具有恢复系统正常运行状态的能力。

第三级信息系统：经过安全建设整改，信息系统在统一的安全保护策略下具有抵御大规模、较强恶意攻击的能力，抵抗较为严重的自然灾害的能力，防范计算机病毒和恶意代码危害的能力；具有检测、发现、报警、记录入侵行为的能力；具有对安全事件进行响应处置，并能够追踪安全责任的能力；在系统遭到损害后，具有能够较快恢复正常运行状态的能力；对于服务保障性要求高的系统，应能快速恢复正常运行状态；具有对系统资源、用户、安全机制等进行集中控管的能力。

第四级信息系统：经过安全建设整改，信息系统在统一的安全保护策略下具有抵御敌对势力有组织的大规模攻击的能力，抵抗严重的自然灾害的能力，防范计算机病毒和恶意代码危害的能力；具有检测、发现、报警、记录入侵行为的能力；具有对安全事件进行快速响应处置，并能够追踪安全责任的能力；在系统遭到损害后，具有能够较快恢复正常运行状态的能力；对于服务保障性要求高的系统，应能立即恢复正常运行状态；具有对系统资源、用户、安全机制等进行集中控管的能力。

第五级信息系统：（略）

基本技术要求和基本管理要求：

信息系统安全等级保护应依据信息系统的安全保护等级情况保证它们具有相应等级的基本安全保护能力，不同安全保护等级的信息系统要求具有不同的安全保护能力。

基本安全要求是针对不同安全保护等级信息系统应该具有的基本安全保护能力提出的安全要求，根据实现方式的不同，基本安全要求分为基本技术要求和基本管理要求两大类。技术类安全要求与信息系统提供的技术安全机制有关，主要通过在信息系统中部署软硬件并正确地配置其安全功能来实现;管理类安全要求与信息系统中各种角色参与的活动有关,主要通过控制各种角色的活动,从政策、制度、规范、流程以及记录等方面作出规定来实现。

基本技术要求从物理安全、网络安全、主机安全、应用安全和数据安全几个层面提出;基本管理要求从安全管理制度、安全管理机构、人员安全管理、系统建设管理和系统运维管理几个方面提出。基本技术要求和基本管理要求是确保信息系统安全不可分割的两个部分。

基本安全要求从各个层面或方面提出了系统的每个组件应该满足的安全要求,信息系统具有的整体安全保护能力通过不同组件实现基本安全要求来保证。除了保证系统的每个组件满足基本安全要求外,还要考虑组件之间的相互关系,来保证信息系统的整体安全保护能力。

(1) 构建纵深的防御体系

从技术和管理两个方面提出基本安全要求,在采取由点到面的各种安全措施时,在系统整体上还应保证各种安全措施的组合从外到内构成一个纵深的安全防御体系,保证信息系统整体的安全保护能力。应从通信网络、局域网络边界、局域网络内部、各种业务应用平台等各个层次落实本标准中提到的各种安全措施,形成纵深防御体系。

(2) 采取互补的安全措施

以安全控制组件的形式提出基本安全要求,在将各种安全控制组件集成到特定信息系统中时,应考虑各个安全控制组件的互补性,关注各个安全控制组件在层面内、层面间和功能间产生的连接、交互、依赖、协调、协同等相互关联关系,保证各个安全控制组件共同综合作用于信息系统的安全功能上,使得信息系统的整体安全保护能力得到保证。

(3) 保证一致的安全强度

将基本安全功能要求,如身份鉴别、访问控制、安全审计、入侵防范、安全标记等内容,分解到信息系统中的各个层面,在实现各个层面安全功能时,应保证各个层面安全功能实现强度的一致性。应防止某个层面安全功能的减弱导致系统整体安全保护能力在这个安全功能上削弱。如要实现双因子身份鉴别,则应在各个层面的身份鉴别上均实现双因子身份鉴别;要实现强制访问控制,则应保证在各个层面均基于低层操作系统实现强制访问控制,并保证标记数据在整个信息系统内部流动时标记的唯一性等。

(4) 建立统一的支撑平台

在较高级别信息系统的安全功能要求上,提到了使用密码技术,多数安全功能(如身份鉴别、访问控制、数据完整性、数据保密性、抗抵赖等),为了获得更高的强度,均要基于密码技术,为了保证信息系统整体安全防护能力,应建立基于密码技术的统一支撑平台,支持高强度身份鉴别、访问控制、数据完整性、数据保密性、抗抵赖等安全功能的实现。

(5) 进行集中的安全管理

在较高级别信息系统的安全功能管理要求上,提到了统一安全策略、统一安全管理等要求,为了保证分散于各个层面的安全功能在统一策略的指导下实现,各个安全控制组件在可控情况下发挥各自的作用,应建立安全管理中心,集中管理信息系统中的各个安全控制组件,支持统一安全管理。

2. 安全体系设计

根据等级保护的要求,教育信息化业务信息系统根据定级准则,部分系统定为二级,如多媒体录播系统,部分系统定为三级,如学籍管理信息系统、教育电子政务等,所以,若需要开展教育电子政务、学籍管理信息系统等业务应用,总体的安全体系应按照三级的规范来制定。

学籍管理信息系统、教育电子政务是教育信息化的核心业务系统,因此,各级教育行政机构应根据《信息安全等级保护评测准则》的安全等级保护规范,整体按照“三级”进行建设。在该评测标准中,涉及安全技术评测和安全管理评测,其中安全技术评测涵盖5个方面:物理安全、网络安全、主机系统安全、应用安全、数据安全。安全管理包括安全管理制度、安全管理机构、人员安全管理、系统建设管理及系统运维管理。通过对等级保护安全体系架构的分析,结合区域教育信息化业务应用建设和使用的实际情况,区域教育信息化的安全体系设计应包括计算环境的安全设计、通信网络的安全设计、边界防护的安全设计及全局安全的设计,本书后文将详细介绍安全体系设计相关的内容。

第三节　基础环境建设的方案规划

一、地市级平台方案规划

地市级平台的方案规划将重点从地市级教育宽带网、地市级数据中心、地市级接入单位三个方面进行阐述。

（一）地市级教育宽带网方案规划

1. 地市级教育宽带网建设需求

教育宽带网作为区域教育信息化的三大基础设施（数据中心、区域教育宽带网、接入单位）之一，在区域教育信息化基础环境建设中，起着支柱性作用。由于我国区域内教育信息化管理部门的行政区划以及经济、政策等诸多因素，在过去的实践中，区县级教育宽带网事实上成为各地区域教育信息化基础设施建设的主体。随着区域教育信息化的发展，在一些区域的实践中，逐步开始进行了地市级教育城域专网的规划建设。通过建设地市级的教育宽带网，为市内各区、各学校的数据交换和资源共享提供了专用的中转平台，扩大了资源和信息共享的范围。同时，通过地市级教育宽带网的建设，为全市统一开展“市、区县、学校”的纵向业务，尤其是基于地市级集中数据中心的“云”模式业务创造了专用的网络交付平台。此外，还为未来向上承接省级、部级的区域教育信息化纵向业务建立了专用的传输通路。

总体而言，地市级教育宽带网的建设需求主要体现在以下几个方面：

(1) 建立高速传输的地市级教育城域专网

在区域教育宽带网的建设实践中，存在很多区域在区县一级建设较好的教育宽带网和区县级业务平台，然而市一级只进行地市级业务平台建设，而由于资金预算、意识等原因忽视了地市级教育宽带网建设的情况，甚至还出现了许多依托 Internet VPN 进行地市级业务交付的现状。受限于网络传输带宽、网络传输可靠性、网络安全等问题，导致地市级业务开展具有较大的局限性，例如，无法以市为单位开展视频课堂、教学视频资源库等业务；同时，无法良好地实现各个区县之间的高速的信息和资源共享；再者，在未来向上承接省级、部门纵向业务，例如电子巡考、视频会议等方面都具有很大的局限性。地市级教育城域专网的建设目标，就是建成覆盖市内各区（县）、市内各直属学校的高速教育宽带网络，建成一张地市级的区域教育信息化专用传输网络。

(2) 建立统一高速的地市级教育宽带网 Internet 出口

通过在地市级教育宽带网建设集中统一的高速 Internet 出口，至少可以为以下业务的开展创造可能：

a) 统一市直属各单位的 Internet 出口。通过建设市直属各单位的统一 Internet 出口，依托市教育城域专网，为市内各单位提供统一的 Internet 接入服务。在这种应用模式下，市内各学校不再需要单独建设和维护 Internet 出口，而只需要接入市教育宽带网，即可实现同时访问市教育宽带网和Internet。一方面，集中的Internet出口，将有效节约各单位分别接入Internet的建设和运行维护成本；另一方面，可以在市教育宽带网的统一Internet出口集中进行流量控制、上网行为控制、上网行为审计等，提高了网络的安全性。

b) 统一市教育局各单位办公网的Internet出口，各单位办公局域网接入教育宽带网，统一接入Internet，实现统一的互联网出口。其收益与统一市直单位的Internet出口类似。

c) 地市级公共服务平台业务的开展。例如，地市级网络家校通等业务，利用Internet为市内社会公众提供公共服务。

d) 全市各单位门户网站等业务的统一运行。通过教育宽带网统一的Internet上行传输，为市内单位的门户网站等提供统一入口，进行集中安全控制，提高整个教育宽带网门户网站的安全性。

(3) 建立教育宽带网地市级外连接口

通过地市级教育宽带网的建设，全市教育宽带网以市为单位，集中对上级单位或外联单位提供一个统一的外连接口，用于向上承接省部级纵向业务，以及与地市级其他相关单位的横向互访。

(4) 建立教育宽带网专网地市级运维管理平台

在进行地市级教育城域专网的建设时，必须考虑地市级平台的运维管理问题。在实际操作时，可以单独进行地市级城域网平台的运维管理平台建设，也可以依托地市级教育宽带网平台，以全市统一的规范，全网统一进行运维管理规划和设计。

(5) 集中建设无线教育宽带网

依托于地市级教育宽带网，在市内各直属学校和单位进行无线网络建设时，可以由地市级教育信息管理部门进行统一规划、统一建设，在地市级教育宽带网控制中心部署统一的无线控制器、无线认证平台等，实现市各直属学校、直属单位无线上网的用户身份和上网账号漫游。有条件的，还可以将无线教育宽带网的模式扩展至区县，实现整个大市区域内，用户可用无线上网账号进行漫游。

2. 地市级教育宽带网架构选择

(1) 星型架构与环型架构的选择

在进行地市级教育宽带网建设时，各个区县由相应的区县汇聚节点接入地市级教育宽带网。在区县到市的连接拓扑架构的选择上，存在星型、环型两种主流的组网架构。星型组网中又分为单核心、双核心、双核心的虚拟化等多种结构。教育宽带网在层次上还可能是二层或三层架构,以下对其设计分别进行讨论。

A）星型架构

单星型架构

如图 2-7 所示,单星型架构适用于地市级教育宽带网为单核心的情况。各个区县骨干节点通过直连线路(建议采用裸光纤或其他高带宽专线)连接到市教育宽带网核心。

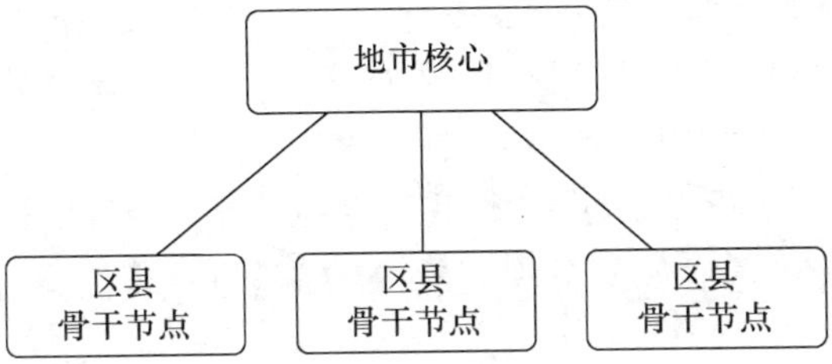

图 2-7　单星型架构

单星型架构结构简单,实施容易,部署成本低,但存在可靠性的问题。一是市核心的单机故障风险,另一个风险在于区县骨干节点到市核心只有单条链路,存在由于链路中断导致业务中断的单链路风险。当然,单链路风险也可以通过租用多条线路,以链路捆绑方式实现链路冗余进行解决,但市核心端的单机故障风险无法回避。在目前区域教育信息化的实践中,由于经济因素的限制,欠发达地方采取单星型架构组网居多,这种方案单点故障问题最严重,当核心设备出故障后,会导致整个城域网无法使用。

双星型架构

如图 2-8 所示,双星型架构在地市级教育宽带网部署为双核心,尤其是双核心进行热备份的场景下有着很高的应用价值。通过双星型架构,实现了关键设备和链路的双冗余,并能够实施自动故障切换。

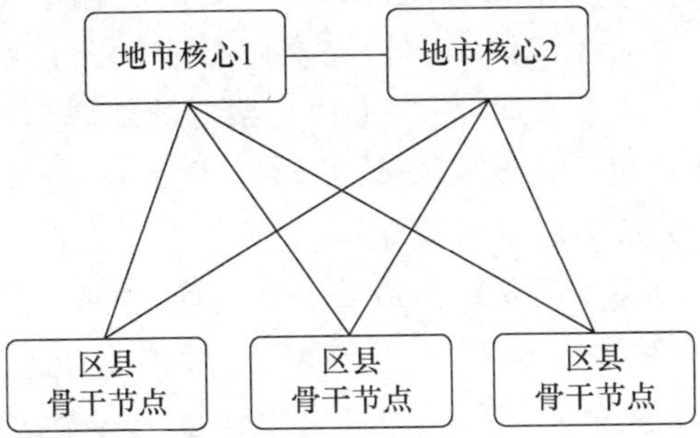

图 2-8　双星型架构

双星型架构的缺点在于由于实施了设备和链路级别的双冗余，成本相对较高。并且，由于要维护双设备和双链路的冗余，需要实施一定的切换技术，典型的例如 OSPF 路由协议、MSTP 多生成树协议加 VRRP 虚拟网关协议等等，需要地市级和区县级教育宽带网的实施和管理部门具有一定的技术力量。在经济相对发达的地方，一般会采取双核心的模式组网。

虚拟化架构（双核心虚拟化）

如图 2-9 所示，虚拟化架构同样对应于地市级教育宽带网部署为双核心进行热备份的应用场景，与双星型架构的区别在于，地市级教育宽带网的两个核心交换设备通过技术手段虚拟化成一台设备，对区县骨干节点而言，地市级教育宽带网呈现逻辑上的单核心，简化了整个网络的逻辑结构。

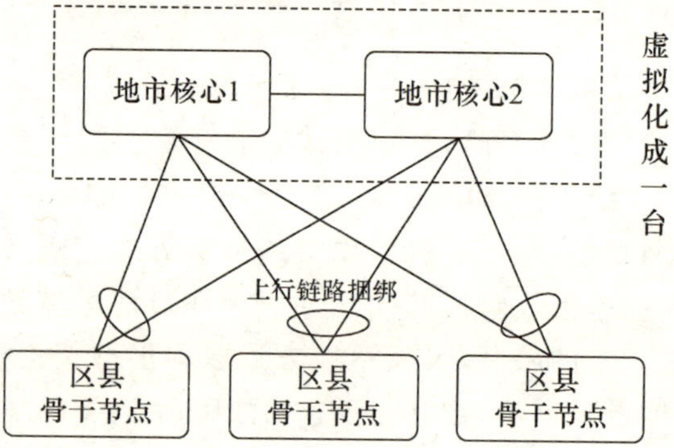

图 2-9　虚拟化架构

虚拟化架构既融合了单星型架构结构简单、容易管理的特点，又融合了双星型架构可靠性高，核心双机自动切换的特点。区县骨干节点的上行链路可以实施与地市级交换设备为单核心时相同的链路捆绑技术（区别在于此时地市级核心被捆绑的链路实际分跨于两台设备的机箱，但这一现象对区县骨干节点透明）。在虚拟化架构的部署模式下，区县骨干节点不需要运行例如 OSPF 或 VRRP 加 MSTP 等复杂的路由协议，简化了整个地市级教育宽带网络的管理难度。

虚拟化架构的缺点在于地市级城域网的两台核心交换设备需要支持虚拟化应用技术，例如 CISCO 公司的 VSS（虚拟交换系统）、锐捷网络公司的 VSU（虚拟交换单元）等。并且，虚拟化技术各个厂家的实现有一定的差异，目前只能和同品牌的设备进行兼容。

B）环型架构

环型结构与星型结构存在着本质的区别，其核心是通过专用链路将市核心与区县骨干节点通过环状网络进行连接。与星型结构相比，环型结构具有以下主要特点。

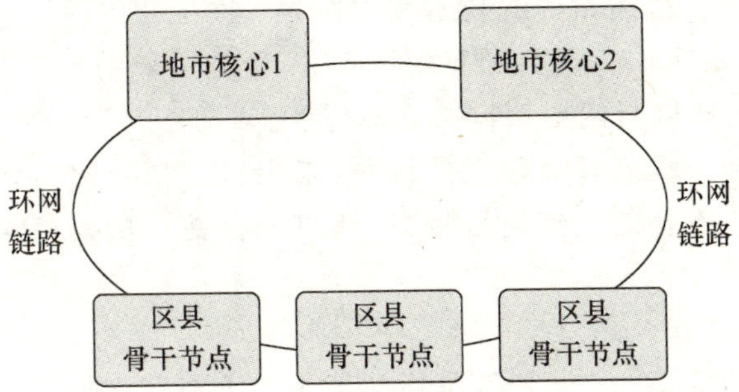

图 2-10　环型架构

环型结构解决了星型架构存在的 SRG（Shared Risk Group）问题。在星型结构下，链路的可靠性通常通过进行端口链路捆绑（Aggregate Port）进行解决。这要求存在多条链路，实际情况中同一运营商（ISP）提供的光纤等专线，在两个地域之间通常会共享同一个传输路径（例如地沟和管道），处于同一个风险组（Risk Group）。虽然这一问题在星型架构下可以租用不同 ISP 的光纤或专线解决，但相应带来了网络建设成本的上升。相反，环型网络架构仅通过单条链路即可实现链路的可靠性保障（数据传输路径有顺时针和逆时针两个方向）；并且环型结构不需要租用多条同向链路，可以显著降低链路（尤其是昂贵的数字传输电路）的租赁成本。

但与星型网络架构相比，环型结构的劣势也非常明显。典型的例如：

（a）共享环带宽带来整体的性能瓶颈

由于环的结构特点，导致环上的节点之间进行数据传输，实际上是共享整个环的带宽，环上的任何两个节点之间如果存在链路的带宽瓶颈，都会有相当大的几率导致整个环的传输性能受到影响。这一劣势与星型网络架构的交换特点相比，显得尤其明显。

（b）多跳传输带来的时延问题

由于环上相邻节点之间的数据转发需要经由其他中间节点进行中转，数据的传输可能会经过多跳才会到达目的地，环越大，包含的节点越多，数据经过的路径就越长，相应带来的传输时延也对应增加。在星型网络架构下，任何两个区县骨干结点的数据传输都只需要经过地市级核心交换节点中转，只需要中转一次。

(c) 运行管理复杂

由于环的结构复杂性，其相应的保障技术也更加复杂。就目前环网技术的应用来看，其主要是在对网络结构可靠性要求极高的、链路传输成本昂贵的电信运营商内部传输网络中，牺牲一定的性能和时延，换取更高的可靠性，并且，有运营商的技术实力作为环网运营的保障。在教育宽带网的建设中，由于用户特点和应用特点，一般较少采用环网架构。

(2) 三层架构与两层架构的选择(星型架构)

在实际地市级教育宽带网建设时，采用星型拓扑进行区县骨干节点到地市级核心设备的上连建设场景，还可能存在三层网络架构和二层网络架构的区别。

A) 三层架构

如图 2-11 所示，三层架构是指在区县骨干节点和地市级核心节点之间，设置一定数量的汇聚节点。区县骨干节点经由汇聚节点汇聚之后，由汇聚节点上行至地市级核心交换设备。三层架构在经典网络设计时经常会成为重点讨论的对象，且在园区网的建设中立下过无数汗马功劳。在经典园区网的设计中，三层架构经受了时间的考验，应用非常广泛，然而，在地市级教育宽带网的建设中直接引入三层架构，却未必适合。

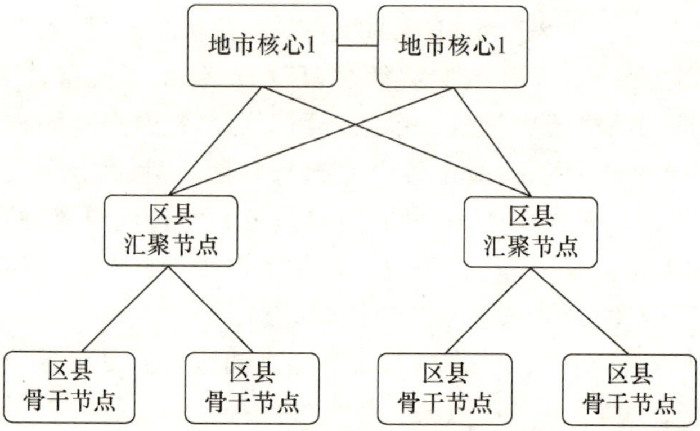

图 2-11　三层架构

(a) 网络可靠性

在星型结构组网的传统三层网络架构下，汇聚到核心的可靠性可以通过汇聚上行双链路、核心双机热备份进行保障，然而汇聚层本身的可靠性却缺乏保障。如果将这一模型引入地市级教育宽带网的建设，一旦某汇聚节点的可靠性发生问题，对下属的相应区县骨干节点而言，将引起大规模的访问中断(多个区县的上连同时中断)，风险极大。

(b) 网络复杂度

由于汇聚节点的存在，在进行网络设计和实施时，必须考虑汇聚层上下的依存关系，在网络关键技术的实现，例如IP地址规划、故障切换技术的选择以及日后运行维护方面，存在着较大的工作量。

(c) 成本问题

由于汇聚层的存在，在教育宽带网环境，必须进行相应汇聚的设备采购、维护，并且需要以汇聚为中心，租赁多条上连下连链路，这也带来了网络建设成本的增加。

(d) 管理界面不清晰

多个区县的数据流需要经过某个汇聚节点(某个区县或运营商机房)导致市、区县的管理界面不清晰。

B) 二层架构

针对教育宽带网模型，一种较好的思路是省略汇聚层，采用"核心—接入"的两层架构。这种思想，在整个网络设计界的理念亦被称为"网络扁平化"。二层架构如下图2-12所示。

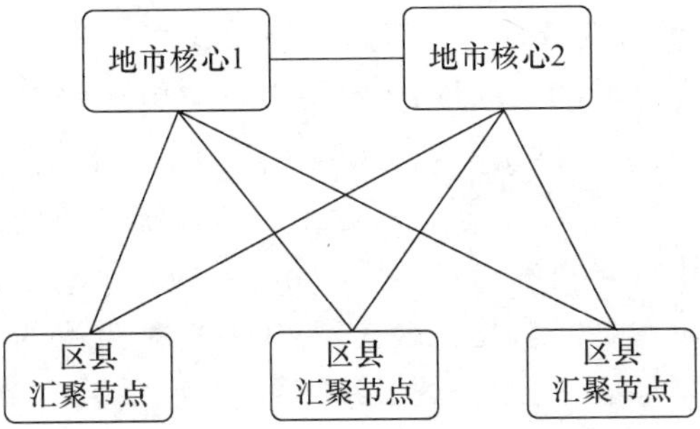

图 2-12　二层架构

通过精简教育宽带网的汇聚层，减少了网络中的节点和故障点，减少了教育宽带网网络的层次，优化了网络的结构。并且，降低了骨干网络的传输时延，降低了出现网络抖动的频率，降低了地市级教育宽带网络的实施和运行管理的难度，提高了教育宽带网骨干网络的传输效率。在目前各地地市级教育宽带网建设的实践中，基本上都是采取两层的架构设计地市级教育宽带网架构。

当然，要实施网络的二层扁平化，需要在链路上具有一定的保障，每个城域网的区县骨干节点到地市级的核心交换设备都需要具备直连链路，需要依托教育宽带网线路提供商的支持。

区县骨干节点上连地市级核心的网络架构总结：

表 2-1 对地市级教育宽带网平台建设时，区县骨干节点上连地市级教育宽带网核心设备的多种架构以及每种架构的特点进行了对比总结。

表 2-1　地市级教育宽带网架构选择

网络架构	可靠性	传输模式	传输性能	技术复杂度	建设成本
单星型	一般	交换	高带宽，低延时	低	低
双星型	高	交换，可负载均衡	双倍高带宽，低延时	较高	中
双星型虚拟化	高	交换，可负载均衡	双倍高带宽，低延时	低	中
环型	很高	共享环	带宽低，延时大	很高	设备成本中，链路成本低

在教育宽带网骨干节点的设置和建设上，应从可靠性需求、传输性能需求、建设和管理维护成本等多方面进行综合考虑、统筹抉择。根据前文分析，笔者推荐优先采用双星型的虚拟化架构进行地市级教育宽带网“市—区县”骨干节点之间的连接，并建议优先采用二层扁平化的网络架构。

（3）互联网出口的选择：分布式与集中式相结合

目前，从各个区域的互联网出口设计的应用现状来讲，一方面，若各个学校拥有独立的互联网出口，会给整个区域的教育宽带网带来安全、管理的难题，另一方面，若全市下属的近千所学校统一使用地市级的互联网出口（区县没有独立互联网出口），整个市、区县下属的学校的互联网访问速度奇慢无比，让人难以忍受。因此，整个教育宽带网的互联网接入设计应该采取分布式与集中式结合的二级出口设计思路。市教育局通过统一出口接入多个运营商的互联网，各个区县有自己的独立互联网出口，各区县下属的每所学校不容许有互联网出口，全部通过区县教育局统一出口访问互联网，各学校平常通过自己的区县教育局出口访问互联网，当区县互联网出口负载很大或出现问题时，地市级互联网出口可以作为备份出口。这样，既能保证教育宽带网专网的速度，同时也能保证互联网访问速度，整个网络安全管理也更可控。从各地的实践经验来看，集中式与分布式结合的出口设计方案是出口方案规划的最佳实践。

3. 地市级教育宽带网的方案规划

地市级教育宽带网是以计算机网络技术为依托，以信息技术设施为支持，以教育资源和软件建设为基础，全面实现教育信息数字化、教学手段现代化、教育行政管理电子化，为全市教育系统提供全方位信息化应用环境服务而构建的教育网络环境。建设地市级教育宽带网的根本目的是以教育信息化促进教育的均衡化，推进教育公平，使广大教师和学生充分利用优秀教育信息资源进行教育教学改革，提高现代教育水平；以教育信息化带动教育现代化，努力实现基础教育的跨越式、可持续发展。建设地市级教育宽带网要科学规划，逐步发展完善，不能贪大求全。为把地市级教育宽带网建设成为能用、实用、好用的教育网络，要抓住地市级数据中心建设、地市与区县之间的骨干网络、区县或市直学校接入点建设等三个方面的重点内容。

区块化的设计思想实际上就是把整个教育宽带网划分为地市级数据中心（资源中心）、教育宽带网骨干、互联网出口区、地市级办公接入区、地市直单位接入区、安全运维管理区、无线教育宽带网集中控制区、外连区共八个区块构成。区块之间的数据交换和网络数据一起形成了一个高速的以太网。首先不同的区块有不同的业务，网络按功能进行区块划分，不同区块负责各自的独立业务，互不干扰。按区块进行安全规则，路由策略统一部署，实现数据交换和安全防护。网络核心应具备高吞吐量和数据交换的能力，网络结构设计安全、可靠，局部区块故障不影响全局网络运行，组成一个高速的数字交换中心，负责各个区块之间高效的转换，这是分区的好处，可以保证性能。如果所有的功能都集中在核心层上面，一旦出现问题，就会影响运行。通过区块化的设计思想，各区块根据职能分工不同，设置不同的安全策略，各个区块之间不会相互影响，最大限度保障教育宽带网的可用性。

如图 2-13 所示，是典型的地市级教育宽带网的设计方案拓扑图。在进行地市级教育宽带网的建设时，可参考以下分区类型，将地市级教育宽带网划分为以下八大功能区域，由于地市级教育宽带网、区县教育宽带网在功能区设计方面具有类似性，只是网络规模不一样，在本节将重点讲解教育宽带网的核心交换区，其他部分详见区县教育宽带网相关部分。

（1）地市级教育宽带网核心交换区设计

地市级教育宽带网核心交换区作为教育宽带网的核心骨架，是教育宽带网建设中最先要考虑的问题，该区定位为整个地市级教育宽带网的核心交换功能，是地市级所有数据、业务的集中交互点，应进行重点规划和建设。综合分析了城域网中核心业务系统对网络的要求，分析出骨干网络需要有高稳定性、高性能、高可控、易扩展的四大重要需求。在城域网网络核心设备承担了大量的骨干数据快速转发的工作，如果还要承担大量的访问控制工作或安全管理功能，会造成工作负担加重，有一定的隐患。

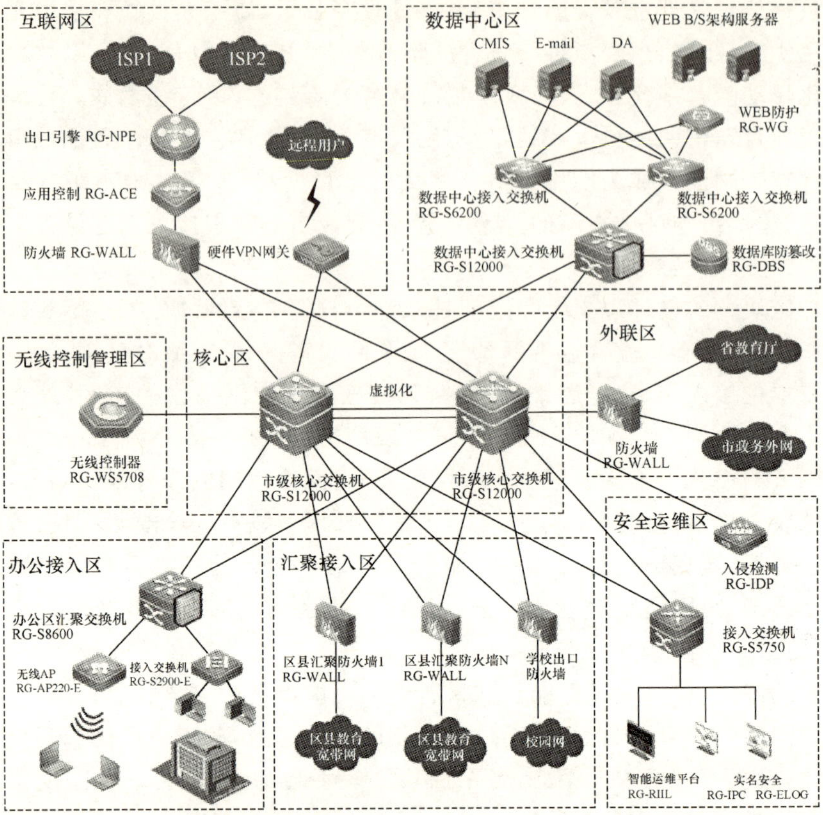

图 2-13　典型地市级教育宽带网组网拓扑图

建设原则：由于其位置的关键性和功能定位的特殊性，在进行市一级教育宽带网核心交换节点建设时，应尽可能遵循以下一些建设原则。

1）技术成熟：在进行市一级教育宽带网核心节点建设时，应选择市面上广泛应用、运行时间较长的成熟技术。经过教育宽带网尤其是区县平台的建设实践，基于以太网技术的路由交换技术、中长距光纤以太网通信等技术具有较为广泛、成熟的应用，建设灵活，管理方便，并且成本上具有较大优势，建议在市一级核心节点进行建设时作为首选。

2）性能保障：在整个网络业界的组网结构上，局域网络“百兆位到桌面”已经是绝对的主流并正在向“千兆位到桌面”迅速过渡。万兆位(10Gbps)组网已经在网络骨络中广泛应用，40Gbps/100Gbps 的以太网标准也已经出台。在市一级教育宽带网核心交换节点建设时，应尽可能地采用高性能的传输技术，保证整个教育宽带网的传输水平。核心设备的转发性能应考虑在千兆位的基础上进行建设，并逐步实现万兆位的核心。后续根据业务的发展情况，甚至可能考虑向 40Gbps/100Gbps 迈进。但是，整个地市级教育宽带网的传输性能也不是一步到位，越大越好，应根据区域信息化业务开展的水平、发展趋势、资金预算等，进行综合、统筹的考虑。此外，市一级教育宽带网核心交换节点不但应能提供高带宽的传输，在其他性能指标，例如传输延时、传输丢包率、传输抖动等方面都应进行考虑。相关性能保障技术详见本书第三章。

3）稳定可靠：在进行市一级教育宽带网核心交换节点建设时，有条件的区域，建议应尽可能考虑进行双机备份。根据实际情况，双机工作在热备份自动切换模式，或至少应工作在冷备份模式。在条件有限，只能进行单机建设的情况下，也应考虑对核心路由交换机的关键组件，例如交换路由转发引擎、电源模块、业务线卡模块、光纤收发模块等进行冗余备份。在路由交换机设备的选择上，也应选择口碑较好、应用较多、稳定性高的主流设备。此外，还应采取技术保障手段、保障制度、应急预案等，确保地市级教育宽带网核心交换节点的稳定可靠运行。

4）扩展性好：在进行市一级教育宽带网核心交换节点建设时，应充分评估核心设备的扩展性，例如，转发性能的扩展性，千兆平台应考虑对万兆位模块的扩展，万兆平台应考虑对 40Gbps 甚至 100Gbps 的扩展；接口数量的扩展性，核心路由交换设备用模块化设计，能够通过升级模块的方式扩展端口数量而无须升级整机；软件功能的扩展性，例如可以通过软件升级实现对 IPv6 等新业务、新技术的支持而无须升级整机等等。

教育宽带网的建设是整个区域教育信息化建设的核心，是保证所有业务应用系统正常运行的关键。结合现有教育系统的相关业务及应用，推荐以下两种方案来构建和完善教育宽带网的骨干核心网。

1）设备高可用设计：随着学校在 IP 网络上部署的应用增多，学校的学习生活、教学等对于网络依赖程度越来越高，网络成为学校正常运转的最基本因素之一。网络一旦出现故障，就如同断电缺水一般，其负面影响不可估量。同时随着业务应用发展，业务系统将显得越发脆弱，仅仅几秒的网络中断就会造成如多媒体录播系统的中断、OA 文件传输重传、视频会议的中断等，进而引发一系列的连锁效应。因此，网络永续性对学校信息化建设的成功变得越来越重要，核心设备本身需要配置双引擎、双电源及自身安全保护技术保证设备自身的安全性和稳定性。

2）核心骨干网络虚拟化：传统双核心网络，使用 MSTP＋VRRP 技术，虽能实现故障自动恢复，但故障恢复时间一般在 15 秒以上，完全不能达到不间断转发的要求，也限制了高实时类业务系统在学校的良好建设使用。同时，冗余链路和设备，使网络拓扑变得复杂，增加了日常管理维护难度，而且核心设备一旦不稳定或链路中断，则会导致 VRRP 或路由协议的震荡，形成安全隐患，也容易受到相关利用协议漏洞的攻击，这些都增加了网络不可靠的风险。

实现网络系统的前提是简化网络结构，减低业务、管理维护的复杂度，最根本的方法，就是要减少逻辑设备的数量。因此本方案中，采用核心网络虚拟化技术，将两台物理核心交换机虚拟为一台逻辑上统一的设备，使其能够实现统一的运行，从而达到减小网络规模，同时极大提高网络稳定健壮性，控制故障恢复时间。网络虚拟化拓扑分析图如图 2-14 所示。

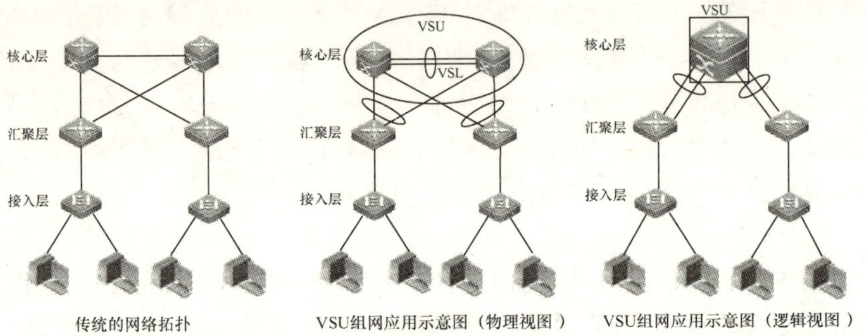

图 2-14　网络虚拟化拓扑分析图

虚拟云交换特性

使用网络虚拟化技术后，两台核心设备逻辑上变成一台。从而简化了网络拓扑。网络中不再需要生成树、VRRP 等复杂的协议，大大降低配置维护工作量。此时汇聚到核心双链路上连，等同于双链路连接到一台核心上，实现跨设备链路聚合。即使一台核心或上联链路中断，也可实现快速切换。切换时间控制在 50ms 以内，相当于普通数据包转发的时延，这不会对业务流畅运行产生任何影响。

选型参考：

根据区域教育宽带网的建设实践经验，我们列举了一些国内外厂家在教育宽带网核心节点广泛使用的设备，供读者参考，相关产品的详细信息，读者可登录相关设备制造商网站上进行进一步了解。

(A) CISCO Catalyst 6500 和 6500-E 系列路由交换机

Cisco® Catalyst® 6500 和 6500-E 系列使用户可获得最高生产率，增强了运营控制，从而为企业园区和电信运营商网络中的 IP 通信及应用供应设立了新标准。作为重要的智能、多层模块化思科交换机，Catalyst 6500 系列提供了安全、融合的端到端服务，范围涵盖配线间、核心网络、数据中心和 WAN 边缘。

Cisco Catalyst 6500 适用于希望降低总成本的大型企业和电信运营商，它提供了前所未有的投资保护，并在几种机箱配置和 LAN、WAN 及城域网(MAN)接口上提供了出色的可扩展性能和端口密度。Catalyst 6500 系列具有 3 插槽、6 插槽、9 插槽和 13 插槽的机箱，配备了范围最为广泛的集成多业务模块。

通过一个让所有 Cisco Catalyst 6500 机箱都使用通用模块集和 OS 软件、能够适应未来发展的架构，Catalyst 6500 系列提供了更高水平的操作一致性，可优化 IT 基础设施的使用，提高投资回报(ROI)。从 48 端口到 576 端口 10/100/1000，或从 1152 端口 10/100 以太网配线间到支持 192 个 1Gbps 或 32 个 10Gbps 中继的 400mpps 网络核心，Catalyst 6500 系列均提供了一个最优平台，通过冗余路由和转发引擎之间的状态化故障切换功能，实现了最长网络正常运行时间。

关于 CISCO Catalyst 6500/6500-E 的更多信息，读者可登录 www.cisco.com 进行了解。

(B) 锐捷网络 RG-S8600 核心路由交换机

RG-S8600 是锐捷网络推出的面向十万兆平台设计的下一代高密度多业务 IPv6 核心路由交换机，满足未来以太网络的应用需求，支持下一代的以太网 100G 速率接口，提供 14 横插槽设计、10 竖插槽设计和 6 横插槽设计三种主机：RG-S8614、RG-S8610 和 RG-S8606。

RG-S8600 系列高密度多业务 IPv6 核心路由交换机提供 4.8T/3.2T/1.6T 背板带宽，并支持将来更高带宽的扩展能力，高达 1786Mpps/1190Mpps/595Mpps 的二/三层包转发速率可为用户提供高密度端口的高速无阻塞数据交换。

RG-S8600 系列高密度多业务 IPv6 核心路由交换机提供全面的安全防护体系，提供分布式的业务融合平台，满足未来网络对安全和业务的更高需求。

(2) 地市级教育宽带网互联网出口区

地市级教育宽带网到互联网(Internet)的连接统一并且唯一由该互联网出口区进行实现，市直学校、市教育局办公网络用户通过本出口访问互联网，下属各个区县的学校通过区县出口统一访问互联网。互联网出口区是整个区县城域网的“咽喉”，出口区的所有设备不能成为网络瓶颈，其高性能、易管理、可扩展是必须要考虑的因素。详细设计方案部分请参考区县教育宽带网部分。

(3) 地市级办公接入区

该接入区为典型的地市级单位(如教育局)办公接入，即地市级单位办公局域网。办公接入区是区县教育局局域网接入区，高速安全的办公网是其建设目标，考虑到网络功能的可扩展性，对于以后不断出现的新应用，必须要求网络设备有很好的诸如防御病毒、防御攻击等先进功能，具备一定的数据吞吐能力和网络管理功能，提供良好的网络扩展能力。

(4) 市直单位接入区

市直单位接入区包括市直属学校接入及区县教育局的接入，该区域功能定位为市内直属单位接入地市级教育宽带网的入口，视连接距离，一般情况下需要由运营商提供租用链路，详细内容详见接入单位建设部分。

(5) 地市级教育宽带网外连区

地市级教育宽带网外连区提供地市级教育宽带网到上级部门(主要指省级)的上连，同时，实现政务外网的连接。另外，考虑为未来区域教育信息化业务的相关部门(例如银行、医疗系统)等其他单位的连接入口。

(6) 地市级无线教育宽带网集中控制区

地市级无线教育宽带网集中控制区定位于以地市级为单位建设无线教育宽带网的功能实现，典型情况下包括大型无线集中管理控制器等功能组件，主要为市直学校、市教育局办公用户的无线使用，提供市直学校及教育局办公用户的统一认证、账号漫游等功能。详见区县教育宽带网的无线教育宽带网部分。

(7) 地市级安全运维管理区

地市级安全运维管理区提供地市级相关的安全、运维保障体系，涉及相关的安全、运维相关系统的硬件和软件平台，地市级平台及区县平台的运维管理都需要以业务为核心进行管理，详见区县教育宽带网安全运维管理部分内容。

(8) 地市级数据中心区

地市级数据中心区主要包含地市级数据中心的网络、服务器、存储，以及相关的支撑软件和业务系统等，请参考地市级、区县数据中心的解决方案。

(二) 地市级数据中心建设方案

1. 地市级数据中心建设需求

越来越多的业务系统要求教育宽带网建设一个集合了服务器、网络、存储和运维管理等众多产品的平台来承担教育宽带网需要的计算、存储、应用等职能，这样的平台就是数据中心。建设一个符合信息化发展方向的数据中心已经成为越来越多教育宽带网开始规划或已经实施的工程。

教育宽带网数据中心可以实现教育宽带网异构数据环境无法支持的有效的数据交换，全面、集中、主动并有效地管理和优化IT基础架构，实现信息系统的高可管理性和高可用性，保障了业务的顺畅运行和服务的及时传递，最终以良好的服务赢得师生的认可。教育宽带网数据中心通过实现统一的数据定义与命名规范、集中的数据环境，从而达到数据共享与利用的目标。一个典型的教育宽带网数据中心常常跨多个供应商和多个产品的组件，包括：联网设备、服务器、存储设备等等。这些组件需要放在一起，确保它们能作为一个整体运行。

教育宽带网几乎所有的应用系统都离不开数据保存、备份、容灾及数据恢复，几乎城域网所连接的电脑都避免不了遇到因系统瘫痪而需要快速恢复的问题，而这一切都与存储系统的选择与构建紧密相连。

面对数据爆炸性的膨胀，教育宽带网正面临前所未有的存储挑战。为了充分利用资源，减少重复投资，存储作为构成计算机系统的主要架构和电子商务的基础设施之一，不再仅是充当外围设备的角色，逐步从系统中独立出来，成为一个完整的系统。存储虚拟化、存储资源管理、数据迁移和灾难恢复等存储应用有了广阔的发展空间，这些功能的实现，又都离不开存储管理系统。

首先就是高昂的总体拥有成本，不同的系统利用不同的存储设备，有可能造成有的存储空间不够用，而有的存储空间还有很多的富裕。这样就造成了设备资源利用率低下，还会造成散乱的数据中心的运维管理。无法平滑地根据业务的增长而扩展架构，一旦遇到要增加系统，还只能通过简单的单独增加服务器存储的方式，问题没有得到根本的解决。

现阶段的数据中心还存在以下问题：

(1) 部分数据仍然采用直接存储在服务器本地硬盘上的方式，不同的数据存储在不同服务器的硬盘上，造成有些服务器硬盘空间已满，而有些服务器硬盘空间却闲置，存储空间的利用率极不均衡。

(2) 由于服务器磁盘槽位有限，空间扩展比较困难。

(3) 随着应用的不断丰富，访问量的增加，办公、教学、科研对网络的依赖，服务器的性能受到严酷的考验，最终将成为性能的瓶颈。

(4) 部分服务器采用DAS存储架构，数据存放于直连的SCSI/FC盘阵中，存储空间扩展成本很高，不能实现多服务器共享存储空间，而且单台磁盘阵列往往就成了核心系统的一个单点故障点，一旦磁盘阵列发生故障，则整个系统将发生中断。

(5) 存在多种存储架构和设备共存的局面，利用率低，扩展性差，缺乏对存储的统一、集中式管理。

(6) 部分服务器与磁盘阵列采用FC SAN/IP SAN存储区域网络架

构，虽然有本地的备份、恢复措施，但是不能应对如自然灾难（比如：地震、雷击、水灾、火灾、海啸等）、基础设施灾难（比如：机房电力故障、磁盘阵列硬件故障等）和软灾难（比如：战争、蓄意破坏、严重的人为操作失误、系统软件 BUG 等）中的任何一种，数据存在较大安全隐患，在灾难发生时无法保证对业务系统 7＊24 小时的不间断访问。

由于全国各地区域的教育信息化发展的不平衡，各地数据中心建设的思路不尽相同，针对传统数据中心的解决方案包括 IP SAN/FC SAN 的解决方案详见区县数据中心方案规划部分。本节内容重点讲解数据容灾的方案规划，其他内容详见区县数据中心解决方案。

2. 地市级数据中心方案规划

(1) 灾备方案概述

异地远程数据灾备方案的灾备地点选择某个区县信息中心，采用与本地磁盘阵列相同的配置，通过光纤以双冗余方式接入到 SAN 网络中，实现本地关键应用数据的实时同步复制。在本地数据及整个应用系统出现灾难时，系统至少在异地保存有一份可用的关键业务的镜像数据。该数据是本地生产数据的完全实时拷贝。

数据灾备系统由主数据中心和备份数据中心组成。其中：主数据中心采用高可靠性集群解决方案设计，备份数据中心与主数据中心通过光纤相连接。主数据中心系统配置主机包括两台或多台服务器以及其他相关服务器，通过安装 HA 软件组成多机高可靠性环境。数据存储在主数据中心存储磁盘阵列中。同时，在异地备份数据中心配置相同结构的存储磁盘阵列和一台或多台备份服务器。通过专用的灾难恢复软件可以自动实现主数据中心存储数据与备份数据中心数据的实时完全备份。在主数据中心，按照用户要求，还可以配置磁带备份服务器，用来安装备份软件和磁带库。备份服务器直接连接到存储阵列和磁带库，控制系统的日常数据的磁带备份。主备数据中心之间通过裸光纤互联网，实现数据高速、实时的复制。

备份数据中心必须满足以下条件：

a) 具备与主数据中心相似的网络、通信设置；

b) 具备业务应用运行的基本系统配置；

c) 具备稳定、高效的电信通路连接主数据中心，确保数据的实时备份；

d) 具备日常维护条件；

e) 与主数据中心相距足够安全的距离。

常见的数据容灾备份方案有本地容灾、园区级容灾及异地容灾。

(2) 本地容灾

通过虚拟化管理平台对异构的存储柜实现虚拟化，实现统一存储架构，将关键业务系统数据卷与新增加的存储设备中的新卷进行在线的实时镜像，减少了存储设备的单点故障。原有的服务器、存储系统和磁带库不需要做任何调整，很短时间内即可完成安装和调试。本地容灾拓扑如图 2-15 所示。

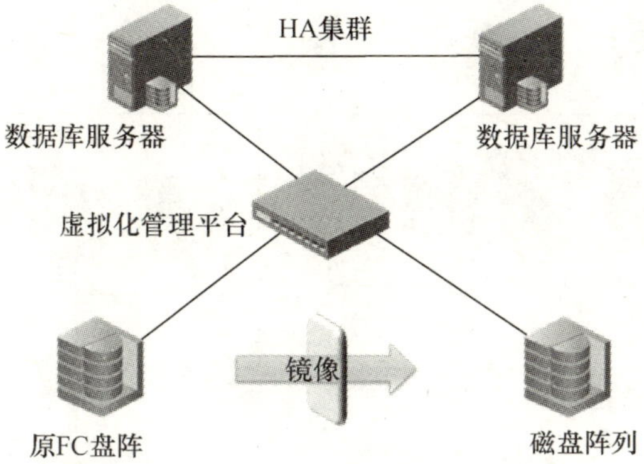

图 2-15　本地容灾拓扑图

(3) 园区级容灾

园区级容灾拓扑如图 2-16 所示。本方案采用两台虚拟化管理平台进行集群，服务器、虚拟化管理平台和磁盘阵列分布在教育局的两栋楼中，做到全部冗余，去除所有单点故障，任何一栋楼内的设备出现问题都不会影响业务运行，增大了容灾半径。

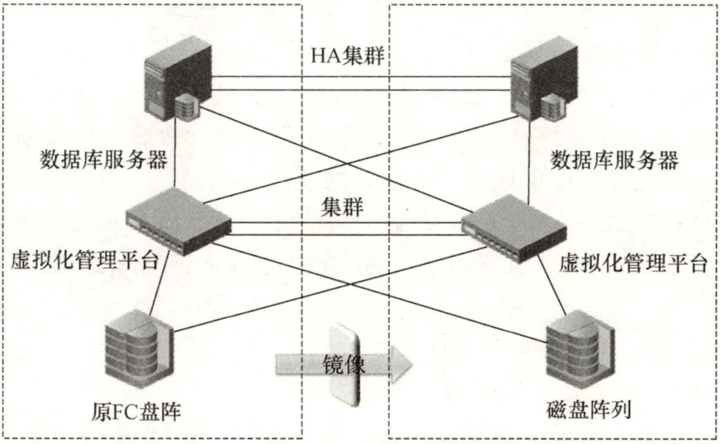

图 2-16　园区容灾拓扑图

(4) 远程容灾

远程(异地)容灾拓扑如图 2-17 所示。该方案针对数据中心和灾备中心之间距离比较远,带宽比较低的情况,通过远程复制(GDR)功能,部署两台虚拟化管理平台在网络上对接。这种方案是性价比相对较高、方便部署的一种方式。

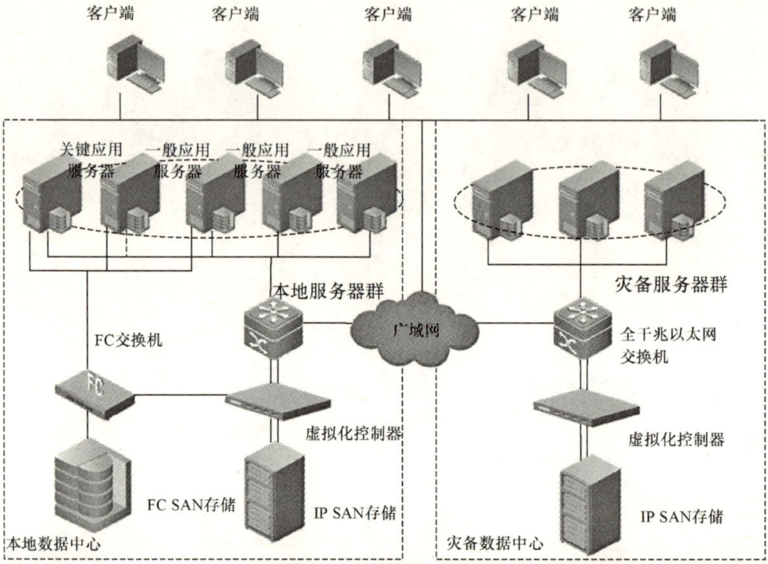

图 2-17　异地容灾拓扑图

原有 FC SAN 连接到一台虚拟化管理平台上,通过租用链路实现与异地的虚拟化管理平台进行通信,通过虚拟化管理平台具备的 GDR 远程容灾功能实现数据的异地容灾。对于重要的数据库应用系统,可以引入一台新的服务器,与原来的服务器之间建立双机冗余。由于引入双机的功能,数据库应用系统不会因为应用服务器的硬件故障或者系统维护而停机。应用系统可以保证 7＊24 小时的业务不间断性。虚拟化管理平台的前端是基于 IP SAN/FC SAN 的存储架构,所以后期扩展服务器无需另外购买 HBA 卡,通过服务器自带的千兆网卡即可实现连接和存储访问。

(三) 地市级接入单位建设方案

1. 远程接入模式分析

在一个地市级教育宽带网中,由于覆盖的学校、教育局种类很多,地理位置相对分散。这些单位由于地理位置的原因或者规模的要求,对于传输网络的要求都不相同。城域网接入平台如何能够兼容各种不同的远程接入方式，这是一个很现实的问题。

从接入方式的种类上来看，主要分为以下三类：

a）裸光纤接入方式。通过租用或自建裸光纤的方式将各接入学校及区县连接到地市级教育宽带网平台，实现星型结构的网络连接，各个学校连接教育宽带网的传输速率一般在 100 M 或 1000 M，完全满足各平台间的数据传输需求。这种方式的优点是带宽有保障，足够满足未来五年内教育宽带网业务的扩展。这种方式具备极好的扩展性，整个链路带宽可控（随着两端设备档次的升级，带宽升级可控）。缺点是成本高，自建光纤网络成本高，维护困难，在运营商线路资源不足的地区租用裸光纤的费用高。

b）专线接入方式。通过租用 SDH/MSTP 专线的方式将各接入学校及区县连接到地市级教育宽带网，各学校到教育宽带网的传输速率一般在 2 M、10 M、100 M 不等。这种方式的优点是带宽固定可保障，但带宽难以支持视屏类业务的开展。同时这种方式存在两个缺点：第一是带宽扩展不灵活，很多区域 MSTP 线路资源不足而 SDH 资源的带宽扩展困难；第二是费用高，专线方式的网络连接需要支付高昂的专线租用费用。

c）MPLS VPN 的接入方式。建立 MPLS VPN 通道来将各接入学校及区县连接到地市级教育宽带网。运营商针对大客户提供的主流的 VPN 接入方式分为 ADSL 拨号的 VPDN 及基于运营商 IP 承载网的 MPLS VPN。VPDN 方式可以通过拨号的用户名来识别客户类型，让客户只有访问教育宽带网而没有访问 Internet 的权限，有效避免学校私自通过出口访问 Internet。但是带宽受限于 ADSL 带宽资源，适合于比较偏远的农村学校。MPLS VPN 是将所有教育宽带网接入用户接入到运营商承载网，通过 MPLS 标签技术完全和其他用户隔离开来，虽然受限于线路资源在承载网中共享使用，但是以目前运营商承载网的规模以及 QoS 技术的使用，带宽质量对一般的教学类应用有一定的保证，但难以支撑实时视频类教学业务应用。

2. 区县级城域网接入设计

区县级教育宽带网已经有完善的网络，部分已建成自己独立的业务系统。区县教育宽带网一般都有自己独立的 Internet 出口，接入地市级教育宽带网平台后，主要可以开展资源库的共享、远程教学观摩、信息平台的对接、视频会议、公文流转等业务，对线路带宽要求较高。

接入链路选择：

区级教育宽带网因为离市中心地理位置较近，光纤资源相对充足，租金便宜，建议选用裸光纤方式接入，选择 100 M 至 1000 M 带宽接入市教育宽带网。

县级教育宽带网建议采取裸光纤接入市教育宽带网，但县级单位一般地理位置较远，裸光纤成本太高，也可采用接入运营商的 IP 承载网即 MPLS VPN 的方式(牺牲带宽和性能)，运营商传输专网资源丰富的地区也可以考虑选用 MSTP 专线接入的方式，根据实际业务应用需求选择 100 M 带宽。区县城域网出口接入示意图如图 2-18 所示。

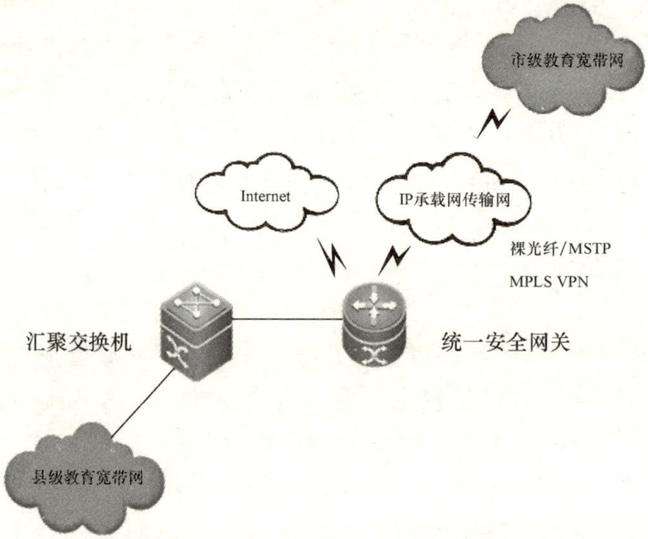

图 2-18　区县城域网出口接入示意图

区县单位接入地市级教育宽带网节点设备选型：

在区县出口接入点的节点设备选型上，根据在区域教育宽带网建设中的实践，常见的节点设备类型包括高端交换机、高端路由器、高端防火墙等三种类型。

(1) 高端交换机作为接入节点

使用高端交换机作为区县骨干节点，将区县教育宽带网与地市级教育宽带网进行互联，是最简单的连接方式，其特点是高性能。其连接拓扑如图 2-19 所示。

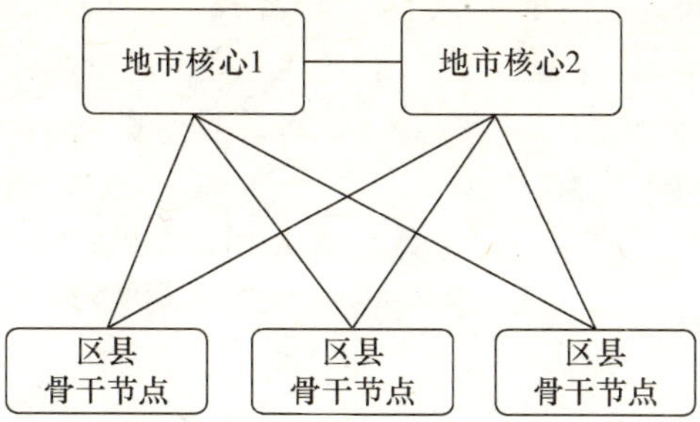

图 2-19　高性能的交换机接入

区县教育宽带网的高端核心交换机，直接接入地市级教育宽带网骨干节点，将区县单位接入地市级教育宽带网。其最大特点在于结构简单，如果区县一级已经开通了区县级教育宽带网，地市级教育宽带网建设时，只需要增加相应的地市级核心设备和“市、区县”的地市级城域网专线链路，即可快速实现地市级教育宽带网的开通。

将区县教育宽带网的核心交换机作为地市级教育宽带网的区县单位接入节点的不足之处在于以下几点：

a）地市级教育宽带网的运行和管理边界不够清晰。最简单的例子，“市、区县”的网络带宽的确定，或者扩容，将很大程度受制于各区县核心交换机能够支持的接口形态等现状，根本无法做到由地市级教育宽带网建设部门做到统一规划。又如，如果市内某区尚未进行区县级教育宽带网的建设，无核心交换机，但此时地市级信息管理中心又发起了全市教育宽带网的建设，此时，该区如何接入地市级教育宽带网也成为一个问题。

b）网络安全的问题。由于网络的边界不够清晰，这种建设模式下，将很难确定网络安全的实施主体和实施位置。“市核心、区县核心”的直连模式，无疑加深了地市级教育宽带网与区县教育宽带网的融合程度，将让地市级与区县之间，以及区县与区间的网络安全面临更大的挑战。

c）支持的链路形态受到制约。一般而言，市面上的中高端核心交换机支持的链路形态也非常有限，例如，常见的区县高端核心交换机一般仅提供对以太网技术的支持。如果市教育宽带网中心到区域的带宽受线路提供商制约，运营商无法提供以太网链路，则无法在区县使用高端交换机进行地市级教育宽带网接入。

（2）高端路由器作为接入节点

使用高端路由器作为区县接入地市级教育宽带网的接入节点，不需要考虑各个区县内部教育宽带网建设的具体细节。高端路由器成为了地市级教育宽带网和区县教育宽带网的分界点。一般而言，作为区县核心节点的高端路由器，其物理位置位于各区县教育宽带网或托管区县运营商机房，地市级教育宽带网主管部门是其采购建设、管理维护的主体。其运营和连接拓扑如图 2-20 所示。

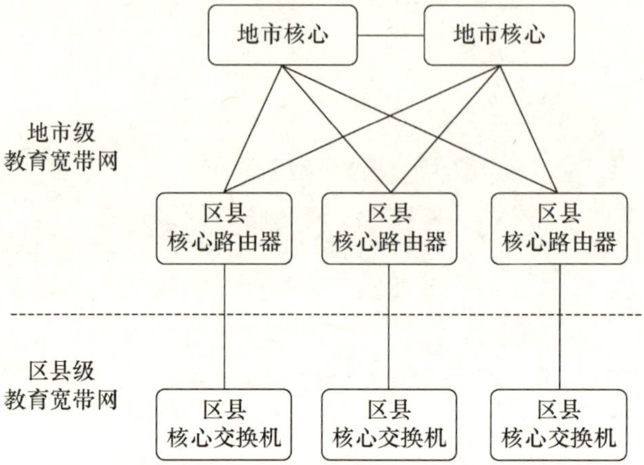

图 2-20　多业务的高端交换机接入

使用高端路由器作为区县接入地市级教育宽带网的核心节点，主要具有以下特点：

a）明确了教育宽带网的管理边界。以路由器为界，路由器及地市级核心设备属于地市级教育宽带网的范畴，由地市级教育信息化部门作为建设和运行维护的主体。各区县教育宽带网则由各区县进行独立建设、独立运行维护。

b）一定程度上提升了整个地市级教育宽带网网络的安全性。由于路由器界定了城域网的边界，可以将路由器作为安全策略实施的边界，使得各区县教育宽带网之间、区县教育宽带网和地市级教育宽带网之间，更容易实现逻辑上的隔离。

c）更好地适应各种城域网专线链路。路由器区别于交换机的关键特性，在于对链路的适应性非常强，例如路由器对 SDH、MSTP、MPLS VPN、裸光纤、以太网等都能提供接入适应性。

（3）高端防火墙作为区县接入点

使用高端防火墙作为区县接入地市级教育宽带网的核心节点，与路由器类似，同样可以清晰界定地市级和区县级教育宽带网的边界。其连接拓扑如图 2-21 所示。相比路由器方式，使用防火墙还具有以下特点：

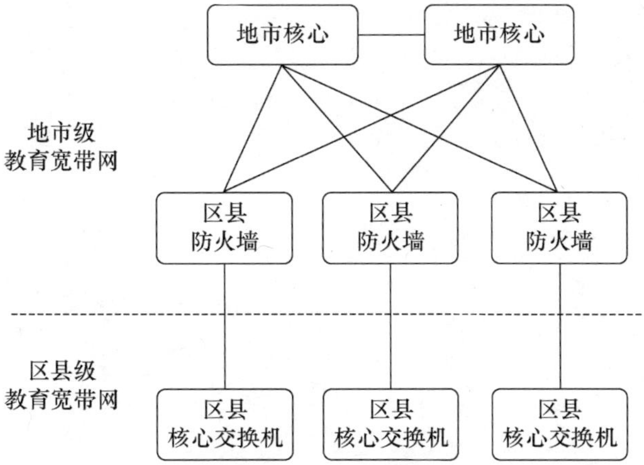

图 2-21　多安全的防火墙接入

a）更好的安全性。由于防火墙的安全功能定位，其支持比交换机、路由器种类更多、粒度更细的安全控制策略，典型的例如状态检测包过滤、攻击防御等，对建设安全的地市级教育宽带网骨干具有更好的支持性。详见后文“网络安全技术”相关章节。

b）更多功能特性支持。常见的网络防火墙还能具有病毒过滤、应用层流量控制甚至入侵防御等特性，对于优化地市级教育宽带网的服务质量有着比较积极的作用。

使用防火墙作为区县接入地市级教育宽带网的骨干节点，也具有一定的不足，主要体现在：

a）相比路由器，防火墙支持的链路形态有限。目前市面上主流的防火墙基本基于以太网技术开发，意味着只能在基于以太网组建的地市级教育宽带网骨干网中使用。

b）性能与成本。由于防火墙的安全和多业务特性，其同等速率的单端口成本要远远高于交换机和路由器，目前，市面上的高性能，尤其能够达到万兆位(10 Gbps)的防火墙成本非常高。这也会在一定程度上阻碍防火墙在地市级教育宽带网中的应用。

区域根据自己的链路情况及业务承载的特点，选择适合自己的区县接入地市级城域网的节点设备，防火墙或路由器是比较通用的选择方案。

3. 市直学校接入设计

学校已有完善的网络，接入地市级教育宽带网平台后，需要通过地市级出口教育宽带网统一上网，不允许有自己单独的出口，可开展资源库、数字图书馆、远程教学、教学观摩、校舍安全、公文系统、电子巡考等应用，对线路带宽要求较高。

链路类型选择：

市直大型中学一般都在市内、离教育宽带网中心较近，运营商光路资源丰富，可选用裸光纤方式接入，提供 100 M—1000 M 带宽。

接入示意图：

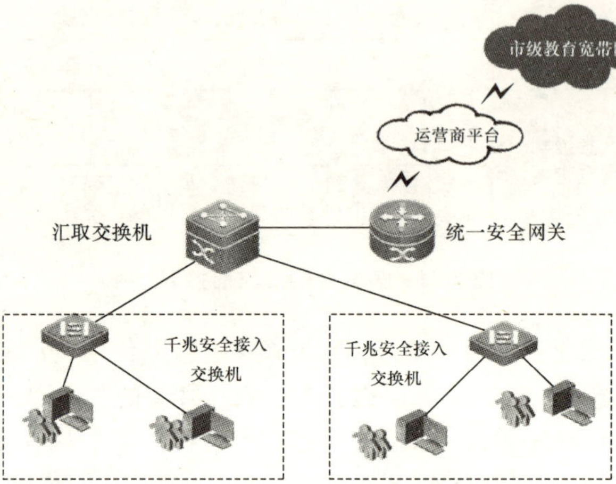

图 2-22 市直学校接入示意图

二、区县平台方案规划

区县教育信息化网络基础设施设计内容包括区县数据中心建设、区县教育宽带网建设和区县接入单位建设三个部分内容。区县教育宽带网的搭建是区县单位接入的前提，区县接入单位是教育宽带网的主要用户群体所在，而数据中心承载整个区县重要数据的存储，三个层面相辅相成，互相关联。

（一）区县教育宽带网方案规划

下面将从区县教育宽带网建设原则、架构选择、“区块化”设计及实施步骤建议三个层面详述区县教育宽带网方案规划。

1. 区县教育宽带网建设原则

任何教育宽带网的建设都是在建设、使用过程中不断进行修订和完善，才能最终满足各方用户需求，为了确保建设的连贯性、确保实现最终建设目标，区县教育宽带网需要按照“统一规划、分步实施”总体原则来进行，由信息主管部门按照资金预算、接入单位要求、链路资源现状、网络技术人员能力等诸多方面进行统一规划、统筹管理，并制定可行的分步实施计划，在总体原则的指导下遵循以下七个原则进行规划和建设：

(1) 高稳定

区县教育宽带网是区县接入单位实现互联的基础，为接入单位提供7＊24小时不间断的网络互联服务就显得至关重要，因此整个网络设计必须达到运营级设计要求。在网络核心、汇聚、接入、出口、服务器区方案设计上，不但要考虑设备本身的冗余、容错能力，还要合理设计网络架构进一步提升教育宽带网的稳定性。

(2) 高性能

由于教育宽带网内数据流量巨大且关键流量众多，设计中必须保障网络及设备的数据高速传输能力、服务质量(QoS)保证能力，确保用户能够通过网络高效获取各种数据和服务，并重点保障大流量、实时应用的高质量开展。

(3) 高安全

由于教育宽带网上会进行学籍、财务、师资等高安全级别的管理数据，为确保关键数据安全和网络稳定，必须制定统一的安全策略，整体考虑教育宽带网的安全性，构建全局安全网络。保证关键数据不被非法窃取、篡改或泄漏，使数据具有极高的可信性。

(4) 易管理

由于教育宽带网设备多、链路复杂，需要选用先进的网络管理平台，对网络实行集中监测、分权管理，并统一分配带宽资源，实现对整网设备、端口的管理、流量统计分析，以及提供故障的自动报警。

(5) 良好可扩展性

根据未来应用和业务的增长和变化，网络可以平滑升级和扩充，最大限度地减少对网络架构和现有设备的调整，保护现有投资。

(6) 经济实用性

为确保教育宽带网的经济实用，在采取“统一规划、分步实施”的基础上进行建设，并应尽可能选用高性价比的设备，以便节省投资。

(7) 先进性

尽量采用当今国内、国际上最先进和成熟的软硬件技术，使新建立的系统能够最大限度地适应今后技术发展变化和业务发展变化的需要，保护用户投资。

2. 区县教育宽带网架构选择

在区县教育宽带网搭建初期，需要重点考虑核心层架构选择、汇聚接入层架构选择、集中式或分布式出口架构选择、教育宽带网链路选择四个方面的问题。只有把这四个问题在教育宽带网规划前期进行有效确定，才能够使整个教育宽带网的搭建更加顺畅。区县教育宽带网建设架构如图 2-23 所示。

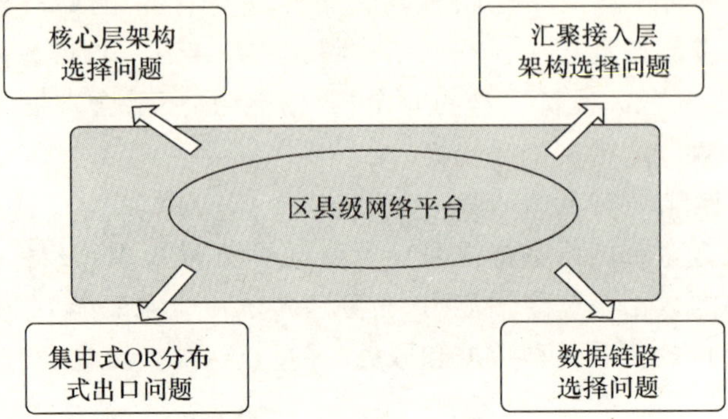

图 2-23 区县教育宽带网建设架构选择图

(1) 核心层架构选择

核心层的功能主要是实现骨干网络之间的优化传输、冗余能力、可靠性和高速的传输。核心层是网络中所有流量的最终承受者和汇聚者,其性能的优劣直接影响到最终用户的上网体验。目前在各种网络建设中,业界区县教育宽带网核心层架构主流有星型架构(包括单核心和双核心)和环型架构两种结构设计,采用哪种架构取决于最终业务对网络的实际需求。在实际区县级教育宽带网建设中多采用星型双核心架构。

(2) 汇聚接入层架构选择

区县教育宽带网采用星型双核心设计时,下属单位接入区县教育宽带网骨干的汇聚接入层架构有三层网络架构和二层网络架构。

A) 三层网络架构

区县教育宽带网汇聚接入层可采用“核心——汇聚——接入”的三层网络架构。如图 2-24 所示。

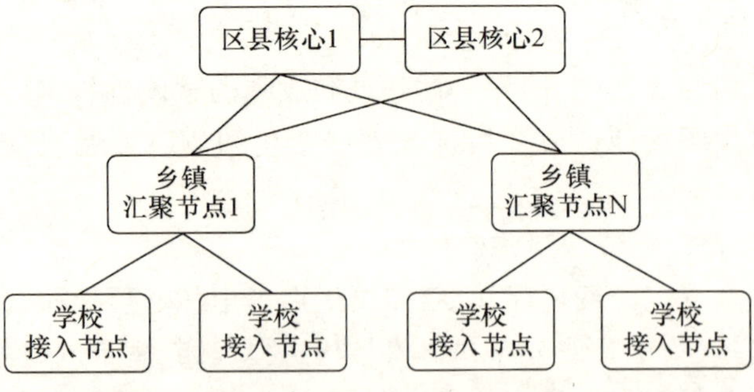

图 2-24 区县三层网络架构图

三层网络架构的三个主体分别是接入节点（指学校）、汇聚节点（指乡镇）和核心骨干节点（指区县骨干）。三层网络架构是指在区县骨干节点和接入单位节点之间，选择一定数量的乡镇或者直属学校设置汇聚节点，其他接入单位就近进入汇聚节点，由汇聚节点上连到区县教育宽带网骨干。

B）二层架构

区县教育宽带网汇聚接入层的另一种设计思路是省略汇聚层，采用“核心——接入”的两层网络架构，也即将接入节点（指学校）与核心骨干节点（指区县骨干）直接相连，如图 2-25 所示。

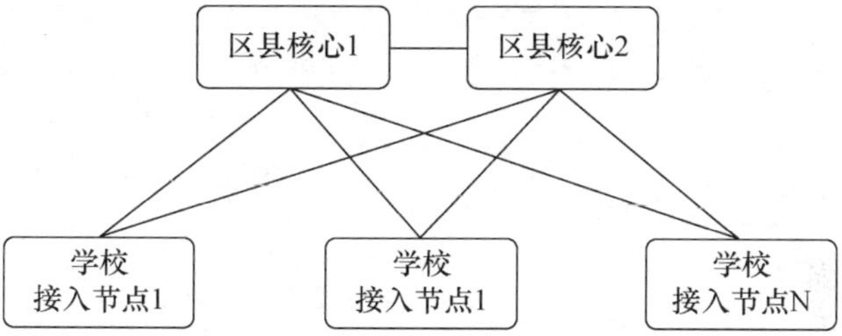

图 2-25　区县二层网络架构图

通过取消教育宽带网的汇聚层，使得网络中的节点和故障点数量减少，同时简化了教育宽带网网络的层次，从而优化了网络的结构，降低了骨干网络的传输时延，提高了教育宽带网骨干网络的传输效率，降低了地市级教育宽带网络的实施和运行管理的难度，当然，要想实施网络的二层扁平化，网络链路需要具有一定的保障，每个教育宽带网的区县骨干节点到乡镇汇聚交换设备都需要具备直接通过光纤连接的链路，这些直连链路需要依托教育宽带网线路提供商的支持。这样势必增加用户的链路成本。

汇聚层的架构也即在多个乡镇部署汇聚接入到区县核心交换机还是接入单位直接上连到区县核心交换机，要根据各个区县、乡镇和接入单位的实际地理分布情况、运营商链路情况以及整体项目投资进行选择和规划。

（3）教育宽带网节点间链路选择

教育宽带网节点间的链路选择也是区县教育宽带网搭建初期的考虑之一。在教育宽带网的节点间的接入技术中，常见的主流技术有裸光纤＋以太网、SDH/MSTP、MPLS VPN、ADSL 专网、Internet＋IPSEC

VPN 等，下表 2-2 是上述技术的对比分析。

表 2-2　教育宽带网常见接入线路

组网方式	运营方式	可维护性	成本	带宽	安全性	带宽质量保证
裸光纤＋以太网	自建/租用	高	视距离而定	1000 M/10 G	物理层	高
SDH	租用运营商	低	高	2 M/155 M	物理层	高
MSTP	租用运营商	低	较高	灵活分配	数据链路层	较高
MPLS VPN	租用运营商	低	中	灵活分配	网络层	中
ADSL 专网	租用运营商	低	低	低，2—8 Mbps	数据链路层	中
Internet＋IPSEC VPN	自建	高	低	取决于 Internet 接入带宽和 VPN 网关设备性能	网络层（加密）	低

a）裸光纤＋以太网

裸光纤组网模式与 LAN（局域网）类似，通过自建或租用运营商裸光纤，实现交换机物理端口的端到端直连，其优势在于管理维护性强、传输带宽高（取决于交换机物理端口速度，典型 1000Mbps 至 10Gbps）、安全性高、传输质量有保障等。但裸光纤的传输距离对链路成本要求比较高，需要根据区域的实际情况进行选择。

b）SDH/MSTP

SDH 及基于 SDH 的 MSTP 技术需要依托运营商数字传输专网，从而为用户提供高可靠性和较高的传输保障。SDH 线路接口形态一般为 E1/POS，带宽固定为 2Mbps/155Mbps，使用路由器进行连接，价格较高。基于 SDH 发展而来的 MSTP 线路继承了 SDH 高可靠性和较高的传输保障的特点，提供以太网形态的线路接口，可以实现灵活可调的线路带宽，方便了用户组网。由于 SDH/MSTP 的高可靠性和较高的传输保障，其成本也相对较高，因而，常见于金融、政府等部门的业务专网建设，在教育宽带网中应用得相对较少。

从接入方式的种类来看，主要分为以下三类：

裸光纤接入方式。通过租用或自建裸光纤的方式将各接入学校及区县连接到地市级教育宽带网平台，实现星型结构的网络连接，传输速率一般在 100—1000M，完全满足平台间的数据传输要求。这种方式的优点是带宽有保障，足够满足未来 3—5 年内教育宽带网业务的扩展需求，但是自建光纤网络成本高，维护困难，在运营商线路资源不足的地区租用市内裸光纤的费用高。

专线接入方式。通过租用 SDH/MSTP 专线的方式将各接入学校连接到区县级教育宽带网，基本满足市小型规模的学校数据传输需求，传输速率一般在 2—10M 之间。这种方式的优点是带宽有固定保障，但是同时有一个缺点：带宽扩展不灵活，很多区域 MSTP 线路资源不足而 SDH 资源的单条带宽只有 2M。

VPN 专线接入方式。建立 VPN 通道来将各接入学校连接到区县级教育宽带网平台。运营商针对大客户提供的主流的 VPN 接入方式，将 VPN 的接入方式分为 ADSL 拨号的 VPDN 和基于运营商 IP 承载网的 MPLS VPN。VPDN 方式可以通过拨号的用户名来识别客户类型，仅赋予客户访问教育宽带网的权限而没有访问 Internet 的权限，这样有效避免学校通过出口私自访问 Internet。VPDN 的带宽受限于 ADSL 带宽资源。MPLS VPN 是将所有教育宽带网接入用户接入到运营商承载网，通过 MPLS 标签技术和其他用户完全隔离开来，虽然受限于线路资源在承载网中共享使用，但是以目前运营商承载网的规模以及 QoS 技术的使用，MPLS VPN 的带宽质量是可以得到保障的。

以上探讨了在区域教育宽带网的建设过程中常见的接入技术类型，在区域教育宽带网以及相关教育信息化教育宽带网的建设中，各地应根据区域实际情况和业务开展情况，选择适合自身的接入网络架构。

c) 分布式出口或集中式出口

分布式出口是指每个学校单独有自己的互联网出口。

集中式出口又叫统一出口，即一个区县内所有接入教育宽带网的单位必须经由区县网络中心统一出口，进行统一规划、统一管理、统一维护，从而能够节约投资，进行有效管理。

教育宽带网不仅要支撑教育办公自动化系统（OA 平台）、教育管理基础数据库系统（MIS 平台）和虚拟校园网络教学支撑平台等典型数据的应用，而且承载着电视会议系统及 VoIP 系统、视音频点播系统、校园联网监控等多媒体系统应用。

新业务的扩展也对教育宽带网的建设提出了新的要求，在教育宽带网建设过程中，建设者的目光逐渐聚焦到“安全”、“可靠”、“全业务”、“易管理”这些关键词上。

安全：教育宽带网普遍面临着网络病毒泛滥、DoS攻击、广播包等大量的安全问题。如何在互联网出口、数据中心和终端接入等各个层面统一部署安全策略，成为教育宽带网建设中首先需要考虑的问题。

可靠：教育宽带网业务要求越来越高，对基础网络系统的稳定可靠要求也越来越高。在网络设计中选用高可靠性网络产品，选用的网络设备充分考虑冗余、容错能力；合理设计网络架构，制订可靠的网络备份策略，保证具有故障自愈能力的网络，从而最大限度地支持系统的正常运行。

全业务：教育宽带网建设的目的不仅是将教育网建成宽带、先进、专业的高度信息共享的互联系统以便实现普教系统高效率的教育政务网，也是在教育网上实现教育教学多媒体资源的高度共享，以便实现信息化课程开发和多媒体网络远程教学。这就要求教育宽带网不仅要实现三网合一的数据传送和多媒体通讯，要建设统一的数据中心，也要建设教育宽带网视频联网监控。

易管理：如果各个接入单位都有自己的出口，在每个接入单位的网络建设情况和技术实力参差不齐的情况下，除了增加区县政府对教育宽带网建设的整体投资成本之外，还应对整个区县的教育宽带网进行管理和维护。这样就带来非常多的麻烦：如病毒侵入、黑客攻击、责任不能定位、用户行为不易管控等等。

因而在此建议各个区县教育宽带网建设和管理部门通过行政手段、技术手段等，在区县教育宽带网规划中要求实行在区县的中心机房采用统一出口管理。

3. 区县教育宽带网“区块化”设计

根据区县级教育宽带网应承载的主要功能，对教育宽带网进行分区块设计。这样的划分既保证了网络的完整性，又有利于对不同功能区进行单独安全保障和稳定性设计，对整网安全、稳定以及数据高效传输都起到促进作用。可以把区县级教育宽带网分为教育宽带网核心区、汇聚接入区、办公接入区、互联网区、教育宽带网外连区、无线控制管理区、数据中心区和安全运维区八大区域，区县教育宽带网整体设计的拓扑图如图2-26所示。

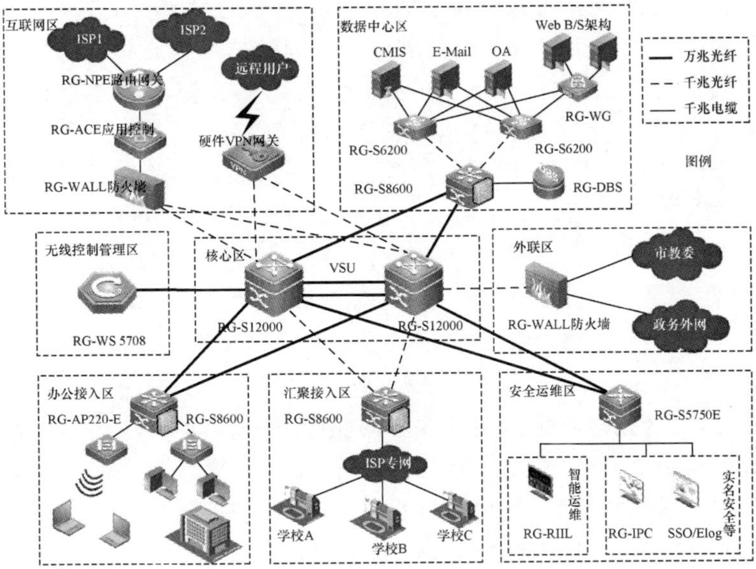

图 2-26　区县教育宽带网网络拓扑图

区县教育宽带网的八大功能区块之间各司其职又互联互通，不同的区块有不同的业务和功能需求。核心区是整个区县教育宽带网的“中枢”，位于教育宽带网的中心，负责进行数据包的快速交换和转发，是整个教育宽带网的基础承载平台。作为数据高速交换区其高性能、高稳定以及高安全和扩展性是核心区的主要要求。汇聚接入区可以扩展核心层设备的端口密度和种类，扩大核心层节点的业务覆盖范围，实现接入用户的可管理性，接入层节点的设置主要是为了接入直接用户和进一步扩展教育宽带网的覆盖范围，将不同地理分布的具体学校用户快速有效地接入。汇聚层负责为全网的数据转发提供高速的通道，汇聚各种流量进入核心层。此层设备除了数据转发外，还要负责网络中大部分数据的控制和服务处理，作为乡镇和直属学校接入区县教育宽带网的中继，其对于转发的高效性、内部安全性以及运营商链路选择有具体要求。办公接入区是区县教育局的办公局域网接入区，高速安全的办公网是其建设目标，考虑到网络功能的可扩展性，对于以后不断出现的新应用，必须要求网络设备有很好的功能，诸如防御病毒、防御攻击等先进功能，具备一定的数据吞吐能力和网络管理功能，提供良好的网络扩展能力。出口区是整个区县教育宽带网的“咽喉”，出口区的所有设备不能成为网络瓶颈，高性能、易管理、可扩展是必须要考虑的因素。数据中心区是区县级管理机构的“王牌”区域。目前数据中心的建设如火如荼，如何能够保证数据的安全，如何使得各项业务能够顺畅开展是数据中心规划的最重要的内容，各个区县需要根据自身的实际情况和需求选择合理的技术和产品进行数据中心搭建。安全运维区作为一个对整网的控管区，其管控功能是否有效和是否能够落地，是整个区县教育宽带网平台建设好坏的重要环节。它承载着整网身份认证系统、单点登录平台、网络设备和业务监控系统等重要业务，需要选择成熟度高，简便易部署的方案进行设计。外连区是过渡区，起着承上启下的作用，主要用于与地市级平台和政府电子政务网进行对接，因此需要考虑安全高效统一的问题。只有把这八个区域分别实施管理同时要整体规划，才能搭建合理的区县教育宽带网，最终起到珠璧联辉的效果。

总之，将区县教育宽带网按照不同功能分区进行“区块化”设计，全网IP、VLAN、路由策略、安全策略统一部署，实现数据高速交换和有效安全防护。通过区块化设计，使得局部区块故障不影响全局网络安全的稳定运行，并能够保证整网的高性能、高可靠、易管理、可扩展。通过区块化的设计，各个学校的资源不再是“孤立的资源”，在网内可以访问、共享，提高资源利用率和节省成本；同时，主管部门还可以随时了解各个学校的教学情况，提升对整个辖区的掌控；学生和老师可以随时随地访问需要的资源，可以做到双向沟通；家长能够及时掌握学生在校学习、生活情况，将学校教育和家庭教育很好结合起来。通过区块化的设计，必将为各个区县的教育事业的飞速发展打下坚实的基础。

(1) 核心区设计

核心区设计架构图如图 2-27 所示。在区县教育宽带网核心区采用双核心星型架构设计，两台高性能模块化核心交换机之间利用硬件的网络虚拟化等先进技术实现安全、稳定、可靠保证。

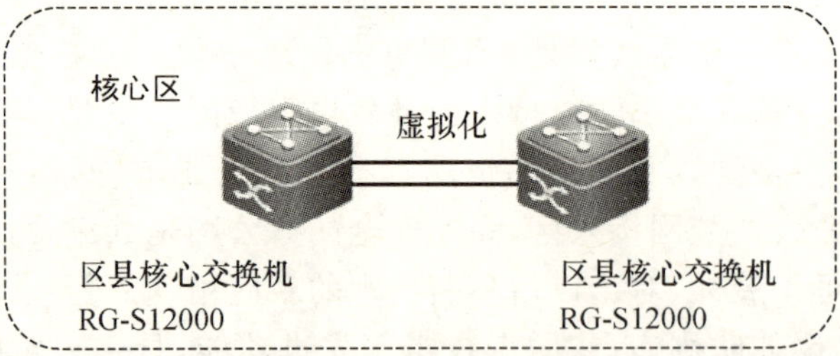

图 2-27　核心架构图

1) 网络架构安全稳定设计

教育宽带网的建设是整个区域教育信息化建设的核心，是保证所有业务应用系统正常运行的关键，网络骨干核心作为全网的心脏，向单位内部的终端系统源源不断地提供信息血液，保证整个教育业务系统的可靠运行，同时需要保证各种应用服务器的数据能够被稳定可靠的传输到终端系统，还要协调全网的数据流量和访问策略，在提供信息服务的同时，保证网络中心自身的安全。区县级教育宽带网核心骨干区要在性能保障、安全防护、稳定可靠、扩展能力等方面进行充分的设计。

稳定可靠性规划：核心区设备采用两台或者多台高端模块化十万兆平台交换机，配置双电源、双引擎、双风扇，提升单机的稳定可靠性。交换机使用万兆硬件网络虚拟化技术进行部署，在单台设备故障或者线路故障时，实现 50 ms 以内的切换，较少故障恢复时间，提高网络稳定健壮性，保证业务的连续性。

网络安全性规划：交换机开启相关的安全策略，确保在受到严重网络攻击或者网络频繁振荡时设备正常稳定运行。教育宽带网核心的安全特性表现为自身对异常流量攻击时进行自我保护。需要强调的一个误区是，目前高端核心交换机都支持配置防火墙板卡，将核心交换机的对服务器、下联区、出口区端口全部转化为防火墙端口，进行安全控制过滤，这样虽然在保护教育宽带网核心骨干区的安全可靠方面起到一定作用，但是由于防火墙板卡与核心交换机共用引擎板卡带宽，对于核心交换机整体来说同样增加了其工作负担，也违背了网络设计中“专机专用”的原则，因此在核心区域的安全规划中不建议在核心交换机上安插部署防火墙板卡，安全插卡可分布在汇聚层或接入层进行，将安全保护措施放到边界。核心区最主要的功能是数据的高速转发，为流经核心区的数据进行高速转发提供保障。

流量管理规划：在教育宽带网中，网络流量主要包括三类：学校与学校之间的流量、学校访问区县数据中心的流量、学校访问 Internet 流量。高端交换机配置硬件流量分析板卡，对教育宽带网骨干流量进行 1∶1 采样，对通过核心交换机的流量进行实时监控，通过对图形图表统计分析，实现骨干区流量可视透明化、可管理、可定位；而对全网网络、业务资源的统一监控，为合理化规划资源提供有效的数据支撑。

结合现有教育系统的相关业务应用和各地教育宽带网建设的案例，教育宽带网核心建设推荐采用网络虚拟化技术来构建和完善教育宽带网的骨干核心网。

区县中心机房的两台核心交换机之间采用硬件虚拟化技术，将两台核心设备虚拟为一台逻辑核心交换机，虚拟化技术能够很容易地扩展端口数量、带宽，同时解决传统的 MSTP＋VRRP 的双核心拓扑在配置复杂性及利用率低方面存在的问题，实现毫秒的故障恢复，既简化网络拓扑，又方便管理，同时提高网络稳定性。

传统双核心网络，使用 MSTP＋VRRP 技术，虽能实现故障自动恢复，但故障恢复时间一般在 30 秒以上完成，不能达到不间断转发的要求，也限制了高实时类业务系统在学校的良好建设使用；并且在这种情况下，冗余链路和设备使网络拓扑变得复杂，增加了日常管理维护难度，而且核心设备一旦不稳定或链路中断，则会导致 VRRP 或路由协议的震荡，形成安全隐患，也容易受到相关利用协议漏洞的攻击。这些都增加了网络不可靠的风险。

业务连续性的前提是简化网络结构和减低网络管理维护的复杂度，实现的最根本的方法就是要减少逻辑设备的数量。采用硬件的网络虚拟化交换技术，将两台物理核心交换机虚拟为一台逻辑上统一的设备，使其能够实现统一的运行，从而达到减小网络规模，同时极大提高网络稳定健壮性，控制故障恢复时间。

使用网络虚拟化技术后，两台核心设备逻辑上变成一台，从而简化了网络拓扑，网络中不再需要生成树、VRRP 等复杂的协议，大大降低配置维护工作量。汇聚到核心采取双链路上连，等同于双链路连接到一台核心上，实现跨设备链路聚合。即使一台核心或上连的链路中断，也可实现快速切换，切换时间控制在 50ms 以内，不会对业务运行产生任何影响，可保障教学视频类的业务不中断运行。

2）骨干网流量分析设计

虽然带宽的提高可以减少网络流量拥塞等现象发生，但是随着业务种类的不断增加，业务流量逐渐趋于复杂，可控的网络流量才是保障用户良好应用体验的最有效手段，否则，即使网络带宽再增加，当大部分流量都聚集到某一条网络链路时，或者大量的 P2P 非业务流量把带宽消耗殆尽时，关键业务应用（尤其是对时延敏感的业务应用）仍然难以保证其应用质量，因而要想网络流量变得可控，首先需要做到将网络流量分类并可视。

核心骨干交换机能够实现网络流量监管如 IPFIX 流量管理，可以进行流量采样、流量采集、数据分析处理，使网络核心流量得到有效的管理和控制，保证业务的使用。IPFIX 全称为 IP Flow Information Export，即 IP 数据流信息输出，它用于网络中的数据流信息测量的标准协议。该协议主要在于：统一 IP 数据流的统计、输出标准，这使得网络管理员很容易地提取和查看存储在这些网络设备中的重要流量统计信息。

IPFIX 定义的格式以 Cisco Netflow Version 9 数据输出格式作为基础，可使 IP 流量信息从一个输出器(Export)传送到收集器(Collector)。因为 IPFIX 是一种针对数据流特征分析、基于模板的格式输出的协议，因此具有很强的可扩展性，对于不同的需求都可以定义不同的数据格式。

为了较完整的输出数据，IPFIX 缺省使用网络设备的七个关键域来表示每股网络流量。这七个关键域分别是：源 IP 地址、目的 IP 地址、TCP/UDP 源端口、TCP/UDP 目的端口、三层协议类型、服务类型(Type-of-service)字节、输入逻辑接口。如果不同的 IP 报文中所有的七个关键域都匹配，那么这些 IP 报文都将被视为属于同一股流量，通过记录网络中这些流量的特征，如流量持续时间、流量中报文平均长度等，管理员可以了解到当前网络的应用情况，并根据这些信息对网络进行优化，安全检测，流量计费。IPFIX 是基于"流"的概念。一个流是指：来自相同的子接口、有相同的源和目的 IP 地址、协议类型、相同的源和目的协议端口号以及相同 ToS 的报文，通常为五元组。IPFIX 会记录这个流的统计信息，这些信息包括：时间戳、报文数、总的字节数。

IPFIX 主要包括三个设备 Export、Collector、Analyzer，三个设备之间的关系如图 2-28 所示。

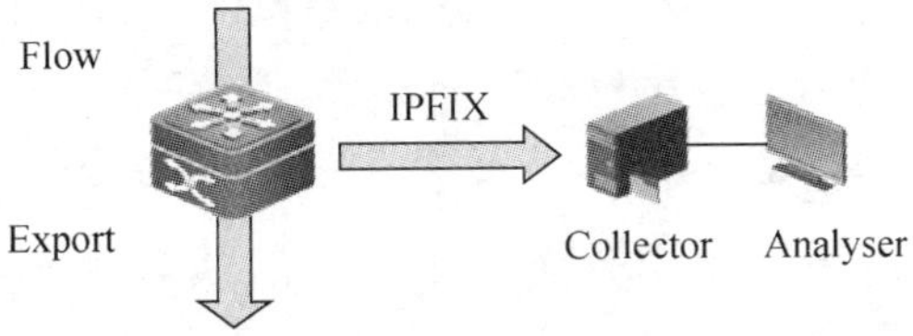

图 2-28 IPFIX 流量图

Export 对网络流进行分析处理，提取符合条件的数据流统计信息，并将统计信息输出给 Collector。Collector 负责解析 Export 的数据报文，把统计数据收集到数据库中，可供 Analyser 进行解析。Analyser 从 Collector 中提取统计数据，进行后续处理，为各种业务提供依据，以图形界面的形式显示出来。

为了实现对教育宽带网业务的高可控，需要对现有网络中出现的问题进行梳理，那么必须从流量着手，使用基于国际标准协议 IPFIX 的核心骨干网的流量管理，实现对教育宽带网整网流量管理和控制。

流量管理方案的特点：

(a) 入侵检测

“网络流量分析”功能可以掌握教育宽带网的整体流量分布，可以掌握总流量多大、哪些学校流量多、哪些学校流量少。根据流量特点，进行网络攻击的检测，同时还可以像主机端病毒防护一样，采用“特征库”升级来阻止最新的网络攻击。

(b) 优化性能

“应用带宽分析”功能可以了解教育宽带网中的应用流量分布。可以了解如下几方面的流量分布情况：P2P 流量有多少、邮件流量有多少、能够提供带宽实时统计、历史带宽使用趋势、应用的带宽分布等。利用这些统计数据，可以立刻了解某个接口相关的主机、应用和会话占用了多少带宽，决定是否需要升级带宽，决定是否需要增加可用带宽或加强安全策略。

(c) 降低成本

“服务区利用率分析”功能可直观看到哪些服务器利用率高，哪些服务器利用率低，帮助判断总闲置的服务器是不是可以另作他用。

(d) 排除故障更快

“网络故障判断”能快速定位故障所在的位置，“网络异常告警”功能能提供预警功能。如某个学校大部分时间流量为 30 M，突然某天为 60 M 时就会发出警报，通知管理人员提前进行处理。IPFIX 可以提供占用带宽最多的用户和与这些用户会话的机会。所有带宽报表都包含可解析 DNS 的源和目标 IP 地址，便于测定某个链路中占用带宽最多的用户和查看某个网站或主机的带宽统计数据。

(e) 采集流量全

现有的流量方案不但可以分析各个学校到互联网访问的流量，还可以采集各个学校到服务器区域的流量，并对这些流量进行识别、分析及监控管理。

3) 核心区设备选型

核心层的主要目标是提供高速、可靠的传输平台，负责连接汇聚层节点的接入。该层的节点设备应具备线速无阻塞的转发性能，负责为全网的数据转发提供高速的通道，并能提供流量工程。区县级核心交换机需要选用高性能、成熟稳定、品牌知名度高的产品，同时在设备本身的重要部件上进行无故障设计，从其性能、稳定性、安全性和扩展性几个纬度，确保区县教育宽带网可用。

在核心交换机性能方面要求支持下一代 40/100G802.3ba 以太网标准；稳定性方面要求支持硬件虚拟化技术；安全性方面要求支持 CPU 安全保护策略，扩展性方面要求支持多业务板卡设计。各方面具体内容如下：

（A）高性能

（a）支持下一代 40/100G802.3ba 以太网标准。目前网络应用无论是在数量还是在容量上，都扩张到了之前无法想象的水平。千兆以太网作为一种针对企业设备的新型高速标准网络接口已经普遍盛行。诸如 IPTV、企业桌面 Web 播放以及 VoIP 等高带宽服务对网络容量及处理能力也不断提出更高要求，即使是采用千兆以太网接口，网络的瓶颈问题还是日益凸显。随着越来越多的教育宽带网核心开始采用 10 Gbps 传输，运营商开始在教育宽带网中实施 100 Gbps 以太网，将其作为一种高效率的方式。随着广泛开展的各类宽带业务，例如视频组播、高清晰度电视和实时游戏等，促使 10 G 以太网技术在教育宽带网和电信骨干网等得到广泛应用。事实上，万兆以太网在设计之初就考虑到城域骨干网的需求。随着未来业务的增加，势必会造成应用带宽不足。而 802.3ba 支持 40 G/100 G 工作平台的标准解决了数据中心、运营商网络和其他流量密集高性能计算环境中数量越来越多的应用的宽带需求，目前业界主流厂商均有支持 40 G/100 G 工作平台的高性能核心交换机。

（b）全分布式业务处理：将设备管理、业务处理分布到每个线卡而不是集中在引擎处理，降低引擎压力同时保证稳定性。

（c）模块化软件系统设计：可以保证网络功能被划分到具有标准接口的不同进程中。在这种架构中，明确定义的进程独立运行。如果需要添加一个新进程，或者一个进程发生故障，需要升级或必须被独立管理的话，这个进程的状态不会影响交换机的其他任何功能。

（d）核心交换机应该具有较高的交换容量、快速包转发率性能，二、三层包转发速率可为用户提供高密度端口的高速无阻塞数据交换，保证整网的高效性。

（B）高稳定

（a）核心交换机支持网络虚拟化技术，实现冗余热备，保证整网稳定，为各种业务的永续运行提供可靠保障。

（b）核心交换机支持双管理引擎冗余热备无中断切换技术，保证主从管理板的切换在毫秒间实现。同时在切换过程中，各主机线卡可以继续转发原有的数据流，不影响网络业务的正常透明运行，实现管理板的平滑切换。核心交换机支持双电源供电，并且电源要节能环保，功率不要过高。

(c) 核心交换机的风扇冗余设计，互为备份。核心交换机的散热是一个不容忽视的问题，除了保证机房环境具有适当的温度、湿度外，核心交换机自身应该具有风扇冗余设计，保证自身的散热，多风扇之间形成备份结构。

(d) 核心交换机设备要求 99.999%的稳定及零故障无源背板设计，关键器件的无源背板设计可以有效避免机箱出现单点故障。

(e) 核心交换机支持三平面分离技术。骨干网核心交换机的数据处理类型可以分为三大类：数据平面(各种二层/三层/组播/ACL/QoS 数据)、管理平面(通过 TELNET、SNMP 对设备进行管理维护的数据流)、控制平面(各种协议比如 STP、OSPF、RIP 交互的数据流)，通过将三个平面进行分离，可以保证在数据流量非常大、网络异常(比如回路)、有大量攻击数据流、OSPF 协议无法收敛的情况下，管理员仍然可以通过各种网络管理方式登陆到骨干网核心交换机上，通过察看接口状态、日志记录、协议的信息，发现网络中存在的问题，关闭有问题的端口、停止异常的协议，从而能够在线排除网络故障、在不重启骨干网核心交换机的情况下让其恢复正常。再结合平面分离加平面保护技术，提供完善的控制平面、数据平面、管理平面保护机制，极大地提高了骨干网核心交换机的稳定性。

(C) 高安全

(a) 核心交换机支持智动安全防御。核心交换机基于设备自身安全的技术必须基于 CPU 和端口为主要出发点。目前业界硬件厂商已开发了一些用于防攻击的功能模块(比如：ACL、QoS 等)，通过这些功能模块自行建立攻击检测和保护的机制，并提供对外的管理接口。核心交换机均可自动检测常见攻击行为，并自动下发相关策略，阻断网络攻击，恢复网络正常。第一，可有效保护网络稳定性，阻绝各类攻击；第二，无需管理员手工参与，提高管理效率，降低管理维护难度。智动安全防御体系框架可以分为软件平台和硬件平台两大部分，软件平台主要负责报文流的分类和策略的实施，硬件平台主要对非法用户进行硬件隔离，以达到保护 CPU 资源的目的。同时结合 IPFIX 流量监控技术基于端口进行流量监测，帮助网络管理人员快速锁定异常不安全的数据源，在网络管理平台实现全网下发安全保护策略，及早地隔离非法数据源。

(b) 核心交换机支持操作系统模块化。核心交换机支持模块化软件平台(对软件系统进行划分之后,将不同的系统任务分割成一些很少交互的可管理子集)。

(c) 核心交换机支持硬件自保护。目前众多的网络病毒都是通过对网络设备的 CPU 进行特定协议的攻击。例如,利用伪造的数据包瞄准具体协议,向网络设备发动攻击。攻击会大量消耗 CPU 上的资源(CPU 循环和通信队列),从而达到攻击目的。通过硬件的方式对发往控制平面的数据进行分类,把不同的协议数据归类到不同的队列,然后对不同的队列进行限速,专门对路由引擎进行保护,阻挡外界的 DOS 攻击,且并不影响转发速度,不影响性能的前提下,灵活且有力地防止攻击,保证了即使有大规模攻击数据发往 CPU 的时候依然可以在交换机内部对数据进行区分。CPU 保护策略可提供三种保护方法来保护 CPU 的利用率。第一,可以配置 CPU 接受数据流的总带宽,从全局上保护 CPU;第二,可以设置 QoS 队列,为每种队列设置带宽;第三,为每种类型的报文设置最大速率。

(D) 可扩展

(a) 核心交换机具有多业务插槽设计,在未来几年之内能够满足业务和用户发展的扩容需求,对用户在未来 5 至 10 年的核心交换设备投入方面形成投资保护。

(b) 核心交换机设备支持丰富的 IPv4/IPv6、MPLS、路由协议,支持万兆防火墙板卡、流量控制板卡、无线控制器板卡等多业务融合功能,具有良好的高性能、高可扩展性。

表 2-3 核心区设备选型

核心区设备选型型号参考:

品牌	设备型号	设备说明
思科	S6500 系列、Nexus 7000 系列	模块化核心交换机
锐捷网络	S12000 系列	高性能 100G 平台核心交换机
锐捷网络	S8600 系列	高性能 100G 平台核心交换机

吴江市教育宽带网案例解析

吴江市作为苏州一个重要的县级市,其信息化的建设工作走在了苏州市的前列。经过多年的积累,已经建成了吴江市的重要教育数据中心。随着网络应用的发展以及苏州市对整体教育宽带网的要求,该中心的网络架构和网络设备已经不能很好地满足现在苏州市 MPLSVPN 网络的整体要求,因此吴江市基于苏州市 MPLS 的大环境的要求下着手改造该中心的教育宽带网。

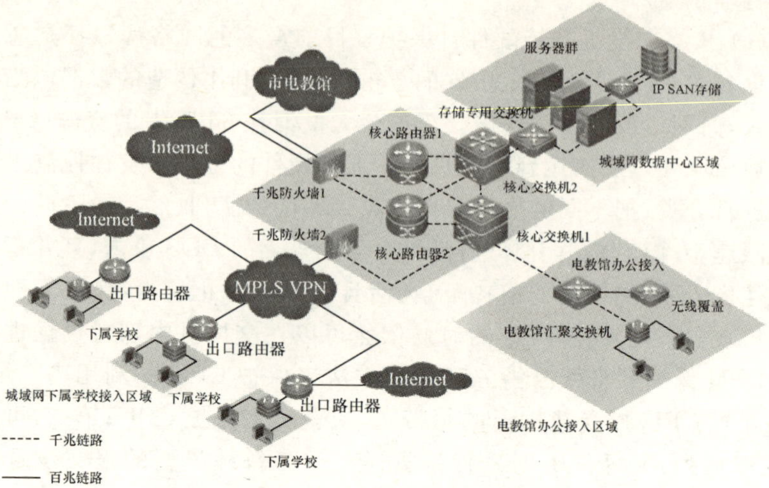

图 2-29　吴江教育宽带网改造前的拓扑

中心的架构设计如图 2-30 所示：

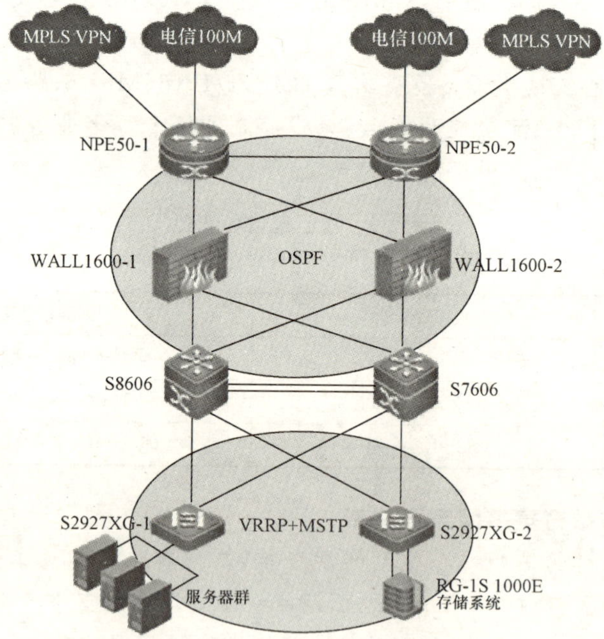

图 2-30　吴江教育宽带网核心拓扑

吴江教育宽带网将采用如图 2-30 所示的设计方案：整个教育宽带网的骨干互联采用 MPLS-VPN 的方式实现，利用市电信提供的 MPLS-VPN 线路组建教育宽带网骨干，将下属的学校通过 MPLS-VPN 的方式与市教育中心互联起来，市中心同样通过 MPLS-VPN 的方式与苏州市电教馆实现互联。在下属学校在与中心具体的互联上采用两种方式：一种是学校单出口的方式，即学校对 Internet 进行访问全部从电教馆中心出去。这种方式可以实现对学校统一管理统一出口，不过对核心设备的要求较高。另一种是学校采用双出口的方式，即学校对 Internet 进行访问的时候从学校自身独立的光纤出去，当需要访问教育宽带网内部资源的时候从另一根光纤走 MPLS-VPN 访问教育宽带网资源。这种方式可以减轻中心的压力，但是学校需要承担多一根光纤的费用，同时各个学校存在出口安全隐患，适合于资金充裕、信息技术强的重点中学。

在这种设计思路和规划下，整个教育宽带网的建设主要需要考虑四部分的内容：教育宽带网核心交换机、教育宽带网出口路由器(网络出口引擎)、教育宽带网出口防火墙、教育宽带网数据中心。

教育宽带网核心交换机负责教育宽带网数据的高速交换，教育宽带网所有访问的流量都将经过核心交换转发。教育宽带网核心交换机由两台组成，核心交换机 1 为主核心，负责教育宽带网所有的数据转发；核心交换机 2 为辅核心，负责服务器的接入和教育宽带网平台的数据转发，两台设备互为备份。

教育宽带网主核心需要使用面向十万兆平台设计的下一代高密度多业务 IPV6 核心路由交换机，以满足未来以太网络的应用需求。这些交换机提供 6 插槽以上的扩展，提供多种方便灵活的管理方式。主核心要求高背板和高包转发率，可为教育宽带网提供高密度端口的高速无阻塞数据交换。主核心还要求提供全面的安全防护体系，提供分布式的业务融合平台，满足未来网络对安全和业务的更高需求。教育宽带网辅核心同样也要求高性能和高稳定性，保证服务器和数据中心的无阻塞数据交换，为今后的多业务扩展提供升级和支持。

教育宽带网中心出口路由器负责对所有通过教育宽带网中心上互联网和市教育宽带网的数据转发进行 NAT 处理。由于吴江学校较多，有 100 多所学校，上网 PC 总数在几千台以上，所以这台路由器的 NAT 性能要足够强大，配置专用的 NAT 处理引擎，以保证教育宽带网中心的数据线速转发，通过两台高性能 NAT 路由器相互备份，保证出口的路由和 NAT 的稳定快速。一旦一台路由器出现问题，将自动切换到另外一台路由器上转发，保证教育宽带网出口的不间断。

教育宽带网出口防火墙负责教育宽带网安全策略方面的控制，在学校接入教育宽带网的线路上放置一台千兆防火墙，用来控制和过滤学校内部的攻击和病毒，在教育宽带网上互联网出口的线路上放置一台千兆防火墙，用于控制和过滤外网进来的病毒和攻击。出口路由器加防火墙的模式可以让路由器和防火墙各司其职，共同保证出口的稳定和快速转发。

教育宽带网数据中心区域是教育宽带网所有数据存储的中心，主要由服务器和存储系统组成，对于存储系统采用 IP SAN 存储系统，基于 IP 的存储系统应用可以更加灵活和方便，IP SAN 支持的 RAID5、RAID6 和全局热备盘、快照、镜像等技术可以充分保证教育宽带网数据的安全，支持高扩展性，能充分保证今后数据不断膨胀的需要。基于 IP 的高安全性能够满足各种网络应用和服务器的安全，内置硬件 RAID 处理器，能够保证数据的高速存储，自带的 NAS 模块可以为教育宽带网中任何一台 PC 开放文件服务；只要线路带宽足够就可以快速访问。IP SAN 存储系统可以和现有的以太教育宽带网无缝兼容，可以为教育宽带网中的任何一台 PC 或服务器提供硬盘存储服务。

吴江市教育宽带网实现的整体解决方案满足了教育中心对于网络安全、健壮、易管理的需要，大大提升了教育中心的整体网络环境，加快了教育局信息化的进程，满足了未来教育中心多样化的需求，使教育中心的网络基础设施建设达到了一个全新的阶段。

(2) 汇聚接入区设计

网络汇聚层构成核心层与接入层的分界，其实现功能主要包括：地址及区域的聚合、各区域网络（如校园网）接入访问、确定广播/多播区域、VLAN 间路由（多层交换）、基于应用需求的传输介质转换、安全控制等。处于网络汇聚层的乡镇机房中心（一般为运营商机房）各配置一台汇聚交换机并通过远程数据专线与区县网络中心的核心交换机互连，与核心层共同构成教育宽带网主干。网络接入层（也称访问层）构成终端用户访问教育宽带网的接入点，包括各个学校校园网、教育局机关 LAN 等，此处区县教育宽带网的接入区域主要是指学校接入单位的出口区域规划。

在区县教育宽带网整体架构中，汇聚接入区设计如图 2-31 所示：

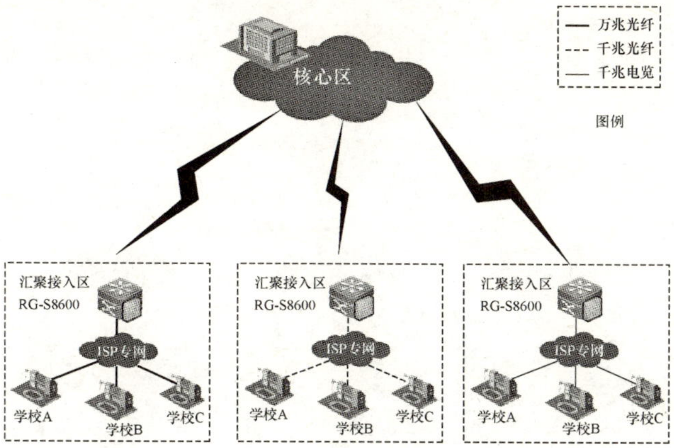

图 2-31 汇聚接入区拓扑

在实际的区县汇聚接入区根据下属学校、乡镇等接入单位数量、地理位置、运营商线路资源等因素确定采取二层架构、三层架构或者混合架构，在乡镇、学校的汇聚交换机上部署防火墙板卡保证与区县教育宽带网的安全隔离。

区县教育宽带网是否设置汇聚交换机一般可以按照 10～20 所接入单位共用一台汇聚的规模来进行规划。汇聚交换机的放置地点建议利用运营商现有机房，这样既有利于整体规划，更能够节约投资成本，同时也利于安全管理。从目前运营商提供的链路现状以及各个区县规划，业界主流的汇聚接入模式可以分为以下三种。

1）裸光纤接入模式

这种情况下，用户对带宽具有很强的控制权，整个教育宽带网的带宽瓶颈由用户的设备决定。每个乡镇汇聚或者学校直接通过裸光纤接入到区县级核心区，保证教育宽带网数据安全和传输高效，绕开多余的中间运营商环节的设备，大大降低单点故障发生的概率，同时也为网络管理提供了更多便捷。整个网络具备很好的安全性及扩展性，可满足未来高带宽要求的视频应用的承载。

此种模式为区县教育宽带网主推模式，适用于运营商链路资源较为丰富的大中型区县，特别是经济相对发达的区县一般会采取这种模式。

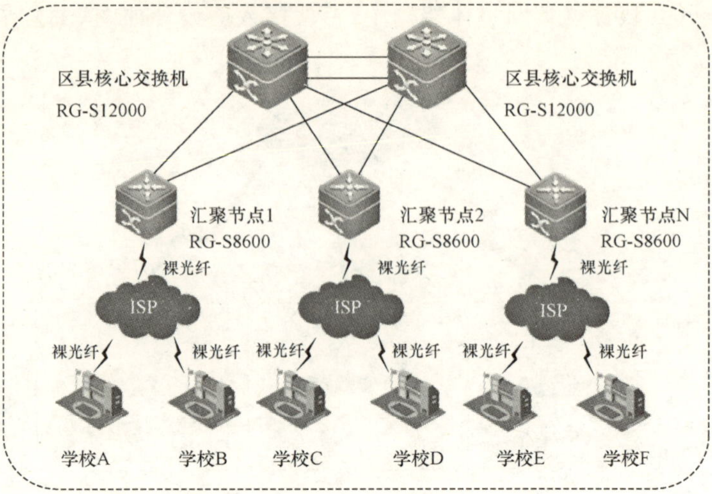

图 2-32　裸光纤

2）低带宽专线模式

类似于图 2-34 的情况比如：教育局申请 300 M 的带宽，各个学校申请 20 M、10 M、4 M 的带宽不等，客户对带宽几乎没有什么控制权，各个学校通过运营商链路直接与区县教育宽带网的核心区互联，不设置汇聚层设备。

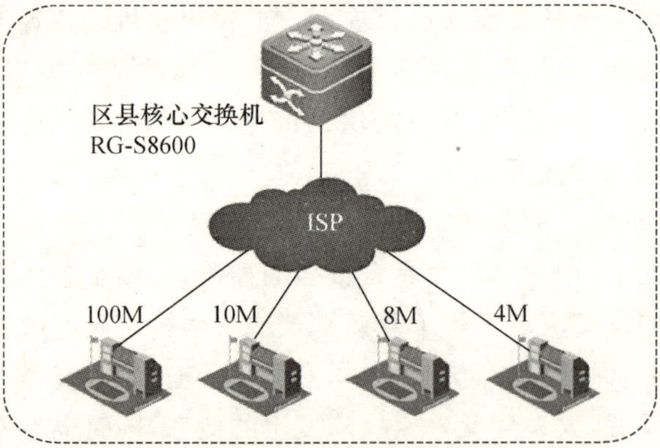

图 2-33　低带宽拓扑图

此种模式适合偏远区县或者运营商裸纤链路资源不足的区域，仅能满足教育电子政务、教学备课系统等基础类业务系统的开展。当需要开展视频会议、视屏教学等业务系统时，整个网络访问将会时延很大，甚至会造成整个网络访问的不稳定，适合于信息化业务系统还没有发展起来，还没有很多视频类的应用。这对于经济相对欠发达的区域，是一种过渡模式。

3）链路混合模式

这种情况下，区县下属接入单位地理位置分布较分散，若采取裸光纤方式会存在线路成本较高、运营商不易部署的问题，利用运营商的汇聚交换机，实现链路及带宽部分可扩展的方案，是一种相对折中的方案，适合于有部分学校离中心机房比较远的区县。

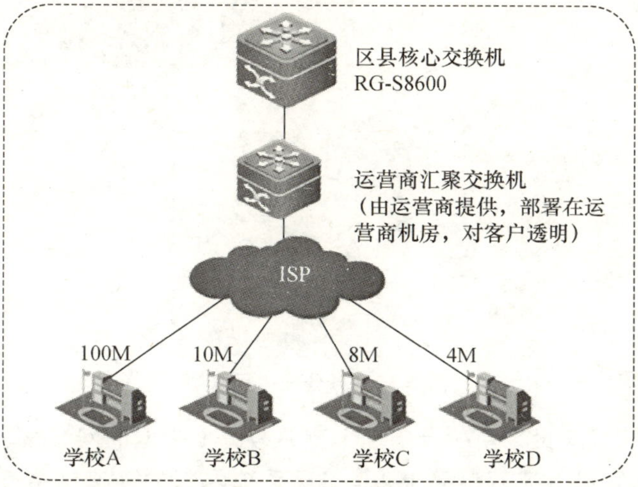

图 2-34　混合拓扑

4）汇聚接入区设备选型推荐

汇聚层的功能主要是连接接入层和核心层的分发层，汇聚层设计为连接本地的逻辑中心，仍需要较高的性能和比较丰富的功能。而在接入层的设计上主张使用性价比高的设备。接入层是最终用户（教师、学生）与网络的接口，它应该提供即插即用的特性和具有合适的端口密度，同时应该非常易于使用和维护以及较好的安全性设计等功能。

表 2-4　汇聚层网络设备选型

汇聚层区网络设备选型参考：

品牌	设备型号	设备说明
思科	S6500 系列、S4500 系列	模块化核心/汇聚交换机
思科	FWSM 板卡	高性能防火墙模块
锐捷网络	S8600 系列、S7800 系列、S5700 系列	高性能核心/汇聚交换机
锐捷网络	M8600-FW	高性能防火墙模块
锐捷网络	EG1000 系列	路由、安全、审计、流控、日志等多合一网关

(3) 办公接入区设计

办公区域属于区县内部，按照功能分区设计，将办公区单独看为一个局域网考虑，涉及核心、汇聚和接入、安全出口设备，最后连入到区县教育宽带网即可。

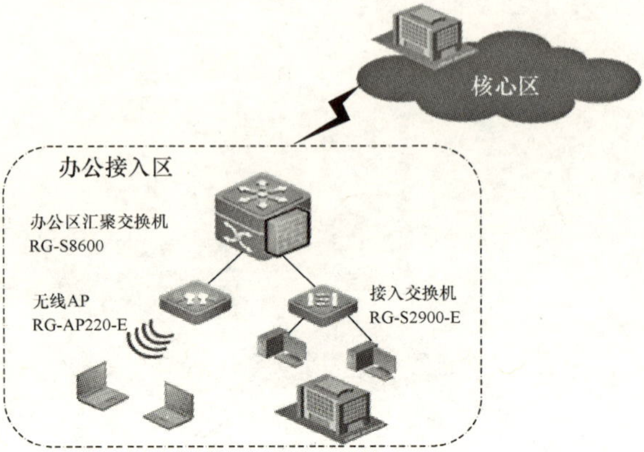

图 2-35　办公接入区拓扑

办公区域建设采用一台基于十万兆教育宽带网的网络核心路由交换机，通过千兆或万兆双链路互联，实现系统内部的高速网络交互核心平台。同时，核心设备配置冗余管理引擎和电源引擎，热拔插模块化设计，充分保障网络设备的稳定性。冗余备份的网络架构设计，全面提升网络系统的整体稳定性。在核心交换机上部署防火墙板卡，与区县教育宽带网核心区进行有效安全隔离防护，保证办公区内部安全的同时也为区县教育宽带网整网稳定提供保障。

网络接入层采用百兆/千兆安全智能以太网交换机，通过全千兆双链路上分别上连办公区的核心设备，提供全网络链路的冗余备份，实现整个网络系统的高可靠性。同时，在接入层交换机部署分布式的安全策略，与区县教育宽带网的身份认证系统和安全策略进行联动，从网络入口保障办公接入区网络系统的安全。

表 2-5　办公接入区核心网络设备选型

办公接入区核心网络设备选型参考：

品牌	设备型号	设备说明
思科	S6500 系列、S4500 系列	模块化核心/汇聚交换机
思科	FWSM 板卡	高性能防火墙模块
锐捷网络	S8600 系列、S7800 系列、S5700 系列	高性能核心/汇聚交换机
锐捷网络	M8600-FW	高性能防火墙模块

表 2-6　办公接入区的接入交换机选型

办公接入区的接入网络设备选型参考：

品牌	设备型号	设备说明
思科	S2900 系列	安全桌面接入交换机
锐捷网络	RG-S2600 系列、RG-S2900 系列	安全智能百兆/千兆接入交换机

(4) 互联网出口区设计

互联网出口区设计拓扑图如图 2-36 所示。互联网出口区从四个方面来设计。首先，分析出口区面临的问题及挑战；其次，设计出口区应该具备的功能；然后，出口区的设计规划；最后，对出口区关键设备的选型进行分析和推荐。

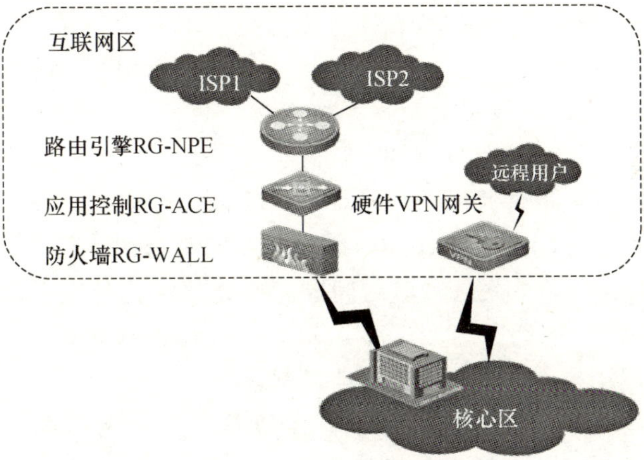

图 2-36　互联网出口区拓扑

1) 出口安全面临的问题及挑战

教育宽带网的出口是整个教育宽带网的“咽喉”，所以，教育宽带网出口的安全设计对全网的安全至关重要。如何解决教育宽带网出口的安全问题，是每一个教育宽带网规划者必须要考虑的问题。目前网络出口的三大主要问题如下：

(a) 基本转发的性能问题

IPv4 地址的缺乏，让 NAT(网络地址转换)成为出口设备的必备工作。根据实际工作中的建设经验，区域教育宽带网的在线并发用户一般能到 6000 左右，规模大一点的教育宽带网甚至能达到上万用户并发在线，高峰期的并发压力更大。而 NAT 对性能要求较高，出口设备的 NAT 性能问题成为上网速度慢的一个重要原因。另一方面，中国运营商的现状,决定了众多单位普遍拥有 2 条甚至更多出口运营商链路,此时 PBR(策略路由)便成为必需。而 PBR 开启后出口设备死机、网络变慢的情况时有发生;更有甚者,部分大规模网络已经开始尝试万兆出口,性能问题就更为突出了。

(b) 业务无法高效运行的问题

BT、迅雷等 P2P 应用流量过大,挤占关键用户或关键应用带宽,造成服务质量差,用户上网体验下降。比如:视频会议断断续续,OA 办公时,打开一个页面延迟很大。与此形成鲜明对比的是,多条出口链路中部分链路的流量却很小。如何保证带宽被充分利用,以及能否获取必需的带宽,这些都是业务能否高效运行的关键所在。

(c) 安全风险难以控制的问题

出口安全问题更为复杂,总体来看可以分为三类。第一类是攻击类安全问题。网络攻击可能影响网络运行、造成资源浪费或者引发一系列安全问题。如 DDoS 攻击会耗尽系统资源。目前 Web 安全越来越受关注,比如防范网页被篡改、防范网站被挂马。第二类是日志审计问题。重大政治事件、安全事件频发的大背景下,全国都在开展安全大检查。公安部 82 号令所要求的日志审计如何满足?如何避免由于公安网监日志检查带来的麻烦?第三类是实名制问题。不光接入网络要认证,访问 Internet 也要做准出认证(可以简单理解为网关认证),并在准出认证基础上,针对不同用户身份进行相应策略部署。

因此,建立一个安全稳定的出口,不管是从业务应用角度,还是从网络管理角度,对于整个教育宽带网来说至关重要。如何设计高可用的网络出口,网络出口应该具备哪些功能,这些都是需要考虑的问题。

2) 区县教育宽带网出口区设计应具备的功能

(a) 满足海量会话,万人在线的需求

网络出口设备要求提供不少于 300 万条并发 NAT 会话,保证出口网络可容纳万人在线

(b) 基本安全防护

通过防火墙等安全设备进行基本的安全防护,防火墙可以为源自 Layer 2 至 Layer 7 的头信息作检验和模式匹配,防止常见的攻击手段,从而达到安全防护的目的。

(c) 出口流量的精准识别,精细化管理,对关键应用进行持续保障

流量控制设备可精确识别上千种应用(例如,P2P 应用、即时通讯、流媒体、网络游戏、炒股软件、办公应用等)。通过对 P2P 应用的压缩控制,

可有效降低 P2P 应用对出口网络带宽的占用率，提高其余业务的带宽使用率，有效提速。通过对关键用户/关键应用的识别，将其置于独立的 VIP 通道，有效保障关键用户/关键应用的带宽不受其他应用的影响。

(d) 信息门户，安全可控

集成防病毒网关，全面覆盖 Wildlist 病毒列表(国际上对防病毒网关的评测标准)。Web 攻击是个动态过程，防病毒和防木马保护，就防止了绝大多数攻击。网页事后恢复，集成“网页防篡改软件”功能，满足中国客户特色需求，对静态页面进行比对，如果发现网页被黑客攻击则恢复为备份页面。

3) 教育宽带网出口区的设计规划

根据教育宽带网出口要求实现功能以及流量进行分析，从用户实际应用与网络的安全威胁的特点出发，将网络出口安全设计分为三个关键步骤的设计：

安全出口建设三部曲：

第一步：要实现提速，即建立高性能、高稳定的基础平台

首先，配备高性能的硬件。采用增强、融合的方式进行教育宽带网出口设计。增强，即强化单体性能，针对网络出口难点的 NAT/PBR、DPI 识别、抗攻击等逐个突破，实现多业务与高性能平衡。有技术规划上，使用高性能 NAT/PBR，解决教育宽带网 NAT 并发量高的问题，实现业务的高速交换，同时使用多核高性能的设备，提升安全防护性能。

其次，保证高稳定性。出口产品支持硬件 BYPASS，在掉电、重启、设备故障等突发情况下，出口始终能保持通畅。同时在整个产品的设计过程中始终贯彻落实 1+1 冗余电源的配备。

最后，出口设备具有高性能 NAT、PBR(策略路由)，彻底解决基础转发性能问题，使得协议识别和策略执行不会影响到性能，使得出口没有任何瓶颈。

第二步：要实现业务的高效运行，提升服务质量

通过高性能 DPI 引擎，有效识别各种应用、合理控制带宽分配，比如控制 P2P 等带宽滥用，保证关键用户、关键应用、关键时刻的带宽需要。技术上使用流量控制系统与身份认证系统结合，实现基于用户身份的流控。当用户接入网络，无论何时何地有线无线，流量控制设备能获取用户信息，并采取相对应的策略。实现基于用户身份的流量控制，保证关键用户始终获得相应服务质量。同时使用“带宽嵌套”优化，能为每个用户、学校定制多级策略。允许为每个学校分配带宽，同时设定单个用户的带宽

以及 P2P、视频、HTTP 上网比例，保证用户在全速 P2P 下载时，仍能快速上网。这样既提高了带宽的利用率，又提高了用户体验。

通过负载均衡技术，在出口有多条链路的情况下，保证从内网到外网的业务、从外网到内网的业务，都能选择最快速的访问路径。具体来说，Inbound 采用智能 DNS 技术，Outbound 采用多链路智能选路技术。结合国内现状，大部分教育宽带网会外接多个 ISP 链路，要充分利用多 ISP 链路，为避免造成带宽链路浪费，可在出口路由器上做以下两方面的工作：通过实现多链路负载均衡功能，实现转发与选路的融合；实现智能 DNS 选路，保障从外到内的快速访问速度。

Inbound—智能 DNS 解析设计：针对 Internet 用户，对网络内部服务器的访问。（比如网上学习平台、资源共享平台服务器），智能化通过智能判断访问用户所在运营商，而将访问数据智能解析定位到对应的 ISP 链路上，以加速对服务器的访问。

第三步：安全风险控制，保障出口的高速、高效

第一个关键是 Web 安全。当今的安全是由网络安全、应用安全到 Web 安全，全面构建的立体安全防护体系。Web 应用保护系统或者 Web 防火墙需要基于对 HTTP/HTTPS 流量内容的双向检测分析，识别检测各类 Web 编码、交互技术、URL 参数以及表单输入等，为 Web 应用提供实时、动态的主动性防护，最终实现防止网页内容被篡改、防止网站数据库内容泄露、防止口令被破解、防止系统管理员权限被窃取、防止网站被挂马和植入病毒、恶意代码和间谍软件等多重功能。

第二个关键是“实名制”，不管是用户接入网络、上网日志，还是策略管理；都能实现基于用户身份，落实到人。使用日志分析系统，结合出口设备和身份认证系统，实现对 NAT 日志、URL 访问日志的分析记录的同时自动关联身份认证信息，形成实名制日志。提供网络内各用户的访问流量、连接数等信息的分析，提供对用户通过 NAT 访问内容日志存储和查询，以及其 URL 内容的查询。之后能够基于 URL、源 IP、目的 IP 等信息对用户访问的 URL 记录进行查询。追踪显示记录的用户信息，包括用户账号、用户名字、用户联系方式等，使得公安机关查询用户信息时，方便，又能精确定位到人。

第三个关键是安全硬件防护。在网络出口区，使用硬件多功能防火墙，进行网络攻击防护，IPS 防御、病毒木马阻断、应用内容过滤等安全行为，防止来自教育宽带网的各类攻击行为。如网络层攻击防护，对 SYN flood、DNS Query Flood 等 DoS/DDoS 攻击防护，TCP 报文标志位不合

法攻击防范、超大 ICMP 报文攻击防范等等，对网络实行全面攻击防护。

在七层攻击防护中，使用基于流技术的入侵防御(IPS)，通过对七层协议的分析与检测，使用网络行为检测的多流关联分析技术，对网络数据的病毒过滤、URL 过滤、Web 内容过滤、邮件内容过滤和 FTP 内容过滤，实时阻断网络流量中隐藏的病毒、蠕虫、木马、间谍软件等攻击和恶意行为。

在出口的稳定设计中，也可以考虑出口设备的 HA 冗余热备架构。这种架构对于出口的安全稳定性、整网的出口性能都有很大的提升，但是投资较大。各个区县根据实际情况进行选择规划。

4) 互联网出口区设备选型

互联网出口区设备较多，同样为教育宽带网重要设计区域，出口要求具有以下功能：

(a) 路由转发性能。包括网络地址转换(NAT)、基于策略的路由选路(PBR)。

NAT 性能考核指标主要为 NAT 并发连接数及 NAT 每秒新建连接数。NAT 并发连接数指标要求＝用户总数×用户并发在线率×每用户会话数，NAT 每秒新建连接数指标要求＝用户总数×用户并发在线率×每用户每秒新建连接数。结合区域教育宽带网的实际规模进行设计，最大并发连接数 200 万及以上，吞吐量不少于 2 Gbps，每秒新建连接数不少于 6 万。

(b) 智能路由选路

区域教育宽带网在访问属于不同 ISP 提供的信息资源时，需要实现根据用户访问信息资源的不同，选择不同的 ISP(不同的广域网链路)来进行访问。从而避免访问路径跨越了不同 ISP 网络而速度较慢的问题，确保资源访问效率最大化。

(c) 多负载与备份功能

在任意一条广域网链路发生故障时，能够将流量自动切换到其他广域网链路，提高了出口带宽的整体利用率，同时提供链路冗余备份，出口引擎需要提供多链路负载均衡与备份功能。

(d) 智能 DNS 解析

为了让区县教育局对外开放的资源能够更快捷地被外部用户访问，则需要合理引导外部用户所访问的路径。因而，出口设备需要支持智能 DNS 功能。例如，通过智能 DNS 解析功能，在电信网用户访问教育宽带网的网站域名时，自动解析成电信网 IP，从而引导电信网络用户从电信网链路访问信息门户服务；当教育网用户访问时，则解析成教育网 IP；由此为外部网络访问的用户提供一个动态最优的访问路径。

(e) 高性能

出口防火墙、应用控制引擎(流控)、网络出口引擎(路由器)都要求具有较高性能，不能使整网出口形成瓶颈。通过硬件 VPN 网关设备实现远程访问的易用性和安全性，保障师生远程访问备课系统或教育资源系统的良好体验。

表 2-7　出口区设备选型

互联网出口设备选型参考	设备型号	设备说明
锐捷网络	RG-WALL 1600 系列	千兆高性能硬件防火墙
锐捷网络	RG-ACE 3000 系列	应用控制引擎
锐捷网络	RG-NPE 60 系列	网络出口引擎
锐捷网络	RG-WALL V1600 系列	硬件 VPN 网关

互联网出口区最佳实践——曲沃县案例解析

曲沃县是山西省临汾市下辖的一个县，位于山西省南部，是个宜农宜工、特产丰富的农业县。曲沃县教育宽带网网络设计采取区块化设计的思想，将整个教育宽带网分成五个区域，分别为核心区域、数据中心区域、DMZ 区域、局域网区域以及各学校接入区域五个部分。核心层采取了两台锐捷网络高性能的可扩展万兆模块的模块化路由交换机 RG-S8606，互为备份，保证网络核心的稳定和可靠性。

网络出口部署锐捷网络千兆防火墙 RG-Wall1600、应用控制引擎 ACE1000 和网络出口引擎 NPE50-20，保证出口的安全、高效。

出口方面，RG-WALL1600 是面向大中型园区网出口用户开发的新一代电信级高性能防火墙设备。RG-WALL1600 采用了最新的硬件平台和体系架构，实现防火墙性能的跨越式突破，可支持数十个 GE 接口，可以广泛应用于教育、政府、金融、医疗、军队等行业的千兆网络环境。配合锐捷网络的交换机、路由器产品，可以为用户提供完整的端到端解决方案，是大型网络出口和不同策略区域之间安全互联的理想选择。

RG-WALL1600 防火墙采用锐捷网络自主开发的 RG-SecOS 和独创的分类算法，这使得它的高速性能不受策略数和会话数多少的影响，产品安装前后丝毫不会影响网络速度；同时，RG-WAL1600 在内核层处理所有数据包的接收、分类、转发工作，因此不会成为网络流量的瓶颈；另外，RG-WALL 具有入侵监测功能，可判断攻击并且提供解决措施，且入侵监测功能不会影响防火墙的性能。

RG-WALL1600支持深度状态检测、外部攻击防范、内网安全、流量监控、邮件过滤、网页过滤、应用层过滤等功能,能够有效地保证网络的安全;提供多种智能分析和管理手段,支持邮件告警,支持多种日志,提供网络管理监控,协助网络管理员完成网络的安全管理;支持PPTP、L2TP、IPSec和SSL等多种全面的VPN业务,可以构建多种形式的VPN;提供强大的路由能力,支持静态/RIP/OSPF/路由策略及策略路由;支持双机状态热备,支持Active/Active和Active/Standby两种工作模式以及丰富的QoS特性,充分满足客户对网络高可靠性的要求。

RG-ACE(Application Control Engine)应用控制引擎是锐捷网络专门为园区网出口部署设计的网络设备,它不但具有丰富的协议识别能力,还能对个人用户的应用级IP数据流实施分类和控制。RG-ACE系列有三个型号:RG-ACE1000、RG-ACE2000和RG-ACE3000,分别为不同规模的网络提供流量控制、应用优化解决方案。

RG-ACE以DPI(Deep Packet Inspect,深度包检测)技术为核心,能够全面识别和控制包括P2P、VoIP、炒股软件、视频/流媒体、HTTP、网络游戏、数据库及中间件等在内的各种应用,从而有效地检测和防止某些应用对带宽资源的非正常消耗,保证关键应用带宽。RG-ACE可以对网络流量、用户上网行为进行深入分析,为用户提供主动、智能、可视的网络应用和流量趋势报表,达到可视、可测、可控、可优化的管理目标。RG-ACE实现流控与认证的融合,可以作为准出网关,实现WebPortal认证,并实现基于身份的实名流控和实名日志。

以RG-ACE为基础构建的网络流量控制方案,提供了基于七层应用的智能带宽管理和应用优化。该方案几乎能检测和控制任何网络应用,并为客户提供基于在线用户身份的业务智能感知、带宽资源精细管理、应用/流量优化的一体化解决方案,通过较低的成本改善和保障了整体网络应用的服务质量。

RG-NPE(Network outPut Engine,网络出口引擎)系列产品(以下简称NPE),是锐捷网络针对国内网络出口状况研发的专用设备。NPE基于多核处理器技术进行架构,具备转发高性能,内嵌状态防火墙、符合公安部82号令的日志记录等功能。此外,NPE针对国内普遍存在的NAT进行优化,并发会话和新建会话能力在业内首屈一指。

NPE产品全新融入了智能DNS和多链路负载均衡技术,使得用户对内对外访问都能智能选择最优最快速路径;集成了DPI引擎,让网络管理者轻松应对 P2P 等应用的流量控制；重构了 Web 界面，让 NPE 网络出口引擎的专业在设备管理维护层面变得简化。作为网络出口的专用设备，NPE 系列产品已经广泛应用于政府机关、高校、普教、医疗等各个行业。

(5) 外连网区域规划设计

在外连区节点设备的选型上，根据在区域教育宽带网中的实践，常见的节点设备类型包括高端路由器、高端防火墙等三种类型。

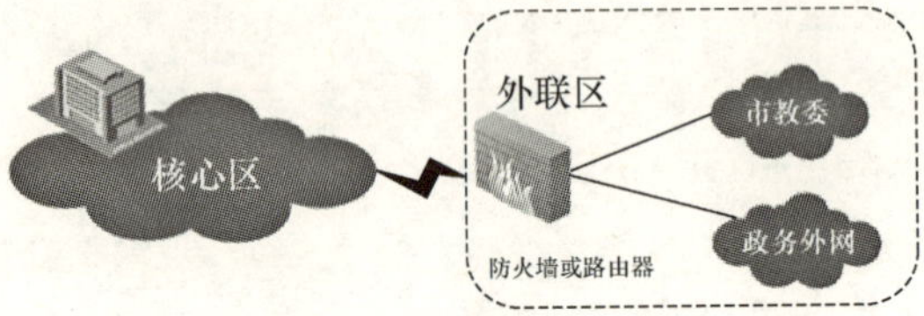

图 2-37 外连区拓扑

对于外连区出口安全设备选型，建议如下：

1) 高性能：最大并发连接数 200 万及以上，吞吐量不少于 2 Gbps，每秒新建连接数不少于 6 万。

2) 高稳定：MTBF≥100,000 小时，支持容错与电源备份，保证高性能和高稳定。

3) 功能要求：支持状态检测、DPI 包检测，支持虚拟防火墙技术，支持攻击检测保护，支持关键字过滤、URL 过滤、邮件过滤等主要安全功能；支持丰富路由协议、支持日志管理、支持流量整形和 QoS 服务质量保证。

4) 可扩展：固化支持千兆端口数量不少于 8 个，在保证现有应用前提下留有适当预留，可提供扩展槽，支持未来万兆扩展。

表 2-8 外连区设备选型

外连区出口设备选型参考：

品牌	设备型号	设备说明
思科	Cisco 7000 系列	模块化高性能路由器
思科	PIX 防火墙、IOS 防火墙等	思科硬件防火墙
锐捷网络	RG-WALL 1600 系列	高性能硬件防火墙
锐捷网络	RG-RSR 77 系列	高性能模块化路由器

(6) 数据中心区建设规划

建设教育服务平台，为各学校提供基于云计算支撑的教学、管理服务，是数据中心建设的原动力。通过虚拟化技术，对 IT 信息系统的整合和集中管理，提升运营和管理效率，增强对外的服务水平，降低 IT 建设的成本。为适应云计算网络中的超高速交换，数据中心可规划 100G 组网、大缓存组网、融合性组网，适应网络突发流量，实现扁平化组网和数据大集中，同时实现网络结构清晰，便于日常运维管理。

(7) 无线控制管理区设计

1) 无线网络建设概述

大多数的国内学校都非常注重现代化的校园网络建设，已部署了包含办公、教学、科研、图书馆、师生宿舍在内的完善有线网络，为学校的信息化应用起到了关键性作用。

然而，传统的有线网络只能提供用户固定地点的、有限数量的网络信息点端口，随着学校信息化应用的发展与笔记本电脑的普及，学校的师生们需要能随时随处地获取网络提供的各种资源。这样的无线网络环境是一个多种用户类别共存、高安全性、高稳定性、可管理以及与已有有线网络用户的无缝整合的网络环境等，在此针对性地提出校园无线网络整体解决方案。

灵活的接入网络对于校内存在的大量笔记本电脑而言非常重要。通过无线网络这种能够为移动终端提供高效率的连接方式，访问教育科研信息网和互联网上的各种信息，从而达到资源共享的目的。

在多年的无线校园网建设历程中，无线网络伴随着信息化的步伐不断发展，不断地暴露问题、解决问题，在摸索中不断积累经验。从基础教育信息化需求与无线网络建设的关系来看，这个过程经历了三个阶段。

第一阶段：填补空白(2000—2005 年)

作为走在前面尝试无线网络的主要行业，每年不断有学校对无线网络技术、应用开始投入研究和建设。这个时代对于学校的网络管理人员而言，选择无线网络产品或是规划校园无线网络时常问的问题就是“速度快不快？信号覆盖有多远？能穿几堵墙？会不会对人体有辐射的危害？”非常关注如何能通过无线来上网，体验到无线上网的好处，因此信号覆盖能力、上网速度、障碍物穿透能力、发射功率与衰减情况等物理层、链路层的技术问题是比较关注的几方面。

同时，此时的校园无线网络的规模并不大，基本也只是应用在一些教师办公室、会议室等环境，需求方面还不足以上升到需要考虑更复杂的问题，该阶段属于学校行业的无线网络尝试阶段，因此可被称为“填补空白”时代。

第二阶段：技术驱动(2005—2008 年)

随着学校信息化建设的深化，无线网络的应用逐渐开始变得普遍，国内开始有一大批学校大规模部署校园无线网络。在这个时代，由于网络管理人员对无线技术需要一个充分了解的过程，但由于这也是一个无线技术飞速发展、应接不暇的时代。胖 AP、瘦 AP、全网管理、射频调整、统一认证/计费、基于身份的安全、基于数据流的 QoS、基于带宽的均衡分配等等新技术不断涌现，具备鲜明技术特征的无线设备厂商纷纷推出各具特色的解决方案，这些都使得大型无线校园网络在国内不断出现，规模不断刷新。

第三阶段：业务驱动

业务驱动时代始于 2009 年。随着大多数学校已经普遍接受无线网络，对无线网络技术的追逐也开始跨越神秘期。同时，在数字化校园这一新的发展使命的驱动下，教育信息化正在悄然进入全新的 ITIL(信息技术网络基础设施库)时代，解决各业务子系统信息孤岛、业务管理责全不清、缺乏标准流程管理的“救火队员”现状、重硬平台轻软平台、长期规划与短期利益目标相矛盾等瓶颈问题，已经成为高教信息化人士愈加重视的问题。而作为网络支撑体系中的无线网络而言，如何与未来数字化校园各种应用相结合，就成为校园无线网络新的探索方向。

没有业务应用的驱动，就没有信息化不断向前发展的动力，当然也就不会有问题的发现与优化的可能。在网络信息化发展进程中暴露出来的问题，纵观全国学校均普遍存在。这些问题并不是在网络基础化建设阶段暴露出来的，而是随着学校的各项教学、科研、工作、生活水平的不断提高，随着信息化网络的高速发展而提出的。经过多年的建设，大多数学校的网络信息化水平已经相当高，已经不存在与现有各项业务应用的配合问题。但是业务应用永远在变化、优化，网络信息化必须以更快的步伐发展，以先于业务应用发展的速度发展，才能不断地驱动各项业务应用的顺畅发展和优化。

举例来说，在传统的有线网络时代，学生与教职工以固定物理位置、相对静止的模式进行基于网络的各项工作和生活，这是完全满足当时的业务需求的。但随着笔记本电脑的普及，人们的网络访问已经拥有了可以移动的条件，会议室相互拷贝文件，图书馆阅览室也能自由灵活上网，校外来访的领导专家也能顺利地访问校园网络，校内遇到地震、火灾等紧急事件也可以随时更换地点继续工作、学习等等。这些新诞生的应用，其实已经对传统网络悄悄提出了无法完成的挑战，这种新出现的业务应用驱动力正如蓄积已久的水库，等到闸门开启的那一刻，就可以奔腾而出，绽放出灿烂的辉煌。从这个角度而言，业务的需求已经逐步成熟，反过来在呼唤网络信息化快步跟上去迎合这种已经逐步到来的新兴应用的发展。

2）无线教育宽带网建设驱动力

（A）办公应用中的需求分析

无线网络在校园办公业务中可以带来很多便利的应用，大大提高工作效率，改变现有的工作模式，增加平均触网时间，其中主要包括教职员工的日常工作、会议、校际活动、来访参观等。

（a）面对面的文件资料现场传送

传统的办公业务中，一旦涉及老师之间的会议、教职工上下级的工作汇报以及任何时候、任何地点的多人之间的文件共享，比如，某老师到上级领导办公室汇报工作，某两位老师在会议室需要临时相互传送一份文件等，似乎只能用U盘拷贝，或者干脆回到各自的办公室发送邮件，因为这些地点往往不能提供足够的有线网络端口，这种情况经常发生，往往会极大地影响工作效率。

（b）随时上网的会议与学术活动

学校经常会迎接校外专家、领导、同行的参观、访问、会议和学术活动。在对网络高度依赖的今天，访客们都希望在学校里仍然可以顺利地访问网络，随时处理自己的工作和生活。在原有的有线网络时代，要为这些校外访客提供专门的场所，临时拉线、配置上网账号，大量耗费人力物力财力。

在具备了无线网络之后，一切变得简单起来。每一位校外访客只要有支持无线上网的笔记本电脑，就可以随时连接校园无线网络。

（c）有线网络的不灵活性问题

如果想将原有已经部署好的有线网络进行调整，那么将是非常困难的一件事情，通过建设无线校园网络将会很容易地解决这样的问题。

（d）扩展的图书馆查询服务

在部署了遍布图书馆的无线网络之后，拥有笔记本电脑的学生无需使用查询机，不论在图书馆大厅还是阅览室，甚至是在学生宿舍、湖边、广场等校内的任何角落，都可以随时通过网络迅速查询图书馆图书信息，这就是“虚拟图书馆”；对于没有笔记本电脑的学生，由于摆脱了网线的束缚，图书馆的查询机可以在馆内任何无线网络覆盖的地方放置，通过无线网络连接到查询系统，查询机的数量可随时弹性增加，完全满足学生的图书查询需求。

(e) 可灵活部署平安校园监控

随着社会对校园安全状况的关注，校园内各个公共区域的安全情况需要及时掌握，因此在全国平安校园视频监控正在如火如荼地建设。但由于视频监控系统已经转向基于网络的视频监控技术，出于录像位置的考虑，往往部署在有线网络无法到达的位置，如广场的路灯上、运动场的主席台、校内某任意建筑物的某个位置，这些都对有线网络提出了挑战，很多时候，往往会为了迁就视频监控摄像头的位置，而不得不单独拉线。遇到摄像位置的临时变更，有线网络无法适应。

在校园部署了无线网络之后，这些问题都会解决。基于无处不在的无线覆盖，每个摄像监控点都可以通过无线设备与远处的网络相连接，无需受到网线的限制，使得平安校园的实施变得非常简单。遇到临时监控点变更，如为了举办一场室外活动而临时架设视频监控点，也可以在数十分钟内快速搭建完成，使用后又可以快速拆除，既节省了成本，又完成了监控的目的。

(B) 无线网络校园教学需求分析

在校园教学业务中，无线网络在优化教师教学和学生学习方面起着重要作用，它能够提高教师获取信息、讲课效率，为学生创造更多的上网学习机会，为科研工作提供更加便利的工作模式，这些势必会为校园教学、科研模式带来新的改革。

(a) 高质量和高效率的课堂教学

目前大部分的教师都拥有笔记本电脑，随着信息化技术在课堂教学的深入应用，教师的教学资料都会保存在老师自己的笔记本电脑中，而教师在公共的多媒体教室教学，教师的全部资料、教学软件不可能都随时存放在公共计算机上，而一旦老师有资料更新或软件更换，那么多媒体教室的计算机无法与教师个人笔记本的资料做到同步。而教师如果在课堂上使用自己的笔记本电脑，临时接上有线网络端口有可能存在一定的连通性风险，难免会影响课堂教学的质量和效率。

在遍布无线网络的教学楼中，教师只要连接到无线网络，就可以充分利用教师的笔记本电脑中的软件和资料的价值，又可以随时访问校园服务器获取相关教学资料，大大提高了课堂教学的灵活性和效率。

(b) 灵活满足校外进修与学者访问

遇到校外进修人员或短期来访学者的上网问题，学校往往需要为其单独提供上网服务。在有线网络时代，这种服务需要耗费专人的大量投入，既要为其准备充分的网络端口，又要为其在相应的进修或学习场所单独分配上网 IP 地址和账号，如果遇到进修或学习人员在不同的时间更换不同的上课和学习地点，还要人工地及时进行调整。这不但耗费人力，还有可能出错，在来访人员走后，又要进行相应的撤销工作。出于种种投入的考虑，多数学校往往无法为外来进修人员提供及时的网络服务。

在校园实现无线网络后，这种难题将会迎刃而解。由于无线网络的拓扑无关性，无需单独对来访的短期进修人员提供网络端口，只要预先为这类人群开设相应的具备时效性的账号，来访人员通过自己携带的笔记本电脑，就可以连接上网并获得属于自己的访问权限。在进修时间之外，或进修时间到期，无线网络将会自动停止为其服务，无需校园工作人员专门为其服务，大大降低了工作量，并且可以真正将这项服务开展起来，提高学校外来访人员的感受和对学校信息化水平的评价。

(C) 无线网络校园生活应用中的需求分析

生活在无线网络时代，学生的日常生活和习惯将会随之逐渐发生巨大的改变，从有线网络跨入无线网络时代，各种新兴的网络生活方式将如雨后春笋般一一出现。

精彩实时的活动转播

学校中经常举办运动会、歌唱比赛等大型活动，实时的活动视频在网上的转播，已经成为校园网络生活中的精彩部分。在传统的有线网络时代，由于有线网络线路位置是固定的，因此用于现场录制视频的摄像头的选址只能是固定的。例如，对于校园运动会的实时视频转播，拍摄赛跑类项目的摄像机必须放在远处才能将整个场面拍下来，而跳高类项目又必须放在最近距离的位置才能清晰录制，这对于有线网络而言是无法配合的。

在这种大型活动场所部署无线网络之后，只要采用支持无线上网功能的摄像头，可以随着人在场内远近移动，清晰的实时图像就可以不断地通过无线网络传送到网上，师生们可以随时在网上获取精彩实时的活动视频的实况。

校园一卡通业务的灵活扩展

随着校园一卡通业务的建设和发展，学生的生活变得越来越方便。一卡通业务在校园未来的发展，也将逐渐成为学生各项消费的主要支付手段。因此，围绕着一卡通业务，包括餐饮、娱乐、生活起居、日用百货等等在内的各种商业服务的支付手段在校园内变得统一。对于校园内不断新增的商业摊点、临时贩卖点、便民服务亭等等商业设施，也需要不断地连入一卡通系统才能发挥更大的商业便利性，才能吸引学生的消费。这种不断新增的或临时的设施，对已经固定部署的有线网络提出了更有难度的挑战，需要不断的铺设线路，而且还要面临临时商业点搬迁的随之改动，几乎无法实现。

在已经部署完成的校园无线网络环境下，可以为一卡通业务提供专用的无线网络信道用于数据传输，在需要新增商业网点、临时性变更商业设施时，不需要对网络提出任何要求，完全可以随时重新连入无线网络继续完成支付业务，对一卡通在校园内的灵活扩展提供了关键性的条件。

3）无线教育宽带网的应用展望

教育宽带网无线网络的设计采用了集中式的认证管理和分布式数据转发架构，无论是从无线控制器和无线 AP 以及网管平台方面，都具备强大的可扩展性。无线控制器集群技术能够保证在未来网络扩容时，新加入的无线控制器与现有无线控制器进行虚拟堆叠。分布式的数据转发架构，即使未来面对高达 600Mbps 速率的 802.11n AP，也仍然能够承担起高速数据转发的任务。

目前无线教育宽带网的主要业务应用有以下主流应用。

(A) 基于无线的增值应用

借助无线控制器众多的开放性接口，未来可通过无线控制器与网管系统进行无线定位、无线语音、无线视频等增值性应用。

(B) 永不漏接的办公电话

作为校园内的教职工而言，办公通信方式一般有两种：办公桌上的座机电话、随身携带的手机。处于个人隐私或者电话费用的考虑，一般教职工们不会将手机号码公布给校外人士，一般只会公布其办公座机号码。这样就会出现一些问题，如果校外真有重要的急事要联络这位教职工，而他由于开会、在别的办公室办公等原因不在自己的办公桌前，就有可能会错过这个重要的电话。另外，对于某些学校，也会存在每个学期教职工经常更换办公室，座机电话必须不断地随之进行调整。在传统的有线网络时代，虽然通过部署基于有线网络的 VoIP 电话，可以解决教职工更换办公室带来的烦琐的电话程控交换机频繁调整的困扰，但是却无法解决漏接办公电话的问题。

在已经部署了无线办公网络的时代，将无需担心这个问题。只要将教职工的办公座机更换成支持无线网络的移动话机，即 VoWLAN 话机，就可成为基于无线网络的 VoIP。每个教职工的无线话机仍然是内部号码，不论他离开自己的办公桌去开会或办事，只要身处于无线网络的覆盖下，就永远不会错过那些重要的电话。这一重大的变革，未来将会极大地优化校园办公的效率。

(C) 校园的无线电话的运营

目前的有线网络时代，校内的学生只能使用运营商的手机网络，并交费给手机通讯网络运营商，这对于学生而言本身也是一笔不小的支出。

部署了校园无线网络之后，由于无线网络本身就能很好地支持无线语音的通信，随着支持无线技术的手持电话的价格越来越低，最终将会低于GSM手机的价格，学生将逐渐可以承受。只要学生购买了这种移动话机，利用学校已经存在的无线网络，就可以免费地在校内或者校区之间通话，学校也可以因此成为校园电话运营商。如果学生需要对校外打电话，通过学校与校外手机运营商的协商和网络融合，同样可以实现校内打校外电话、学生从校内走出校外的电话网间的切换，真正实现校内数据通信网与校外通信网的融合。

(D) 无处不在的移动视频服务

移动视频服务当前在各大城市已经开始试点和探索，该业务的前提条件就是必须具备完善的无线网络覆盖。而这一前提条件，在已经部署了无线网络的校园内最容易得到满足。在大型高校的很多场合都会是这类应用展示其强大魅力的舞台。比如，大型高校校内公共汽车上的视频节目和广告播放、运动场内随时安放的赛事直播、校内文化广场为师生提供视频节目欣赏的液晶屏幕、校内停车场的视频监控、学校考场临时搭建的考场视频监控，等等，都对视频服务的实时性或搭建的临时性提出更高的要求。而这一切的要求，都可以利用已经部署完成的校园无线网络逐一实现。

(E) 以人为本的虚拟网上展厅

如果把校园比做一个企业来看，学校也需要通过不断地宣传自己来获得社会各界的关注和扶持。如同展览会中各个企业都会通过液晶屏幕播放宣传自己的Video、政府也会在城市的人群密集的街道放置城市信息亭向游人宣传城市特色，国内开始有部分营销意识创新的高校，开始尝试通过虚拟网上展厅来宣传自己。如果校外人员未到学校之前，可以在校园主页通过虚拟网上展厅的宣传Video提前了解学校的基本概况。如果已经步入校园的来访人员，则可以通过学校精心设计、放置于路边显示屏上播放的宣传Video来了解学校的基本概况、院系设置、招生信息、近期荣誉等等，给社会多一个现场了解学校的机会。这种看似复杂的模式，其实只要通过已经部署完成的无线网络就可以实现，这些液晶屏幕就可以随时在校园相关管理人员的管理下不断地通过无线网络点播相应的视频服务器资源，大量的宣传校园的实时性 Video 就可以出现在校外来访者面前。而且可以根据来访者的不同身份，如上级领导视察、校外专家重要会议、兄弟院校观摩学习、承办重大活动赛事演出等等，不断地变换内容，完全取代原有的纸张、横幅、展板等传统方式的宣传，克服了不灵活、实时性差等缺点，体现出数字化校园建设的特色。

4）无线教育宽带网网络设计原则

对于教育宽带网无线网络的规划，应基于可面向未来的业务驱动为前提，以可适用于数字化校园各项具体业务需求为基础，并着眼于高效、稳定、安全、易管理、可扩展的总体设计原则，同时易于使用、方便部署，为师生提供一个灵活的移动教学和办公的平台，构建一个稳定的、可拓展的无线网络环境。

(A) 标准的成熟性

对于教育宽带网而言，在多年的信息化建设过程中，整体网络系统之所以可以稳定运行，与标准化的建网思路息息相关。正是因为所有网络设备遵循了标准协议，才能满足良好的互操作性和兼容协调工作。无线教育宽带网的规划，同样必须遵循标准的统一性，所采用的各项技术必须与国际主流标准协议相一致，并能够保证与多个主流厂商的互操作性。

(B) 高性能

随着电子书包在各地的迅猛发展，无线网络越来越多地应用于教学。无线网络和有线网络一样承载教学过程中的视频数据，采取 801.11N 的技术标准，实现高效的无线接入。

(C) 高可靠性

由于目前国内很多学校的师生笔记本电脑的普及率已经非常高，无线网络将逐步成为网络主流接入方式，因此，该网络的稳定性与可靠性必须要经受住大规模长时间使用的考验，对于网络的冗余性设计也在考虑之列。无线网络的规划需要支持较好的架构冗余、线路冗余、电源冗余、负载冗余与均衡能力，以提高网络的可靠性。

(D) 高安全

随着无线用户逐渐增多，无线安全性越来越重要，需要考虑到非法 AP 的接入、无线接入的实名认证，而确保为师生提供安全的无线使用环境成为无线网络建设最重要的内容之一。

(E) 易管理

学校由于建筑物众多、地域较广，无线网络的无线接入点规模非常庞大，且均分布于各个楼栋的天花板、墙壁和楼顶等位置，平时很难直接观察设备的工作状态，因此必须采用集中管理的方式来实现对全网设备的集中控制和管理。所以在网络管理方面，规划中的无线网络必须具有全网设备工作状态参数的集中监控、射频智能调控、射频环境的实时监控、网络链路状况的报警、无线用户及设备的定位、丰富的报表输出等实用功能。

(F) 灵活的部署方式

为了更好地实现任何地方的灵活部署，在学校的无线网络部署中，应当全部选用支持标准 802.3af 协议的 PoE(以太网供电)技术，可以满足所有的无线接入点无需专门拉电源线。同时支持瘦 AP 架构和支持 AP 的零配置部署。

(G) 支持 IPv6 扩展

面对日趋热烈的 IPv6 应用，无线网络必须具备兼容 IPv6 协议的能力，为后期的网络升级预留空间。

5) 无线教育宽带网规划与设计

(A) 无线网络建设的三个阶段

从无线教育宽带网建设规划时间的纬度来看，必须从设计阶段、实施阶段和运维阶段三个时间段考虑。

表 2-9　无线网络建设的三个阶段

设计阶段	实施阶段	运维阶段
哪些地方需要无线上网？上网主要有什么应用？	信道、功率、盲区的调整	网络拓扑与逻辑目录的建立
每个地方无线用户密度有多大？	VLAN、IP、SSID 的配置	设备与链路运行状态监测
VLAN 和 IP 地址如何规划？	加密、认证、计费、ACL	无线入侵警告的处理
无线采用什么技术标准？	无线语音 QoS 的配置	网络流量的监控
无线采用什么管理模式？	无线漫游的配置	盲区漏洞补偿
无线采用什么认证模式？	无线定位的配置	无线 ARP 欺骗的防御

上述内容基本覆盖了区域教育宽带网建设过程中的各种问题，对上述三个阶段的问题进行分析，实际上可以分为四类问题即无线教育宽带网的架构问题、性能问题、安全性问题、管理问题，下面就这四个方面的问题进行具体的分析。

(B) 无线教育宽带网的架构

无线教育宽带网的建设意味着将会存在大规模的无线接入点 AP(后

面简称 AP)，不管是从技术还是管理角度都不应该采用自治型无线 AP(胖 AP)的模式。目前业内 WLAN 无线网络架构在大型环境下基本采用无线控制器加瘦 AP 或无线控制器加胖瘦一体化 AP 结构，该结构下 AP 统一由无线控制器管理，该结构下无线 AP 的部署相对更灵活一些。如果无线控制器故障可以将 AP 切换为胖模式，可保障无线网络继续工作。

无线系统的转发分为集中转发和本地转发两种模式。集中转发为无线网络的所有数据需经无线控制器统一转发，本地转发是无线数据从 AP 上来之后直接由本地有线交换机转发。两种转发模式各有所长，在学校教师办公室、会议室等行政区域，考虑到移动办公、VoIP 等业务需要无线漫游功能支撑，因此在这些区域的无线网络可以采用集中转发模式；而在教室等教学区域面临电子书包、视频课程点播等高并发流量的教学业务，无线可规划采用本地转发模式，降低无线控制器压力，提高系统稳定性。二者部署并不冲突，可根据业务划分不同的 SSID，以 SSID 为区分选择转发模式。

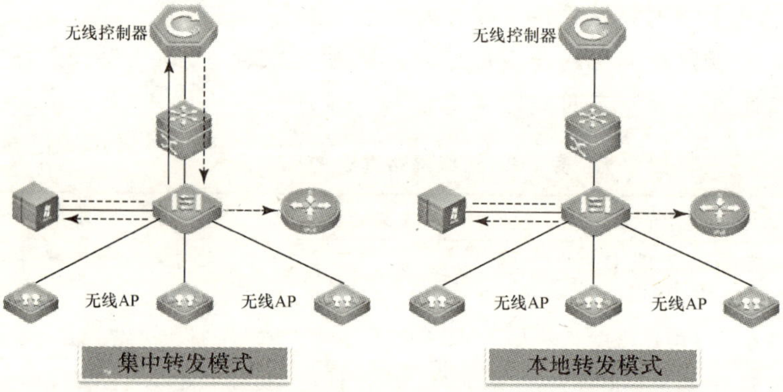

图 2-38　无线架构分析图

(C) 无线教育宽带网的性能

2009 年 802.11n 无线标准的正式颁布标志着 WLAN 技术正式进入百兆接入时代。802.11n 标准相比 802.11a/b/g 标准无论在速率还是信号的覆盖范围上都有显著的优势。

无线教育宽带网面对着未来新兴业务大流量高带宽的要求如电子书包、视频教学、无线视频监控等新业务，而无线网络采用 802.11n 标准所具备优点可以作为天然优势。同时测试结果表明：3×3 比 2×3 吞吐性能高 20%，3×3 比 2×2 吞吐性能高 25%，因此在教育宽带网的无线网络建设中考虑到高密度的无线用户接入、VoIP 业务以及未来大量视频点播应用的使用场景无线网络，选择 3×3MIMO 技术 802.11n 标准进行无线网络建设。

需要对要求覆盖区域进行的详细地勘和实地环境测试，再行确定室内无线和室外无线 AP 具体数量。在所有覆盖区域部署采用 3×3MIMO 技术的高性能 802.11n 无线接入点，不仅能够提供 6 倍于 802.11ag 设备的连接速率，并且可以在 AP 发射功率相同的情况下提供比 802.11ag 设备高出 30%～50%的覆盖范围。在 3×3MIMO 天线技术的支撑下，即便是采用 802.11abg 的无线客户端连入 802.11n 网络，也会获得更好的实际吞吐量和信号质量。为了保证在高用户数下的网络访问体验，无线控制器可以设定 AP 间对接入用户进行负载均衡，负载均衡的策略可以是基于 AP 接入的用户数量和 AP 的流量负载情况。当无线控制器发现 AP 的负载超过设定的门限值以后，对于新接入的用户无线控制器会自动计算此用户周围是否还有负载较轻的 AP 可供用户接入，如果有则 AP 会拒绝用户的关联请求，用户会转而接入其他负载较轻的 AP。通过负载均衡技术和高性能的 AP 平台，全网的 802.11n 将提供高速的网络访问体验。无线网络将采用 802.11abg 与 802.11n 标准相结合的覆盖方式，目的是保证绝大部分的覆盖环境能够提供高达 300 Mbps 的连接速率，同时又能保证学校现有师生的大量 802.11abg 客户端的正常网络接入，并且两种标准之间互不干扰。

(D) 无线教育宽带网的安全

(a) 无线网络访问接入控制

为了避免无线网络被非法接入，通常采用这两种方式：加密或认证。

对无线信号进行加密，访问无线网络需要输入密钥才能接入。常用加密方式有 WEP、WPA、WPA2 等。而发现无线网络，用户关联到无线网络之后需要进行身份认证才能获得访问网络权限，常用认证方式有 MAC 认证、802.1X 认证、Web Portal 认证。

为了保障网络的安全性，首先需要对接入的用户进行身份认证。接入控制模块主要是对用户的身份进行认证和授权的控制。教育宽带网将对无线认证采用 Web 的认证方式进行认证，一方面减少了客户端部署的复杂性，另一个方面降低了用户的使用难度。对于 Web 方面，通过心跳机制确保对用户在线情况的探测，防止用户异常下线而造成的挂死情况发生，同时保障计费的准确性。而对于大量存在的 PDA、Iphone 等 wifi 终端设备，由于操作系统的差异化，Web 认证将不再具有广泛的兼容性。

针对这种应用，可以采用基于 MAC 地址或客户端方式进行认证，从而实现全网统一的用户身份鉴别系统。

考虑学校无线网络的使用群体分为教师和学生两类，可以在规划采用广播多 SSID 分类用户群体，教师和学生使用的不同 SSID 接入无线网络。教师用户需要访问教育宽带网办公教学资源外还需要访问 Internet 资源，用户上网需要有准确的日志记录，因此教师用户接入无线网络需要有明确的身份认证标识，教师用的 SSID 采用认证模式。学生用户使用主要是上课时教学使用，只访问教育宽带网内部教学课程资源库，不涉及访问 Internet，因此为了方便学生使用和降低维护难度，学生用 SSID 可使用加密方式接入。

未来可能还会有无线视频监控等应用承载于无线教育宽带网上，可单独开发一个 SSID 供其使用，并设置该 SSID 为加密隐藏模式。因为在设计中全网接入认证采用的是 Web 认证的方式，所有用户接入无线网络必须经过身份认证才能访问网络资源，全区统一账号数据库，同一账号可跨学校认证。

(b) 无线网络访问权限控制

入网之后控制访问权限的方法有很多种，比如：

表 2-10 无线网络访问权限控制

基于 SSID	教师和学生的 SSID 分离，在此基础上可以对不同的 SSID 做不同的访问权限设置。例如：教师使用的 SSID 可以访问 Internet，学生使用 SSID 则只能访问学校教学资源
基于用户	不同的用户认证入网之后，有不同的访问权限。例如：内部用户可访问全部资源，访客用户只能访问 Internet，不能访问内部数据资源
基于位置	可根据无线覆盖的区域设置访问权限。例如：从部署室外区域的无线网络接入和从办公区区域的无线网络接入的访问权限不同

当然无线网络的访问权限控制远不止这些方法，具体可以根据教育宽带网的业务组成和用户分布来设计权限和控制策略。目前无线教育宽带网业务主要分为行政办公、教学、Internet 访问三类，可通过合理规划 IP 地址和 SSID 来实现划分用户访问权限。在教育宽带网无线设计中，可根据各区县各自的特点和背景，灵活选用安全权限控制的模式。

(c) 非法 AP 的监听与控制

在无线教育宽带网建设之前，会存在一部分用户私自架设无线 AP，而这部分无线 AP 往往没有做任何安全策略，就将教育宽带网广播出去了。对于此类非法 AP 除了通过行政手段清理之外，还可以通过技术手段采用无线信号反制技术发现并强制这些非法 AP 下线。

(E) 无线教育宽带网的管理

基于 Web 的网络管理系统提供灵活的选择，具备良好的扩展性，能够满足客户网络管理不断发展的需求，为网管人员提供了易用的管理平台。网络管理系统还可实现无线设备的面板管理、故障管理、性能监控、软件版本管理、配置文件管理、接入用户管理、用户认证管理等功能，并可以对网络中的其他设备进行统一管理，真正实现有线无线一体化管理。网络管理系统需要对无线网络中的无线控制器和无线接入点等设备与有线网络设备进行一体化集中管理，网管人员对全网设备信息和状态可随时全盘掌握。通过整体拓扑监视、多视图唯独的监视和分组管理，可将客户的大规模部署无线网络设备进行集中化的控管。

网络管理系统可自动创建系列无线接入点配置文件，统一远程配置 AP 的射频功率、无线信道分配等参数，并可实时与设备保持配置信息的同步与更新。通过系统中的四维监视工具，可实时统计和监视全网的设备工作状态、资源利用、威胁告警、信道使用情况、实时流量等多维度状态，全部以统计图形直观显示给网管人员，以便于网管人员的日常管理工作。

网络管理系统中的无线管理组件可按照连续、按计划或按需进行射频扫描，并根据需要运行扫描以探测和定位非法无线接入点、非法用户和非法网络，并及时向网管员告警并给出处理建议。无线控制器支持先进的智能化无线电射频监测和调控能力，可确保某个 AP 发生故障时，附近的 AP 可以自动检测黑洞，并自动地调高发射功率来暂时缓解故障 AP 产品的盲区。这种强大的射频监测能力不仅表现在对大规模无线网络的管理工作中，即便是在初次安装无线网络时，网管人员也可以在网络中心机房，通过无线控制器来自动调节整网所有 AP 的射频参数，比如频率、信道、功率等。AP 之间会自动协调射频参数，直到相邻的无线接入点之间达到最优无线电射频运行环境，并把最终调整结果返回给无线控制器，网管人员就可以实时看到射频环境的现状，并决定是否继续调整或手动单独调整。

(F) 无线教育宽带网的实施部署建议

根据上节无线教育宽带网规划中的技术要点要求，设计无线教育宽带网网络架构图，如图 2-39 所示。在教育宽带网的核心区放置两台高端 AC 集群，分管区县下属的无线 AP 接入点设备。各个学校的 AP 接入采用 Web 认证，认证服务器放置在信息中心。网管平台也放置在信息中心由信息中心统一管理。无线网络系统采用无线控制＋胖瘦一体化的 AP

架构，在每个学校部署一台无线控制器和相应的无线 AP。每个学校的无线 AP 由对应学校的无线控制器管理。在信息中心部署核心无线控制器作为各学校无线控制器的备份，采用 N+1 备份模式。当学校的无线控制器故障，信息中心的核心无线控制器可自动接管其学校的无线 AP。无线网络系统采用 802.11n 标准，全区所有的无线 AP 和控制器必须遵循并满足该标准。接入单位无线 AP 采用 POE 交换机统一供电，全区所有的无线 AP 都由核心无线控制器统一管理。无线教育宽带网网络架构图如图 2-39 所示。

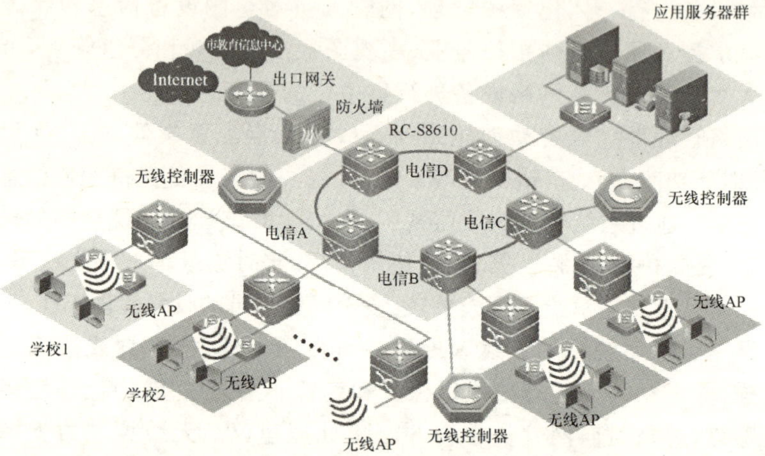

图 2-39　无线教育宽带网网络架构图

6）无线教育宽带网设备

无线教育宽带网主要涉及产品为无线控制器 AC 和无线接入点 AP。

（A）无线控制器 AC 功能要求

（a）高性能：专为大型无线网络设计，支持 IEEE802.11n，支持万兆扩展，为高效的数据转发提供了硬件支持。采用业界领先的多核处理器架构，可提供强大的处理能力和多业务扩展；支持本地转发技术，突破无线控制器的流量瓶颈限制，本地转发技术将延迟敏感、传输要求实时性高的数据分类通过有线网络转发，在 802.11n 的大流量吞吐下，可以大大缓解无线控制器 AC 的流量压力，更好地适应未来无线网络更高流量传输的要求；支持集中/分布式一体化的智能交换，可突破三层网络保持与 AP 的通信，部署在任何二层或三层网络结构中，无需改动任何网络架构，与无线 AP 组成整体交换架构，方便控制和处理所有 AP 上的数据交换。

（b）易管理：可针对无线网络实施强大的集中式可视化的管理和控

制，显著简化原本实施困难、部署复杂的无线网络。通过与有线无线统一集中管理平台以及无线接入点的配合，完成包括拓扑生成、AP 工作状态、在线用户状态、全网射频规划、用户定位、安全报警、链路负载、设备利用率、漫游记录、报表输出等丰富的无线网络管理功能，使得管理员可以在数据中心对整个网络运行状态进行监控和管理，同时还可实现集群化管理，将大型网络中的设备部署工作量降至最低。无线控制器 AC 支持智能射频管理，支持命令行等多种管理方式，还可对全网 AP 实施集中、有效、低成本的计划、部署、监视和管理。

(c) 高安全稳定：提供双冗余电源，可实现电源热备份，分别与用户的不同供电系统连接使用，保障无线网络的稳定运行。产品采用增强的安全和集群技术，通过基于身份的组网来提供网络服务。集群中的多台无线控制器可共享用户数据库，实现无线用户在跨越整个网络不同区域的过程中无缝的漫游，彻底满足移动漫游中的安全性和会话完整性，充分满足 Wi-Fi 语音通信的数据交互和语音流畅。支持虚拟无线分组技术、病毒与攻击安全、ARP 欺骗的防护、WIDS/WIPS，除了支持丰富的防火墙策略，无线控制器还提供基于用户身份认证的服务，以使用户在漫游时具有诸如虚拟专用组成员资格、访问控制列表(ACL)、认证、漫游策略和历史、位置跟踪、带宽使用以及其他授权等内容等安全策略保证无线网络安全。

(d) 可扩展：无线控制器自身要求支持大量 AP 控制管理权限(具体根据区县整体规划 AP 数量而定)，并且要求支持更大规模的扩展能力。

(B) 无线接入点 AP 功能要求

(a) 高性能：双路架构可确保 802.11n

在传统的 802.11n 模式下，往往由于 802.11n 可分别在 2.4 或 5 GHz 的频段分别向下兼容 802.11b/g 或 802.11a 协议，而实际客观存在大量的 802.11b/g 网卡用户，这样 802.11b/g 用户也能接入到 11n 的 AP 上，这将导致 AP 为了向下协商适应较低协议速率的用户，而牺牲 802.11n 网卡客户的速度性能，造成 802.11n 网卡客户的速度大幅下降，11n 的 300 Mbps 的优势无法得到发挥。

无线接入点 AP 产品采用双路双频硬件架构，可支持同时工作在 802.11a/n 和 802.11b/g/n 模式，革命性地解决了这一难题。通过两路都提供用户接入，可将一路工作在 5 GHz 的射频配置为 only 11n 模式，专门为 802.11n 网卡客户提供高速接入体验；另一路工作在 2.4 GHz 的射频配置为混合兼容模式，以确保传统的 802.11g 客户的正常接入，圆满地为不同用户提供最佳适应性的上网体验。另外无线接入 AP 要求能够支持本地转发技术、支持完美实现用户漫游访问等保证无线接入的高性能。

(b) 高安全:

支持完整的数据安全保障机制,可支持WEP、TKIP和AES加密技术,彻底保证无线网络的数据传输安全。支持虚拟无线分组技术,通过虚拟无线接入点(Virtual AP)技术,整机可最大提供32个ESSID,支持32个802.1QVLAN,网管人员可以对使用相同SSID的子网或VLAN单独实施加密和隔离,并可针对每个SSID配置单独的认证方式、加密机制。支持标准CAPWAP加密隧道确保传输安全、射频安全、病毒与攻击安全。支持用户安全准入,支持Web认证模式,用户使用浏览器即可完成认证过程,此外,认证后仍然能实现IP、MAC、WLAN等元素的绑定信息,这样可以保证只有合法的用户才能进入网络。支持ARP欺骗的防护、DHCP安全、管理信息的安全防护等安全技术,保证接入点整体安全。

(c) 易管理:

无线接入点AP产品可支持Fat(胖)和Fit(瘦)两种工作模式,可以根据不同行业客户的组网需要,随时灵活地进行切换,立即生效。当客户的无线信息点较少时,无线AP可工作在Fat(胖)模式,可自行独立组网使用;当客户的无线信息点达到一定规模时,无线AP可工作在Fit(瘦)模式,并配合无线控制器产品使用,由无线控制器产品集中控制,达到全网一体化的控管、安全、流量管理、QoS、IP管理等全面控制。通过两种模式的自然过渡,充分地保护客户的投资。

处于网络任何位置的无线接入点AP产品,其各项工作参数如信道号、功率等级、SSID设置、安全设置、VLAN划分等,均可以被远端的线控制器AC集中处理,既降低了本地的管理资源的消耗,也将管理权集中,提高了无线网络的安全性和管理效率。无线AP还要求提供方便部署与维护的以太网供电端口,管理员可通过远程网络直接对设备进行操作,同时也避免了电源供电不方便的问题,大大降低了部署难度和安装成本。

表2-11 无线教育宽带网设备选型

无线教育宽带网产品型号参考

品牌	设备型号	设备说明
思科	5500系列等	无线控制器AC
思科	Aironet 3500系列等	无线接入点AP
锐捷网络	WS5708、WS5302等	无线控制器AC
锐捷网络	RG-AP220系列、RG-AP620H	11n无线接入点AP

无线教育宽带网建设案例解析

重庆市沙坪坝区教育宽带网，始建于2002年，是重庆市最早建设的大规模教育宽带网之一。目前沙坪区教育宽带网已连接100所学校，各学校与网络中心之间采用光纤专线连接，教育宽带网接入单位通过教育信息管理中心统一出口上网。教育宽带网数据中心现已拥有50余台服务器设备，在线运行40多种应用，并实现"教育公共服务平台"应用。

但是随着沙坪坝区教育宽带网的用户数不断增加，下属学校都面临着有线网络端口数不足的问题，急需在全区学校部署无线网络，解决日益增多的笔记本电脑的接入问题。为确保无线网络接入的安全性，同时为满足公安部提出的实名制日志管理要求，沙坪区在进行无线网络建设规划的初期，就提出进行实名制认证体系建设的要求。

沙坪坝区对于教育宽带网实名上网认证体系建设主要提出6个方面的要求：

(1) 无线用户入教育宽带网认证——确保教育宽带网安全

(2) 有线用户出教育宽带网才认证并进行实名制日志记录——兼容现有设备和用户习惯

(3) VPN用户进教育宽带网即认证——安全便捷地访问教育宽带网内应用

(4) 所有认证方式采用同一套用户身份数据库——实现统一认证

(5) 采用免客户端的方式进行认证——易用、易部署

(6) 与"教育信息化公共服务平台"实现账户同步和单点登陆

沙坪坝区无线教育宽带网建设方案

建成基于教育宽带网进行统一部署的覆盖全区校园的无线网络，并实现全网无线实名制上网管理。无线网络建设将依托于已建成的教育宽带网平台，在沙坪坝区各个中小学部署无线AP，提供各个学校范围内的WLAN无线网络覆盖，将教育宽带网的访问方式从有线扩展到有线/无线一体化共存，有效解决有线网络端口数量不足、使用不方便等问题，同时适应各学校支持WLAN上网的笔记本计算机日益增多带来的无线网络访问需求增长的趋势。实名上网体系建设将现有业务系统和网络系统的准入、准出和授权体系进行统一整合，并建设上网日志审计体系。未来将利用已建成的"重庆市教育信息化公共服务平台"用户身份信息，实现教育宽带网用户通过有线上互联网、通过无线上教育宽带网，以及进入"重庆市教育信息化公共服务平台"使用同一套用户名、密码(身份凭据)进行实名认证和单点登陆。同时，实现在教育宽带网内，用户通过任何方

式上互联网都有上网日志记录到用户实名，实现上网实名审计功能，满足公安部 82 号令的要求。

方案涉及的相关产品、组件及其主要用途、部署方式如表 2-12 所示。

表 2-12 沙坪坝区无线教育宽带网方案组件

设备名称	主要用途	部署位置	备注
RG-ACE 出口认证/日志/流控一体化网关	教育宽带网有线网络准出认证网关 上网日志审计/记录网关 兼具流控功能（基于用户身份的流控）	信息中心机房	硬件设备，以二层方式透明部署于教育宽带网出口
RG-SMP 认证管理系统	所有认证方式的统一 RADIUS 后台	信息中心机房	软件，提供统一的用户身份管理平台
RG-ePORTAL 网络访问系统	Web-PORTAL 服务器	信息中心机房	软件，提供免客户端 Web 认证
RG-eLOG 网络日志系统	实名日志审计	信息中心机房	软件，提供全网实名上网日志审计
RG-WS5708 无线控制器	无线接入点集中控制	信息中心机房	
RG-AP 220 无线接入点 RG-S5750P 系列 POE 交换机	无线网络搭建	教育局办公楼 下属学校教学与办公楼	用于在教育宽带网实际环境进行无线组网
RG-SNC 网络管理系统	主要用于对无线网络的统一网管	信息中心机房	软件，用于对无线控制器、无线 AP 的统一网管
RG-WALL V 系列 VPN 网关	教育宽带网 VPN 访问 VPN 认证网关	信息中心机房	硬件设备，旁路方式部署于教育宽带网中心
RG-SSO 单点登录系统	单点登录	信息中心机房	

在锐网网络与沙坪坝教育信息中心技术人员的共同努力下，沙坪坝无线教育宽带网项目于 2011 年上半年完成实施和验收，具体功能实现效果如下：

实现无线 AP 的跨三层零配置部署和统一管理。部署于学校的无线 AP 由部署于教育宽带网信息中心的无线控制器进行控制，学校部署无线 AP 无需配置，就能提供无线覆盖服务。部署在信息中心的 RG-SNC

智能网络指挥官(网络管理软件)对无线控制器、全部无线 AP 进行集中实时状态监视,全功能图形化的配置。

实现了免客户端实名制的统一认证管理,无线用户入教育宽带网即认证,有线用户访问互联网才认证,VPN 接入用户进入教育宽带网也采用统一认证,所有用户账户信息全部由锐捷网络 RG-SMP 统一管理,用户使用一个账号就可以通过多种方式、在任意地点接入教育宽带网。

实现所有有线无线用户一次认证,根据各自权限单点登录不同应用系统,方便管理,提高用户的良好体验度。

沙坪坝区无线教育宽带网的各项设计功能成功实现,为全区师生提供了一个便捷、实名制管理的无线网络,为沙坪坝区长期规划的校园无线终端应用、校园无线信息查询、无线电子书包等应用打下了坚实的基础。

(8) 安全运维管理区设计

安全运维管理区的设计是针对基础环境组件中的安全运维体系如何落实而提出的,包括安全体系设计和运维管理设计两个部分。由于安全体系应贯穿到区域教育宽带网的各个区块设计中,同时又会涉及数据、应用、网络等各个方面,需要进行整体安全规划,因此,在后文有针对安全体系的详细介绍,本部分内容重点讲解运维管理系统的设计。

运维管理系统的设计与业务系统的发展分不开,目前信息化从基础网络建设,应用系统建设,逐步进入了一个应用和网络融合发展,网络和应用系统的规模及复杂度也不断成熟和扩大的时期,迫切需要通过有效地科学管理,充分发挥 IT 网络基础设施的作用,体现出 IT 技术能够推动教育信息化业务不断提升的巨大效益来。

1) 运维管理体系发展趋势分析

面向复杂 IP 网络环境的综合运维管理领域,无论从产品的功能,还是从产品的技术和架构来看,都经过了长期的高速发展,目前正在进入一个面向系统和网络融合趋势,以智能化和业务导向为特点的新的阶段。那么,从功能和系统定位的发展来看,运维管理体系经过标准化管理时期、集成化管理时期、智能化管理时期、面向业务的管理时期。

(A) 标准化管理时期

这个时期重点在于对网络管理体系的标准化,从网络和系统来看,分别开始采用标准的管理接口和协议,比如 SNMP 接口、Q3 接口等,比较标准的管理信息定义如 MIB 等逐步得到普遍应用,一批面向网络或者面向系统的管理系统涌现出来,能够分别提供对各类设备的专业管理,这些管理包括故障管理、配置管理、告警管理、性能管理和安全管理(FCAPS)

在内的多种管理功能，简化管理人员对某种单一的IT资源的管理。

(B) 集成化管理时期

随着标准化的针对网络或者系统的管理软件的逐步出现，用户发现一个突出的问题，就是难以通过一个管理系统和平台，对网络和系统进行统一的管理，因此有厂商提出了综合管理系统的概念，并通过早期的集成技术来整合各种专业的管理模块和系统，形成一个可以管理各种系统和网络的平台。这个时期比较有代表性的产品包括OpenView、Tivoli等。

(C) 智能化管理时期

在逐步出现面向网络和系统的综合管理系统之后，虽然能够在一个平台上看到各种各样的底层资源的运行数据，但是这些数据往往只能告诉管理人员某一个时间在某个资源上的信息，难以提供更智能的诊断结果，导致冗余信息增加，导致系统难以提供有意义的管理信息，在这样的背景下，如何对信息进行智能化的关联分析和处理以及发现最准确的根本原因成为运维管理体系的一个主要趋势，突出的体现就是强调系统的智能分析能力。

(D) 面向业务的管理时期

随着信息化建设的层次逐步提高，用户不仅仅满足于知道IT环境中发生了什么问题，因为越复杂的IT环境，需要关注的信息和事件也就越多，而且呈现出以几何级数增长的趋势。在这种情况下，一方面是继续加强管理系统的智能性以提升对IT环境理解的精确性，另一方面是如何获取更直观、更重要的管理信息。如何判断哪些信息更重要呢？这要求对原始管理信息进行一定的关联和处理。处理的标准就是信息对核心业务的影响程度和关联度，这就是面向关键业务服务质量的管理。

然而，要建立面向核心业务的IT管理体系，最关键的就是要建立一个面向业务的系统运行量化评估指标，然而这个量化的评估指标，必须通过设计一个良好的自动化综合监测管理平台来驱动，才能保证其可实施性和可持续性。

2) 运维管理区具体方案设计

随着信息化建设的推进，为了让凝聚了巨大人力物力投入的信息网络基础设施发挥出其效益，保障整个信息系统的平稳可靠运行，需要有一个可从整体上对包括IP网络、存储、安全等组件在内的IT网络基础设施环境进行综合管理的平台，并能够提供业务系统运行异常的实时告警和进行图形化问题定位，性能趋势分析和预警，能够基于关键业务系统的角度，以业务重要性为导向进行事件处理和通知。

那么如何实现从关键业务角度管理复杂资源环境呢？在这里引入三个关键的理念。

第一，用户的重要性决定了所用业务的重要性。这个指标我们叫做用户敏感度（USI）。用USI这个指标，我们来衡量所服务的用户群的重要性。用户就包括了我们单位中会用到信息系统服务的各种用户，包括各部门领导、办事人员、群众等。

第二，业务的关键程度对支撑这个业务系统运行的各种IT资源赋予不同的重要性。我们用业务敏感度（BSI）这个指标来描述这种重要性，它体现了管理人员对业务系统的主观关注程度。

第三，资源在业务系统中的地位决定了它对业务系统的影响，用资源敏感度（RSI）这个指标来描述某个资源因为其类型和在IP网络中的位置，这里的资源包括了从网络、服务器、中间件到应用软件的各种组件。可以看到，因为系统引入用户敏感度（USI）让管理系统能够理解各类用户的重要性，引入业务敏感度（BSI），让管理系统感知到业务的重要性；引入资源敏感度（RSI），让管理系统感知到不同资源对于整体业务运行环境不同的影响程度，这是实现面向业务管理的前提。

当然，系统如果只是知道了业务，用户和资源的重要性不同，但无法实时地感知复杂业务环境也还是不能实现有效地管理的。

实现这种IT环境感知能力的是通过方案中的RIIL（实时智能网络基础设施库）管理中间件，这个中间件通过持续的发现IT环境中从应用到网络的各种在运行的资源，监测资源的运行状态和及时感知各种变化，并从性能（系统繁忙度、健康度）和安全风险两个角度对资源健康度进行评估，从而为面向业务的管理提供了一个具备跨厂商、跨技术管理能力的基础平台。

所以，基于RIIL平台的融合发现和管理能力，再通过从RSI、BSI到USI的关联分析，我们能够实现以用户为中心的关键业务运行健康管理。这样的管理方式会给我们带来什么变化呢？

(a) 实时了解单位关键业务系统健康程度；

(b) 组织结构与业务系统联动，明确性能和故障影响范围；

(c) 业务系统对基础架构资源的依赖关系清晰，保障目标明确；

(d) 实现对重点业务及资源的优化保障，主次分明，权重各异。

从管理角度来看，以面向关键业务，以用户为中心的管理，我们能够实现资金利用优化、组织绩效提升、用户满意度提升的三大效果，从而可量化地改善组织的关键业务系统运行服务质量。综合上面的分析，根据客户当前的网络、系统和应用建设情况，以及其基于IT设施的核心业务的运行维护要求，我们提出了以下的建设思路：

(a) 以组织当前所关注的关键业务运行为核心来搭建管理体系；

(b) 以兼容性好，技术先进的开放综合平台为方案建设的基础；

(c) 采用最新的前端技术，来确保系统拥有最佳的交互性和图形化呈现效果；

(d) 能够建立一个围绕核心业务的量化评价体系，并提供自动化的评估；

(e) 整个系统要具有良好的可扩展性。

基于前面所述的需求背景，我们从融合、开放的技术理念出发，提出了基于实时智能网络基础设施库的“关键业务系统运行监控中心(RIIL-BMC)”的建设思路。利用基于统一信息模型的融合抽象建模技术和自动发现技术，实现对全IP网络中各种基于IP技术的网络基础设施的自动发现和资源化，基于统一信息模型，生成一个可管理、可重用的实时对象库，并通过实时事件和同步技术，保持与实际管理对象的一致性。由于可以在统一的信息模型定义下，针对多厂商、多技术的网络基础设施进行抽象，从而为解决异构网络基础设施的融合难题奠定关键的基础，解决对IP基础环境的总体把握和全局理解的问题。

在此基础之上，进一步的通过关键业务性能评估模型，以业务系统的重要性为导向，对业务系统所依赖的各种下层资源进行具有服务优先级差别的监控和管理，让管理人员可以实时的，针对影响关键业务和关键用户的异常事件进行优先处理，并在问题发生的时候快速判断其影响范围和程度，通过图形化手段快速制定最佳控制和问题解除方案。通过面向关键业务的网络基础设施管理，让IT投入的效益得到最大化的体现，并能够在网络和信息团队运维资源有限的条件下，让用户按照其重要性体验到服务品质的提升。

3) 运维管理系统设备

安全运维管理体系除对整网网络设备进行管理之外，还需要对网络中的服务器、业务系统、中间件、数据库、机房整体环境进行实时监测，才能达到整体安全运维管理的初衷。从综合IT监控管理技术的发展来看，有以下几个关键指标是在进行方案构建和产品选择的时候需要重点考虑的：

(A) 可视化能力

建设IT运行监控中心的一个关键用途是与大屏幕监控中心配套，实现最佳的展示效果，体现信息化的建设水平和理念高度。因此可视化的效果如何、动态呈现的能力如何就成为系统和方案选型中的一个核心考虑要素。

(B) 业务建模能力

每个组织的IT部门有自己的核心业务，这些核心业务具有不同的重要性、组成结构、服务于特定的部门和用户等，需要关注其不同的运行指标，这些个性化的管理需求，能否快速地通过图形化的建模方式加以实施并迅速在管理视图上得到反应，是非常重要的一个维度。尤其需要避免的是为了跟随组织的业务变化和IT系统演进而大量地定制和重复开发，这往往会带来难以接受的实施周期和后续成本。因此，系统的可配置性、图形化的业务系统架构以及监测体系建模功能等方面需要重点考虑。

(C) 设备兼容性

要简化管理，首先要能够全面地管理各种基于IP的IT网络基础设施，因此系统要能够兼容国内各种主流的软硬件产品，这些产品包括网络设备、服务器、应用、中间件和环境等。系统要具有比较良好的网络层和链路层自动发现能力和自动发现主流应用和中间件的能力，从而最大化地降低管理人员对管理信息的维护工作量。

(D) 体系结构的开放性

当前IT管理环境中，SSO单点登录和流程管理工作系统、门户等应用的集成，成为常见的需求，而当前最佳的集成方式就是基于SOAP协议的Web Service接口，通过规范标准的接口定义，就可以实现与其他主流门户和流程系统的集成。因此，支持标准化的接口和具备开放的体系结构也是运维管理系统选择的重点要素。

针对国内业务运维管理系统的实际情况，需要具备的具体功能如下：

(a) 实时智能IT网络基础设施库：包含自动网络发现、拓扑管理、性能管理、告警管理、基础报表管理组件。

(b) 智能化业务管理中心：包括业务组件发现、业务可视化管理组件、业务报表分析组件、业务模型建模管理组件、可监控数据库对象、应用服务器对象、操作系统对象和Web服务器对象。智能化业务管理中心能够管理展示业务健康度、繁忙度，并且有专业的业务卡片动态实时体系用户业务使用情况为资源调配、网络管理提供科学依据。

(c) 机房环境监控管理中心：机房环境对象监控基础平台可以对UPS、温湿度、火警、烟感等监控探头、普通/专业空调、机房电量实施监控。

运维管理系统案例解析

北京市朝阳区教委是朝阳区教育主管部门。随着朝阳区教育业务应用系统的不断丰富，朝阳区教委遇到的城域网安全及管理问题也越来越多。如何解决这些网络安全及管理的运维问题已经成为关注重点，核心问题主要包括：

- CMIS、一卡通、网上巡考、网报志愿、安全监控等关键应用时常中断，影响巨大；
- 在出现紧急事件时，网络性能无法保证应急响应程序的顺利运行；
- 恶意网络攻击难以及时定位解决；
- 无法有效保障关键应用的稳定运行；
- 网络资源滥用现象难以管理；
- 缺少整体规范的主动网络安全管理手段。

方案设计

- 在系统设计中，面向城域网关键业务提供端到端统一管理视图和策略执行手段
- 建设网络准入认证、终端管理和集中监控相结合的完整基础教育城域网运维管理体系
- 通过分布式部署，本地管理与集中策略和信息管理相结合，适应基础教育城域网的行政管理特点和各学校业务需求
- 通过园区安全保障子系统和集中策略管理、集中用户管理、集中监控相结合，实现全局的统一管理和本地网的独立安全保障
- 通过图形管理和预置安全策略提升校园网普通管理人员的本地管理能力，通过自动网络监控和安全策略实现 7×24 小时不间断的网络和终端安全监控与管理

应用效果

- 实现全网关键应用的全局应用安全保障和实时监控
- 打造一个实名制的，用户行为精细可控，安全问题可追溯的教育城域网
- 实现数量众多、地理分散的校园网的自动化安全管理和监控，提高集中管理和监控能力
- 降低病毒、网络攻击对网络安全稳定运行的影响
- 实现全网统一的安全策略、上网账号和权限管理，方便地进行软硬件资产的集中管理，为统计和决策提供依据

安全运维管理清单

表 2-13　朝阳区安全运维管理清单

系统名称	模块名称	功能简介
CENSOS集中安全运维管理平台	教育宽带网 IT 运维业务流程管理系统(IT-Flow)	实现中心运维管理的流程化、规范化和自动化,实现运维工作的量化评估和持续改进,让组织运维工作绩效的提升得到直观呈现和系统的管理
	安全管理中心(SMC)	制定统一安全策略并通过 IPC 进行全网同步。能够利用该平台根据学校安全状况提供策略指导学校维护人员进行安全管理
	统一身份策略管理中心(IPC)	实现全网用户的安全认证上网,从而实现实名制网络。能够对下属各个学校的安全管理组件进行授权,能够统一收集和同步全网的用户身份信息
	关键业务监控中心(BMC)	对全网部署的 CMIS、网上志愿报考系统、远程巡考系统、安全监控系统、一卡通系统、教改管理系统等进行实时监控,一旦支撑应用的网络资源发生故障或者性能下降可以实时进行告警和问题定位
校园网安全管理平台	可视化设备管理组件(SNC)	为校园网网络管理人员提供图形化、可视化的设备配置工具,通过图形菜单的方式对设备进行配置和管理。降低基层维护人员的管理强度和难度
	安全管理组件(SMP)	实现本地用户认证、用户管理和安全策略管理、安全策略下发。本地 ARP 欺骗防护、杀毒软件和系统补丁自动管理
	流量和日志分析组件(eLOG)	实现对本地上网行为的日志记录和分析。从而满足公安部 82 号令的需求。实现基于身份的用户行为管理
	智能安全上网小助手(SU)	上网认证,双向实时消息交流、远程故障处理、文件分发,协助用户对杀毒软件和系统补丁进行及时升级,结合安全交换机为终端用户提供对 ARP 欺骗和病毒的自动防护
校园网安全网络基础设施	安全认证交换机	实时检测网络中的非法入侵和攻击。实现对关键服务器区域的实时防护,防止未授权用户访问关键应用和数据资源
	应用控制引擎(ACE)	实现应用流量分析和监测,直观、图形化地查看到网络流量究竟是由哪些应用引起的,还能够对流量进行精细化的控制和管理,能够结合 SMP 实现基于用户身份的流量管理
	网络入侵检测系统(NIDS)	安全认证交换机通过其具备的 802.1x 认证、端口数据包安全检测、可信任 ARP 和与 SMP 配合实现自动执行安全策略的能力

(9) 教育宽带网实名制及单点登录设计

1) 实名制的五种驱动力

在信息化发展较快的区域，教育宽带网的基础网络建设已经非常成熟。在基础链路方面，链路带宽和质量一般都很高，各个学校一般通过MPLS VPN、SDH、MSTP 等专线方式接入教育宽带网，重点高中带宽一般能达到百兆或千兆，普通中小学的带宽一般为 2 M 至 10 M 左右。在业务应用方面，支持多媒体录播、视频教学等语音视频类业务应用系统。在管理方面，实现了统一规划、统一管理，各个学校通过区县教育局统一出口访问互联网。

下面为西南某个城市的区县教育宽带网的实际情况。从链路、出口及应用等角度进行分析：链路质量高，教育宽带网到大部分学校等接入单位具有直连的光纤链路；带宽高，并且可以根据业务需求对带宽进行平滑升级，为后期教育宽带网开展各项应用打下了坚实的网络基础；统一出口访问互联网：区县教育局对整个网络进行统一规划、统一管理，并对出口进行了统一的规划，大部分学校等接入单位通过教育信息管理中心统一出口上网，提高了互联网带宽的使用效率。此外，教育管理信息中心可统一宏观控制全网路由规划，教育宽带网可实现内部无 NAT，可以很容易采用技术手段开展例如三层组播、远程网络管理、服务器托管等网络应用。应用丰富：在教育宽带网上开展了数字图书馆、信息化教学、教育资源库、VOD、视频直播等丰富的教育信息化应用。

在这些信息化发展较快的区域，链路带宽、网络拓扑、出口规划等方面都做了很好的实践和探索，也为区域教育信息化的基础环境建设摸索了新的道路。然而随着互联网技术的快速发展，教育宽带网和互联网承载的应用日新月异，电子书包、无线考勤定位、无线视频监控、多媒体录播、网上阅卷系统等各种新应用层出不穷，微博、开心网等应用慢慢融入学校师生的网络活动，网络舆论成为互联网新的关注焦点。应用驱动建设，随着应用的数量、规模的变化，对于基础网络的建设必定带来新的挑战。

教育宽带网的基础网络建设在学校接入的数量和接入的形式都有明显的变化，各个学校接入的数量有所增加。从市直学校、区县学校到农村偏远学校，大部分都通过运营商的专线接入教育宽带网，形成整个教育专网。接入教育宽带网的方式有有线、无线、VPN 等，教育宽带网建设面临新的挑战。随着移动手机、IPAD 等智能终端在教育行业的应用，很多学校会建立无线校园网以实现整个学校的无线覆盖。区域教育局建立无线的教育宽带网以实现区县下属各个学校的无线接入。老师在外地出差或回家备课，需要快速安全地访问学校或教育宽带网的资源，需要远程VPN的安全连接。有线、无线、VPN等多种方式的接入会带来在教育宽带网建设和规划中遇到新的安全、管理及维护的难题。

以下问题是各地教育宽带网建设和维护中遇到最多的问题。

(A) 政策驱动

教育宽带网建设和维护需要满足公安部82号令、教育主管部门对网络安全提出的要求，落实日志审计的安全措施。目前，各地是如何解决这个问题的呢？大部分是通过部署上网行为管理产品进行管理，然而上网行为管理产品只能记录到IP地址，难以真正满足审计要求，出现安全事件，仍然难以定位到人。那么，若结合上网行为管理，通过采取IP＋MAC绑定的固定方式，又会给教师的网络应用带来困难，特别是笔记本移动用户的使用，若教师换个办公室、换个工作场所就无法使用教育网络，或网卡出现故障等都需要管理员大量参与。更重要的是，基于IP＋MAC的管理大大提高了接入交换机的配置、管理的工作量。有没有一种既安全又易管理的解决方案呢？

(B) 问题驱动

教育宽带网成为一个开放的网络，无论任何人在学校通过一条网线便可接入教育专网，这样的安全隐患大，使得网络不可控、难以管理，甚至很多学校把家属楼接入教育宽带网，导致教育宽带网出口带宽不足。如何能够屏蔽这些用户，使得教育宽带网的管理更易于控制和管理？IP地址滥用或内网病毒、IP地址冲突引起的网络中断都会影响业务的正常运行，这些问题该如何解决？教育宽带网的边界如何保障安全？各个学校的网络是否会被攻击或病毒会不会扩散到教育宽带网？若下属学校的网络非常慢，如何快速定位到具体出现问题的计算机？

(C) 事件驱动

用户在网上发表不良言论，出现安全事件后，日志审计难以真正定位到人。若发生公众事件会严重影响教育局的形象。网络安全问题也是教育宽带网实名制建设的一个重要驱动。教育宽带网的网络安全直接关系到下一代青少年儿童的身心健康，这对于一个国家和一个民族的未来都是至关重要的，一个网络漏洞、病毒或者木马，可能会带来黄色、暴力信息的传播，会严重侵害青少年身心健康，同时学生信息的窃取，会带来不同程度的损失，轻者会使家长受到欺骗，带来经济损失；重者会给青少年、儿童带来生命危险，例如绑架、谋杀，这个问题不可轻视。

(D) 体验驱动

用户体验的要求,直接带来了教育宽带网无线、单点登录等技术的需求,用户在网络使用过程中会对网络的便利性、易用性提出越来越多的要求,这也是网络建设成果的重要体现,最终用户获得良好的体验才是教育宽带网的目的。

(E) 亮点驱动

区域教育宽带网建设,是基础教育系统中一个重要的亮点,也是“十二五”规划中重点强调的部分。如何在教育宽带网建设中既满足基础的互联互通需求,又能够在安全、便利等方面做好工作都是体现信息化建设的水平,这也是每个信息中心或电教馆都在思考的内容。

2) 关键需求分析

针对区域教育宽带网建设中存在的五种驱动力进行深入分析,进行需求分析规划,实际上,表现为以下几点需求,建立实名制身份管理体系、实名制日志管理系统等。

(A) 建立实名制身份管理体系

对于入网人员的身份信息进行鉴别,不符合身份要求的用户禁止入网。可根据不同的用户类型及接入地点供不同的接入手段,例如机房、办公区、无线接入区等。办公区域采取 Web 认证方式有线接入,机房采取 802.1x 的方式有线接入,会议室采取无线接入等。提供多种用户网络接入手段的验证:有线、无线、客户端、网页等各种接入手段均可进行控制。

(B) 建立实名制日志管理系统

根据公安部 82 号令的要求,需要对教育宽带网中各单位(中小学、幼儿园)的互联网访问进行日志记录,并能够根据日志记录定位到人,在发生安全事件的时候可以迅速找到源头。

(C) 有线和无线的统一管理

对于日益增多的无线应用,也要与有线一样管理起来,使用同一套身份管理体系、简单有效,工作量合理的管理手段。普教教育宽带网用户众多,分支机构(学校)众多,而管理人员往往不超过 5 个人,所以整个管理系统需要可以简单、智能、分级分权,合理的分配管理工作量。

(D) 高可靠的解决方案

由于涉及下属多个学校上网,所以整个方案要实现高性能、高可靠性,在提供高安全性的同时,也不能降低用户对于网络的使用体验。

3) 区县教育宽带网实名制解决方案

(A) 认证技术概述

网络身份认证是指未认证用户在接入网络访问资源时,都被网络设备强制用户登录到特定站点，若用户需要访问教育专网或互联网的任何资源，都必须在此站点进行认证，输入账号、密码，合法认证通过后才可以使用互联网或教育专网的资源。

目前，认证的技术比较多，主要有 PPPOE/Web 认证/802.1x 认证方式，差异性较大。PPPOE 一般用于家庭用户使用 ADSL 拨号，而 802.1x 和 Web 认证更多是应用于教育行业。具体来说，Web 认证具有部署方便、易用性好等特点，802.1x 需要部署安全客户端，安全性更好，但部署更复杂。安全客户端认证的安全性会更强，其在 Web 身份认证的基础上增加了安全认证机制，可以检测接入终端上是否安装了防病毒软件、是否更新了病毒库、是否安装了非法软件、是否更新了操作系统补丁等。用户通过身份认证后仅仅获得访问部分互联网资源(受限资源)的权限，如病毒服务器、操作系统补丁更新服务器等；当用户通过安全认证后便可以访问更多的互联网资源。在区域教育信息化的认证技术中，一般在办公区域更适合 Web 认证，而机房或宿舍区会选择 802.1x 认证。

要实现身份认证一般需要四个基本要素：认证客户端(Web 或 802.1x 客户端)、认证强制点(交换机、路由器等)、Portal 服务器(提供认证时输入账号、密码的界面)、认证服务端(提供认证账号、计费、安全策略等功能)。下面对 Web 认证做简要介绍：

认证客户端主要是安装于用户终端的客户端系统，为运行 HTTP/HTTPS 协议的浏览器或运行安全客户端软件的主机。认证强制设备一般为交换机、路由器、防火墙等基础网络设备，在认证之前，将认证网段内用户的所有 HTTP 请求都重定向到 Portal 服务器。在认证过程中，与 Portal 服务器、认证后台服务器一起，完成身份认证/安全认证/计费的功能。在认证通过后，允许用户访问被管理员授权的互联网或教育专网资源。Portal 服务器用于接收 Web 客户端认证请求的服务器端系统，提供认证登录界面，与强制认证设备交互认证客户端的认证信息。

认证后台服务器与强制认证设备进行交互，完成对用户的认证和计费。与客户端、认证强制设备进行交互，完成对用户的安全认证，并对用户进行授权操作。

身份认证基本的交互过程如下：

未认证用户访问网络时，在 IE 地址栏中输入一个互联网的地址，那么此 HTTP 请求在经过强制认证设备时会被重定向到 Portal 服务器的 Web 认证主页上。(若需要使用更强的安全特性，则用户必须安装安全客户端)用户在认证主页/认证对话框中输入账号、密码等认证信息后并登录，Portal 服务器会将用户的认证信息传递给强制认证设备；强制认证设备再与认证/计费服务器通信进行认证和计费；认证通过后，如果未对用户采用安全策略，则强制认证设备会打开用户与互联网的通路，允许用户访问互联网；如果对用户采用了安全策略，则客户端、强制认证设备与安全策略服务器交互，对用户的安全检测通过之后，安全策略服务器根据用户的安全性授权用户访问非受限资源。

实名认证是指区域的基础数据库中师生的身份信息能自动与 Web 认证中的账号、密码自动建立映射关系，如老师以自己的账号名登录教育专网访问互联网资源，有权限的管理员能自动在系统后台看到其对应真实身份的访问信息，这实际上已达到了实名认证的要求。

(B) 教育宽带网实名制解决方案架构

(a) 方案概述

区域教育宽带网的各种用户，包括学生、老师等通过有线、无线、VPN 等各种接入方式统一实名身份接入，可实现基于实名认证、实名访问权限控制、实名流控、实名日志审计等功能，可解决没有实名制管理遇到的教育宽带网接入不可控、审计难以定位到人、无法区分老师和学校的访问服务等问题。所有通过不同接入方式而接入到网络的用户均需要通过接入交换机、核心交换机以及身份认证系统进行身份的确认，只有经过授权的合法用户才能接入网络，每个用户有线网络和无线网络使用同一份身份信息、同一套账号密码。以实名为核心的实名制管理，包括四个方面：实名认证、实名的访问权限控制、实名流控及实名日志审计。

(b) 实名认证

区县下属的任何学校，无论是通过有线网络、无线网络，还是在家通过 VPN 访问教育资源，都需要进行实名认证。避免各种网络设备分散部署成为安全孤岛，导致发生安全风险。实名认证是为了验证身份，包括接入网络中的用户标志(User ID)、主机标志(MAC)、网络标志(IP)，确保网络用户身份的合法、真实，同时可以有效地防止账号盗用、防 IP 篡改、防 MAC 篡改，实现内网的安全、可控、易定位和强审计等功能(安全客户端功能)。

(c) 教育宽带网实名制访问权限控制

通过实名访问权限控制，老师可在学校里通过网络在线看 Internet 视频或下载 P2P 资源等，而学生则被限制使用；通过实名访问权限控制还可阻止学生的账号访问任何成人网站和接收不良信息等。

(d) 教育宽带网实名制流控

通过网络出口流量控制引擎设备或出口网关设备与实名制身份认证

系统联动，限制用户访问流量或带宽分配，例如：通过实名身份为老师的账号分配 5M 带宽，学生的账号分配 1M 带宽；而且无论是在办公室、计算机教室还是电子阅览室，即使使用的不是同一台机器、同一个 IP 地址，也能保障老师的出口带宽为 5M，学生的出口带宽为 1M，保障有效合理地分配带宽，提高带宽资源的利用率。

(e) 教育宽带网实名制日志审计

师生访问 Internet 的日志都能自动进行记录，实名审计日志和师生的 IP 地址及实名信息等实现自动绑定，满足公安及上级部门的检查要求。实名审计通过强制认证设备和身份认证系统自动对接实现。出口网关针对经过出口的数据流、设备和网络攻击进行相关日志信息的记录。为用户事后分析、审计提供重要信息(日志支持远程 Web 查看和检索)。

4) 实名制解决方案部署模式介绍

(A) 实名制集中式部署方案

在区域教育宽带网中，集中式部署是指身份认证系统集中部署。具体而言，是在学校和教育局部署相关的实名制组件。集中式部署是在教育局部署“portal 服务器”(即 ePortal)、“安全管理平台”(即 security manage platform，简称 SMP)。在学校的出口部署强制认证设备，师生的客户端采取 Web 方式进行认证。简单地说就是教育局部署身份认证后台、portal 服务器，学校段部署支持 Web 认证的出口网关(客户端使用 Web 认证，使用 pc 自带的浏览器)。

这种方式也可以实现实名认证、实名审计等功能，但存在单点故障，如教育局的身份认证后台出现故障，将导致全区的师生无法访问教育宽带网或互联网资源，同时实名身份认证需要维护庞大的实名身份数据库，若由信息中心或电教馆进行维护，工作量相当大也难以真正落地。从各地的实际经验来看，账号的开户、销户等管理工作需要分别由学校的管理员来维护，这样就需要身份认证后台具备分权限管理的功能，即各个学校的管理员只能给本校进行开户和销户等管理工作。另一方面，若学校本地有互联网出口，会出现访问互联网的数据报文，也需要首先到教育局认证后台进行认证不合理等情况，同时若学校和教育局之间链路比较复杂或存在 NAT 问题，将导致整个身份认证系统部署复杂度增大甚至难以实施部署。

具体来说，可实现以下功能：

若某学校用户发起上网请求，如访问 www. baidu. com。

1. 上网请求的数据报文将到达出口网关设备进行检测，若其没有通过身份认证，强制认证设备将重定向到 ePortal 服务器，推送 Web 认证界面到用户桌面。

2. 用户输入用户名和密码，ePortal 和安全管理平台进行对接，检测该用户名和密码是否正确，若用户合法、密码正确，则允许其上网。

3. 通过身份认证系统和出口认证网关、日志系统等实现联动，实现全区所有用户的实名日志审计。

综上所述，以用户使用有线网络为例进行阐述，无线接入或 VPN 远程访问类似，只是强制设备变更为无线控制器、VPN 网关，后台都是基于同一个身份认证后台。这样根据前端强制认证设备的不同，可实现有线、无线、远程 VPN 等不同接入方式的统一实名认证。

(B) 分布式部署实名制方案

分布式部署方式是指身份认证系统，采取分布式部署，即学校、区县教育局两级都分别部署身份认证系统，特别适合终端安全、网络可靠性要求很高的区域。

在教育局集中部署“统一身份策略认证中心”（即 Indentify policy center，简称 IPC），作为全区的统一身份认证后台，在学校部署安全管理平台，作为本校的身份认证后台，同时，部署学校的 portal 功能。（由于需要部署 SMP 和 ePortal 两类产品，而本地的认证所需要的性能要求不高，建议 SMP 集成 ePortal，实现统一部署，称为易安全系统，easy security system，即 ESS）

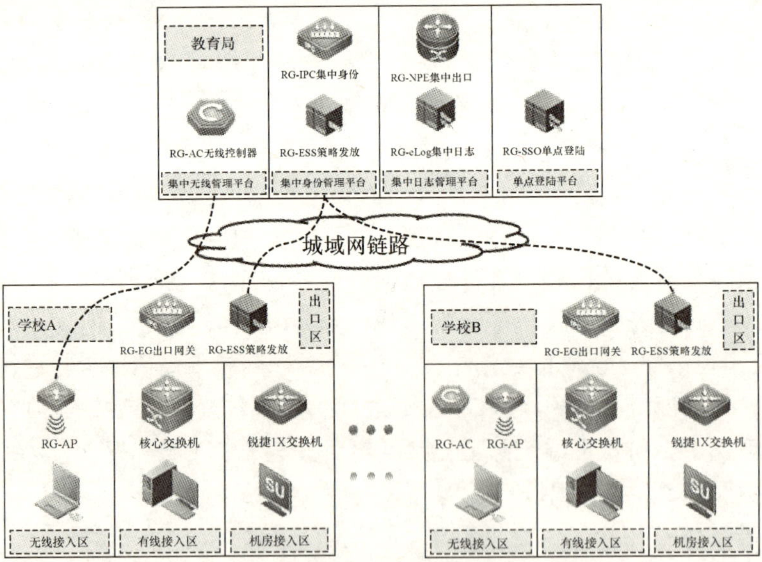

图 2-40　实名制整体架构图

无论是集中式部署，还是分布式部署，均能实现有线、无线、VPN 的统一实名身份认证，分布式部署整个方案具备较好的冗余性、更好的扩展性、更高的性能。

具体来说，冗余性体现在各个学校的身份认证平台具备独立性，若教育局后台的 IPC 出现故障（如断电），并不会影响学校的身份认证，各学校的开户、销户等工作都可以独立运行，相关信息都会自动同步到区县教育局，可实现账号的自动漫游。若老师甲在学校 A 使用自己办公室的账号访问教育或互联网资源，老师甲去学校 B 出差，使用自己在学校 A 的账号就可以自动登录，通过无线或有线访问相关资源。同时学校独立部署身份系统，可以实现计算机教室的客户端安全功能，也更方便在全校实现终端安全的加固。由于采取分布式部署方式，整个系统支持的规模能满足 3—5 年的应用扩展，后期可扩展到支持近十万级用户的并发访问。

对教育局的用户而言，分布式的实名制方案可以实现下面四种集中管理的功能：

集中身份管理平台：教育局由 IPC 构成身份策略认证中心，其中 IPC 上存储全网所有用户信息和策略信息，学校段的 ESS 与教育局 AC 配合，进行中小型学校无线用户的管理。

集中日志管理平台：由 RG-eLog，与区域宽带网大出口设备联动，收集出口日志；与 IPC 联动获取实名身份信息，实现基于实名制的日志展示。

集中无线管理平台：对中小型学校的 AP 进行集中管理，并与教育局的全局安全管理系统进行联动，实现无线用户的身份认证。

集中单点登录平台：用户在接入网络以后，可根据不同身份收到不同的门户页面，点击页面上对应的业务系统链接，即可访问对应的业务系统，无需再次输入账号和密码。

表 2-14 实名制设备

实名制解决方案设备分析

品牌	产品型号	实现的功能
锐捷网络	RG-SMP	安全管理平台，提供身份认证，软件产品，需要部署在服务器上
锐捷网络	RG-ePortal	Portal 服务器，软件产品，需要部署在服务器上
锐捷网络	RG-ESS	SMP 集成 ePortal 功能，硬件的安全认证平台，可单独部署

续表

品牌	产品型号	实现的功能
锐捷网络	RG-EG1000 系列	出口认证网关
锐捷网络	RG-SSO	统一认证门户，实现网络层认证与应用层认证的融合、单点登录
锐捷网络	RG-ACE	1. 教育宽带网出口认证网关，实现上互联网认证 2. 与 SMP 联动，实现基于用户身份的应用流量控制 3. URL 上网日志采集
锐捷网络	RG-ELOG	1. ACEURL 日志的收集与处理 2. RG-NPE/WALL 日志的收集与处理

实名制解决方案实践案例

江苏泰兴市教育宽带网建设是一个大型综合性的教育信息化项目，其建设目标是区域性的教育信息港。教育宽带网应用平台一般包括网络教学平台、网络教育资源平台、网络交流通信平台、网络教育管理平台等。在这四个平台上，教育宽带网不仅能实现 E-mail、FTP、网络论坛、网络图书馆、搜索引擎、网上聊天、管理数据的传输、处理与查询等基本应用，还能针对地区实际情况实现视频点播（VOD）、实时远程教学、网络学校、电视会议等应用。

教育宽带网建设的另一个主题是建设一个全网实名制的教育宽带网。通过实名制的建设，实现下属各个学校实名制认证、实名制日志。在发生安全事件时，可以直接定位到责任人，提供更好的管理措施。

（1）项目需求

1）建立教育宽带网的实名制身份体系

泰兴市教育宽带网下属 70 所学校，本期建设需要建立一个涵盖所有学校教师、行政人员及教育局人员的身份信息库，赋予每个上网用户以实名制身份，每个用户凭自己的账号登录网络，没有账号的无关人员不得接入教育宽带网。

2）建设实名制日志系统

对上网用户的网络访问形成实名制的日志记录，以备发生安全事件时查看访问记录。

3）用户网络行为管理

对于用户的上网行为和带宽进行管理，避免迅雷、在线视频等大流量的应用挤占带宽，影响到正常的教学办公应用。

(2) 方案简介

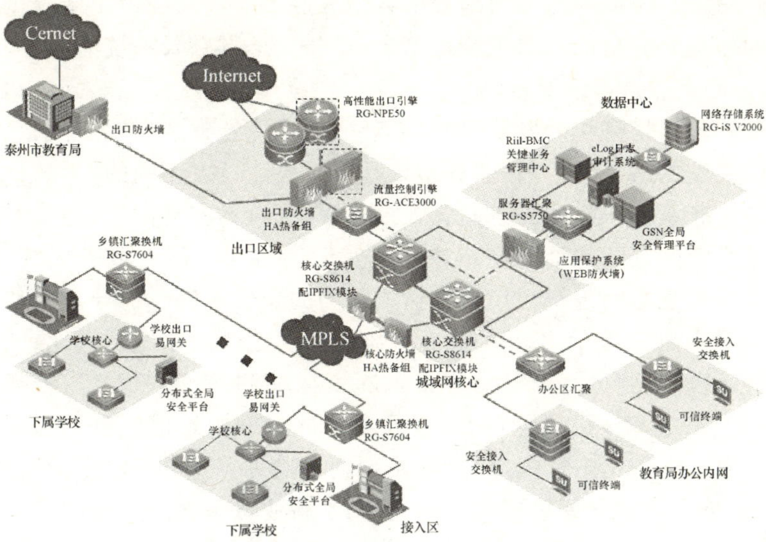

图 2-41 泰兴市教育城域网拓扑

1) 全网实名制身份认证

通过全局安全管理系统配合每个中小学出口 RG-EG 设备，实现所有入网人员的实名制身份认证，共计 70 所中小学。

2) 全网实名制网络日志

通过全局安全管理系统配合每个中小学出口 RG-EG 设备，对所有用户的互联网访问行为进行实名制的日志，直接定位到人。

(10) 教育宽带网单点登录设计

随着教育宽带网的发展，中小学陆续都建设了应用系统，包括人事管理系统、固定资产系统、办公自动化系统、邮件系统、校务管理系统、论坛等信息管理系统等，有的学校多达二三十种不同的应用系统。随着系统的增多必然会出现用户账号密码太多、用户管理分散、登录频繁等现象。这极大地降低了用户的网上应用体验效果，亦不利于业务的管理和融合。

面对国家教育信息化的倡导以及今后基础教育信息化面临的应用系统建设现状，教育宽带网需建立一个统一的核心业务应用平台。在这个平台上为教育用户的应用系统搭建一个统一身份认证平台，实现单点登录(SSO)、身份认证、用户管理、应用管理、审计功能等，用来保证校园应用系统访问的安全性、简易性和访问行为的可查性。

统一身份认证平台作为数字教育基本服务层的一个基础部分，对校园应用系统中使用的用户和访问平台进行管理,做到“统一身份、统一认证、统一登录、统一入口”,为学校中各个分散的应用系统使用者提供一个统一的信息服务功能入口和管理平台,是建立单点登录系统的初衷。

1）单点登录系统驱动力

随着教育信息化的发展,如何实现业务系统的整合,是教育信息化主管部门关注的热点。目前,业务系统是分阶段建设。不同的 IT 软件厂商提供的业务系统账号密码不同。太多账号密码,不容易记忆,老师有时候连业务系统的登陆地址都记不住。即使记住访问不同的业务系统,在不同的业务系统之间进行切换需要输入不同的账号密码。这导致用户体验差。对师生而言,访问不同的业务系统都需要记住相应的访问地址、账号及密码,这给师生进行业务访问带来麻烦。对 IT 管理者而言,若某个用户忘记了账号、密码,都需要 IT 管理者进行密码初始化。由于每个系统都有一套独立的用户数据库,管理员要对每套系统中的用户进行分别管理,工作量大。另外更重要的一点,不利于新业务系统的快速推广。由于缺乏统一的基础身份数据库,每个新业务开展时,都需要进行账号、密码的初始化及同步。单点登录面临的问题和挑战如图 2-42 所示。

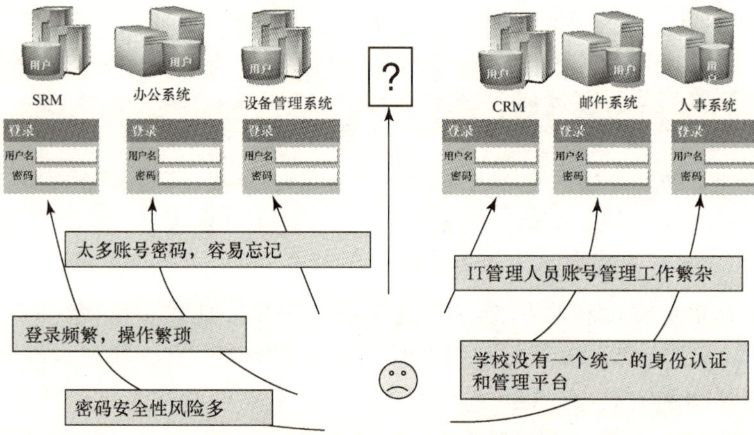

图 2-42　单点登录挑战图

2）单点登录解决方案

单点登录简称 SSO,是指在多个应用系统中,用户只需要登录一次就可以访问所有相互信任的应用系统,共享多个系统之间的资源。它无需用户记忆多个用户名、密码,也无需用户进行多次登录才能访问应用系统。

单点登录系统如此之好,为什么学校推广和使用会存在困难呢?原因在于传统的单点登录需要进行各个业务系统的二次开发实现身份和数据的对接，开发周期长、成本高、难以真正落地；现在的单点登录系统很好地解决了这一难题。单点登录系统方案，如图 2-43 所示（以锐捷网络产品为例）：

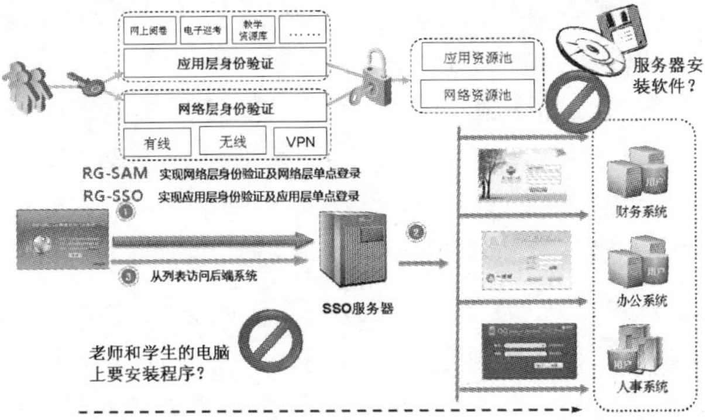

图 2-43　单点登录架构图

单点登录系统可以实现不管是无线网络的接入、有线网络的接入，还是 VPN 用户远程接入，网络认证作为单点登录的唯一入口，如老师在访问业务系统时，需要输入账号密码，首先到 SMP 上进行网络认证，通过合法认证后，SMP 与 SSO 进行联动，由 SSO 把和该用户相关的各个业务系统登录地址推送到用户的访问界面，用户直接点击不同的业务系统，就可以访问学校相关的业务系统。用户只需认证一次就可访问其所有具备访问权限的系统。当用户持有的 USB Key、数字证书或是静态密码通过 SMP 认证后，即可访问其有权限的所有应用系统，用户无需再输入原有系统的登录密码，即使各应用系统上的用户名和密码不相同也能支持。各类业务系统和师生的终端上不需要安装和部署任何软件，就能实现网络及业务的统一认证、单点登录，方便部署及新业务系统的快速推广。

目前的单点登录系统支持 C/S 和 B/S 架构，针对普教行业，大部分业务系统为 B/S 架构，可摒弃传统的单点登录技术的实现方式，采用"即插即用"方式，达到"一点登录，全网漫游"的访问机制。同时其实现方式与应用系统的操作平台、开发平台、开发语言、数据库、Web 服务器无关，可以在不改变现有软硬件及网络环境的前提下，无缝地将用户各种应用系统整合到单点登录平台上，实现一次登录后就可访问所有的应用系统，真正体现了与"应用无关"。

（二）区县数据中心解决方案

1. 区县数据中心建设需求分析

数据中心建设要以区域教育信息化整体发展规划为指导，为各个接入单位提供综合的数字化环境与服务平台，构建规范的业务应用服务体系，最终实现区域内教学、科研、管理和服务过程的全面信息化。通过区县数据中心的建设，将下属学校的相关数据进行统一整合，完成区域内数据大集中，形成区域教育信息化基础数据库和教学资源库。毋庸置疑，统一基础数据库对区域教育信息化的重要性不言而喻，然而，这一点也是区域教育信息化推进过程中最困难的一点。如何完成业务系统的快速部署及深入应用，从而形成统一基础数据库，是信息化主管部门共同的挑战。要完成这些内容，数据中心建设是其中最关键的内容之一。

目前，区域内学校信息化业务的部署和开展有两种情况，第一种是全区集中建设业务应用，供各个学校使用；第二种是各个学校单独配置服务器、单独部署业务系统，单独使用。

第一种方式区域统一部署，能快速完成业务系统部署，然而难以满足学校个性化的需求；第二种方式，每个学校独立部署自己的业务系统，这样虽能符合各个学校的个性化需求，但是由于各个学校的网络设施与应用平台不同，导致业务系统难以快速部署、数据也无法上传与共享。

针对这个问题，我们提出第三种建设思路：

对于某些信息化做得很好、规模较大的学校来说，如果已建设了完善的业务系统，业务系统功能能够很好地满足学校个性化的需求，学校师生长期习惯的业务应用系统，这类系统的数据可以采用预定义的标准接口，将其相关数据统一上传到区县的业务平台。对于学校规模较小的中小学，可以采用在区县数据中心统一部署业务信息系统，进行学校的信息化升级更新换代。完成系统规划和部署后，在区县后台集中部署采集、分析系统，通过程序接口采集各类学校的信息化数据，完成统一基础数据库的建设，同时，为领导、管理者及师生提供更加友好的呈现界面。

针对数据中心存在的资源整合、业务不间断运行、运营管理、可持续发展及绿色节能的需求，结合各地信息化发展的不同阶段，我们分别给出了传统数据中心解决方案及教育云数据中心的解决方案。针对信息化的业务应用开展很好、信息化投入较大、技术力量相对较强的区域或者是信息化尚处于起步阶段，但有机会重新规划基础环境建设的区域，建议采取教育云的数据中心建设思路；针对区域信息化投入较少，业务系统规模较小、技术力量相对较弱的区域，建议采取传统的数据中心建设思路。

2. 区县传统数据中心解决方案

(1) 概述

在传统的数据中心设计中，通常采用双核心双链路的网络架构，千兆交换机接入，万兆交换机作核心（支持十万兆的可扩展平台），接入交换机采取万兆双链路上连到核心交换机，实现网络的高可用性。

（2）IP SAN 解决方案

1）IP SAN 方案简述

采取海量管理＋集中存储方式，服务器通过交换机和存储盘柜相连，通过支持 IP SAN 和 NAS 架构，不同于 FC SAN 架构（需要购买光纤交换机，FC HBA 卡，价格昂贵），IP SAN 无论从链路成本和设备成本考虑，都要比 FC SAN 成本低得多。该方案的设计要点如下：

多台服务器通过 IP SAN 架构连接存储系统，每台服务器分别带有以太网卡，通过以太网线与交换机相连，采用全千兆以太网。

为避免单点故障，采用两台 IP SAN 以太网交换机，当一台 IP SAN 交换机发生故障后，可不影响数据的访问和其他操作。对于重要的数据库应用系统，可以引入一台新的服务器，与原来的服务器之间建立双机冗余。由于引入双机的功能，数据库应用系统不会因为应用服务器的硬件故障或者系统维护而停机。应用系统可以保证 7×24 小时的业务不间断性。该方案基于开放协议 TCP/IP，扩展了距离，同时降低了管理的门槛，部署也变得简单得多。服务器连接存储设备不需要 license 的限制，极大地保护了用户的投资，其架构上面的优势，为今后做容灾和备份提供了条件。

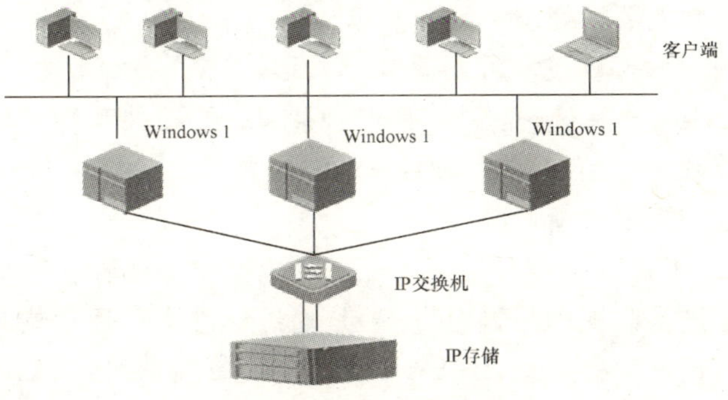

图 2-44 IP SAN 拓扑图

IP SAN 技术有其独特的优点：节约大量成本、加快实施速度、优化可靠性以及增强扩展能力等。采用 iSCSI 技术组成的 IP SAN 可以提供和传统 FC SAN 相媲美的存储解决方案，而且普通服务器或只需要具备网卡，即可共享和使用大容量的存储空间。与传统的分散式直连存储方式不同，它采用集中的存储方式，极大地提高了存储空间的利用率，方便了用户的维护管理。

方案中，使用了IP SAN存储的技术，所有的业务系统服务器分别通过IP以太网络共用同一个存储系统集中存储业务系统的海量数据，提供对数据库数据、业务数据文件等多主机的数据集中在线存储；这样数据中心的数据被集中管理，可以确保数据的一致性并降低维护成本。

(A) 存储结构设计：每台服务器上配置以太网卡，每块以太网卡分别连接到以太网交换机上，以太网交换机连接IP SAN的存储设备控制器，实现服务器与IP SAN存储的互联互通。

(B) 存储控制器设计：存储设备采用光纤磁盘阵列作为SAN的核心部件，采用单余控制器配置，未来可以升级到双控制器，避免了单控制器单连接造成的单点故障以及单控制器故障导致整个业务系统中断的问题，为业务系统可持续性、高可靠性工作提供了必要的安全性与稳定性。

2) IP SAN方案特点

(A) 技术成熟节约成本

IP SAN的优势是显而易见的。IP SAN可以利用无所不在的IP网络，在一定程度上保护了现有投资。IP存储超越了地理距离的限制。IP网络能延伸到多远，存储就能延伸到多远，同时，由于IP网络技术十分成熟，因此相应地减少了IP存储在配置、维护和管理等方面的复杂度。特别是对于远程存储和数据备份，基于iSCSI的IPSAN的优势更加明显。

(B) 高性能数据处理

采用硬件RAID技术可发挥串行ATA(SATA)的威力，最优化的硬件XOR RAID 5/6引擎提供真正基于RAID的硬件和智能驱动管理功能，在同类产品中具有最佳的硬件RAID性能。

(C) 维护简单清晰

IP SAN产品支持两种监视和配置方式。一种是通过Web图形化管理程序方式进行监视和配置，另一种是通过标准串行通信端口进行监视和配置。通过这两种方式，IP SAN产品完全支持各种Unix、类Unix和Windows系列操作系统，真正实现了平台无关的管理维护。同时IP SAN产品也支持远程管理方式和集中式管理方式，彻底解决了平台限制问题。

在非常规环境中，IP SAN的串行通信端口配置方式是其管理方式的一个重要补充。通过这种方式，IP SAN产品不仅实现了在所有开放平台上都可以进行在线配置管理，而且一劳永逸地摆脱了对各种操作系统平台依赖和系统版本升级的影响。由于具有串行通信端口管理方式，用户完全可以随时升级、重新安装甚至更换操作系统，而完全不必担心 IP SAN 产品的管理配置问题。

(D) 数据保存安全可靠

在 IP SAN 产品中，数据被以多重机制和多种方式保护着。在各个方面和各个层次上，IP SAN 产品都设计了相应的冗余度和纠错机制。

在系统总体结构方面，IP SAN 产品采用了全冗余的系统设计。控制器、供电模块、散热模块、磁盘组、专用/全局热备盘、内部磁盘环路、外部主机通道，完全采用冗余热交换设计，在保证全系统无任何单点故障的同时，也保证了系统出现任何故障都可以不停机地进行坏损件更换。IP SAN 产品不仅在系统内部提供了一系列的冗余保护机制，在主机连接方面也提供了冗余保护功能。主机可以通过多个以太口连接 IP SAN 存储系统，正常工作时多通道负载均衡能够分担数据流量，当其中一个链路出现故障时，可以将故障链路的负载重定向到其他链路中，保证了系统的安全性和连续性。

IP SAN 产品所具备的快照功能提供了快速和方便的虚拟复制功能，这对于关键数据和系统的连续工作，软件测试、关键应用等有着重要的意义。瞬时的“时间点”数据拷贝使用户在高可用性要求的情况下通过大量缩短备份窗口获得大量高端的数据处理能力。

(E) 系统扩展能力强

IP SAN 产品可以外接磁盘单元来扩充本机的存储空间。IP SAN 产品提供的热扩充(Hot-Expansion)功能可以随时在线即时扩充 RAID5 和 RAID6 的存储容量。此项功能不必将系统关机即可进行，不仅可以让容量扩充更具弹性，且能维持系统的高可用性。

(F) 支持各类平台和应用

IP SAN 产品通过标准 IP 协议连接，支持各种主机和交换机。经测试验证，可在所有主流操作系统平台下正常稳定运行，并支持所有主流数据库系统和高可用集群系统软件。

(3) FC-SAN 解决方案

1) FC-SAN 方案概述

FC-SAN 存储建设主要考虑以下三个层面：

主机层面：本次方案主要考虑建设 Web 应用和学籍管理两大系统，这两个系统分别需要两台服务器来提供硬件平台，一台作为应用服务器，另外一台作为数据处理服务器。

数据存储层面：首先考虑到服务器存储空间有限，考虑到未来 3—5

年的数据增长，其次为了数据的统一、简化、安全的管理，应建设部署一台高性能的磁盘阵列作为数据库服务器的海量存储空间。

应用系统保护层面：Web 和学籍服务器作为核心应用服务器，其本身必须具备较强的系统冗余功能，来防止由于单台设备的故障导致系统的长时间停机，在本次方案中，建议将应用服务器和数据库服务器通过微软的集群软件建设成为互相备份的服务器，来实现两台服务器之间双机互备的功能。

硬件连接说明

方案中，使用了 FC-SAN 存储的技术，所有的业务系统服务器分别通过 FC 存储局域网络共用同一个存储系统集中存储业务系统的海量数据，提供对数据库数据、业务数据文件等多主机的数据集中在线存储，这样数据中心的数据被进行集中管理，可以确保数据的一致性并降低维护成本。

存储结构设计：每台服务器上配置光纤通道卡，每块光纤通道卡分别连接到光纤交换机上，光纤交换机连接存储设备双控制器，实现服务器与两台存储设备的互联互通。

存储控制器设计：存储设备采用光纤磁盘阵列作为 SAN 的核心部件，采用双冗余控制器配置，避免了单控制器单连接造成的单点故障以及单控制器故障导致整个业务系统中断的问题，为业务系统可持续性、高可靠性工作提供了必要的安全性与稳定性。

2）FC-SAN 建设方案特点

（A）高可靠性保障

存储系统是用户的信息战略资产，整个系统绝对不允许由于中心设备维护（软件升级、更新设备、扩容等）和设备故障等原因而导致系统的中断，甚至数据丢失的情况出现。

因此选择能够提供有着优秀的高可靠性设计的产品，完善对可预见的停机情况（操作系统升级、备份、软件升级等）和不可预见的停机情况（软硬件故障、操作失误、自然灾害等）进行控制的存储系统，以及严格的质量管理和优秀的 7×24 小时的售后服务的设备供应商，是选择存储平台时首要考虑的事项。

（B）高性能设计

当数据集中后，集中的系统将面临大量的用户业务请求和不断新增的业务内容，用户同样不能忍受任何性能瓶颈。当前建设的计算机系统平台有着充足的 CPU 处理能力和网络带宽，真正制约系统整体性能表现的是系统的存储处理能力，因此选择一种智能存储平台，通过优秀的Cache算法使得数据尽可能地使用Cache I/O操作替代硬盘I/O操作，将对整个IT架构中硬件性能的提高起着决定性的作用。

（C）核心数据安全保护

数据中心系统逐步将成为7×24小时不间断运行的系统。因此，如何保证存放在存储设备中的数据安全显得尤为重要。

首先硬盘的故障在日常的数据管理中所占比例相对比较大，核心数据的高并发查询和存取加快了磁盘的损耗，两块磁盘同时损坏的几率也逐渐变大。目前成熟的RAID5磁盘冗余技术不能保证在两块磁盘同时损坏的情况下数据无丢失，所以在存储设备的选型中采用RAID6技术来提高数据的安全保护。

存储设备中最为重要的是控制器，所有的数据在经过服务器请求后，由控制器对数据进行RAID条带化，同时对数据进行存取及优化操作，当采用单控制器的时候，一旦控制器损坏，所有的业务系统将出现中断，无法提供服务。所以采用双控制器架构设计，避免了单控的单点故障，当一个控制器损坏的时候，另外一个控制器仍然可以提供服务，保证了存储的高可靠性，也为业务系统7×24小时工作提供了保障。

（D）强大的扩展能力

业务量的高速增长，新业务的不断开发和实施，新的营销手段的不断推出都使得用户信息系统内数据量迅速增长。因此存储平台是否有足够的扩展能力，包括主机连接能力的扩展，Cache的增加，硬盘容量的增加，以及对异构平台的支持，都是选择高性能智能存储系统要考核的技术指标。

（E）系统架构设计

在系统建设的初期，对存储系统架构的选择也非常重要，不同的架构可以帮助用户通过一定的成本选择合适的产品来满足现有业务系统的需求，又具有良好的扩展能力。

核心业务系统由于客户端的高并发或数据存储的高安全性、可靠性要求，需要存储系统采用先进、成熟的架构来支撑核心系统，稳定、安全、可靠是核心系统的重要要求，所以建议采用目前最为成熟、稳定、安全的FC技术来搭建核心存储平台。

（F）简易管理平台

增加设备不能增加人员，厂商能否提供具有良好的人机界面的管理工具，辅助信息中心管理维护人员完成对多种设备，异构平台，多厂商产品的统一的日常管理、维护、监控、分析操作是降低企业运行成本，提高维护效率，使得IT系统能够更好为企业创造价值的一个重要考察指标。为了便于管理和维护，采用任何一种标准的浏览器来查看当前的系统部件状态，方便用户的管理。

(4) IP SAN/FC SAN的方案分析

IP SAN的优势分析：

(A) 连接成本优势

随着服务器的连接个数增多，FC-SAN的连接成本逐渐增加。iSCSI的安全性和管理性也明显高出FC技术一筹，iSCSI组建IP SAN，服务器联入SAN需要经过认证后方可访问存储资源，而FC当初标准成立时未涉及认证方面的标准，同时iSCSI使用IP协议，管理起来相当方便，而FC由于相对封闭，管理非常复杂。

iSCSI技术的基础——以太网和TCP/IP是充分成熟的技术

iSCSI使用的以太网和TCP/IP已经发展了30多年，已经是非常成熟的技术，而FC发展才十年，很多互联技术尚未完善，而且维护起来有一定复杂性。

iSCSI对光纤通道形成了合理的扩展

由于iSCSI可以扩展到网络的每一个地方，因此可以迅速地对FC SAN进行扩展。

(B) 实施、管理和部署的简便

iSCSI以稳健、有效的IP及以太网架构为骨干，其稳定性大大增加。

因为传统网络厂商已经培养了很多的专业网络人才，不需要投入培训，就可以轻松拥有专业的iSCSI人才。

(C) 实现异地间的数据交换，实现异地间的数据备份及容灾

由于iSCSI通过IP网络承载，因此非常容易实现远程的访问，只要IP网络能够到达的地方，就可以实现数据在异地间的备份、容灾及数据交换。

FC-SAN的优势分析：

(a) 从存储结构来看：

一般来说IP SAN存储设备的磁盘控制器不是采用FC-SAN存储设备中的硬件RAID芯片+中央处理器的结构，而是采用将每个磁盘柜分为多个磁盘组，而每个磁盘组由一个微处理芯片控制所有的磁盘RAID操作(采用软件计算，效率较低)和RAID组的管理操作。这样一来，每一次磁盘I/O操作都将经过IP SAN存储内置的一个类似交换机的设备从前端众多的主机端口中读取或者写入数据。而这些操作都是基于IP交

换协议，其协议本身就要求每一个微处理芯片工作时需要大容量的缓存来支持数据包队列的排队操作，所以一般我们看到的 IP SAN 存储都具有几十个 GB 的缓存。利用这个大的缓存区，IP SAN 存储在测试 Cache 的最大读带宽时可以获得 600,000IOPS 甚至以上更高的值，但是这个值并不能真正说明在实际应用中就能够获得好的性能。因为在具有海量存储的时候，不可能所有的数据均载入到系统缓存中，这个时候就需要大量的磁盘 I/O 操作来查找数据，而 IP SAN 存储所采用的 SATA 磁盘的性能非常弱，而且还涉及在 IP 网络上流动的 iSCSI 数据向 ATA 格式数据转化的效率损失问题。也就是说 IP SAN 存储存在一个缓存 Cache 到磁盘的数据 I/O 和数据处理瓶颈。

而采用 FC 磁盘的 FC-SAN 存储设备就不存在这样的问题。通过 2 条甚至 4 条冗余的后端光纤磁盘通道，可以获得一个非常高的磁盘读写带宽，而且 FCP 的磁盘读写协议不存在数据格式转换的问题，因为其内部采用的都是 SCSI 协议传输，避免了效率的损失。而且 FC-SAN 存储设备由于光纤交换和数据传输的高效性，并不需要很大的缓存就能够获得一个好的数据命中率和读写性能，一般 2Gb 或者 4Gb 即可满足要求。另外由于具备专门的硬件 RAID 校验控制芯片，所以磁盘 RAID 性能将比软件 RAID 性能好很多，并且可靠性更好。

(b) 从连接拓扑来看：

在 FC-SAN 中存在着极其灵活的连接方式，可根据不同的应用需求而选择不同的连接拓扑，其主要连接方式有如下三种：

点对点：首先各个组成设备通过登录建立初始连接，然后即采用全带宽进行工作，其实际的链路利用率由每个终端的光纤通道控制器以及发送与接收数据可获得的缓冲区大小来决定。但其只适用于小规模存储设备的方案，不具备共享功能。

仲裁环：允许两台以上的设备通过一个共享带宽进行通信与交流，在此拓扑结构中，任意一个进程的创建者在发送一段报文之前，都将首先与传输介质就如何存取信息达成协议，因此所有设备均能通过仲裁协议实现对通信介质的有序访问。

全交换：通过链路层交换提供及时、多路的点对点的连接。通过专用、高性能的光纤通道交换机进行连接，同时可进行多对设备之间点对点的通信，从而使整个系统的总带宽随设备的增多而相应增大，在增多的同时丝毫不影响这个系统的性能。

在 IP SAN 中基于以太网的数据传输与存取，虽然在物理上可体现为总线或者星型连接，但其实质为带冲突检测多路载波侦听（CSMA/CD）方式进行广播式数据传输的总线拓扑，因此随着负载以及网络中通信客户端的增加，其实际效率会随着相应地降低。

（c）从网络设备及传输介质来看：

FC-SAN：使用专用光纤通道设备

在链路中使用光纤介质，不仅完全可以避免因传输过程中各种电磁干扰，而且可以有效达到远距离的I/O通道连接。

在FC-SAN中所使用的核心交换设备——光纤交换机均具有高可靠性及高性能的ASIC芯片设计，使整个处理过程完全基于硬件级别的高效处理。

同样在连接至主机的HBA设计中，绝大多数操作独立处理，完全不耗费主机处理资源。

IP SAN：使用通用的IP网络及设备

在传输介质中常使用铜缆、双绞线、光纤等介质进行信号的传输，但使用普通的廉价介质存在信号衰减严重等缺点，而使用光纤则需要特有的光电转换设备等。在IP网络中，可借助IP路由器进行传输，但根据其距离远近，会产生相应的传输延迟。

核心使用各种性能的网络交换机，受传输协议本身的限制，其实际处理效率不高。

在主机端通常使用廉价的各种速率的网卡，大量耗费主机的应用处理资源。

根据以上分析，可清晰表明使用光纤通道进行大数据量的信息存储传输与处理中在其性能方面有着网络传输在现阶段无法比拟的优势。

（d）从存储性能来看：

从应用上来说，相对于IP SAN，FC SAN可以承接更多的并发访问用户数。当并发访问存储器（Storage）的用户数不多的情况时，FC SAN对比IP SAN性能相差无几。但一旦当外接用户数呈大规模增长趋势时，FC SAN就显示出其在稳定、安全，以及高性能传输率等方面的优势，不会像IP SAN由于自身传输带宽的瓶颈而导致整个系统的被拖垮。面对大规模并发访问，无论是从外接用户数规模来说还是从传输性能和稳定性来说，FC SAN都有着IP SAN不可比拟的优势。

3. 区县云数据中心解决方案

（1）云计算概述

云计算（Cloud Computing）是网格计算（Grid Computing）、分布式计

算(Distributed Computing)、并行计算(Parallel Computing)、效用计算(Utility Computing)、网络存储技术(Network Storage Technologies)、虚拟化(Virtualization)、负载均衡(Load Balance)等传统计算机技术和网络技术发展融合的产物。它旨在通过网络把多个成本相对较低的计算实体整合成一个具有强大计算能力的完美系统,并借助 SaaS、PaaS、IaaS 等先进的商业模式把强大的计算能力分布到终端用户手中。云计算的一个核心理念就是通过不断提高"云"的处理能力,进而减少用户终端的处理负担,最终使用户终端简化成一个单纯的输入输出设备,并能按需享受"云"的强大计算处理能力。

在云计算进行得如火如荼的今天,众多 IT 巨头开始投入到云计算的建设之中,包括亚马逊、IBM、Google、微软等都陆续推出了云计算服务,以求在这个影响未来 IT 应用模型的市场中找到自己的位置。

亚马逊开设了在线存储服务(S3)。S3 服务对新型企业和用户的强大吸引力在于这项服务能够与亚马逊的其他在线服务联系在一起,如弹性的云计算和亚马逊的 SimpleDB 服务。使用这三项服务,新型企业能够节省大量的存储开支,并且节省客户的时间和金钱。

Google 正式宣布 Google Apps Marketplace 开始运营。Google Apps 软件应用商店包括了 Gmail、Docs、Sites 和 Calendar 等应用。通过这种免费商店吸引用户选择 Google 产品,截至目前已经吸纳了 2500 多万用户。

具体而言,有三种实现云计算的方式:IaaS、PaaS、SaaS。

1) IaaS 概述:

提供给消费者的服务是对所有基础设施的利用,包括处理器、存储、网络和其他基本的计算资源,用户能够部署和运行任意软件,包括操作系统和应用程序。消费者不管理或控制任何云计算基础设施,但能控制操作系统的选择、储存空间、部署的应用,也有可能获得对有限制权限的网络组件(例如,防火墙、负载均衡器等)的控制。

2) PaaS 概述:

PaaS 的独特特点是,它让开发人员可以在驻留的基础设施上构建并部署 Web 应用程序。换句话说,PaaS 让您能够使用云基础设施近乎无穷的计算资源。在软件开发过程中,一些东西常常会出问题,而通过 PaaS,可以为开发人员提供完整的开发环境,包括一个虚拟机(VM),其中包含完整的服务器环境。

3) SaaS 概述:

软件即服务,它是一种通过 Internet 提供软件的模式,厂商将应用软件统一部署在自己的服务器上，客户可以根据自己实际需求，通过互联网向厂商定购所需的应用软件服务，按定购的服务多少和时间长短向厂商支付费用，并通过互联网获得厂商提供的服务。用户不用再购买软件，而改用向提供商租用基于 Web 的软件，来管理企业经营活动，且无需对软件进行维护，服务提供商会全权管理和维护软件。软件厂商在向客户提供互联网应用的同时，也提供软件的离线操作和本地数据存储，让用户随时随地都可以使用其定购的软件和服务。对于许多小型企业来说，SaaS 是采用先进技术的最好途径。它消除了企业购买、构建和维护基础设施和应用程序的需要。SaaS 软件运营商为中小企业搭建信息化所需要的所有网络基础设施及软件、硬件运作平台，并负责所有前期的实施、后期的维护等一系列服务。企业无需购买软硬件、建设机房、招聘 IT 人员，只需前期支付一次性的项目实施费和定期的软件租赁服务费，即可通过互联网享用信息系统。服务提供商通过有效的技术措施，可以保证每家企业数据的安全性和保密性。企业采用 SaaS 服务模式在效果上与企业自建信息系统基本没有区别，而且节省了大量用于购买 IT 产品、技术和维护运行的资金，就像打开自来水龙头就能用水一样，方便地利用信息化系统，从而大幅度降低了中小企业信息化的门槛与风险。

(2) 云数据中心是教育行业的需要

数据大集中作为一个热门话题，这一 IT 应用管理的重大变革始于 20 世纪 90 年代，是从几大跨国银行开始实行的。在国内，数据大集中的进展水平参差不齐，目前制造业、银行、电信以及运营商等单位都已经完成了数据大集中。

随着管理信息化的业务系统、教与学的支持服务系统、教育公共服务系统都纷纷开始在教育行业投入使用，促进区域教育信息化的快速发展。由于教育行业学校数量庞大、非常分散，目前的现状是各个学校、各级教育主管结构独立建设自己的数据中心，造成业务隔离、数据孤岛。为了更好地实现数据共享、数据挖掘及分析，为教育行业提供数据支撑及战略分析决策，教育行业的数据大集中是一个必然的趋势。

教育行业的数据大集中，即将分布在各个学校的服务器统一上收到区县数据中心，由区县负责统一建设、管理和维护，减轻各个学校独立建设/维护信息架构的高成本负担，也使得教育信息化快速部署和维护，实现数据的共建共享。

具体来说，要实现数据大集中，需要实现物理整合、数据整合、应用整合及挖掘分析等内容。

物理整合：将多台服务器上的应用集中在一台或多台集群式系统内，从而减少了服务器的数量及种类，共享系统资源，提高资源利用率。

数据整合：利用存储技术，实现了数据的集中存储、灾备和管理。

应用整合：将零散的IT业务整合为统一的IT系统，实现IT业务层面的整合。

挖掘分析：数据大集中的终极应用在于，大量的零散在各个业务单位的数据必然会集中统一存储、进行深度数据挖掘与分析，使得高层可以控制现在、把握未来，为各项政策决策的及时性和正确性提供科学数字依据，真正为教育插上腾飞的信息化翅膀。

而数据大集中的过程中，物理整合是应用整合过程中非常重要的一步，实现物理整合是完成最终应用整合的重要过渡，同时也是一个复杂的系统工程，需要“分阶段”推进。在进行物理整合之前，要与业务部门进行充分的协商，保证整合项目不仅解决目前的问题，还可以满足今后各种新应用的上线需要。在物理整合实施过程中，必须注意要为接下来的数据、应用整合打好基础，这就要求物理整合的方案是一个高度建设性的方案。

(3) 升级到云数据中心

云计算的核心思想，是将大量通过网络连接的计算统一调度、统一管理，构成一个计算资源池向用户按需提供服务。通过统一的资源池，实现网络资源、计算资源、存储资源的灵活调用，使得相关业务快速获得所需资源，实现为不同的业务提供不同的资源服务，从而实现资源合理的按需分配，提高资源的利用率。

当然，传统数据中心升级到云数据中心不是一蹴而就的过程，而需要详细的立项规划。根据实际业务的发展情况，从业务的角度规划是否升级到云数据中心的过程，需要群策群力，和各个相关单位一起完成数据中心的过渡，而非IT部门唱独角戏。

1) 云计算数据中心的特点

云数据中心有什么特点呢？汇总起来有规模化、资源池、标准化、高性能、虚拟化、自动化六大特点，只要符合这六大特点，就是基于云计算的数据中心，能够满足未来云计算的应用需求。

(A) 规模化

从目前来看，大量零散在各个业务单位的数据必然会集中统一存储、进行深度数据挖掘与分析，使得主管部门可以控制现在、把握未来，为各项政策决策的及时性和正确性提供科学数字依据，当大量的数据被集中后，数据的并发访问量将出现一个量的飞跃。而未来，随着业务系统的进一步的开展，数据中心的规模将越来越大，并发的用户数量将以万记、十万记乃至更大。

(B) 资源化

规模化之后带来的第二个问题，即资源的分配问题。在传统的数据中心，资源的不合理分配日益严重。例如，有的服务器资源不够用，有的服务器资源大大浪费。通过资源池化，实现网络资源、计算资源、存储资源的灵活调用，使得业务可以获得所需要的资源，为不同的业务提供不同的资源服务，最终实现所有资源随着业务的扩张按需而动。

(C) 标准化

当资源池化后，带来的第三个问题，即标准的问题。传统的数据中心，通常包括网络接入层、服务器层以及存储层。服务器通过配置千兆以太网卡连接到网络交换机，配置 HBA 网卡连接到存储交换机，存储交换机通过光纤连接到阵列柜。随着数据中心的规模越来越大，例如，如果您有 200 台服务器，即需要 200 块以太网网卡，200 块 HBA 网卡，200 条六类线，200 条光纤，这还不包括所需的存储交换机和存储设备。试想如果有 500 台，1000 台，那么所需线缆及其所带来的能耗都是一个很大的问题。通过统一交换架构则可以解决以上这些问题，即服务器、存储直接连接到数据交换机(支撑存储、网络的统一交换架构的交换机)。

(D) 高性能

当数据中心的规模越来越大之后，也就带来了数据流量的变化，传统的数据中心流量主要为从 Internet 外部到数据中心内部访问的流量。而在教育云的数据中心，大部分流量为内部服务器之间交互的流量。即传统数据中心的流量从东西流量变为南北流量，即大量的数据交互在数据中心内部完成，网络流量数十倍的增加，使得传统的网络架构成为瓶颈。

(E) 虚拟化

当大量的计算资源、存储资源、网络资源被虚拟化后，可以方便对整合后的资源进行灵活地调整，实现真正的按需分配。例如，对服务器资源虚拟化后，可以根据业务的实际需求对所需的服务器资源进行灵活调整。

(F) 自动化

当所有的资源池化后，如何针对数据中心的业务进行管理则是最大的问题。传统的数据中心，采用分离的管理手段，即分别单独管理网络设备、存储设备、服务器设备、业务系统以及机房环境等，当虚拟化后，针对所有资源的管理该如何做呢？通过以业务为核心，从业务的角度透视所需的资源，而非设备资源，以保证业务的健康，为最终用户提供优质的 IT

服务。

2）升级到网络池

随着业务应用的不断展开，传统的数据中心网络采用冗余负载的网络架构。但是不管是多环的二层接入还是全网状（Full Mesh）的路由互联，网络中任何一条链路的变化、节点的故障都会造成网络拓扑的震荡，最终影响到业务的稳定运营。

通过网络虚拟化技术，可以实现将数据中心网络整合为一个逻辑单元，在网络中表现为一个网元节点，管理简单化、配置简单化、可跨设备链路聚合，极大简化网络架构，同时进一步增强冗余可靠性。最终通过在数据中心核心交换机配置虚拟化板卡，采用网络虚拟化技术，即将两台数据中心核心交换机虚拟成一台逻辑交换机，只需要对一台逻辑交换机进行配置管理即可，同时配合链路捆绑技术，可实现双链路双设备同时工作，负载分担，提高性能和稳定性。

3）升级到计算池

将服务器物理资源抽象成逻辑资源，让一台服务器变成几台甚至上百台相互隔离的虚拟服务器，我们不再受限于物理上的界限，而是让CPU、内存、磁盘、I/O 等硬件变成可以动态管理的"资源池"，从而提高资源的利用率，简化系统管理，实现服务器整合，让 IT 对业务的变化更具适应力。通过配置服务器虚拟化软件，最终实现计算资源的池化。

4）升级到存储池

在传统的建设模式中，存储通常是被当作孤岛来管理的，在需要扩展的时候只是简单地添加新的存储子系统，而不是充分发挥现有资源的潜在能力，这种方式导致存储资源利用率通常只有 35%至 50%。此外，为了创建一个高效率的环境，管理员必须掌握各种工具和娴熟的技巧，才能对大型、复杂和异构的环境实施管理。如何解决这两个问题？存储虚拟化技术无疑是一个很好的选择。通过存储虚拟化产品可以整合异构存储环境，由统一界面进行集中存储管理，使得存储空间利用率最大化，同时整合应用服务器，跨越 SAN 的孤岛连接，或者进行数据迁移。最终通过存储虚拟化将关联的存储设备整合起来，在此基础上，还可以提供与之相关的存储服务，如快照、镜像、复制等，满足用户复杂的存储服务需求。通过配置存储虚拟化产品，实现存储池化。

5）升级到统一交换架构

在传统的数据中心里，存储网络与数据网络往往是各自独立的。光纤通道（FC）是存储网络事实上的标准，而在数据网络中，以太网的应用则非常普遍。FC SAN 是专为满足大容量、高带宽的存储应用而设计的，虽然在性能、可靠性和可用性等方面能够充分满足用户的需求，但是由于 FC SAN 要搭建专门的存储区域网络，其高昂的成本并不是所有用户都能承受的。

时至今日，数据中心的整合已是大势所趋。从服务器的整合到存储的整合，再到网络的整合，用户需要的是更高效率、更易管理的数据中心。从未来的发展看，存储网络与数据网络在传输速度上将趋同，而现有的 SAN 与 LAN 也将因为 FCOE 的出现而实现融合。

通过在数据中心核心交换机和数据中心接入交换机配置 FCOE 功能，将存储网络以及计算网络全部融合在统一交换架构中，最终实现从传统数据中心过渡到云数据中心。

（4）云数据中心网络设计

1）网络设计方案概述

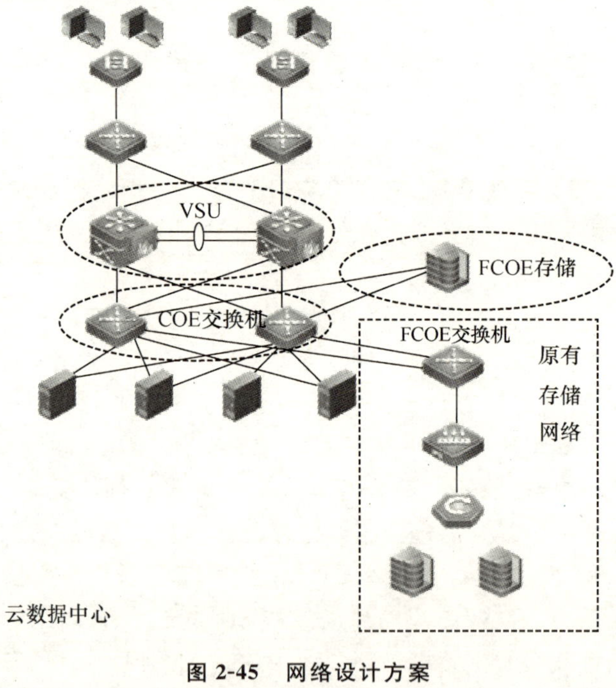

图 2-45　网络设计方案

云数据中心是整个区县基础网络最核心的部分，云数据中心建设直接决定着整个区县基础网络建设的成败，因此数据中心建设非常关键。区县云数据中心需要满足云计算的需求，比如高安全性、虚拟化、高性能、统一交换等方面。数据中心核心交换机和数据中心接入交换机要求全部采用支持数据中心特性的交换机构建，便于无缝扩展各种数据中心关键特性和应用。

2）无阻塞的 CLOS 架构设计

区县数据中心网络架构所面临的挑战：

(A) 数据中心流量从南北流量变为东西流量

当数据大集中后，也就带来了数据流量的变化。即传统的数据中心的流量从东西流量变为南北流量，即大量的数据交互在数据中心内部完成。网络流量数十倍地增加，使得传统的网络架构成为瓶颈。

SOA、虚拟化甚至刀片服务器是目前数据中心最热门的技术方向。SOA 解决了业务灵活性问题，虚拟化改变了基础架构，在提高计算密度的同时提高了服务器部署的灵活性和可靠性，而刀片服务器的普遍使用将带来能耗以及数据中心空间的巨大改变。

但是这些技术的一个共同特点，就是改变了数据中心的网络流量。而 SOA 和虚拟化交织在一起使数据中心的流量压力变得更加复杂。简单来看，以前一种前台应用对应一台后端服务器的模式将被打破。在 SOA 架构下，用户一个简单的网页可能要请求更多的服务器才能完成，这必然导致大量的服务器间也就是数据中心内部的流量增加。在这种模式下，客户服务品质并不仅仅决定于用户直接链接的服务器，更多地决定于应用服务器间的响应时间。任何一个服务器响应时间的恶化都将降低整个服务品质。这就是数据中心必须要面临的挑战。

(B) 服务器虚拟化导致交换机端口流量突发

过去，由于物理服务器的利用率一般仅有 10%～20%，因此数据中心不曾出现网络流量剧增(或峰值冲击)现象。但随着虚拟化和云计算的应用，服务器的利用率可达 50%～60%，且占用空间更少、集成度更高。因此，数据中心网络流量开始发生变化。当使用传统服务器时，一个机架上仅运行几十个应用程序就会导致网络流量剧增(峰值冲击)的发生，我们称之为“网络巨浪”。但如果采用较新的高密度服务器，一个机架内运行的应用程序在达到 200 多个时会造成流量容量的不匹配。当其中某个应用程序的绑定数据丢失后，这时需要重新进行数据传输，这就会在网络上产生更大的流量，这些流量可能会影响到其他应用程序。与正常流量剧增状况相比，虽然这种重大的流量剧增(或峰值冲击)事件发生频率较低，但它们确实存在，而且出现时毫无征兆。正是由于导致这种状况的因素非常复杂，才使流量剧增变得不可预期。

CLOS 无阻塞网络架构设计

所谓采用 CLOS 无阻塞网络架构，即在网络架构上实现服务器 1∶1 收敛(即如果接入交换机连接 40 台千兆服务器，需要采用 2 条 40G 链路上联到两台核心交换机；如果接入交换机连接 10 台万兆服务器，需要采用 2 条 100G 链路上联到 2 台核心交换机，组建无阻交换平台)。没有任何性能瓶颈，以保证网络架构能够满足数据中心应用要求。

采用 CLOS 无阻塞网络架构解决数据中心内部流量从南北流量变为东西流量，适应数据中心的流量，模型变化。

3) 网络虚拟化设计

作为提高设备资源利用率的主要手段，虚拟化成为绿色数据中心理所当然的标准，可以说没有虚拟化，就没有新一代的数据中心。通过虚拟化技术，可以投入较少的硬件资源和能耗，获得更大的数据处理能力。利用虚拟化产品，可以打破资源壁垒，提高信息资源利用率，灵活、动态地满足业务不断变化的需求。

区县数据中心网络多路径挑战：在传统的数据中心设计中，通常采用双核心双链路网络架构，为了防止网络环路，通常会启用生成树协议。但是生成树协议有非常大的弊病，尤其在大规模数据中心环节中体现尤其明显。浪费宝贵带宽，生成树协议采用“主一备”方式，双链路双设备环节下，任何时候只有主设备和主链路在工作，宝贵的备份链路和备份设备处于闲置状态。配置和管理非常复杂，众所周知，生成树协议非常复杂，且难以配置和维护。

区县数据中心虚拟化设计：为解决环路和生成树的问题，建议采用网络虚拟化技术，即将两台数据中心核心交换机虚拟成一台逻辑交换机，只需要对一台逻辑交换机进行配置管理即可，同时配合链路捆绑技术，可实现双链路双设备同时工作，负载分担。

简化管理：管理员可以对两台交换机统一管理，而不需要连接到两台交换机分别进行配置和管理。而传统的 VRRP 网络，管理员需要对两台设备分别设置，分别管理，管理更复杂。

简化网络拓扑：通过聚合链路和汇聚设备连接，不存在二层环路，没必要配置 MSTP 协议，各种控制协议是作为一台交换机运行的，例如单播路由协议，减少了设备间大量协议报文的交互，缩短了路由收敛时间。

故障恢复时间缩短：和汇聚设备通过聚合链路连接，如果其中一条成员链路出现故障，切换到另一条成员链路的时间是 50 毫秒左右。而 VRRP 双机热备，故障恢复时间是秒级，这样一些上层业务在核心交换机发生切换的时候会发生中断。

增加了上连带宽：和汇聚设备通过聚合链路连接，既提供了冗余链路，又可以实现负载均衡，充分利用所有带宽。而 VRRP+MSTP 的传统网络设计中，核心与汇聚交换机之间的双线路，在通常情况下，只有一条线路中有流量，另一条链路闲置，用于备份，这无形中造成了链路带宽的浪费。

跨区域数据中心虚拟化设计：后期可以采用 TRILL 技术，实现多地的数据中心互联互通，以解决资源共享问题。对于用户来说，所看到的就是一个大的资源池，而这个资源池在何地，采用何种技术互联，则不用关心。采用 TRILL 技术，则最终实现了多地数据中心的互联，也不需要部署并维护复杂的三层网络，让整个网络就像是一台交换机一样运行，形成一个交换矩阵。满足云计算和大规模数据中心流量猛增、虚拟机动态迁移不中断的业务需求。TRILL 协议互联，可实现整网二层环境下的互联互通，适应跨地域的虚拟化服务器大规模部署的场景。

4）FCOE 统一交换架构设计

传统数据中心架构如图 2-46 所示，网络部分采用两台数据中心核心交换机和两台数据中心接入交换机组建全冗余数据中心网络。服务器配置千兆以太网卡上连到两台数据中心接入交换机，配置 HBA 网卡下连到两台光纤交换机，光纤交换机通过 2 条光纤链路连接到 FC-SAN 存储。

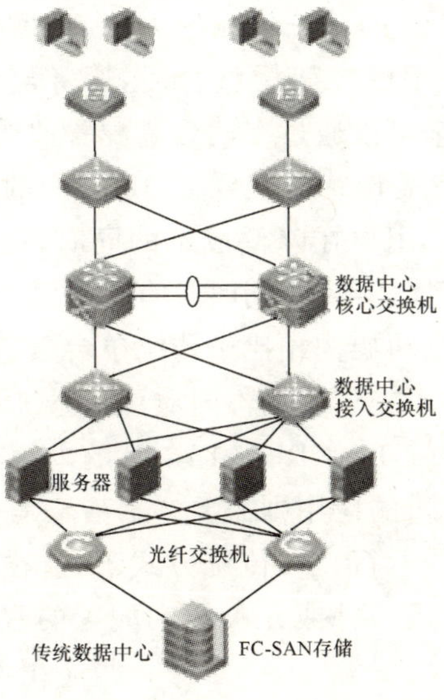

图 2-46　FCOE 统一交换架构图

随着数据中心规模的日益增大，传统数据中心已经不能满足日益增长的业务需求，需要升级到云数据中心。在使用 FCOE 的网络设计方案后，存储通过 FC 接入数据中心交换机，服务器通过 I 网卡连入支持 FCOE 的交换机上。FCOE 技术就是将光纤通道映射到以太网（可以理解为用底层的以太帧封装存储数据），可以在以太网上传输 SAN 数据。使用 FCOE 后可以保护客户在现有 FC-SAN 投资的基础上，提供一种以 FC 存储协议为核心的 I/O 整合方案。FCOE 面向的是 10 G 以太网，其应用的优点是在维持原有服务的基础上，可以大幅减少服务器上的网络接口数量（同时减少了电缆、节省了交换机端口和管理员需要管理的控制点数量），从而降低了功耗，给管理带来方便。

（5）云数据中心计算能力设计

1）服务器虚拟化

服务器虚拟化一般有两种方式，一种是服务器虚拟化软件部署在裸机上；另外一种是基于操作系统之上部署虚拟化软件。在数据中心中的服务器虚拟化技术中，大部分会采取前者。通过把服务器虚拟化软件直接安装在物理服务器的裸机上，将物理服务器上的处理器、内存、存储器和网络资源抽象到多个虚拟机中。通过大量虚拟机共享硬件资源，提高了硬件利用率，并大大降低了资金和运营成本。通过高级资源管理、高可用性和安全功能提高了服务级别。

根据统计，对于传统的服务器应用方式，通常服务器的平均利用率在 5～15％之间，而采用虚拟架构整合后，服务器的平均利用率可达到 60％～80％。我们完全可以通过在两台高配置的四路双核服务器上创建 10 个虚拟服务器，来完成传统方式需要 10 多台的低配置的双路双核服务器才能完成的工作。用户在降低成本的同时，还大大减少了环境的复杂性，降低了对机房环境的需求，同时具有更灵活稳定的管理特性。

采用服务器虚拟化的架构相比于传统单台服务器部署单一应用方式的另外一个好处是，可以充分满足不同应用对系统资源的不同要求，如有的应用只需要一个 3.0 GHz CPU，512 MB 的内存就可以很好地运行，而有的高访问率、高吞吐量的应用则需要 2 个甚至是 4 个双核的 CPU，8GB 的内存才能保证稳定的运行。在传统方式下，往往不可能针对每一种应用来采购服务器，而是用一种或几种标准配置的服务器来统一采购。这样，势必会造成某些应用资源冗余，而另一些应用面临资源紧张的情况，且应用之间不能互相调配资源。采用虚拟化架构后，由于每个虚拟机所需使用的系统资源都是由虚拟架构软件统一调配，这种调配可以在虚拟机运行过程中在线发挥作用，使得任何一个应用都可以有充分保证的资源来稳定运行。同时,该应用在此时用不到的资源又可以被其他更需要资源的应用临时借用,这样可以最大限度地提高整体系统的资源利用率。

从目前业内虚拟化软件的成功经验来看,大部分的用户通过使用虚拟化软件,实现了资源的整合,避免了传统的单台服务器浪费的问题。

服务器虚拟化配置

根据用户的需求情况,在每台服务器上都安装配置服务器虚拟化软件,利用当前物理服务器强大的处理能力,生成多个虚拟服务器,而每一个虚拟服务器,从功能、性能和操作方式上,等同于传统的单台物理服务器,在每个虚拟服务器上,再安装配置 Windows 或 Linux 操作系统,进而再安装应用软件,这样以前的每个物理服务器就变身成为虚拟服务器上的虚拟机,从而大大提高资源利用率,降低成本,增强了系统和应用的可用性,提高系统的灵活性和快速响应,完美地实现了服务器虚拟架构的整合。

在具体实现中,为了实现数据的集中存储、集中备份以及充分利用虚拟架构中虚拟机可动态在线从一台物理服务器迁移到另一台物理服务器上的特性等,建议配置一套集中存储阵列产品,由虚拟架构套件生产出来的虚拟机的封装文件都存放在 SAN 存储阵列上。通过共享的存储架构,可以最大化地发挥虚拟架构的优势,在线地迁移正在运行的虚拟机,进行动态的资源管理,而且为以后的容灾提供扩展性。

2) 服务器选择

(A) 服务器的分类

(a) 塔式服务器

塔式服务器是最传统的服务器,其外形以及结构都跟我们平时使用的立式 PC 差不多。当然,由于服务器的主板扩展性较强、插槽较多,所以塔式服务器比普通主板大一些,因此塔式服务器的主机机箱也比标准的 ATX 机箱要大,一般都会预留足够的内部空间以便日后进行硬盘和电源的冗余扩展。

由于塔式服务器的机箱比较大,服务器的配置也可以很高,冗余扩展更可以很齐备,所以它的应用范围非常广,应该说是目前使用率最高的一种服务器。我们平时常说的通用服务器一般都是塔式服务器。它可以集多种常见的服务应用于一身,不管是速度应用还是存储应用都可以使用塔式服务器来解决。

就使用对象或者使用级别来说,目前常见的入门级和工作组级服务器基本上都采用这一服务器结构类型,用于部门及服务器应用。

而区县由于数据大集中，服务器统一管理与维护，采用塔式服务器会导致其占用空间和功耗较大等问题，所以不建议在区县数据中心使用。

(b) 机架服务器

机架式服务器是指可以直接安装到标准 19 英寸机柜当中的服务器，通常这样的服务器从大小来看有点类似交换机，因此机架服务器实际上是工业标准化下的产品，其外观按照统一标准来设计，配合机柜统一使用，以满足企业的服务器密集部署需求。机架服务器的主要作用是为节省空间，由于能够将多台服务器装到一个机柜上，不仅可以占用更小的空间，而且也便于统一管理。一个普通机柜的高度是 42U(1U＝1.75 英寸或 4.4 厘米)，机架服务器的宽度为 19 英寸，而大多数机架服务器是 1U～4U 高。

机架服务器的优点是占用空间小，而且便于统一管理，但由于内部空间限制，扩充性较受限制，例如 1U 的服务器大都只有 1 到 2 个 PCI 扩充槽。此外，散热性能也是一个需要注意的问题，此外还需要有机柜等设备，因此这种服务器多用于服务器数量较多的大型企业，也有不少企业采用这种类型的服务器，但将服务器交付给专门的服务器托管机构来托管，目前很多网站的服务器都采用这种方式。

(c) 刀片服务器

刀片服务器是一种高可用高密度的低成本服务器平台，是专门为特殊应用行业和高密度计算机环境设计的。其主要结构为一大型主体机箱，内部可插上许多“刀片”，其中每一块刀片实际上就是一块系统母板，类似于一个个独立的服务器，它们可以通过本地硬盘启动自己的操作系统。每一块刀片可以运行自己的系统，服务于指定的不同用户群，相互之间没有关联。而且，也可以用系统软件将这些主板集合成一个服务器集群。在集群模式下，所有的刀片可以连接起来提供高速的网络环境，共享资源，为相同的用户群服务。在集群中插入新的刀片，就可以提高整体性能。而由于每块刀片都是热插拔的，所以，系统可以轻松地进行替换，并且将维护时间减少到最小。

根据所需要承担的服务器功能，刀片服务器被分成服务器刀片、网络刀片、存储刀片、管理刀片、光纤通道 SAN 刀片、扩展 I/O 刀片等不同功能的刀片服务器。刀片服务器公认的特点有两个，一是克服了芯片服务器集群的缺点，被称为集群的终结者；另一个是实现了机柜优化。

(d) 小型机

小型机是指采用 8～32 颗处理器，性能和价格介于 PC 服务器和大型主机之间的一种高性能64位计算机。国外小型机对应英文名是mini-computer和midrange computer。Midrange computer是相对于大型主机和微型机而言。minicomputer一词是由DEC公司于1965年创造。在中国，小型机习惯上用来指UNIX服务器。1971年贝尔实验室发布多任务多用户操作系统UNIX，随后被一些商业公司采用，成为后来服务器的主流操作系统。在国外，小型机是一个已经过时的名词，20世纪60年代由DEC(数字设备公司)公司首先开发，并于90年代消失。

小型机跟普通的服务器(也就是常说的PC-SERVER)是有很大差别的，最重要的一点就是小型机的高RAS特性。

RAS是Reliability、Availability、Serviceability三个英文单词的缩写，它们反映了计算机的高可靠性、高可用性、高服务性这三个著名特点，它们的具体含义如下：

高可靠性(Reliability)：计算机能够持续运转，从来不停机。

高可用性(Availability)：重要资源都有备份；能够检测到潜在要发生的问题，并且能够转移其上正在运行的任务到其他资源，以减少停机时间，保持生产的持续运转；具有实时在线维护和延迟性维护功能。

高服务性(Serviceability)：能够实时在线诊断，精确定位出根本问题所在，做到准确无误地快速修复。

(B) 刀片服务器VS机架服务器

在数据中心的领域内，关于使用刀片服务器还是机架服务器一直存在争论，以下仅列举了两种设备的优劣势分析，最终根据您的实际情况，选择最合适的产品。

(a) 从空间密度来看刀片服务器和机架服务器

刀片服务器比机架服务器更节省空间，实际上刀片服务器是将机架服务器所占用的空间密度再一次提高了50%。在机柜系统配置好的前提下，将1U机架优化服务器系统移植到刀片服务器上，所占用的空间只是原来的1/3～1/2。而在一个标准的机柜式环境中，刀片服务器的处理密度要提高四到五倍。比如在处理1024节点的高密度计算服务器环境里，如果全部采用1U配置的服务器，则需要24个机柜，其中不包括以太网交换集线器所占用的机柜空间，而采用插有8个“刀片”的刀片式服务器，只需要9个机柜，却包括了以太网交换集线器的机柜空间。

(b) 从机房布线和管理方面来看刀片服务器和机架服务器

刀片服务器在机房布线只要统一布网络线、电源线，刀片服务器之间不需要人为布线；而机架服务器则要分别对每台服务器的网络线、电源线进行配线，如果一个 42U 的机柜上安装多台 1U 的服务器时，机柜后面的布线就非常的多，看起来比较凌乱。假如我们需要 10 台可靠性较高的 1U 机架服务器，而且需要有 KVM、网络和管理功能，那么我们需要的配件是 20 个电源(冗余电源)、10 根 KVM 线缆、至少 20 根网线(每台服务器需管理线和网络线各一根)，这还不包括连接外部存储和其他设备的线缆。刀片服务器方案的线缆布线明显优于 1U 机架方案。

(c) 从灵活性来看刀片服务器和机架服务器

大多数刀片服务器的灵活性不如机架服务器。比如刀片在高性能数据库应用中，无法通过外部 RAID 卡来配备磁盘阵列。另外，如果用户需要大容量内存的数据库服务器，而又不想通过机群方式构建，刀片也会显得力不从心。因为，有 16 根内存插槽的机架服务器在市场上很容易买到，而刀片服务器大多只能支持 4～8 根内存插槽。可见，刀片服务器的灵活性比较弱，就算有合适的产品，价格也是奇高无比。

大多数情况下，刀片支持 2.5 英寸的硬盘，这不仅比 3.5 英寸的硬盘贵，而且性能也差一些，这也是拜“刀片追求高密度”所赐。今天，一个典型的刀片至多只能安装 140GB 硬盘，而有不少机架产品却可以配备 2TB (4×500GB)的存储能力。

(d) 从采购成本来看刀片服务器和机架服务器

从理论上来说，由于减少了许多重复的不必要的部件如 DVD、电源以及 KVM 和网络等线缆，刀片服务器的采购成本会比同等数量的机架服务器低。刀片服务器厂商每一家都有自己的专有刀片架构，由于具有垄断性，这使得 IBM、HP 和 DELL 刀片产品的价格居高不下。

人们都认为，满配的刀片服务器和同一厂商的最贵的机架服务器相比，成本还是节省不少。但实际上，如果用户采取的是“在机箱里逐渐地增加刀片”的做法，就会发现，机架服务器的性价比更高。因为大多数刀片及相关产品都比相应的机架产品昂贵，一般刀片机箱需要 4000～8000 美元，刀片也比 1U 机架价格高，至少不便宜。

(e) 从扩展性和标准来看刀片服务器和机架服务器

1U 机架服务器的优势在于其采用的是标准服务器设计技术，标准外设，标准接口，具有 RAID 功能、冗余功能，可独立运行并承担任务。在扩展性方面，机架服务器因为机箱空间小，所以机箱内的扩展性能较差，但它可通过服务器群集，或者外接扩展柜的方式进行非常有效的扩展。而刀片服务器在向上扩展和向外扩展方面均具有创新性。添加新服务器一般只需将新的单处理器或多处理器刀片服务器插入到机箱的开放式托架中即可。IBM、HP 和 DELL 的刀片产品之间还不能兼容,没有标准化,而且就是同一厂家不同的刀片机箱标准也有所不同。机架服务器是按统一的标准来做的,IBM 的 2U 服务器可以安装在 DELL 的 42U 服务器机柜里。

(f) 从可靠性和维护来看刀片服务器和机架服务器

采用普通 1U 机架服务器方案时,由大量的电源线、网线产生的接插点形成了大量潜在的"问题点",换成刀片服务器机箱和刀片服务器解决方案后,原先的网络、电源接插点减少了,同时也就增加了系统的可靠性。

刀片服务器的所有关键组件均可实现冗余或热插拔,其中包括冷却系统、电源、以太网控制器与交换机、中间背板与背板、硬盘及服务处理器。卸下服务器进行维修仅意味着将刀片服务器拖出机箱,这就像拆卸热插拔硬盘一样简单。高级刀片服务器系统提供了实现高度敏感维修的智能方式,高级诊断功能可指导维修人员直接找到故障部件,从而实现快速有效的恢复,有些刀片服务器甚至不会出现单点故障。机架服务器维护相比刀片则复杂一些。

总之,机架服务器和刀片服务器都属于功能型服务器,它们专门专注某一具体应用。机架服务器能够满足用户应用的需求,刀片服务器的集成度过于密集,加上标准、散热方面还没得到彻底解决,并且刀片服务器适合大量机器在一起组成集群供用户使用,因此,到目前为止,刀片服务器与机架服务器相比还没占到绝对的优势。

(6) 云数据中心存储设计

1) 存储虚拟化概述

存储虚拟化是将存储资源虚拟成一个"存储池",这样做的好处是把许多零散的存储资源整合起来,从而提高整体利用率,同时降低系统管理成本。与存储虚拟化配套的资源分配功能具有资源分割和分配能力,可以依据"服务水平协议"(service level agreement)的要求对整合起来的存储池进行划分,以最高的效率、最低的成本来满足各类不同应用在性能和容量等方面的需求。在当今的业务运行环境中,数据的增长速度非常之快,对管理数据能力的提高速度总是远远落在后面。通过虚拟化,许多既消耗时间又多次重复的工作,例如备份/恢复、数据归档和存储资源分配等,可以通过自动化的方式来进行,大大减少了人工作业。因此,通过将数据管理工作纳入单一的自动化管理体系,存储虚拟化可以显著地缩短数据增长速度与信息数据管理能力之间的差距。

选择存储虚拟化需要考虑的因素:

(A) 标准化

整合与虚拟化的目的之一是要实现有效的管理，而有效管理是建立在架构的标准化基础上。整合与虚拟化本身需要建立相关的标准，针对存储整合与虚拟化，要建立数据存储标准。例如首先要确定什么应用的数据需要整合，什么应用的数据可以整合在一起；然后，根据应用和数据的关键性，并结合性能要求，确定采用什么方式和架构来存储数据。存储架构也需要标准化，为提高存储投资的有效性，企业的存储往往采用层次化架构，即根据数据不同的重要性和性能要求，采用性价比相当的存储来保存数据。这样，就要制定针对不同层次的存储架构标准，以确定采用什么设备实现。

(B) 数据安全与一致性

为了更有效地利用存储资源，整合与虚拟化是建立在共享架构基础上的，这样，必然会带来数据安全与一致性问题。不能因为整合与虚拟化的共享，而破坏数据的安全和一致性。为了保证数据原有的安全特性，在整合与虚拟化中，需要清楚地了解各个应用数据的存储特点，数据是独享还是共享，共享是哪几个应用共享，共享的级别是什么，数据存取是文件级还是块设备级。存储网络是如何划分的，是否会出现越界存储。这些安全的实现可以依赖于存储网络上的区域划分(Zoning)，共享存储设备上的 LUN Masking，以及虚拟化设备上逻辑卷与物理卷等对应技术。

(C) 存储管理统一化和规范化

存储整合与虚拟化是对多个应用系统或整体信息技术架构而设计，这样就要求管理的统一和规范。存储管理的统一是建立在标准之上，存储管理包括对存储设备的管理，对存储网络的管理，对服务器连接的管理。

(D) 架构具有良好的可扩展性

为保证企业的不断发展，需要满足信息技术架构乃至存储架构发展的要求，整合与虚拟化存储，在技术实现上，要充分考虑架构的可扩展性。

(E) 具备一定的灵活性

由于各个应用的差异性，就要求在具体实现上有一定的灵活性，以保证对不同应用需求的支持。为了能顺利整合多样化的架构，并保护现有的投资，就要求整合与虚拟化具有一定的灵活性，以兼容一定的多样化架构。

2) 存储虚拟化架构选择

通过存储虚拟化产品可以整合异构存储环境，由统一界面进行集中存储管理，使得存储空间利用率最大化，同时整合应用服务器，跨越 SAN 的孤岛连接，或者进行数据迁移。最终通过存储虚拟化将关联的存储设备整合起来，在此基础上，还可以提供与之相关的存储服务，如快照、镜像、复制等，满足用户复杂的存储服务需求。存储虚拟化的实现层面可以分为三层，即主机系统层、存储网络层和存储设备层。可以在某个层面单独实现，也可以在多个层面共同实现。

（A）基于主机的存储虚拟化

依赖于主机上的逻辑卷管理软件，针对分配给主机的逻辑卷（即物理磁盘或 LUN），可以实现进一步的虚拟化，对多个逻辑卷进行统一管理、配置，屏蔽了上层应用对物理磁盘的管理。在逻辑卷管理器的管理下，可以灵活地实现对存储的管理。例如，可以将多个小的物理空间聚合成大的空间，以满足大数据量存取需要，同时，可以在多个物理空间上实现数据条带化，以提高整体性能。同样，也可以将大的物理空间细化成小的空间，以提高系统的利用率。

这种实现方式的优点在于因为不需要任何附加硬件，其设备成本最低，目前已经有较成熟的软件产品，同时，基于软件产品可以利用其易用的用户界面、方便的管理。然而，由于是安装在主机上的软件，会占用主机的处理器资源，因此，这种方法的扩展性较差，在管理大量的物理磁盘时，对整体性能影响较大。

基于主机的方法也要求管理上比较严格和规范，否则有可能影响到系统的稳定性和安全性，会导致数据的一致性和完整性问题。另外，软件控制的存储虚拟化还可能由于不同存储厂商软硬件的差异而带来不必要的互操作性开销，所以这种方法的灵活性也比较差。

这种实现方式对于现有的用户，要实现从非虚拟化向虚拟化的过渡，需要应用软件或系统软件的安装、配置或升级，这个工作需要在所有需要虚拟化存储的服务器上进行，而且对于新的服务器也要进行相同的工作，这对于服务器来说，是一个较大的变更。同时，还可能有大量数据的重新分布的工作，这个工作对于服务器的存储性能会有一定的影响。另外，基于主机的虚拟存储，对于存储的高级功能，例如快照或数据复制等，不能提供统一管理。

（B）基于磁盘阵列的存储虚拟化

基于存储设备的虚拟存储方法依赖于提供相关功能的存储控制器，它可以对所管理的存储提供虚拟化。将具有虚拟化功能的存储控制器和相应的存储设备接入到 SAN 网络中，由存储控制器统一对服务器提供存储空间，有些虚拟控制器可以管理多厂商的存储系统，有些虚拟控制器则只能管理单个厂商的存储系统。

基于存储的虚拟化方法有一些优势，在存储系统中这种方法较容易实现，更容易管理，它对用户或管理人员都是透明的。同时，这种方式可以实现存储的高级功能，例如在所管理的虚拟存储中实现快照和数据复制功能。

这种实现方式对于现有用户来说，需要增加新的带有虚拟化功能的存储，同时，对原有存储系统做调整，改变服务器与存储的对应关系，配置新的存储系统以管理旧的存储系统，迁移数据等。我们必须注意到，这种虚拟化方式相对独有，而且有些厂商的虚拟化产品只能管理单个厂商的存储产品，对于其他存储厂商的设备有兼容性问题。

(C) 基于网络的存储虚拟化

基于存储网络的虚拟存储是依赖于在存储网络中添加相应的虚拟化设备而实现的对存储网络中存储设备的虚拟化。存储网络虚拟化设备可以是特有的虚拟化设备，也可以是在网络交换机上安装虚拟化软件来实现。

在交换机层面实现虚拟化的好处在于原有的存储架构不用做大的调整，只是升级了交换机的功能。这种功能的升级可能会是交换机硬件和软件的升级，也可能是交换机整体架构的升级。但目前来说，这种实现方式对于原有磁盘上的一些高级数据复制功能，可能还无法做到十分的完善和高效率。

特有的存储虚拟化设备是指在 SAN 中加入虚拟化设备(网络虚拟化管理平台)，而所有存储的资源管理和分配是由这个特有的虚拟化设备实现的。特有的虚拟化设备有带内管理和带外管理两种模式。带内管理是虚拟化的控制数据流和真正的存储数据流都经过虚拟化设备；而带外管理是虚拟化的控制数据流经过虚拟化设备，但真正的存储数据流不经过虚拟化设备。

基于网络的存储虚拟的优点是可以对 SAN 上所有的虚拟化设备兼容的存储进行虚拟化，虚拟化是针对整个存储网络的虚拟，最大限度地提高了设备利用率，保护现有投资；简化主机与存储之间的连接，简化主机管理，提高系统的可用性。其中带内管理虚拟化还可以实现统一的数据复制和快照功能，统一管理。另外，在存储设备间的数据迁移相对主机是透明的。

(7) 云数据中心安全设计

1) 用户在选择云计算服务时的潜在安全风险分析

从“云计算”的概念提出以来，关于其数据安全性的质疑就一直不曾平息，这里的安全性主要包括两个方面：一是自己的信息不会被泄露避免造成不必要的损失，二是在需要时能够保证准确无误地获取这些信息。

总结起来，用户在选择云计算服务时主要关注的安全风险有以下几方面。

数据传输安全

通常情况下，企业数据中心保存有大量的企业私密数据，这些数据往往代表了企业的核心竞争力，如企业的客户信息、财务信息、关键业务流程等等。在云计算模式下，企业将数据通过网络传递到云计算服务商进行处理时，面临着几个方面的问题：一是如何确保企业的数据在网络传输过程中严格加密不被窃取；二是如何保证云计算服务商在得到数据时不将企业绝密数据泄露出去；三是在云计算服务商的存储中，如何保证访问用户经过严格的权限认证并且是合法的数据访问，并保证企业在任何时候都可以安全访问到自身的数据。

数据存储安全

企业的数据存储是非常重要的环节，其中包括数据的存储位置、数据的相互隔离、数据的灾难恢复等。在云计算模式下，云计算服务商在高度整合的大容量存储空间上，开辟出一部分存储空间提供给企业使用。但客户并不清楚自己的数据被放置在哪台服务器上，甚至根本不了解这台服务器放置在哪个国家；云计算服务商在存储资源所在国是否会存在信息安全等问题，能否确保企业数据不被泄露；同时，在这种数据存储资源共享的环境下，即使采用了加密方式，云计算服务商是否能够保证数据之间的有限隔离；另外，即使企业用户了解数据存放的服务器的准确位置，也必须要求服务商作出承诺，对所托管数据进行备份，以防止出现重大事故时，企业用户的数据无法得到恢复。

数据审计安全

企业进行内部数据管理时，为了保证数据的准确性往往会引入第三方的认证机构进行审计或认证。但是在云计算环境下，云计算服务商如何在确保不对其他企业的数据计算带来风险的同时，又提供必要的信息支持，以便协助第三方机构对数据的产生进行安全性和准确性的审计，实现企业的合规性要求；另外，企业对云计算服务商的可持续发展进行认证的过程中，如何确保云计算服务商既能提供有效的数据，又不损害其他已有客户的利益，使得企业能够选择一家可以长期存在的、有技术实力的云计算服务商进行业务交付，也是安全方面的潜在风险。

云计算服务的安全风险控制策略

为了更好地消除这些潜在的安全风险，让更多用户享受到云计算服务的优点，在选择云计算服务时，一方面要根据自身的业务需要，将风险可控的业务模型提交到云计算服务商，其他关键业务模型可以选择建立企业私有云模型进行保障；另一方面需要和云计算服务商建立规范的条款来规避风险，包括选择较高信誉度的服务商，要求企业和云计算服务商之间的数据传统通道进行加密传输，要求云计算服务商承诺数据存储位置的安全性以及和其他企业数据之间的加密隔离，同时和服务商签订SLA服务质量保证协议，明确服务商要具备数据恢复的能力并定义清楚数据恢复的时间限制等。

2）云计算环境下安全模型与传统安全模型的差异

在云计算服务商建设资源高度整合的云计算中心时，安全更多的是作为一种服务提供给云计算客户，也即大家常说的“安全即服务”。在“安全即服务”的建设思路指引下，云计算中心的安全建设模型和传统的企业安全防护思路存在非常明显的差异，归结起来主要有以下几个方面。

流量模型的转变：从分散走向高度集中，设备性能面临压力

传统的流量模型相对比较简单，各种应用基准流量及突发流量有规律可循，即使对较大型的数据中心，仍然可以根据Web应用服务器的重要程度进行有针对性的防护，对安全设备的处理能力没有太高的要求；而在云计算环境下，服务商建设的云计算中心，同类型存储服务器的规模以万为单位进行扩展，并且基于统一基础架构的网络进行承载，无法实现分而治之，因此对安全设备提出了很高的性能要求。

虚拟化要求：安全作为一种服务，如何实现虚拟化交付？

基于存储资源和服务器资源的高度整合，云计算服务商在向客户提供各项服务的时候，存储计算资源的按需分配、数据之间的安全隔离成为基础要求，这也是虚拟化成为云计算中心关键技术的原因。在这种情况下，安全设备如何适应云计算中心基础网络架构和应用服务的虚拟化，实现基础架构和安全的统一虚拟交付，是云计算环境下安全建设关注的重点。

安全边界消失：云计算环境下的安全部署边界在哪里？

在传统安全防护中，很重要的一个原则就是基于边界的安全隔离和访问控制，并且强调针对不同的安全区域设置有差异化的安全防护策略，在很大程度上依赖各区域之间明显清晰的区域边界；而在云计算环境下，存储和计算资源高度整合，基础网络架构统一化，安全设备的部署边界已经消失，这也意味着安全设备的部署方式将不再类似于传统的安全建设模型，云计算环境下的安全部署需要寻找新的模式。

未知威胁检测引擎的变更：客户端将从主体检测引擎转变为辅助检测的传感器

传统的安全威胁检测模式中，客户端安全软件或硬件安全网关充当

了威胁检测的主体，所有的流量都将在客户端或网关上完成全部的威胁检测。这种模式的优点是全部检测基于本地，处理延时较小，但是由于客户端相互独立，系统之间的隔离阻止了威胁检测结果的共享。这也意味着在单位 A 已经检测到的新型威胁在单位 B 依然可能造成破坏，没有形成整体的安全防护。而在云计算环境下，客户端更多的将充当未知威胁的传感器，将本地不能识别的可疑流量送到云端，充分利用云端的超强计算能力进行未知威胁的检测，从而实现云模式的安全检测。

3）云计算环境下安全防护的主要思路

建设高性能高可靠的网络安全一体化防护体系

为了应对云计算环境下的流量模型变化，安全防护体系的部署需要朝着高性能的方向调整。在现阶段企业私有云的建设过程中，多条高速链路汇聚成的大流量已经比较普遍，在这种情况下，安全设备必然要具备对高密度的 10 G 甚至 100 G 接口的处理能力；无论是独立的机架式安全设备，还是配合数据中心高端交换机的各种安全业务引擎，都可以根据用户的云规模和建设思路进行合理配置；同时，考虑到云计算环境的业务永续性，设备的部署必须要考虑到高可靠性的支持，诸如双机热备、配置同步、电源风扇的冗余、链路捆绑聚合、硬件 BYPASS 等特性，真正实现大流量汇聚情况下的基础安全防护。

建设以虚拟化为技术支撑的安全防护体系

目前，虚拟化已经成为云计算服务商提供“按需服务”的关键技术手段，包括基础网络架构、存储资源、计算资源以及应用资源都已经在支持虚拟化方面向前迈进了一大步，只有基于这种虚拟化技术，才可能根据不同用户的需求，提供个性化的存储计算及应用资源的合理分配，并利用虚拟化实例间的逻辑隔离实现不同用户之间的数据安全。安全无论是作为基础的网络架构，还是基于安全即服务的理念，都需要支持虚拟化，这样才能实现端到端的虚拟化计算。

从网络基础架构的角度（如状态防火墙的安全隔离和访问控制），需要考虑支持虚拟化的防火墙，不同用户可以基于 VLAN 等映射到不同的虚拟化实例中，每个虚拟化实例具备独立的安全控制策略，以及独立的管理职能。从安全即服务的角度，云计算服务商联合内容安全提供商提供类似防病毒和反垃圾邮件等服务，也必须考虑配合虚拟化软件实现操作系统层面的虚拟化实例，同一服务器运行多个相互独立的操作系统及应用软件，每个用户的保密数据在进行防病毒和反垃圾邮件检查的时候，数据不能被其他虚拟化系统引擎所访问，只有这样才能保证用户数据的安全。

以集中的安全服务中心应对无边界的安全防护

和传统的安全建设模型强调边界防护不同，存储计算等资源的高度整合，使得不同的用户在申请云计算服务时，只能实现基于逻辑的划分隔离，不存在物理上的安全边界。在这种情况下，已经不可能基于每个或每类型用户进行流量的汇聚并部署独立的安全系统。因此安全服务部署应该从原来的基于各子系统的安全防护，转移到基于整个云计算网络的安全防护，建设集中的安全服务中心，以适应这种逻辑隔离的物理模型。云计算服务商或私有云管理员可以将需要进行安全服务的用户流量，通过合理的技术手段引入到集中的安全服务中心，完成安全服务后再返回到原有的转发路径。这种集中的安全服务中心，既可以实现用户安全服务的单独配置提供，又能有效地节约建设投资，考虑在一定收敛比的基础上提供安全服务能力。

充分利用云安全模式加强云端和客户端的关联耦合

在云安全建设中，充分利用云端的超强计算能力实现云模式的安全检测和防护，是后续的一个重要方向。与传统的安全防护模型相比，新的云安全模型除了要求挂在云端的海量本地客户端具备基础的威胁检测和防护功能外，更强调其对未知安全威胁或是可疑安全威胁的传感检测能力。任何一个客户端对于本地不能识别的可疑流量都要第一时间送到后台的云检测中心，利用云端的检测计算能力快速定位解析安全威胁，并将安全威胁的协议特征推送到全部客户端或安全网关，从而使得整个云中的客户端和安全网关都具备对这种未知威胁的检测能力，客户端和云端的耦合得到进一步加强。基于该模式建立的安全防护体系将真正实现PDRR（Protection、Detection、Reaction、Restore）的安全闭环，这也是云检测模式的精髓所在。

4）云环境下虚拟化安全

云端虚拟化分类很多，其中随着虚拟主机的高速增长，虚拟机的安全级别混杂和大规模虚拟机间的 DDOS 攻击，将成为云端虚拟化过程最大的威胁。同时，云端虚拟化还面临，诸如利用虚拟化技术来隐藏病毒、特洛伊木马及其他各种恶意软件等安全问题。

这些安全问题的应对策略可从两个层面考虑：

（A）虚拟服务器安全

虚拟化服务器不仅仅意味着能够把多个操作系统集成到一台机器中，它还意味着在这台机器上建立一个网络。这台机器中的所有 VM 能通过这个网络相互通信，并能与运行在其他服务器上的应用，以及 Internet 进行通信。在虚拟环境中采用加密技术，可以帮助锁住会感染数据中心中运行的 VM 或系统的恶意软件，即使一个 VM 受感染，仍能保护其余 VM 安全无恙。往来于公有或私有云中 VM 的加密数据流，还可以进一步加固隔在公有云中相邻 VM 之间的大门。

虚拟服务器位于虚拟化软件之上，对于物理服务器的安全原理与实践也可以被运用到虚拟服务器上，当然也需要兼顾虚拟服务器的特点。我们从物理机选择、虚拟服务器安全和日常管理三方面对虚拟服务器安全进行阐述。

应选择具有 TPM 安全模块的物理服务器，TPM 安全模块可以在虚拟服务器启动时检测用户密码，如果发现密码及用户名的 HASH 序列不对，就不允许启动此虚拟服务器。因此，对于新建的用户来说，选择这些功能的物理服务器来作为虚拟机应用是很有必要的。如果有可能，应使用新的带有多核的处理器，并支持虚拟技术的 CPU，这样就能保证 CPU 之间的物理隔离，会减少许多安全问题。

安装虚拟服务器时，应为每台虚拟服务器分配一个独立的硬盘分区，以便将各虚拟服务器之间从逻辑上隔离开来。虚拟服务器系统，还应安装基于主机的防火墙、杀毒软件、IPS(IDS)，以及日志记录和恢复软件，以便将它们相互隔离，并与其他安全防范措施一起构成多层次防范体系。

对于每台虚拟服务器应通过 VLAN 和不同的 IP 网段的方式进行逻辑隔离。对需要相互通信的虚拟服务器之间的网络连接应当通过 VPN 的方式来进行，以保护它们之间网络传输的安全。实施相应的备份策略，包括它们的配置文件、虚拟机文件及其中的重要数据都要进行备份。备份也必须按一个具体的备份计划来进行，应当包括完整、增量或差量备份方式。

在防火墙中，尽量对每台虚拟服务器做相应的安全设置，进一步对它们进行保护和隔离。将服务器的安全策略加入到系统的安全策略当中，并按物理服务器安全策略的方式来对等。

从运维的角度来看，对于虚拟服务器系统，应当像对一台物理服务器一样地对它进行系统安全加固，包括系统补丁、应用程序补丁、所允许运行的服务、开放的端口等。同时严格控制物理主机上运行虚拟服务的数量，禁止在物理主机上运行其他网络服务。如果虚拟服务器需要与主机进行连接或共享文件时，应当使用 VPN 方式进行，以防止由于某台虚拟服务器被攻破后影响物理主机。文件共享也应当使用加密的网络文件系统方式进行。需要特别注意主机的安全防范工作，消除影响主机稳定和安全性的因素，防止间谍软件、木马、病毒和黑客的攻击，因为一旦物理主机受到侵害，所有在其中运行的虚拟服务器都将面临安全威胁，或者直接停止运行。

(B) 虚拟化软件安全

由于虚拟机更难按地理、IP 或 MAC 地址定义，因此入侵检测等基本安全工具不适合虚拟机(VM)，并且外部软件很难看到或过滤运行在一台物理机上的虚拟机之间的通信。虚拟化软件层直接部署于裸机之上，提供能够创建、运行和销毁虚拟服务器的能力。实现虚拟化的方法不止一种，实际上，有几种方法都可以通过不同层次的抽象来实现相同的结果，如操作系统级虚拟化、全虚拟化或半虚拟化。

由于虚拟化软件层是保证客户的虚拟机在多租户环境下相互隔离的重要层次，可以使你在一台计算机上安全地同时运行多个操作系统，所以必须严格限制任何未经授权的用户访问。云服务提供商应建立必要的安全控制措施，限制对于 Hypervisor 和其他形式的虚拟化层次的物理和逻辑访问控制。

虚拟化层的完整性和可用性对于基于虚拟化技术构建的云的完整性和可用性的保证是最重要，也是最关键的。一个有漏洞的虚拟化软件会将所有的业务域暴露给恶意的入侵者。

5) 云环境下应用安全

SaaS 应用提供给用户的能力是使用服务商运行在云基础设施之上的应用，用户使用各种客户端设备通过浏览器来访问应用。用户并不管理或控制底层的云基础设施，例如网络、服务器、操作系统、存储，甚至其中单个的应用能力，除非是某些有限用户的特殊应用配置项。SaaS 模式决定了提供商管理和维护整套应用，因此 SaaS 提供商应最大限度地确保提供给客户的应用程序和组件安全。客户通常只需负责操作层的安全功能包括用户和访问管理。所以选择 SaaS 提供商需要特别慎重。目前对于提供商评估通常的做法是根据保密协议，要求提供商提供有关安全实践的信息。该信息应包括设计、架构、开发、黑盒与白盒应用程序安全测试和发布管理。甚至可以请第三方安全厂商进行渗透测试(黑盒安全测试)，以获得更为翔实的安全信息。

PaaS 云提供给用户的能力是在云基础设施之上部署用户创建或采购的应用，这些应用使用服务商支持的编程语言或工具开发，用户并不管理或控制底层的云基础设施，包括网络、服务器、操作系统或存储等，但是可以控制部署的应用，以及应用主机的某个环境配置。PaaS 应用安全包含 2 个层次：PaaS 平台自身的安全；客户部署在 PaaS 平台上应用的安全。

SSL 是大多数云安全应用的基础。目前众多黑客社区都在研究

SSL，相信SSL在不久的将来将成为一个主要的病毒传播媒介。那么我们需要判断PaaS提供商是否采取可能的办法来缓解SSL攻击，避免应用被暴露在默认攻击之下。用户必须要确保自己有一个变更管理项目，在应用提供商指导下进行正确应用配置或打配置补丁，及时确保SSL补丁和变更程序能够迅速发挥作用。

PaaS提供商通常都会负责平台软件包括运行引擎的安全。如果PaaS应用使用了第三方应用、组件或Web服务，那么第三方应用提供商则需要负责这些服务的安全。因此用户需要了解自己的应用到底依赖于哪个服务，以及对第三方提供商的风险评估。到目前为止，云服务提供商接口平台的安全使用的信息会被黑客利用而拒绝共享；尽管如此，客户应尽可能地要求云服务提供商增加信息透明度以利于风险评估和安全管理。

PaaS应用还面临着配置不当的威胁，在云基础架构中运行应用时，应用在默认配置下安全运行的概率几乎为零。因此，用户最需要做的事就是改变应用的默认安装配置，需要熟悉应用的安全配置流程。

6）云环境下全局安全

云环境下终端安全

对于使用云服务的用户，应该保证自己计算机的安全。在用户的终端上部署安全软件，包括反恶意软件、防病毒、个人防火墙，以及IPS类型的软件。目前，浏览器已经普遍成为云服务应用的客户端，但不幸的是所有的互联网浏览器毫无例外地存在软件漏洞，这些软件漏洞加大了终端用户被攻击的风险，从而影响云计算应用的安全。因此云用户应该采取必要措施保护浏览器免受攻击，在云环境中实现端到端的安全。云用户应使用自动更新功能，定期完成浏览器打补丁和更新工作。

云环境下存储安全

很多用户最关心的是其存储在云端的用户数据及隐私的安全性问题，比如在云计算的环境下，信息资源在存储和传输过程中被非法下载或恶意篡改的情况。这意味着云端安全的核心是用户数据安全。数据安全的核心技术是密码技术和密钥管理技术。为了保证“云”中的信息资源在存储和传输过程中不被非法下载或恶意篡改，应加快信息安全基础设施建设，推进其核心内容公钥基础设施PKI的应用。PKI（Public Key Infrastructure）是提供公钥加密和数字签名服务的系统或平台，由公开密钥密码技术、数字证书、证书发放机构（CA）和关于公开密钥的安全策略等基本成分共同组成。PKI的建设和应用，可以使云环境下的用户在各种网络应用中方便地使用加密和数字签名技术，从而保证了数据的安全，为用户营造起一个安全的网络运行环境。

数据存储在哪里？谁可以访问？数据安全吗？这些都是重大问题，因为没有几家云服务提供商在处理敏感数据方面证明一向很可靠。如果数据保存在共享存储系统上，要料到可能面临风险。其实，即使我们放在自己公司内部的数据也面临风险。云存储的实质是共享存储和虚拟存储。在共享存储中面临最大的风险是数据丢失/泄漏，在虚拟存储环境中面临最大的风险是存取权限、数据备份和销毁。云存储还面临着服务供应商的“没有责任”。我们可以从数据隔离、数据加密、第三方实名认证、灵活转移、安全清除、完整备份、时限恢复、行为审计、外围防护等方面综合考虑解决云存储安全问题。

云环境下用户权限及访问安全

在云计算环境下同一种应用不同用户的访问权限控制也是很关键的问题。用户权限即合法用户可以进行的具体操作。用户登录到云环境下的应用之后，可进行浏览、检索、下载、创建、更新（修改和删除）等操作。但不是每个用户都可以进行所有的操作，不同的用户将具有不同的权限。在云环境下，应用数据的创建、更新及整合等事宜，仍将由指定部门负责，比如每年进行的大量用户数据的更新，用户数据的维护信息等。这样就要求云计算环境能够对普通用户、管理用户和云计算服务商进行合理的权限划分与管理以保障数据安全。

访问控制的目的是保证各用户信息资源不被非法访问和使用。云计算环境对于黑客极具吸引力，因为云本身不但集中存储了各种资源，对于恶意软件的隐藏也提供了便利的条件。再加上云环境的高度复杂性，不可避免地会给黑客留下一些机会——他们可以通过寻找云环境内的安全漏洞，来窃取用户资料或破坏所存储的信息包括企业的各种数据，因此必须采取有效访问控制策略予以防范。

7）云环境下网络安全

云环境下边界防火安全

所谓防火墙指的是一个由软件和硬件设备组合而成、在内部网和外部网之间、专用网与公共网之间的界面上构造的保护屏障。防火墙主要由服务访问规则、验证工具、包过滤和应用网关 4 个部分组成，在网络中，所谓“防火墙”，是指一种将内部网和公众访问网（如 Internet）分开的方法，它实际上是一种隔离技术。防火墙是在两个网络通信时执行的一种访问控制尺度，它能允许你“同意”的人和数据进入你的网络，同时将你“不同意”的人和数据拒之门外，最大限度地阻止网络中的黑客来访问你的网络。换句话说,如果不通过防火墙,公司内部的人就无法访问Internet,Internet上的人也无法和公司内部的人进行通信。

云环境下预防网站被攻击

伴随着Web应用需求的日益多样化,Web应用的开放性与交互性越来越强,相关的安全问题随之而来,而且呈现日益攀升趋势。据业内报道,Web应用正成为最大的网络安全盲点。目前黑客攻击所用到的技术都是防火墙、IPS等传统网络安全范畴之外的基于Web应用相关的技术手段,如SQL注入、跨站攻击、网站挂马等,很多是利用URL参数,Web交互内容,Web表单输入等Web应用技术达到攻击目的。

通过Web应用保护系统,对进出Web服务器的HTTP流量相关内容的实时分析检测、过滤,来精确判定并阻止各种Web应用入侵行为,阻断对Web服务器的恶意访问与非法操作,适应Web2.0时代的主动实时监测过滤风险技术,而不是被动的遭受攻击后的恢复,将恶意代码、非授权篡改、应用攻击等众多因素结合在一起进行综合防范,从而做到对Web服务器的多重保护,确保Web应用安全的最大化,防止网页内容被篡改,防止网站数据库内容泄露,防止口令被突破,防止系统管理员权限被窃取,防止网站被挂马和植入病毒、恶意代码、间谍软件等,防止用户输入信息的泄露,防止账号失窃,防SQL注入,防XSS攻击等。

云环境下数据库审计安全

通过数据库审计产品完整记录数据库操作的SQL语句实现数据库增、删、改、查甚至特权操作等规范性检查。该产品部署于多个关键网段,实现对数据库系统访问操作的全面监测审计,数据库安全审计探针设备通过审计管理中心集中管理,便于审计信息收集分析。

云环境下漏洞扫描安全

安全扫描技术是一类重要的网络安全技术。安全扫描技术与防火墙、入侵检测保护系统互相配合,能够有效提高网络的安全性。通过对网络的扫描,网络管理员可以了解网络的安全配置和运行的应用服务,及时发现安全漏洞,客观评估网络风险等级。网络管理员可以根据扫描的结果更正网络安全漏洞和系统中的错误配置,在黑客攻击前进行防范。如果说防火墙和网络监控系统是被动的防御手段,那么安全扫描就是一种主动的防范措施,可以有效避免黑客攻击行为,做到防患于未然。

漏洞扫描主要通过以下两种方法来检查目标主机是否存在漏洞:在端口扫描后得知目标主机开启的端口以及端口上的网络服务,将这些相关信息与网络漏洞扫描系统提供的漏洞库进行匹配,查看是否有满足匹配条件的漏洞存在；通过模拟黑客的攻击手法，对目标主机系统进行攻击性的安全漏洞扫描，如测试弱势口令等。若模拟攻击成功，则表明目标主机系统存在安全漏洞。

云环境下入侵防御安全

今天，各种蠕虫、间谍软件、网络钓鱼等应用层威胁和E-mail、移动代码结合，形成复合型威胁，使威胁更加危险和难以抵御。这些威胁直接攻击数据中心核心服务器和应用，给业务带来了重大损失。

面对这些问题，传统解决方案最大的问题是，防火墙工作在TCP/IP 3～4层上，根本就“看”不到这些威胁的存在，而IDS作为一个旁路设备，对这些威胁又“看而不阻”，因此我们需要一个全新的安全解决方法。

入侵防护系统(IPS)倾向于提供主动防护，其设计宗旨是预先对入侵活动和攻击性网络流量进行拦截，避免其造成损失，而不是简单地在恶意流量传送时或传送后才发出警报。IPS是通过直接嵌入到网络流量中实现这一功能的，即通过一个网络端口接收来自外部系统的流量，经过检查确认其中不包含异常活动或可疑内容后，再通过另外一个端口将它传送到内部系统中。这样一来，有问题的数据包，以及所有来自同一数据流的后续数据包，都能在IPS设备中被清除掉。

IPS可以针对应用流量做深度分析与检测，同时配合以精心研究的攻击特征知识库和用户规则，即可以有效检测并实时阻断隐藏在海量网络流量中的病毒、攻击与滥用行为，也可以对分布在网络中的各种流量进行有效管理，从而达到对网络上应用的保护、网络基础设施的保护和网络性能的保护。

8）云环境下安全审计

在云中，尽管云服务用户并不控制实际的打补丁和漏洞监测工作，但我们仍有责任管理自己的风险。所以我们要评估哪些资产需要保护、如何防护这些资产，包括在云基础架构上添加安全措施。云服务客户必须要求保证自己可监测谁在访问自己的数据。比如要求提供详细的审计跟踪记录，应当采用数据加密；或者只把所处理数据不是特别敏感的应用程序交给云服务提供商。

这方面谷歌近期表示，Google Apps的安全流程已通过了SAS 70 Type II审计标准。预计会听到更多的提供商宣称自己的安全审计标准，相信这些标准的发布，将解决很多用户不敢把应用程序转移到云中的问题。

9）云环境下网络取证

目前法律界已经开始意识到信息安全管理服务是电子信息是否能被

接受作为证据的关键因素。当然这是传统 IT 架构的问题，对其特别关注的原因是法律界对于云没有相关的经验。

针对于云计算环境下的网络取证：在电子证据发现方面，用户和云提供商必须对对方的角色和责任有共同的认识，包括诉讼保留、发现搜索、专家证词提供方等。建议云提供商提供真实可靠的数据，以保证他们的信息安全系统可以响应客户的要求，比如类似元数据和日志文件的主要和次要信息。云服务提供商保存的数据需要接受与在数据所有者处保存时同样级别的监管。提前计划好相关意料内和意料外关系终止后的合同协商事宜，并有序地恢复或处置资产的安全。云服务用户的责任包括合同前尽职调查、合同期限的谈判、合同执行后的监测、合同终止，以及数据保管变更等。那么作为个人数据或企业知识产权资产的保管者，采用云计算服务的企业应该保证该数据以原始的、可认证的格式保存所有者信息。云服务协议必须允许云服务客户或者指派的第三方来监控服务提供商的效率，并测试系统的脆弱性。完善这些内容相信对云计算环境下的安全会有很大的帮助。

(8) 云数据中心绿色节能设计

区县数据中心能耗挑战

根据 IDC 的统计数据显示，在亚太地区，数据中心服务器电力消耗以每年 23%的速度递增，与每年 16%的世界平均增长水平相比，亚太区数据中心的电力消耗增长速度远超出了世界平均水平。Gartner 的调研则显示："过去五年来，IT 设备的能源需求增长已超过五倍。"目前，国内传统数据中心在物理环境方面往往存在以下问题：整体布局不合理，制冷系统不能按实际设备的需要进行分配，总体能源浪费高且存在局部过热的问题，机房空调设计、布局不合理，电源线缆布放过细，存在重大的安全隐患，由于没有配备保障电源，机房的设备安全运行无法保证。由于传统数据中心一般是按照原有的通信机房的规格规划和建设，普遍存在着散热设计粗放、散热能力和效果不均匀、能耗高等问题，整体数据中心的 PUE 一般都在 2.0 以上。

IDC 调研发现，数据中心管理者最关心的两个问题分别是数据中心的能耗问题和 IT 资源的优化和管理问题，而这两个问题又相互影响并且能耗问题也是数据中心最大的成本所在。传统数据中心的高能耗、高成本、低效率、低可用性、低连续性已经引发越来越多的诟病。除了对现有设施的投资，从长远的角度来看，基础设施的能耗维护同样也是一笔不小的开支。在美国，3 年的纯能源成本消耗已经等同于设备购置成本。在欧洲，3 年的纯能源成本消耗甚至已经是设备购置成本的两倍。在未来，随着电源和散热等问题变得更加突出，能源和数据中心空间会变得越来越稀缺和昂贵，在重重阻碍之下，大规模的云计算数据中心如何在追求 TCO 的同时逾越“绿色节能”这道坎，成为管理者急需解决的问题。

Gartner 一项针对 CIO 的调查显示，70％的受访者认为，电力和制冷问题是其数据中心面临的最大问题。能源花费所占 IT 预算的比例已经从 8％激增到 48％。许多数据中心正承受着大量的能耗支出，不少数据中心已经不堪重负了。因此，节能减耗不仅仅是绿色数据中心的具体要求，同时也是未来降低 IT 维护成本的重要前提。

对数据中心而言，基础设施的采购成本只是总体拥有成本的一部分，而不是全部。简单追求低廉的采购投资，而放弃对后期设施维护的成本控制并不是明智之举。数据中心需要的是综合采购投资和后期的维护成本，使其总体达到最优化。云计算也为营造绿色数据中心带来了新的契机，云计算模式是将过去孤立、缺乏有机整合的数据中心资源进行整合，满足多样海量业务需求的同时实现数据中心的更高利用率。随着云计算数据中心（CDC）向超大规模的趋势发展，打造绿色 CDC 已成为广泛共识。而打造绿色的 CDC 本身就是实现成本节约的有效途径。

绿色云计算数据中心建设设计

关于绿色云计算数据中心目前还没有一个统一的定义，目前国际上普遍的理解是：绿色云计算数据中心是在传统的教据中心架构基础上，通过充分利用虚拟化和云计算等最新信息技术，满足数据安全标准并具有自我管理和自愈能力的智能数据处理中心。从这个理解上看，绿色云计算数据中心应该满足虚拟化、高利用率、绿色节能、智能安全等标准，符合这些标准的才能称为绿色云计算数据中心。

虚拟化

作为提高设备资源利用率的主要手段。虚拟化成为绿色数据中心理所当然的标准，可以说没有虚拟化，就没有新一代的数据中心。通过虚拟化技术，可以投入较少的硬件资源和能耗，获得更大的数据处理能力。利用虚拟化产品，可以打破资源壁垒，提高信息资源利用率，灵活、动态地满足业务不断变化的需求。

高利用率

高利用率是绿色数据中心的主要特性之一，也是业务发展提出的必然需求。不同于传统的数据中心，绿色数据中心通过利用虚拟化、资源统一管理和资源智能调配手段，能够更加灵活地根据业务需求调用硬件设备，达到高效利用资源的目的，满足业务信息资源使用需求。

绿色节能

绿色节能是绿色数据中心的主要标志，也是数据中心是否“绿色”的唯一衡量标准。通过采用绿色环保材料、低耗能设备、智能电源管理技术和虚拟化技术，可以降低数据中心的能耗，达到节能、环保和低排放的绿色标准，节省信息运维成本，提高信息绩效水平。

TOR 部署方式下的线缆设计

数据中心机房通常采用冷热通道设计，以降低 PUE 值。而冷热风道设计直接决定了架顶（TOR）交换机的摆放方向。由于传统交换机采用前—后风道设计，致使安装交换机时端口面板只能向前（冷风道方向），而服务器的接口在后侧（热风道方向），该散热方式增加了线缆部署的难度。数据中心接入交换机可以支持前后散热/后前散热，采用后—前风道设计，在增加机柜使用率的同时，降低了线缆管理的难度。

数据中心交换机绿色设计

数据中心交换机和普通交换机在芯片的选择上存在不同，考虑到绿色节能设计，数据中心交换机在芯片选择时，大都采用 65 nm 工艺设计的芯片，从源头上降低系统功耗。同时，在电路设计时，数据中心交换机将节能设计理念应用于每个电路，例如以太网端口的隔离变压器中心抽头电压采用 1.8 V（旧版使用 2.5 V），甚至主板上的 LED 电路的电阻和工作电压选择也考虑了节能。仅以太网口一项，即可节省 28%的能耗，对于 48 GE Port 的设备而言，可以节省的功耗约为 4 W。同时核心芯片的制程改进，电压从普遍的 1.25 V、1.5 V 降低到 1.0 V，这种电压的降低可以节省 20%以上的能耗。

数据中心交换机和普通交换机在温度检测系统的实现机制上也不同。数据中心交换机采用智能温度检测系统，实时控制系统风扇的转速。保证系统风扇可以根据实际温度进行转速调整，避免了风扇一直高速运转，降低风扇能量消耗。在 25 摄氏度常温下，风扇转速基本可保持为半转速（约半功率）状态即可满足整机的散热，风扇系统的能耗可降低 40%，比如一般的 9 风扇系统的能耗为 54 W，常温工作中能耗节省24 W，相当于一张低功耗线卡的功率。

数据中心交换机使用区间式风道设计，具有独立的电源风道、板卡风道，可以大幅提升每路风扇的散热能力和风压利用效率。区间式风道设计的特点显著，每组板卡具有独立的分区风扇，并可以进行分区调整。数据中心交换机采用的绿色设计，48 口的万兆功耗在 370 W 左右，和普通交换机相比,每台设备每年直接节省电量3200余度,由于采用了绿色的设计,对应需要的制冷需求量也在降低,节省的空调电量达到1000余度。也直接节省了UPS容量及电池维护费用等大量后期维护费用。

(三)区县级接入单位建设

区县级教育宽带网接入单位主要是各个学校,对应于区县级教育宽带网的互联设备为校园网出口设备,在接入单位的出口设计上,要求考虑设备性能、路由转发能力、负载均衡实现、智能DNS等关键技术。

出口采用多功能合一的融合网关,实现安全过滤、流量控制、行为审计、非法网站过滤功能。按照模块化设计思路,结合教育信息中总出口设备,实现分布式流量控制、分布式安全过滤、分布式行为审计。一方面提供各校独立管理审计本校的能力,另一方面形成以学校为单位的安全隔离保障,将安全隐患、攻击行为控制在最小范围内。

出口设备需要配以先进的DPI深入分析引擎、行为分析/管理引擎,能够在保证网络出口高效转发的基础上,提供专业的流控功能、出色的URL过滤以及本地化的日志存储/审计服务。此外,校园网出口设备要求支持多业务,如支持Web认证、IPSec VPN、日志记录等。

三、区域推进数字化校园建设

(一)概述

当前,数字化校园网的建设已经成为中小学的热点。这种以网络为基础,利用先进的信息技术构建数字空间,形成一数字化校园。

区域推进数字化校园建设的核心目标是充分利用信息技术,建立多层次、创新型、开放式的校园。以科学的人才观、教学观和管理理论为指导,变革传统的教育模式,培养适应信息社会要求的创新型人才,提高办学的质量和效益,形成信息技术在教育教学全过程和学校管理各个领域的广泛应用,并在应用上有所创新,最终达到整个区域教育信息化的广泛应用和均衡发展。

(二)数字化校园建设原则

1. 高性能

校园网络是所有应用的基础平台,为了支持数据、语音、视频等多媒体的传输能力,要求全网无带宽瓶颈,保证各种应用软件的带宽需求。

2. 高可靠性

校园网是各种应用的统一通信平台,平均无故障时间以及故障恢复时间,要保持在一个可容忍的许可范围之内。不但要考虑设备本身的冗余、容错能力，还要在网络架构的合理设计上，保障网络稳定可靠运行。

3. 高安全性

校园网内的各项网络业务要求能够永续稳定运行，安全方面目前主要攻击手段有 ARP 攻击、SYN FLOOD、DOS、DDOS 等，校园网必须具备防范以上攻击的能力，配合公安机关保证社会的稳定和校园的安全。

4. 易管理性

对网络的配置管理简单方便，对网络实行集中监测、分权管理，并统一分配带宽资源，选用先进的网络管理平台，实现对整网设备、端口的管理、流量统计分析，以及提供故障自动报警。

5. 兼顾实用性及可扩展性

系统设计从实际应用角度出发，力求简单实用，充分考虑学校的特点和需求，并按照校园网系统的具体特点和建设目标，以应用需求为基础，针对其物理分布、通信、办公等情况来规划整个系统，进行平台系统和应用软件系统的设计，充分注意实用性和可行性。在满足目前需要的同时，需要考虑 3～5 年的扩展，通过灵活性和模块化的方式平滑升级网络功能和扩展网络规模，满足不断增长的教学和管理需求。另外在保证系统能够安全、可靠运行的前提下，最大限度地降低系统造价，保护原有设备投资。在构造校园网络时，应该将投资与目前的应用紧密结合起来，并具有向更高的技术过渡和可升级扩展的空间。

(三) 数字化校园建设的发展阶段

从数字化校园的建设现状和发展趋势分析，数字化校园建设经历了网络集成、系统集成、应用集成、数据集成四个阶段。

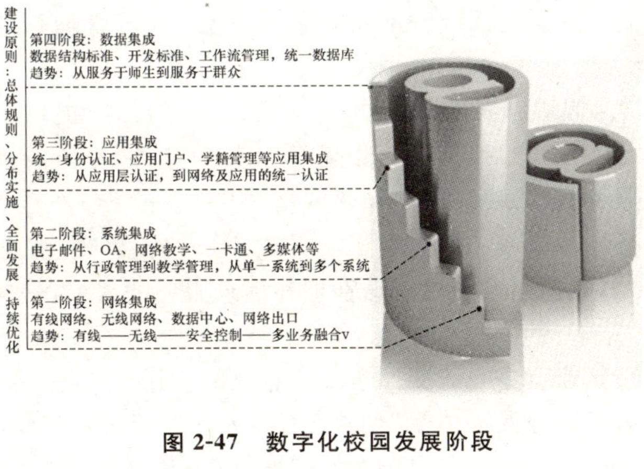

图 2-47 数字化校园发展阶段

网络集成：主要以基础网络建设为主，网络集成阶段，主要考虑基础网络如何建设，如怎么建设有线校园网、无线校园网，如何维护校园网安全等。

系统集成：以服务于系统建设为主，主要考虑业务系统如何建设，如一卡通系统，是作为刷卡消费，还是门禁控制、电梯控制，课程管理、多媒体录播系统怎么建设，如何监控这些业务系统的运行，业务系统的数据安全保证等。

应用集成：主要是做统一身份认证平台、单点登录系统等，以及如何把有线、无线、远程 VPN 等各种不同接入方式统一纳入一个平台进行管理。多媒体录播、OA 系统、视频监控等一系列业务系统，如何实现单点登陆，方便师生的使用。

数据集成：主要实现数据开发标准、数据结构的统一，实现各个业务系统间的数据实时共享。

（四）数字化校园的体系架构分析

数字化校园建设的核心是教育信息化业务系统的建设，业务系统向下由三个平台支撑和保障，向上形成单点登录、统一信息门户，服务于学生、教师、领导、家长、公众等用户。

数字化校园网为 3＋N＋1 的总体架构，由 3 个平台、N 个业务系统和 1 个信息门户之间的逻辑关系以及相关硬件组成。

基础设施平台：包括软件、硬件、PC、服务器、有线、无线等基础设施平台的建设。

应用支撑平台：包括数字化校园的整体安全考虑、整个信息化业务的运维管理等。

公共平台：主要包括统一的身份认证平台、权限管理系统等平台的建设。

统一门户：是整个数字校园的访问入口点，给用户提供个性化的使用界面，用户进入门户后，除了可以看到公共信息外，只能看到与其身份相关的各项服务，成为用户的个性化网络门户。

N 个业务应用系统：是指用于学校教学、科研、管理、服务的各种应用系统，用于解决各类用户对信息管理和信息服务的需求，是信息化建设的主要内容。

要使数字化校园更好地支撑学校信息化的应用，还需要做好“数据信息标准”及“运行管理保障体系”两个方面，运行保障包括组织机构、人员培训、管理规范等，信息标准包括技术标准（应用开发）、数据结构标准、信息化评估体系等。

（五）数字化校园网络方案设计

1. 校园网建设需求分析

1）不间断的网络转发

稳固的硬件平台是整个学校信息化建设的基础，决定了学校未来信息化建设的档次。为了支持数据、语音、视频等多媒体的传输能力，要求全网无带宽瓶颈，保证各种应用软件的带宽需求及稳定运行，同时，需要考虑3～5年的扩展性，需要适当超前部署网络，保障整个网络的不间断转发。

2）高水平的IT运维能力

中小学的现状是学校的设备多，系统多，问题多，人员少。如何解决？设备包括交换机、防火墙、存储、服务器、PC、电话、电子白板等。系统包括OA系统、邮件、课程管理系统、多媒体录播系统等。人员少，一般只有1～2个信息技术老师进行相关的管理维护工作。如何保障学校信息化的应用稳定运行呢？

3）立体安全保障体系

立体安全保障可以满足公安、上级部门的安全检查要求。防止学校的门户网站、资源系统被挂马或被篡改如何解决。

拿根网线就能使用学校的校园网，接入不可控，安全隐患怎么解决？

教师需要使用更多的Internet资源，学生尽量只能访问相关的教育资源，避免访问不良网站，怎么区分老师和学生的访问服务？

安全不是孤立的，需要形成整体安全体系。

4）统一身份认证体系

有线、无线、VPN等网络设备的接入用户分散，各自为政，存在单点风险，统一的身份认证体系可以规避这些风险。

5）单点登陆、统一信息门户

随着学校信息化建设不断完善，学校已经拥有了各种各样的应用系统，各类业务系统还会不断建设和规划。学校用户使用这些应用系统，就需要登录到许多不同的应用系统中，而每个系统都要求用户遵循其独立的身份认证安全策略，比如要求输入用户ID和口令。用户必须记住多个用户ID和口令，以及不同业务系统的URL链接，对于学校老师、领导用户而言，操作十分繁琐不便。

学校建立统一门户平台，同时提供一站式单点登录功能，通过用户的一次性鉴别登录，可获得需访问系统和应用软件的授权，实现“一次登录、随处访问、全网漫游”，从而提高用户的工作效率，提升用户满意度。

2. 校园网的方案规划

1）基础网络平台的设计思想

基础网络平台要具备高智能的特点，包括智能核心平台、智能安全网络出口、智能的接入、智能的网络管理。

核心平台具有高可用、智能的特点。校园网中的所有业务数据都要经过核心平台转发。首先要高可用，从点、线、面支撑高可用，设备本身的硬件架构设计如无缘背板、双风扇、双电源保障高可用，采用双链路、双核心的拓扑；其次是智能，出现问题时能自动检测和紧急恢复。

智能安全的网络出口首先要能智能转发，解决连通性问题；其次是智能带宽优化，保障关键应用；再次，控制安全风险，智能安全解决 URL 过滤及防止信息门户被篡改或被挂马的问题；最后，统一管理出口设备，实时观察出口的健康，做到出口的可视化管理。

智能接入包括有线接入、VPN 接入、高速智能的无线接入等各种接入方式的统一管理。如有线接入提供交换机的基本安全特性，如防 DOS 攻击、DHCP snooping、ARP 欺骗等问题。同时，接入交换机是可网管的。中小学专职的信息人员较少，需要对接入交换机进行统一的网络管理。VPN 接入解决学校老师或学生在校外访问校内资源的问题，方便学校信息老师远程安全管理学校的服务器和业务系统。高速智能的无线接入使得师生可远程随时随地地访问学校的教学资源库、数字图书馆等教育资源。

智能的网络管理提供网络设备的统一管理功能，实现快速故障定位，方便日常维护管理。

2）应用支撑平台的设计思想

应用支撑平台作为 3+N+1 架构中的三个平台中的重要组件之一，向下保障众多的基础设施等更好地统一运行、统一管理，充分发挥硬件资源的利用率，避免各自为政、单点故障等；向上保障教育业务系统的稳定运行，保障用户的良好体验，包括运维体系和安全体系的设计。

运维体系的设计思想：以业务为单位进行运维管理，可视化地展示教育信息化成果，为升级改造提供依据和支撑。

校园网的运维管理：管理应该到设备，即需要查看设备的状态；到流量，即需要查看流量大小；到应用，即需要实时查看教育信息化业务的应用情况；针对设备多、系统多，需要快速故障定位。基于校园网运维的这些问题，提出了以业务为单位来管理 IT 基础设施的思想。

图 2-48 为三层逻辑结构，最上层是用户层、中间是业务层、下面是资源层。点击不同用户，中间的业务系统会按照重要性进行排序，重要的业务系统会展现在前面，齿轮的转速表示业务的繁忙程度，右边的小图标表示业务的健康程度。点击业务系统，就能看到对应的资源情况，数据库、

中间件、服务器的状态，如 CPU、内存的使用率等。当业务系统不健康时，能很清楚地看到是什么资源引起，帮助信息技术老师快速进行故障定位，同时，通过运维管理平台能实时展示业务系统的运行和使用情况，可视化地展示 IT 资源，另外，还可综合分析业务系统和 IT 资源的历史使用情况，为教育信息化的升级改造提供有利的数据支撑和依据。

图 2-48 以业务为核心的运维管理

数字化校园的安全设计思想：

让正确的人，使用健康的主机，访问安全的网络，做规范的事情。

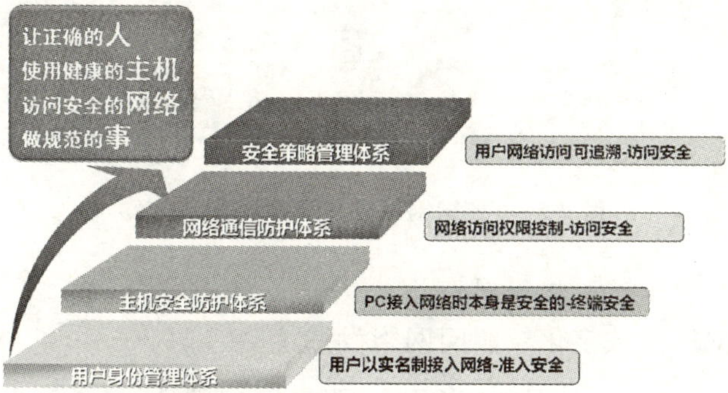

图 2-49 校园网全局安全设计

数字化校园的安全设计需要考虑用户身份安全、主机安全、网络安全、安全策略管理四个主要方面。用户身份的安全，指用户以实名接入网络，只有经过实名认证的用户才能使用网络；主机的安全指只有终端主机本身健康时，如安装了杀毒软件，安装了最新补丁，才允许接入校园网络；网络的安全指在网络中的数据要合法，不能有攻击或异常，同时，师生在校园网中的网络访问行为要安全，如学生限制访问成人网站或互联网娱乐类视频等；用户访问的安全，是指你在网络中的访问可追溯，出现攻击时可定位到人。

3）公共认证平台的设计思想

融合业务系统的身份信息，打造数字化校园统一身份认证平台，实现有线、无线、VPN 等统一认证。通过全局安全管理系统建立校园网公共认证平台，可实现有线用户、无线用户、远程访问的 VPN 用户的统一认证，每个用户有线网络、无线网络、VPN 访问使用同一份身份信息、同一套账号密码，同时，可以实现有线无线的统一拓扑管理、批量配置及实时告警等功能。

4）单点登陆、统一信息门户的设计思想

实现应用层和网络层的单点登陆，更安全、更方便地实现统一信息门户的支撑，保障用户良好体验。

单点登录系统解决方案，如下图所示：

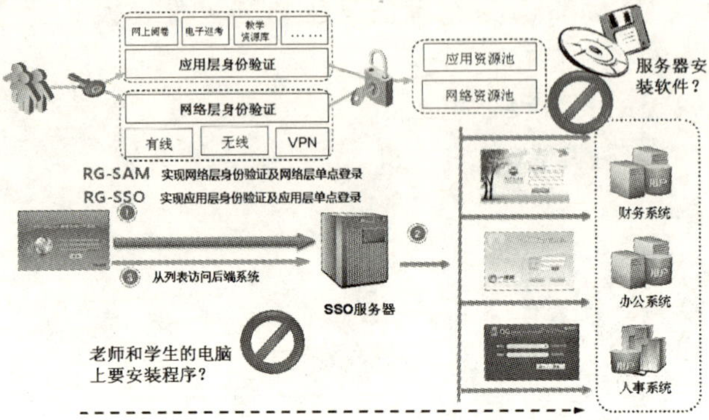

图 2-50　校园网单点登录系统解决方案

（六）三种规模的校园网拓扑

1. 大型规模数字化校园网网络设计

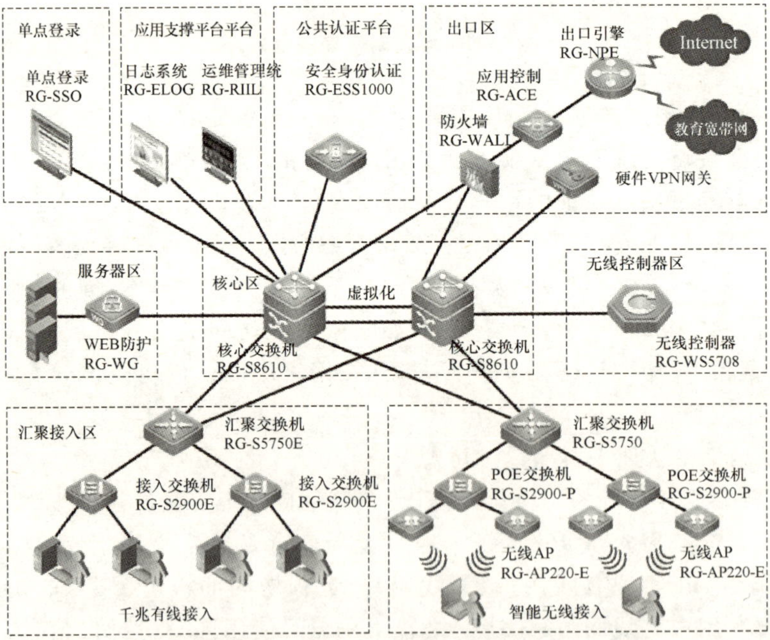

图 2-51　大型校园网拓扑图

大型规模数字化校园网配置参考(以锐捷网络产品为例)

表 2-15　大型规模数字化校园网设备选型

业务需求	设备名称	解决方案	备注
统一用户认证	公共认证平台	全局安全管理系统1000安全认证系统	有线、无线、VPN统一用户认证
应用整合	单点登录	单点登录系统	网络及应用的单点登录；基于用户身份(实名制)和权限，单点登录并访问业务系统
网络出口	出口网关	RG-NPE50E/RG-ACE 2000/RG-WALL 1600T	针对中小学网络出口量身定制的出口设备，提供NAT、URL过滤、流量控制、上网行为管理、多链路负载均衡等功能
	VPN设备	RG-WALL V 1600S	提供远程用户的VPN接入，如在外出差的老师等；可支持SSL、IPSEC等多种VPN类型
网络平台(有线)	核心交换机	RG-S8610(双核心，互为冗余)	万兆骨干、千兆接入；安全智能接入；提供Web界面配置、支持IPv6等功能，方便扩展
	接入交换机	RG-S5750/RG-S2900E	
网络平台(无线)	无线交换机	RG-WS5302(无线AP控制器)	用于全网无线设备的接入，支持802.11b/g/n；AC+AP架构，统一配置，零维护管理
	无线AP	RG-AP220-E	
网络运维管理	网络管理	RG-RIIL	以业务为对象的运维管理系统，可视化展示教育信息化成果
应用安全加固	安全日志	RG-eLog	安全日志，安全审计
	Web防护	RG-WG 1000	校园门户站点防篡改等安全加固

2. 中等规模数字化校园网网络拓扑设计

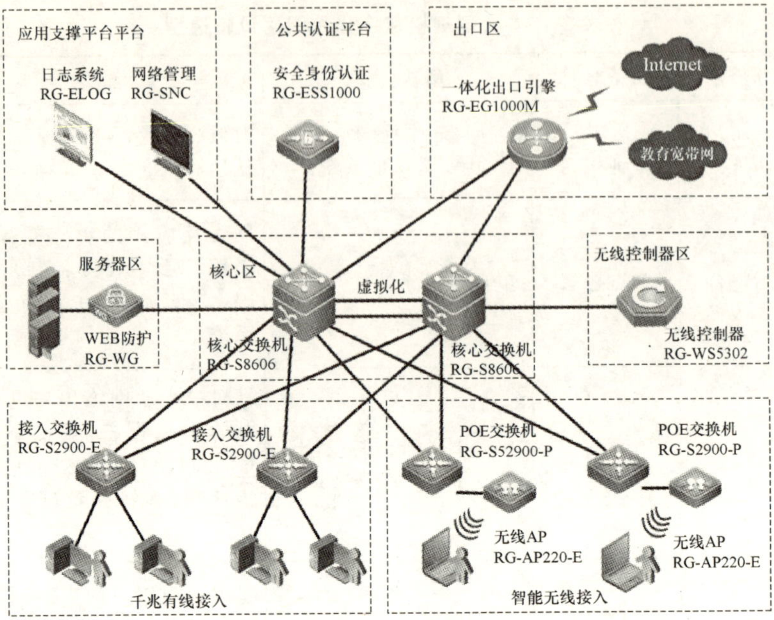

图 2-52　中型校园网拓扑图

中等规模数字化校园网配置参考(以锐捷网络产品为例)

表 2-16　中等规模数字化校园网设备选型

业务需求	设备名称	解决方案	备注
统一用户认证	公共认证平台	全局安全管理系统 1000 安全认证系统	有线、无线、VPN 统一用户认证
网络出口	出口网关及 VPN	RG-EG1000M	针对中小学网络出口量身定制的出口设备,提供 NAT、URL 过滤、流量控制、上网行为管理、多链路负载均衡等功能;提供远程用户的 VPN 接入,如在外出差的老师等;可支持 SSL、IPSEC 等多种 VPN 类型
网络平台(有线)	核心交换机	RG-S8606(双核心,互为冗余)	千兆骨干、千兆接入;安全智能接入;提供 Web 界面配置、支持 IPv6 等功能,方便扩展
	接入交换机	RG-S2900E	
网络平台(无线)	无线交换机	RG-WS5302(无线 AP 控制器)	用于全网无线设备的接入,支持 802.11b/g/n;AC＋AP 架构,统一配置,零维护管理
	无线 AP	RG-AP220-E	

续表

业务需求	设备名称	解决方案	备注
网络运维管理	网络管理	RG-SNC Pro	全网设备统一管理，配置批量部署，实时网络监控
应用安全加固	Web 防护	RG-WG 1000	校园门户站点防篡改等安全加固

3．小型规模数字化校园网网络拓扑设计

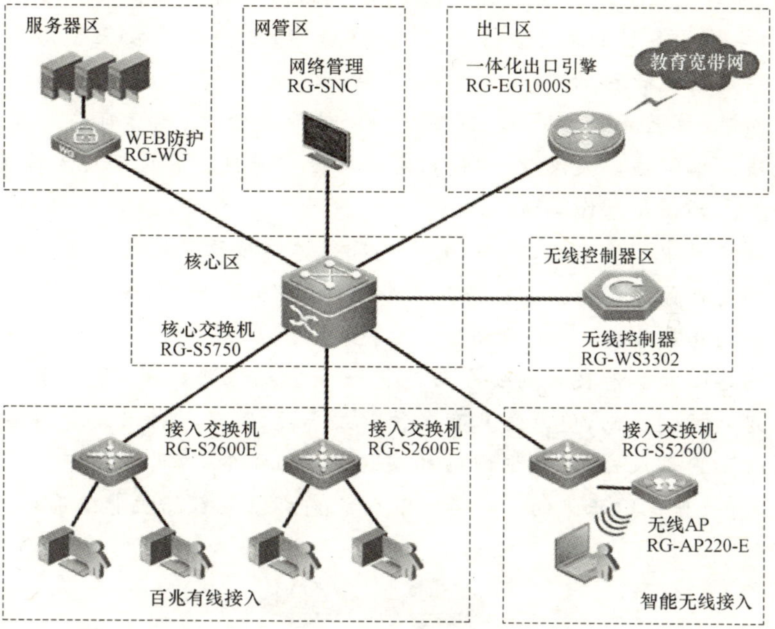

图 2-53　小型校园网拓扑图

小型规模数字化校园网配置参考（以锐捷网络产品为例）

表 2-17　小型规模数字化校园网设备选型

业务需求	设备名称	解决方案	备注
网络出口	出口网关	RG-EG1000S	针对中小学网络出口量身定制的出口设备，提供 NAT、URL 过滤、流量控制、上网行为管理、多链路负载均衡等功能
网络平台（有线）	核心交换机	RG-S5750	千兆骨干、千兆接入；安全智能接入；提供 Web 界面配置、支持 IPv6 等功能，方便扩展
	接入交换机	RG-S2300/2600	

续表

业务需求	设备名称	解决方案	备注
网络运维管理	网络管理	RG-SNC Pro	全网设备统一管理，配置批量部署，实时网络监控

数字化校园网建设案例

清华大学附属中学（以下简称清华附中）校园网建设了万兆核心校园网，并部署锐捷全局安全网络解决方案，打造了一个安全稳定的绿色校园网，为学校的各种网络办公应用、多媒体教学、教务教学管理等信息化应用提供了坚实的基础。

同时，校园教学楼A座、B座、C座、教学实验楼、国际部采用了锐捷的无线网络解决方案设计，学校指定的各个重点区域都已实现无线覆盖。

项目背景及建设需求

清华附中环境幽雅、宁静，文化气氛浓厚。校园网络改造主要是对网络结构进行优化，通过结构优化、设备升级、安全防护、无线覆盖等实现整个校园的信息化。

网络必须具有良好的安全防范措施和密码保护技术，灵活方便的权限设定和控制机制，使系统具有多种有效手段，防范各种形式对网络的非法入侵和内部攻击，以保证网络的实体安全、网络安全、系统安全和信息安全，有效地保障正常的业务活动和防止内部信息数据被非法窃取、篡改或泄漏。

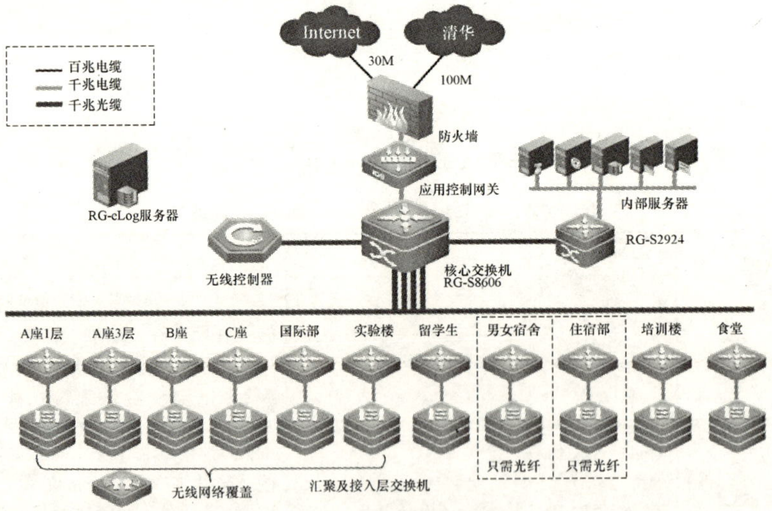

图 2-54　清华附中拓扑图

网络架构设计

整个网络分为三层结构，核心层采用了一台模块化的基于十万兆平台设计的核心路由交换机 RG-S8606；汇聚层的交换机通过千兆光纤连接到 RG-S8606 核心交换机上，接入交换机再通过千兆链路连接到汇聚交换机。

核心区域设计

清华附中核心网络采用高性能，高安全的 RG-S8606 设备万兆核心结构的部署，实现校园网核心的安全和稳定设计。方案总体设计以高性能、高可靠性、先进性、高安全性、良好的可扩展性为原则，以及考虑到技术的先进性、成熟性，并采用模块化的设计方法，构建三层交换技术的 IP 主干网络。

汇聚区域设计

校园网络采用了三层结构的设计，所以汇聚层交换机在此次网络建设中具有很重要的作用，汇聚交换机通过千兆光纤链路与骨干核心交换机连接，保障数据传输的性能，我们选择了锐捷网络的三层汇聚交换机 RG-S3760，保证了网络的稳定性、高带宽和未来的可扩展、易升级的特性。RG-S3760 能够提供 48G 交换容量，高达 18Mpps 的二/三层包转发速率。

接入区域设计

充分考虑到了学校的应用系统使用现状以及对于高带宽、安全性、用户管理的要求，在接入层采用了智能安全交换机 S2628G，实现千兆上联百兆到桌面的解决方案。

出口区域设计

在出口部署一台锐捷网络的防火墙 RG-wall 1600S，提供双链路的接入，并提供 NAT 服务。为了对出口的应用进行有效的控制和合理有效地利用出口带宽，部署一台锐捷网络的应用控制引擎 ACE1000。

RG-WALL1600S 防火墙基于网络行为检测的多流关联分析技术，支持对网络数据的病毒过滤、支持入侵检测(IPS)，支持对 P2P 和即时通信软件的限制、支持 URL 以及 Web 内容过滤、支持邮件内容过滤，支持 FTP 内容过滤，还可以和多种 IDS 产品联动，为细粒度的网络安全管理提供了有利的技术保障。

RG-ACE 应用控制引擎以 DPI(Deep Packet Inspect，深度包检测)技术为核心，支持软/硬件 Bypass，提供了基于七层应用的带宽管理和应用优化功能；在带宽管理方面，配合用户自定义的带宽策略以及 RG-ACE

的核心带宽自动分配算法，可以为网络链路划分多个虚拟带宽通道，能够实现最大带宽限制、保证带宽、带宽租借、带宽配额、应用优先级、随机公平队列等一系列带宽管理功能，为客户提供了带宽管理、分析和优化的一体化解决方案，能够有效地检测和防止不正常应用对网络带宽资源的非正常消耗，保证关键应用带宽，限制非业务应用带宽，改善和保障了整体网络应用的服务质量。

用户认证设计

在清华附中部署一套锐捷网络的认证管理系统，RG-SMP安全认证管理平台，有效控制用户接入，禁止非认证用户使用网络，能有效控制学生的IP、MAC、账号等，防止出现账号盗用、IP/MAC冲突等现象，防攻击，防网络病毒。

安全认证到桌面，采用六元素的自动绑定、静态绑定、动态绑定相结合，可以确保用户入网时身份唯一，并且避免了IP冲突。管理分级授权，使得不同职能的管理者使用同一套系统时得到不同的操作界面以及使用权限，避免了管理的安全隐患。

无线网络设计

所有的无线接入AP通过POE供电交换机进行直流供电，简化了部署成本，AP通过与核心交换相连的无线控制机进行管理，统一下发策略，统一进行设备管理，如升级、配置更改等功能，无线安全通过无线控制器MX-200R进行统一管理，进行身份的认证机制。通过在楼内相关区域部署无线接入点产品，结合部署的有线网络架构，完成无线网络的上网需求。本方案中，采用了锐捷网络的智能无线接入点产品MP-71，该产品采用高灵敏度的智能射频系统和天线系统，同时，包括以太网供电、端口保护、广播风暴抑制、信道智能调整、MAC地址过滤、VLAN划分等多项功能，完成重要办公区域的无线网络覆盖。

四、安全体系建设规划

（一）总体原则

在区域教育信息化建设的过程中，从规划、实施到运行，全程都需要考虑安全系统建设。根据区域教育信息化的自身特点和国家等级保护要求，可以从主机安全、网络安全、边界安全、全局安全等几个方面进行设计。基本思想是以保护信息系统为核心，严格参考等级保护的思路和标准，从多个层面进行建设，满足教育信息系统在网络层面、系统层面、应用层面的安全需求，建成后的保障体系将充分符合国家标准，能够为教育信息系统业务的开展提供有力保障。

在进行信息系统安全规划和方案设计时，应遵循以下原则：

1. 综合性、整体性原则

通过系统工程的观点和方法来分析计算机网络的安全及具体措施，符合整体性原则。具体来说，安全措施主要包括：行政法律手段、各种管理制度（人员审查、工作流程、维护保障制度等）以及专业措施（识别技术、存取控制、密码、低辐射、容错、防病毒、采用高安全产品等）。较好的安全措施往往是多种方法综合应用的结果，只有从系统综合整体的角度去看待、分析，才能取得有效、可行的措施。即计算机网络安全应遵循整体安全性原则，根据规定的安全策略搭建出合理的网络安全体系结构。

2. 需求、风险、代价平衡的原则

对任一网络，绝对安全是难以达到，因此需要对一个网络的性能、结构、可靠性、可维护性，并面临的威胁及可能承担的风险进行定性与定量相结合的分析，然后制定规范和措施，确定本系统的安全策略。

3. 一致性原则

一致性原则主要是指网络安全问题应与整个网络的工作周期（或生命周期）同时存在，制定的安全体系结构必须与网络的安全需求相一致。安全的网络系统设计（包括初步或详细设计）及实施计划、网络验证、验收、运行等，都要有安全措施，实际上，在网络建设的开始就考虑网络安全对策，比在网络建设好后再考虑安全措施更容易，且花费也小得多。

4. 易操作性原则

安全措施需要人为去完成。如果措施过于复杂，对人的要求过高，这本身就会使安全性降低。另外，措施的采用不能影响系统的正常运行。

5. 分步实施原则

由于网络系统及其承载的业务应用平台是动态变化的，随着网络规模的扩大及应用的增加，网络脆弱性也会不断增加，一劳永逸地解决安全问题是不现实的。同时由于实施信息安全措施需一定的费用支出，因此分步实施，既可满足网络系统及信息安全的基本需求，亦可节省费用开支。

6. 多重保护原则

任何安全措施都不是绝对安全的，都可能被攻破。但是建立一个多重保护系统，各层保护相互补充，当一层保护被攻破时，其他层保护仍可保护信息的安全。

（二）总体目标

安全体系建设的总体目标是建立教育信息化公共安全保障环境。加强基础设施设备和信息系统的安全防护措施，不断提高对恶意攻击、非法入侵等的预防和应急响应能力，保障基础设施设备和信息系统稳定可靠运行。采取有效的内容安全防护措施，防止有害信息传播，探索建立安全绿色信息化环境的保障体系和管理机制。确保教育管理、教学、服务等信息系统安全，加强网络有害行为防范能力和不良信息监管力度，防止暴力色情等有害信息对校园文化的侵害。

（三）安全体系建设需求分析

1. 主机系统安全需求

主机系统是保障业务应用平台提供正常服务的关键，区域教育信息化建设中主机系统的数量较多，涉及的操作系统、数据库等计算机环境也很复杂，主机系统的安全保障应当考虑操作系统及数据库的安全加固、服务器及终端设备防护、集中的日志审计、数据备份、身份鉴别等方面。

操作系统及数据库的核心安全加固，是通过在服务器上安装安全加固系统，更新最新的漏洞补丁，实现操作系统及数据库的安全加固。教育宽带网及校园网终端非常多，既要访问教育宽带网专网，又要访问互联网，来自 Internet 的各种木马、病毒、钓鱼程序很轻松进入终端，轻者造成主机运行缓慢，严重者可导致整网的瘫痪，影响到正常的业务系统运行，因此对于服务器和终端设备(包括移动设备)应安装实时检测和查杀恶意代码的软件产品(杀毒软件)。日志审计系统为不同的网络设备、安全设备、服务器、应用系统提供了统一的事件管理分析平台，打破了不同设备存在的信息鸿沟，系统提供了强大监控能力。对市、县级教育宽带网中的重要业务系统，如财务系统、学籍管理系统等需要提供备份机制，保障在最短的时间内恢复重要信息，同时需提供重要网络设备、通信线路和服务器的硬件冗余。身份鉴别能够对登录应用系统的用户进行身份标识和鉴别，以全市或区县为单位，建立用户身份系统，主机系统的访问需具有登录失败处理的功能，如结束会话、限制非法登录次数，同时，对非法登录的用户可以采用拒绝访问或有限访问的方式进行处理。

2. 网络安全需求

满足基本的安全要求，是网络成功运行的必要条件。在地市级教育宽带网、区县教育宽带网及各校园网均部署了众多的网络设备、服务器，保障相关 IT 设备的正常运行，维护主要业务系统的安全，是区域教育宽带网的基本安全需求。区域教育宽带网的安全需求可细分为网络安全监控及审计、结构安全、VPN 互联、网络入侵防护、网络设备防护五个子需求。具体如下：

区域教育宽带网在建设和使用过程中，流经教育宽带网的核心流量有没有病毒，是否异常？对核心数据库的访问是否异常，有没有非法连接？解决这些问题，需要进行安全监控及安全审计。教育宽带网是信息化的基石，其结构的可靠及合理性，能够保证网络服务质量及延长使用周期，因此核心网络设备的业务处理能力应满足政务管理、教学支持、基础应用等基本业务需要。根据业务的不同特点，在满足基本业务需求的基础上，应合理设计网络接入、网络核心、网络出口的带宽，对关键部分进行冗余性设计。地市级、县级电教馆单位办公人员经常出差，需要及时的网络访问，老师在家需要进行备课，远程访问教学资源库，学生在互联网上提交作业等，都需要通过安全、方便、可靠的远程 VPN 接入区域教育宽带网。网络的发展和普及为工作和生活提供了便利，但同时也带来了更多的安全隐患。近年来，所面临的安全问题越来越复杂，安全威胁正在迅猛增长，尤其混合威胁的风险，如蠕虫、病毒、间谍软件、DDOS 攻击、垃圾邮件等，极大地困扰着我们。能否及时发现并成功阻止网络威胁带来的危害，保证计算机和网络系统的安全和正常运行，是教育信息化面临的一大挑战。通过在网络中部署入侵检测保护系统，对试图破坏业务系统的恶意行为能够及时发现、记录、跟踪和保护，提供非法攻击的犯罪证据。在区域教育宽带网中，有几百甚至数以千计的网络设备(路由器、交换机)，所有的业务系统都是建立在网络之上，保证网络设备的安全是保证系统正常运行的首要条件。保护网络设备的安全，通常考虑最多的是网络的冗余设计，而网络设备的配置保护却不被重视。其实，如果有人登录网络设备(路由器、防火墙、VPN 设备等)，将配置进行更改，为非法登录建立了通道，对整个系统来说，所有的安全设施就形同虚设。因此，网络设备需要在能够满足当前业务的基础上提供设备级保护机制，最大限度地减少出现网络故障的可能性，对登录网络设备的用户进行身份鉴别，并具有登录失败处理功能，如结束会话、限制非法登录次数等。

3. 边界安全需求

在区域教育宽带网的边界安全设计中，应考虑采取边界访问控制、边界安全监测、边界完整性保护等措施，下面具体从这三个方面分析：

针对业务服务器区域的边界，可通过已有的防火墙或新增防火墙来实现隔离与访问控制，能够根据数据包的源地址、目的地址、传输层协议、端口(对应请求的服务类型)、时间、用户名等信息执行访问控制。通过在业务服务器区域边界部署入侵检测保护系统来实现对网络攻击的检测，入侵检测保护系统往往以并联的方式部署在网络中，具备对 2 到 7 层网络的深度检测能力，同时配合精心研究、及时更新的攻击特征库，即可有效检测隐藏在海量网络中的病毒、攻击与滥用行为，也可以对分布在网络中的各种流量进行有效管理，从而达到对网络架构的防护、网络性能的保护和核心应用的防护。根据等级保护技术要求，三级系统的边界应当能够有效监测非法外联和非法接入的行为。考虑到该区域内的主机设备均为服务器，不会主动对外发起访问，因此，实现边界完整性保护的要点就是杜绝非法接入。

4. 全局安全需求

提到网络安全，人们脑海中首先会想到形形色色的病毒、攻击。没错，正是这些层出不穷、频频变种的病毒、木马、攻击让网络的使用者、管理者们意识到了网络安全的重要性。根据 IDC 的统计数据，超过 70%的安全事件，其起因都来自于局域网的内部。诸如 ARP 欺骗、熊猫烧香、机器狗、灰鸽子等耳熟能详的病毒或木马，都是在局域网内部进行传播、扩散，从而带来极大危害的。

目前区域教育信息化从建设之初就提升安全体系建设的重要性，从资金、人力、制度方面都有所倾斜，将信息安全建设提升到一个很高的高度。但在大量部署安全设备和软件，如防火墙、防毒墙、代理服务器、资产管理软件、防病毒软件来对其网络安全进行管理和维护的同时，很容易看出，这些软硬件的部署主要都是用来抵御外部攻击的，而往往忽视对内网安全的防护和控制。同时，安全硬件、软件的简单堆砌，各自为战，无法起到叠加的效果，很多功能重复，又有很多功能短缺，这无疑让巨大的安全投资无法发挥其作用。

正是在这种严峻的安全形势下，网络访问控制（Network Access Control，简称 NAC）解决方案应运而生。网络访问控制解决方案旨在通过身份验证、主机健康性保障、网络安全性保障等多重角度，对内网用户进行有效的管理。通过这一系列措施，实现内网用户身份的合法化，上网主机安全状况的健康化，网络通信的安全化以及用户网络访问行为的规范化。换言之，即让正确的人，使用健康的主机，访问安全的网络，做规范的事。这就是“全局安全”的设计理念，安全设备和软件不再单兵作战，而是从全局的角度解决安全问题。因此对区域教育信息化而言，真正需要建设的是“全局安全”体系。

（四）安全体系建设方案规划

1. 安全保护的对象

根据《信息安全技术信息系统等级保护安全建设技术方案设计规

范》，对信息系统进行安全规划的过程中，必须按照分域、分级的办法进行规划和设计，要进行安全域的划分，确定具体的安全计算环境、安全区域边界、安全通信网络，并根据信息系统的等级来确定对应的保护等级，实现分级的保护。同时，通过集中的安全管理中心，实现对计算环境、区域边界、通信网络的集中管理，并确保上述环节中能执行统一的安全防护策略。上述设计规范中对各个环节的定义如下：

安全计算环境：计算环境是信息系统中位于物理上受保护的边界内部，一般包括完成信息处理与存储的主机、操作系统、数据库管理系统、外部设备及其连接部件，也可以是某个移动用户的主机平台。安全计算环境是具有确定安全等级保护能力的计算环境，分别称为一级安全计算环境、二级安全计算环境、三级安全计算环境、四级安全计算环境和五级安全计算环境。

安全区域边界：区域边界是信息系统中计算环境之间以及计算环境与通信网络之间完成连接的部件。安全区域边界是具有确定安全等级保护能力的区域边界，分别称为一级安全区域边界、二级安全区域边界、三级安全区域边界、四级安全区域边界和五级安全区域边界。

安全通信网络：通信网络是信息系统中完成计算环境之间信息传输的部件。安全通信网络是具有确定安全等级保护能力的通信网络，分别称为一级安全通信网络、二级安全通信网络、三级安全通信网络、四级安全通信网络和五级安全通信网络。

安全保护的重点内容应该是保护计算环境、保护通信网络、保护区域边界及整体安全防护。

2. 保护计算环境：主机系统安全子系统设计

服务器区域包含了各类应用服务器和数据库服务器，根据三级系统的基本要求和安全技术设计规范的内容，三级计算环境的安全保障应当实现身份鉴别设计、终端安全设计、安全操作系统、安全数据库、集中安全审计、主机防恶意代码以及数据备份及故障恢复等措施，对业务服务器区域，从实现三级安全计算环境的角度，将采取以下的安全措施：

(1) 身份鉴别设计

区域教育信息化的建设中数量最多的是服务器和用户主机，服务器统一由数据中心区域进行安全防护，用户主机根据学生、教师、领导、家长(临时)等使用者不同，分为不同的权限要求，同时，不同用户主机的安全软件、操作系统、应用软件均不一样，因此主机系统安全子系统第一个最重要的方面是身份鉴别设计。

按照第三级基本要求的“主机安全”项目中身份鉴别要求，需从以下几个方面进行建设：

1）应对登录操作系统和数据库系统的用户进行身份标识和鉴别；

2）操作系统和数据库系统管理用户身份标识应具有不易被冒用的特点，口令应有复杂度要求并定期更换；

3）应启用登录失败处理功能，可采取结束会话、限制非法登录次数和自动退出等措施；

4）当对服务器进行远程管理时，应采取必要措施，防止鉴别信息在网络传输过程中被窃听；

5）应为操作系统和数据库系统的不同用户分配不同的用户名，确保用户名具有唯一性；

6）应采用两种或两种以上组合的鉴别技术对管理用户进行身份鉴别。

基于以上考虑，在设计中我们引入了身份认证系统部署在网络中，可实现基于802.1X协议的身份认证体系。基于用户身份的网络访问权限控制体系，实现基于包括用户名、密码、IP地址、MAC地址、认证交换机IP、认证交换机端口号、主机硬盘序列号等在内的7元素灵活绑定，保障用户身份的正确性。

（2）操作系统及数据安全加固

可分别在各服务器上安装服务器加固系统，针对Windows/Linux/HP Unix/IBM AIX操作系统进行安全加固，实现文件强制访问控制、注册表强制访问控制、进程强制访问控制、服务强制访问控制、管理员登录的强制身份认证、文件完整性监测等功能。

操作系统核心加固通过对操作系统原有系统管理员的无限权力进行分散，使其不再具有对系统自身安全构成威胁的能力，从而达到从根本上保障操作系统安全的目的。也就是说即使非法入侵者拥有了操作系统管理员的最高权限，也不能对经过内核安全加固技术保护的重要内容进行任何破坏和操作。此外，内核加固模块稳定的工作于操作系统下，提升系统的安全等级，为用户构造一个更加安全的操作系统平台。

针对后台的Oracle数据库，应采用Oracle的安全模块来进行加固，并达到三级系统对主机安全的要求，实现包括标记及强制访问控制、限制超级管理员访问权限、双因素身份认证、数据存储机密性保障、数据完整性保障、强审计等安全要素。

对于后台使用的SQL Server数据库系统，由于SQL Server数据库尚未有完善的安全套件满足等级保护三级系统的要求，因此建议通过人工加固服务来实现数据库自身安全性保护，主要的人工加固内容包括：安装最新的服务包、评估服务器的安全性、使用 Windows 身份验证模式、隔离服务器和定期备份、增强 SA 的密码的安全性、限制 SQL Server 服务的权限、在防火墙上禁用 SQL Server 端口、使用最安全的文件系统、删除或保护旧的安装文件以及审核指向 SQL Server 的连接。

(3) 实现集中的日志审计

日志审计系统为不同的网络设备、安全设备、服务器、应用系统提供了统一的事件管理分析平台，打破了不同设备之间存在的信息鸿沟，系统要提供强大的监控能力，实现从网络设备至应用系统的监控。在对事件的监控信息集中及关联分析的基础上，有效地实现全网安全预警、入侵行为的实时发现、入侵事件动态响应，通过与其他安全设备的联动来真正实现动态防御。

对于业务服务器区域，首先应开启操作系统、数据库自身的审计模块，并且其应用系统也应当开启审计功能，审计的范围应当包括登录、操作、结果、事件、用户名等详细信息，同时利用日志审计系统，集中将操作系统、数据库的日志信息传递到该平台，即使本地日志信息被恶意删除时，也可在统一的远程日志审计系统中恢复该记录。

此外，通过服务器上安装的操作系统核心加固系统，还可实现强审计策略，实现对审计进程的守护，防止因操作系统故障而导致审计进程中断。

(4) 数据备份与故障恢复

数据安全主要考虑到部分重要的业务系统需提供 7×24 小时的应用服务，或关键数据需要冗余备份的情景下进行设计，其中很重要的一点是为关键的网络设备、通信线路及服务器提供冗余备份。采用一台磁盘阵列作为备份存储，备份方法为每周自动全备份，全备份数据异机保存，每季度数据异地存放，历史备份数据以磁带的形式保存下来，并长期保存。

业内进行数据备份链路的选择有两种方式，一是将数据封装后通过网络加密传输到目的地；二是在两个机房之间建立专用的数据传输通道，通常为裸光纤。

(5) 数据库审计

随着教育信息化的发展，教育信息的重要性日益凸显。学生、家长、成绩等信息，成为攻击和篡改的热点。为解决数据安全问题，需要部署数据库审计系统。可以完整记录数据库增删、修改等操作并定位到人。当发生学籍信息泄漏和变更时，能够进行追溯、定位。

3. 保护通讯网络：网络安全子系统设计

对区域教育信息化的业务系统进行安全域、安全等级划分，由于学籍管理系统、电子教育政务属于等级保护三级业务系统，按照最高级别的系统进行定级保护的原则，区域教育信息化的通信网络应当按照三级进行保护。根据等级保护的设计原则，三级通信网络应当有网络安全监控、网络审计、网络备份/冗余与故障恢复、网络应急处理、网络数据传输安全性保护以及可信网络连接设备，将采取以下的安全措施来进行有效保障。

(1) 实现网络安全监控与审计

入侵检测保护系统在骨干网的关键节点上抓取访问数据包，并进行深度分析，从而有效识别存在攻击行为的数据包，有效地保护了通信网络的安全性。入侵检测保护系统通过采集网络通信的所有实时流量，来实时监视和分析通过网络的所有通信业务，一旦检测到了攻击行为，响应模块就能提供多种选项进行通知、报警并对攻击采取相应的应对措施。应对措施通常都包括邮件或短信通知管理员、中断连接、为实现搜集证据而做的会话记录等。入侵检测保护系统一般会部署在网络核心或数据中心区域，保护网络核心及数据中心区域的安全。

核心骨干的网络安全监控一般选用能够同时至少支持两路侦听的入侵检测保护系统，旁路连接在核心交换机上，采用千兆连接端口。该端口可选取需要监听的设备端口做成镜像，以利于所有入侵检测保护系统侦听所有进入到核心应用区的数据流，包括互联网区、外连区流量，实现全网入侵防范。同时入侵检测保护系统会有控制端口连接到安全管理区域的控制端，如图 2-55 所示：

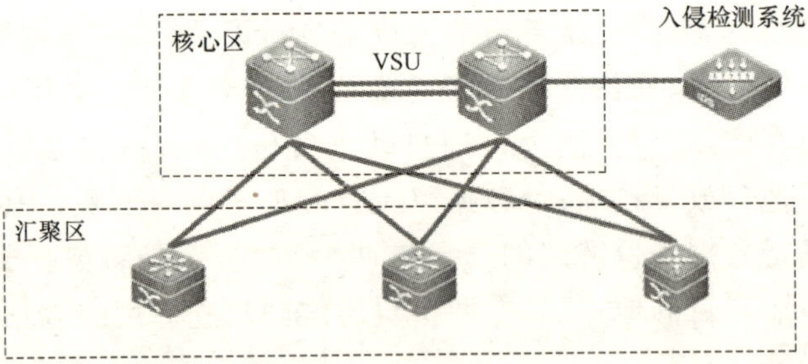

图 2-55　入侵检测系统

对于数据中心区域，由于其特殊且重要的地位。数据中心的网络安全监控，采用入侵防御系统进行在线防御，不仅可以记录异常行为，而且对可能造成严重后果的攻击直接阻断，对教育信息化核心数据进行事前保护。

网络安全审计包括两个部分，一是所有的安全设备上开启日志审计功能，从而有效记录安全设备的运行情况，同时在运维中心通过集中的日志审计系统，将安全日志汇总起来，以便系统管理员能够对整网安全设备运行情况进行集中分析，从而发现深层次的安全问题。二是网络核心区或数据中心区部署网络内容审计系统。网络内容审计系统一般以旁路、透明的方式对网络传输信息进行数据截取和协议还原，并根据用户需求对通信内容进行审计，提供敏感关键词检索和标记功能。

(2) 实现网络备份/冗余

网络是信息系统运行最基础的保障，承载了所有信息系统的计算环境，因此，应当实现网络架构的冗余和高可用性，做到结构安全。在区域教育宽带网中，主要考虑两个方面。第一个方面，在出口区域，采取链路和设备的冗余设计，通过多条链路接入运营商，尽量采取设备冗余设计，避免单台设备形成单点故障，如在出口部署两台防火墙，两台设备互为主备、功能分担，实现设备的高可用性，当某台设备出现故障，不会造成网络的中断。第二个方面，在核心区域，采取双核心冗余架构设计，同时对重要系统的核心交换机配置冗余引擎、冗余电源，再将汇聚交换机双链路上连到核心交换机上，实现网络架构的冗余。如图 2-56 所示：

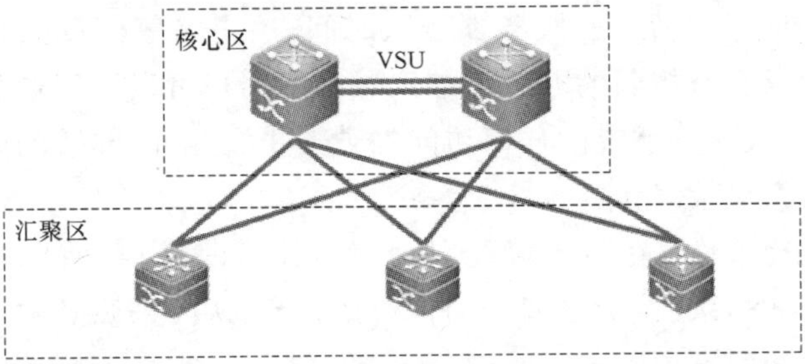

图 2-56　网络冗余架构

(3) 实现远程安全传输

在领导在外地出差、老师在家里备课需要访问教学资源库等很多时候，师生需要通过互联网远程访问教育信息化的业务系统。然而，当文件以明文的方式在互联网上传播时，很容易造成泄密和篡改，给应用系统的正常运行带来威胁。SSL 协议位于网络协议栈的传输层之上，为应用层的数据提供身份认证、密钥协商、数据加密和完整性保护等安全服务，因此可利用 SSL VPN 来实现对传输数据的安全性保护，以满足教育行业绝大多数的网络应用对安全服务的需求。

SSL VPN 技术重点将针对移动办公用户，在无需安装客户端的情况下，可安全地与业务服务器进行信息交换，实现数据的保密性、完整性和安全的传输。

SSL VPN 通过 HTTPS 应用协议，在移动终端与 SSL VPN 网关之间建立一条加密隧道，对传输数据进行加密，使信息在通过互联网的时候以密文形式传输，即使数据被窃听了也不会造成泄密，从而保障了远程传输数据的机密性。

通过 SSL VPN 加密隧道，对需要传输的数据通过 HASH 函数进行摘要计算，然后将得到的摘要数据捆绑发送给 SSL VPN 网关，SSL VPN 网关在得到数据后再次进行相同的 HASH 运算，生成新的摘要并与传送过来的摘要进行匹对，如果相同则可证明数据在互联网传递过程中没有被篡改，从而保障了远程传输数据的完整性校验。

4. 保护区域边界：边界安全子系统设计

根据信息系统的定级说明，业务服务器区域边界应当按照三级强度进行保护，采取相应的措施选择和保护，具体包括：

(1) 实现边界访问控制

针对业务服务器区域的边界，可通过已有的防火墙来实现隔离与访问控制，无防火墙的区域新增，能够根据数据包的源地址、目的地址、传输层协议、端口(对应请求的服务类型)、时间、用户名等信息执行访问控制规则。限制只有有权限的办公终端区域内的用户可以访问业务服务器区域，其他对三级业务系统的任何访问均被禁止。此外，部署的防火墙还应配置以下的安全策略：

会话监控策略：在防火墙配置会话监控策略，当会话处于非活跃一定时间或会话结束后，防火墙自动将会话丢弃，访问来源必须重新建立会话才能继续访问资源。

会话限制策略：对于业务服务器区域边界，从维护系统可用性的角度必须限制会话数，保障服务的有效性，防火墙可对保护的业务服务器采取会话限制策略，当业务服务器接受的连接数接近或达到阀值时，防火墙自动阻断其他的访问连接请求，避免服务器接到过多的访问而崩溃。

身份认证策略：配置防火墙用户认证功能，对保护的应用系统可采取身份认证的方式(包括用户名/口令方式、USB KEY 方式等)，实现基于用户的访问控制。此外，防火墙还能够和第三方认证技术结合起来(包括 RADIUS、TACAS、AD、数字证书)，实现网络层面的身份认证，进一步提升系统的安全性，同时也满足三级系统对网络访问控制的要求。

日志审计策略：防火墙详细记录了转发的访问数据包，可提供给网络管理人员进行分析。这里应当将防火墙记录日志统一接入到集中的日志管理服务器。

(2) 实现边界安全监测

通过在业务服务器区域边界部署入侵检测保护系统来实现对网络攻击的检测，入侵检测保护系统往往以串联或并联的方式部署在网络中，具备对 2 到 7 层网络的深度检测能力，同时配合以精心研究、及时更新的攻击特征库，即可以有效检测隐藏在海量网络中的病毒、攻击与滥用行为，也可以对分布在网络中的各种流量进行有效管理，从而达到网络架构防护、网络性能保护和核心应用防护。

这里针对业务服务器区域边界，入侵检测保护系统将执行以下的安全策略：

监测网络攻击事件：入侵检测保护系统综合运用多种检测手段，在检测的各个部分使用合适的检测方式，采取基于特征和基于行为的检测，对数据包的特征进行分析，有效发现网络中异常的访问行为和数据包；针对端口扫描类、木马后门、缓冲区溢出、IP 碎片攻击等，入侵检测保护系统可在网络边界处进行监控。

监控管理策略：入侵检测保护系统应提供人性化的控制台，提供初次安装探测器向导、探测器高级配置向导、报表定制向导等，易于用户使用。实现一站式的管理结构，简化配置流程，应具备强大的日志报表功能，可供用户定制查询和报表。

异常报警策略：入侵检测保护系统通过报警类型的制定，明确哪类事件，通过什么样的方式进行报警，可以选择声音、电子邮件、短信、消息等方式。

在线升级策略：入侵检测保护系统内置的检测库是决定系统检测能力的关键因素，因此应能定期进行在线升级，确保入侵检测库的完整性和有效性。

(3) 实现边界完整性保护

根据等级保护技术要求，三级系统的边界应当能够有效监测非法外联和非法接入的行为，主要有两点，一是应能够对非授权设备私自连到内部网络的行为进行检查，准确定出位置，并对其进行有效阻断；二是应能够对内部网络用户私自连到外部网络的行为进行检查，准确定出位置，并对其进行有效阻断。考虑到该区域内的主机设备均为服务器，不会主动对外发起访问，因此为实现边界完整性保护的要点就是要杜绝非法接入，通过在服务器区域的接入交换机上实现 IP＋MAC＋PORT 绑定，同时，结合交换机的 ACL 策略，杜绝非法接入。另一方面，可通过在网络中部署基于 802.1X 协议的网络身份认证及访问权限控制体系，实现基于包括用户名、密码、IP 地址、MAC 地址、认证交换机 IP、认证交换机端口号、主机硬盘序列号等在内的 7 元素灵活绑定，实现终端的非法接入和非法外连。

5. 统一安全保护：全局安全子系统设计

(1) 全局安全子系统概述

面对充满变数的互联网络环境和日益严峻的网络安全形势，网络用户主要采取以下手段进行防范：安装个人防火墙软件，拦截一些常见的破坏行为；安装网络版杀毒软件，及时防范病毒入侵；勤打操作系统和应用程序补丁，不给破坏者提供机会。

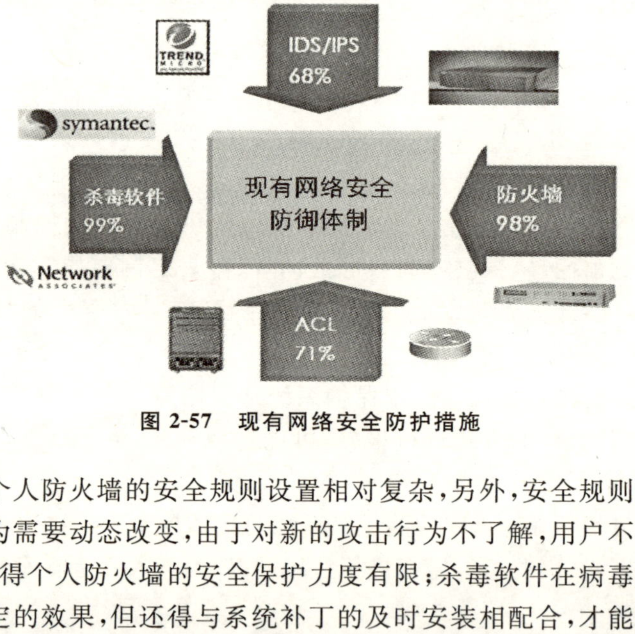

图 2-57　现有网络安全防护措施

由于个人防火墙的安全规则设置相对复杂，另外，安全规则应根据网络攻击行为需要动态改变，由于对新的攻击行为不了解，用户不会及时更新规则，使得个人防火墙的安全保护力度有限；杀毒软件在病毒防范方面虽然有一定的效果，但还得与系统补丁的及时安装相配合，才能有效防范病毒的感染。操作系统或者应用程序的补丁更新，直接从互联网更新比较慢，在内部架设 WSUS 服务器需要用户修改配置，过程相对复杂很多，用户会觉得麻烦。

由上面的分析可以看出，构建安全体系需要解决以下两个关键问题：

1) 如何能够将网络内所有的网络设备(路由器、交换机、防火墙、IDS 等)有效加以整合，实现对各种网络安全资源的集中监控、统一策略管理、智能审计及多种安全功能模块之间的互动，提升网络的可控制、可管理性，提高网络安全管理水平。

2）如何保证所有接入网络的网络终端设备（用户 PC、服务器等）是安全可信的。只有保证每一台网络终端设备的安全才能确保网络整体的安全，做到无懈可击。

因此，需要构建一个统一的安全管理平台，实现对网络内所有网络安全设备的统一管理和调配，避免各个安全设备缺乏联动、孤立作战，形成安全管理的孤岛，实现安全的全局管理，下面对统一平台的架构进行分析。

统一安全管理平台（简称为 SMP）具体构架由以下三个层面组成：

1）后台服务层面

身份认证系统：身份认证系统能够提供严格的用户接入控制，通过准确的身份认证和物理定位来确保接入用户的可靠性。用户认证系统针对用户的入网，提供入网控制功能，同时，认证系统还可以实现用户账号、用户 IP、用户 MAC、设备 IP、设备端口的静态绑定、动态绑定以及自动绑定，保证用户入网身份唯一。

安全管理平台：安全管理平台是安全防御体系的管理与控制中心，是统一安全管理平台的核心组成部分。通过安全管理平台，可以对系统内的安全设备与系统安全策略进行管理，实现全系统安全策略的统一配置、分发和管理，并能有效地配置和管理全网安全设备，从而实现全网安全设备的集中管理，起到安全网管的作用。通过统一的技术方法，将系统所有的安全日志、安全事件集中收集管理，实现集中的日志分析、审计与报告。同时通过集中的分析审计，发现潜在的攻击征兆和安全发展趋势，确保安全事件、事故得到及时的响应和处理。

安全修复系统：安全修复系统的作用是跟踪安全漏洞的变化，能够有效地进行系统补丁、病毒特征码或者用户指定应用程序补丁的管理。针对不同的安全策略，点到面自动强制分发部署补丁程序。

2）网络层面

安全联动设备——安全联动设备是网络中安全策略的实施点，起到强制用户准入认证、隔离不合格终端、为合法用户提供网络服务的作用。由安全管理平台提供标准的协议接口，同交换机、路由器、防火墙、IDS 等各类网络设备实现安全联动。

3）用户层面

安全客户端——安全客户端是安装在个人电脑和服务器上的端点保

护软件。安全客户端负责收集不同用户的安全软件的状态信息，包括对防病毒软件信息的收集。同时安全客户端可以评估操作系统的版本、补丁程度等信息，并且把这些信息传递到安全管理平台，没有进行适当升级的主机将被隔离到网络修复区域，从而保障网络的安全运行。与传统的解决方案不同，安全客户端通过对用户终端设备信息的搜集，可预先识别和防止用户对网络的恶意行为，排除潜在的已知和未知的安全风险。

(2) 全局安全方案设计

1) 网络身份准入体系

SMP采用了基于802.1X协议和Radius协议的身份验证体系，通过与网络交换机的联动，实现了对用户访问网络的身份的控制。SMP通过严格的6元素(IP、MAC、交换机IP、交换机端口、用户名、密码)绑定措施，确保接入用户身份的合法性。

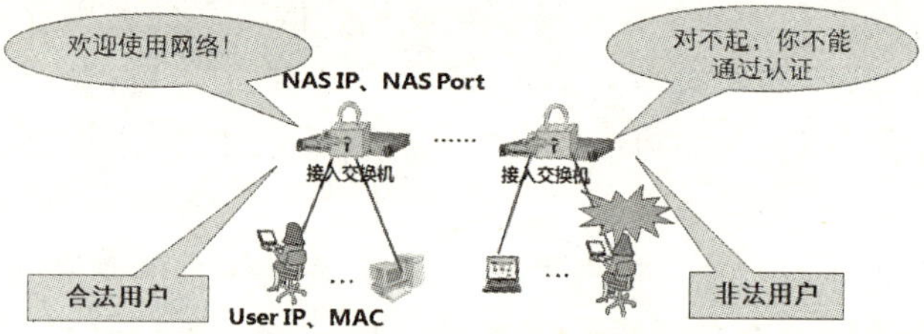

图 2-58 网络身份准入

同时根据用户身份的不同，SMP还可以限制不同用户的不同访问权限，让用户在接入网络后，只能访问自己权限之内的服务器、网络区域等。

2) 终端安全

Windows补丁强制更新

通过SMP解决方案与微软WSUS服务器的联动，可以实现对用户端Windows补丁的检测、下载、安装等操作，在后台自动完成全部更新过程。

软件黑白名单控制

对于软件使用的控制，也是SMP的重要功能之一。通过对软件的安装、进程的管理、后台服务以及注册表项的管理，SMP方便地实现了对必备软件的强制安装、使用，对违禁软件的禁用等功能，有效地保障了办公效率、网络带宽以及信息的安全。

3) 网络通信防护体系

通过SMP安全管理平台与入侵检测设备的联动，实现了对网络安全事件的检测、分析、处理，辅以严格的身份验证，可以方便地将网络安全事件定位到人，并进行自动通知和处理。

在防御的同时，还能够对安全事件进行统计分析，为日后的安全报表做好准备。

4）关键业务应用安全域保护

传统解决方案在对应用系统访问做授权时，采用的是应用层授权的方式，即通过用户的账号及密码来决定是否可以获取相关的资源，没有相关权限的用户则无法获取权限以外的资源。这种方式在应用层面解决授权问题时，忽略了非授权用户也可以在网络层面访问服务器，这样存在对服务器造成网络攻击的可能性。

a）基于网络身份准入认证更安全

针对传统解决方案中对于用户身份认证及授权存在的漏洞，建议在用户接入网络时必须完成身份认证。只有成功认证的身份才能接入网络中，才具备可能访问某些业务的权限。认证后由网络设备直接隔离用户和业务系统，不再依靠业务系统自身实现。即使非法用户知道敏感信息的位置，仍然无法嗅探到该服务器的存在。也就是说，你所具备的网络权限和你的身份是一一对应的，这样做严格区分了针对不同等级安全域的访问权限，真正做到了依照身份管理，依照应用授权。

b）同一时间段只允许访问一个区域，防止终端被外网木马控制导致泄密

传统解决方案中，用户终端可以访问自己所属部门的资源服务器，同时也可以通过 Internet 出口访问，这样存在非常严重的安全隐患，一旦终端用户被互联网黑客植入木马，则黑客可通过成为“肉鸡”的主机窃取高等级安全域中的信息数据。针对网络中可能存在的“肉鸡”主机问题，应用安全域解决方案通过对用户主机的认证授权模式，确保客户主机在同一时间段内只能访问某一个区域，如访问互联网区域时，则不能访问其他的安全域中的服务器，若访问安全域中的服务器，则不能访问互联网，保证了即使主机被植入木马，在访问服务器资源时也不会被外界控制，从而降低网络中信息泄漏的概率。

（五）安全平台建设及实施建议

在地市、区县级教育宽带网及校园网安全平台的实施中，根据各自的不同情况和实际需要，可以有多种安全部署方案，在此我们只建议做一些基本的安全部署，且同样适用于不同规模的网络。

1. 区域教育宽带网安全实施建议

（1）区域教育宽带网的安全实施建议重点是三点：第一点，全面的安

全防护措施简述；第二点，通过防火墙进行边界安全防护；第三点，数据中心的安全防护。

在区域教育信息化基础环境的安全设计中，通用的安全措施如表2-18所示。

表 2-18 通用安全措施

<table>
<tr><th>保护要求</th><th>保护措施</th></tr>
<tr><td>边界安全</td><td>在网络的边界区域实现防火墙或防火墙插卡进行安全防护</td></tr>
<tr><td>网络备份与故障恢复</td><td>对现有的网络进行优化，增加相关设备，防止单点故障，同时提升信息网络的稳定性</td></tr>
<tr><td>网络安全监控</td><td>分别在重要的业务服务器区域边界部署入侵检测防护系统来实现</td></tr>
<tr><td rowspan="2">网络安全审计</td><td>防火墙上启用日志审计模块，并汇总到运行维护区域的日志审计系统</td></tr>
<tr><td>重要的业务服务器区域的接入交换机上部署网络审计系统，并将审计记录汇总到运行维护区域的日志审计系统</td></tr>
<tr><td>网络数据传输安全性保护</td><td>针对移动办公，部署 SSL VPN 来实现远程传输的机密性、完整性保护</td></tr>
<tr><td>网络应急处理</td><td rowspan="2">通过引入网络安全管理设备，利用拓扑自动发现防范不可信的网络设备接入；利用流量监管发现网络的异常并进行针对性的响应处理</td></tr>
<tr><td>可信网络连接</td></tr>
</table>

边界安全防护的通用措施

地市、区县级教育宽带网是整个地市或区县基础教育信息化的核心，安全级别要求非常高，按照其需求在互联网区域、数据中心区、外连区、办公接入区及汇聚接入区均需要实施安全隔离访问控制，其中可采用主流的两种方式予以部署，防火墙插卡或独立防火墙。

我们推荐在数据中心区、办公接入区、汇聚接入区等关键区域采用防火墙插卡方式实现安全防护。插卡式防火墙模块通过部署在高性能交换机上，可以实现同一台物理设备上划分多个逻辑的防火墙实例来实现对用户多个业务独立安全策略部署的需求，简化了网络管理的复杂度。而在出口区、外连区等区域可依据实际情况采用独立式防火墙予以安全防护。

(A) 采取独立防火墙部署在互联网区

互联网区直接连接 Internet，是教育宽带网用户访问互联网的出口。同时也容易受到外界非法外联和网络攻击的影响。通过部署互联网出口防火墙，可以提供端口级访问控制，对进出网络的信息内容进行过滤、实现协议命令级控制；避免非法外联和DDOS攻击，为教育宽带网提供“绿色安全”的上网环境。

(B) 采取独立防火墙部署在外连区

外连区连接政务外网和上级教育网络。随着政务外网业务逐渐丰富，其安全面临越来越多的挑战。通过部署外连区出口防火墙，能有效阻断来自政务外网的异常流量和病毒、蠕虫等。

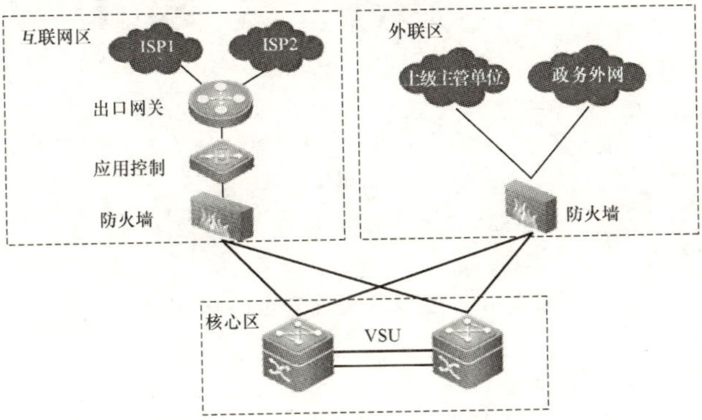

图 2-59　边界安全

(C) 防火墙部署在数据中心区域

在数据中心部署防火墙板卡，实现数据中心的服务器安全保护。

(D) 采取防火墙板卡部署在汇聚交换机上

区域教育宽带网的核心骨干最主要的功能是高性能转发，承载整个区域网络流量的快速稳定转发，因此，不建议在核心板卡上加载安全类业务板卡。

随着网络与安全技术的融合，交换机上支持防火墙插卡的技术逐渐成熟，建议在区域教育宽带网的汇聚层（乡镇汇聚可能部署在运营商机房）部署防火墙插卡。

有三个原因：一是随着视频教学类业务的逐步开展，核心承载的压力会逐渐增大，通过把安全部署在区域教育宽带网的汇聚层，让异常流量不会扩散到核心骨干，减少核心交换机的压力（让核心骨干专注高性能转发）；二是作为区域教育宽带网的中间安全层（出口外连区安全设备保护来自互联网或外连区的安全、学校出口区会部署安全设备保护来自学校终端的安全、数据中心区部署安全设备，保护数据中心的安全），避免汇聚交换机下联的学校之间有病毒或异常流量进行相互扩散；三是核心交换机和汇聚交换机之间往往存在复杂的运营商链路，缺少访问控制措施会使中小学或核心骨干直接面对安全隐患。

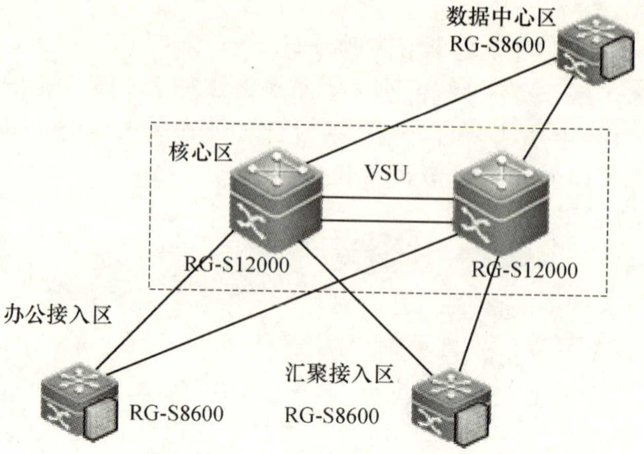

图 2-60　汇聚层实现安全的拓扑图

数据中心的安全防护：

在数据中心部署入侵检测系统、Web 安全防护系统、防火墙及数据库审计产品，完成整个数据中心的安全防护（见图 2-61）。

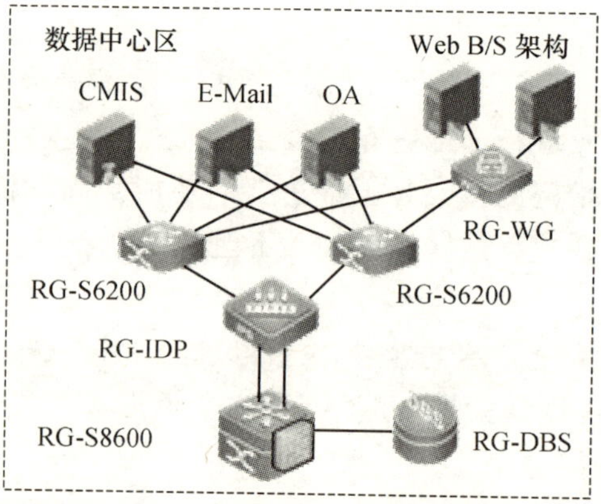

图 2-61　数据中心的安全防护

2. 接入单位安全实施建议

以各地区域教育宽带网的建设经验来看，校园网接入到区域教育宽带网时，不建议通过学校的交换机直接接入教育宽带网，因为这样有三个问题：一是管理界面不清晰，区县教育局或学校都需要具备核心交换机的管理权限；二是不安全，学校的异常流量容易扩散到教育城域网；三是区域教育宽带网的安全孤立，无法实现集中的安全管理，安全管理的短板集中凸显在学校(区域教育宽带网取决于各个学校的安全措施落实情况)。

建议学校核心交换机和区域教育宽带网之间添加安全设备。考虑到学校的实际情况,大部分校园网出口需要购买路由器、防火墙、流控设备及上网行为管理设备,而校园网的信息点不多(一般并发不超过1000人),需要在校园网出口部署一体化的网关设备。

具备需要实现的功能如下:

(1) 具备高性能的NAT,实现出口的无阻塞数据转发。

(2) 具备基本的安全防护功能。

(3) 流量控制,具备准确的应用识别,针对不同应用、不同时间、不同协议,不同用户提供不同的流控策略,实现不同的流控功能。

(4) 上网行为管理。具备URL过滤,深度内容审计,内容访问控制和多类别的日志记录。保证一个健康的网络环境。

(5) 实现Web认证,简化认证方式,方便不同人群的接入。防火墙用作对内和对外的安全防护。

第三章

区域教育信息化基础环境建设涉及的技术

在区域教育信息化基础环境的建设中涉及多种技术的应用，如TCP/IP中的各种协议、网络路由交换技术、网络无线技术、网络常用的安全技术、网络出口负载均衡及出口流量控制等，以下将详细介绍在区域教育信息化基础环境中所应用的相关技术。

第一节　网络基础技术

要想让两台计算机进行通信，必须使他们采用相同的信息交换协议。我们把在计算机网络用于规定信息的格式以及如何发送信息和接收信息的一套规则称为网络协议（network protocol）或通信协议（communication protocol）。

为降低网络设计的复杂性，绝大多数网络都采用了分层设计方法。所谓分层设计方法就是按照信息的流动过程将网络的整体功能分解为一个个的功能层，不同机器上的相同功能层之间采用相同的协议，同一台机器上的相邻功能层之间通过接口进行信息传递。

一、OSI网络分层参考模型

网络协议设计者不应当设计一个单一、巨大的协议来为所有形式的通信规定完整的细节，而应把通信问题划分成多个小问题，然后为每一个小问题设计一个单独的协议。这样做使得每个协议的设计、分析、时限和测试比较容易。协议划分的一个主要原则是确保目标系统有效且效率高。为了提高效率，每个协议只应该注意没有被其他协议处理过的那部分通信问题；为了主协议的实现更加有效，协议之间应该能够共享特定的数据结构；同时这些协议的组合应该能处理所有可能的硬件错误以及其他异常情况。为了保证这些协议工作的协同性，应当将协议设计和开发成完整的、协作的协议系列（即协议族），而不是孤立地开发每个协议。在网络历史的早期，国际标准化组织(ISO)和国际电报电话咨询委员会(CCITT)共同出版了开放系统互联的七层参考模型。一台计算机操作系统中的网络过程包括从应用请求(在协议栈的顶部)到网络介质(底部)，OSI参考模型把功能分成七个分立的层次。图3-1为OSI分层模型。

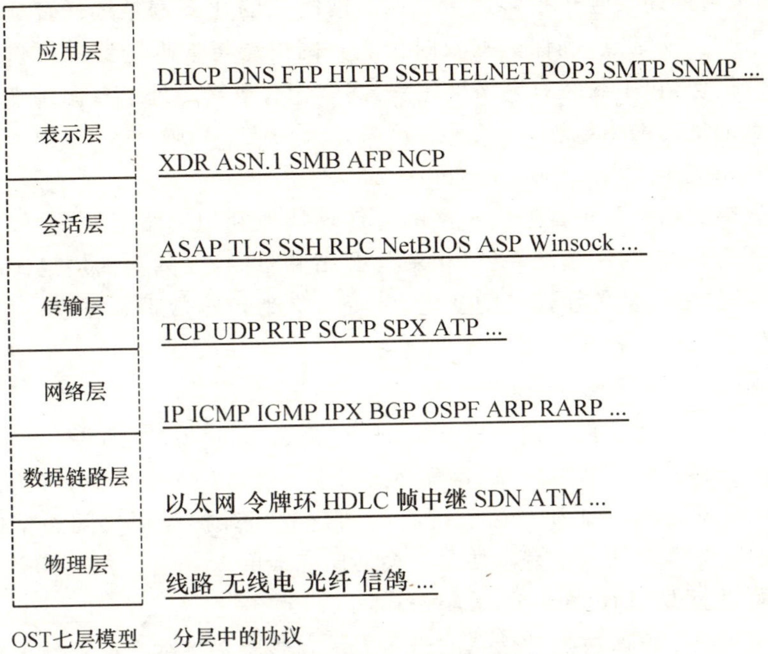

图 3-1 OSI 网络七层模型

各层的主要功能及其相应的数据单位如下：

- 物理层(Physical Layer)

我们知道，要传递信息就要利用一些物理媒体，如双纽线、同轴电缆等，但具体的物理媒体并不在OSI的七层之内，有人把物理媒体当作第零层，物理层的任务就是为它的上一层提供一个物理连接，以及它们的机械、电气、功能和过程特性。如规定使用电缆和接头的类型，传送信号的电压等。在这一层，数据还没有被组织，仅作为原始的位流或电气电压处理，单位是比特。

- 数据链路层(Data Link Layer)

数据链路层负责在两个相邻结点间的线路上，无差错地传送以帧为单位的数据。每一帧包括一定数量的数据和一些必要的控制信息。和物理层相似，数据链路层要负责建立、维持和释放数据链路的连接。在传送数据时，如果接收点检测到所传数据中有差错，就要通知发送方重发这一帧。

● 网络层(Network Layer)

在计算机网络中进行通信的两个计算机之间可能会经过很多个数据链路，也可能还要经过很多通信子网。网络层的任务就是选择合适的网间路由和交换结点，确保数据及时传送。网络层将数据链路层提供的帧组成数据包，包中封装有网络层包头，其中含有逻辑地址信息源站点和目的站点地址的网络地址。

● 传输层(Transport Layer)

该层的任务是根据通信子网的特性最佳地利用网络资源，并以可靠和经济的方式，为两个端系统(也就是源站和目的站)的会话层之间提供建立、维护和取消传输连接的功能，负责可靠地传输数据。在这一层，信息的传送单位是报文。

● 会话层(Session Layer)

这一层也可以称为会晤层或对话层。在会话层及以上的高层次中，数据传送的单位不再另外命名，统称为报文。会话层不参与具体的传输，它提供包括访问验证和会话管理在内的建立和维护应用之间通信的机制。如服务器验证用户登录便是由会话层完成的。

● 表示层(Presentation Layer)

这一层主要解决拥护信息的语法表示问题。它将欲交换的数据从适合于某一用户的抽象语法，转换为适合于 OSI 系统内部使用的传送语法。即提供格式化的表示和转换数据服务。数据的压缩和解压缩，加密和解密等工作都由表示层负责。

● 应用层(Application Layer)

应用层确定进程之间通信的性质以满足用户需要以及提供网络与用户应用软件之间的接口服务。

二、TCP/IP 分层模型

TCP/IP 分层模型(TCP/IP Layening Model)被称作互联网分层模型(Internet Layering Model)、互联网参考模型(Internet Reference Model)。

TCP/IP 协议被组织成四个概念层，其中有三层对应于 OSI 参考模型中的相应层。TCP/IP 协议族并不包含物理层和数据链路层，因此它不能独立完成整个计算机网络系统的功能，必须与许多其他的协议协同工作。

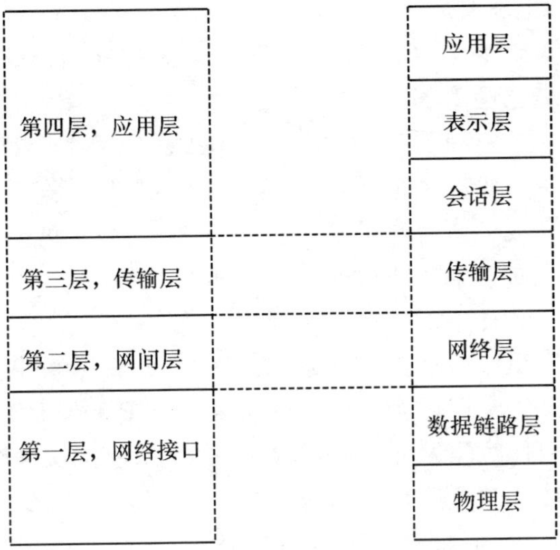

图 3-2　TCP/IP 四层模型与 OSI 七层模型对应关系

TCP/IP 分层模型的四个协议层分别完成以下的功能：

第一层网络接口层：包括用于协作 IP 数据在已有网络介质上传输的协议。实际上 TCP/IP 标准并不定义与 ISO 数据链路层和物理层相对应的功能。相反，它定义像地址解析协议（Address Resolution Protocol，简称 ARP）这样的协议，提供 TCP/IP 协议的数据结构和实际物理硬件之间的接口。

第二层网间层：对应于 OSI 七层参考模型的网络层。本层包含 IP 协议、RIP 协议（Routing Information Protocol，路由信息协议），负责数据的包装、寻址和路由。同时还包含网间控制报文协议（Internet Control Message Protocol，简称 ICMP），用来提供网络诊断信息。

第三层传输层：对应于 OSI 七层参考模型的传输层，它提供两种端到端的通信服务。其中 TCP 协议（Transmission Control Protocol）提供可靠的数据流运输服务，UDP 协议（Use Datagram Protocol）提供不可靠的用户数据报服务。

第四层应用层：对应于 OSI 七层参考模型的应用层和表达层。互联网的应用层协议包括 Finger、Whois、FTP（文件传输协议）、Gopher、HTTP（超文本传输协议）、Telent（远程终端协议）、SMTP（简单邮件传送协议）、IRC（互联网中继会话）、NNTP（网络新闻传输协议）等，这也是本节将要讨论的重点。

三、TCP/IP 协议概述

TCP/IP 协议，包含了一系列构成互联网基础的网络协议。这些协议最早发源于美国国防部的 ARPA 网项目。TCP/IP 参考模型是一个抽象的分层模型，这个模型中所有的 TCP/IP 系列网络协议都被归类到四个抽象的“层”中。每一抽象层建立在低一层提供的服务上，并且为高一层提供服务。完成一些特定的任务需要众多的协议协同工作，这些协议分布在参考模型的不同层中，因此有时称它们为一个协议栈。TCP/IP 参考模型为 TCP/IP 协议栈而量身制作。

TCP/IP 字面上代表了两个协议：TCP(传输控制协议)和 IP(网际协议)；传输层又定义了两个端到端的协议：TCP 和 UDP。其中 IP 国际协议只关心如何使数据跨越本地网络边界，而不关心如何利用传输媒体及数据如何传输。整个 TCP/IP 协议栈则负责解决数据如何通过许许多多个点对点通路(一个点对点通路，也称为一“跳”，1 hop)顺利传输，由此不同的网络成员能够在许多“跳”的基础上建立相互的数据通信。

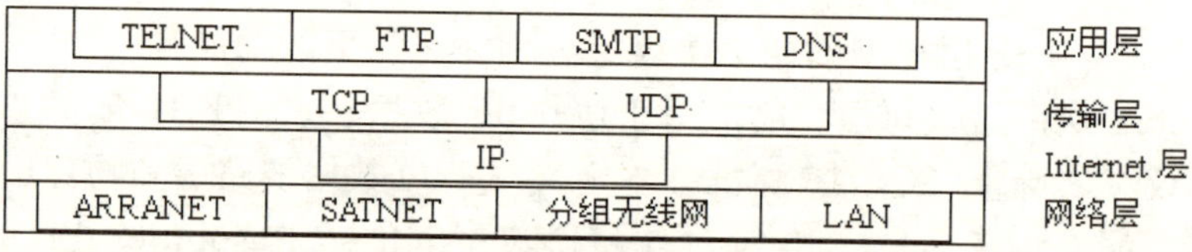

图 3-3　TCP/IP 模型中的协议

(一) 传输控制层协议

1. TCP 协议

TCP(Transmission Control Protocol)传输控制协议，在互联网协议族(Internet protocol suite)中，TCP 层是位于 IP 层之上、应用层之下的中间层。不同主机的应用层之间经常需要可靠的、像管道一样的连接，但是 IP 层不提供这样的流机制，而是提供不可靠的包交换。

应用层向 TCP 层发送网间传输的、8 位字节表示的数据流，然后 TCP 把数据流分区成适当长度的报文段[通常受该计算机连接的网络的数据链路层的最大传送单元(MTU)的限制]。TCP 把结果包传给 IP 层，由它通过网络将包传给接收端实体的 TCP 层。TCP 为了保证不丢包，给每个字节一个序号，同时序号也保证了传送到接收端实体的包的按序接收。然后接收端实体对已成功收到的字节发回一个相应的确认(ACK)；如果发送端实体在合理的往返时延(RTT)内未收到确认，那么对应的数据(假设丢失了)将会被重传。TCP用一个校验和函数(Checksum)来检验数据是否有错,在发送和接收时都要计算校验和。

a) TCP的传输连接管理:

TCP是面向连接的协议,提供透明、可靠的数据流传输。传输连接有三个阶段,即:连接建立、数据传送和连接释放。在TCP的连接建立过程中需要解决以下三个问题:

- 要使每一方能够确知对方的存在。
- 要允许双方协商一些参数(如最大报文段长度、最大窗口大小、服务质量等)。
- 能够对传输实体资源(如缓存大小、连接表中的项目等)进行分配。

b) 客户与服务器方式建立连接:

TCP的连接和建立都是采用客户服务器方式,主动发起连接建立的应用进程叫做客户(client);被动等待连接建立的应用进程叫做服务器(server)。如图3-4所示,主机A与主机B之间进行通信时首先创建TCP连接,当TCP连接创立之后双方保持一个虚拟连接通道。

TCP的连接是通过三次握手(three-way handshake)来创建连接的。

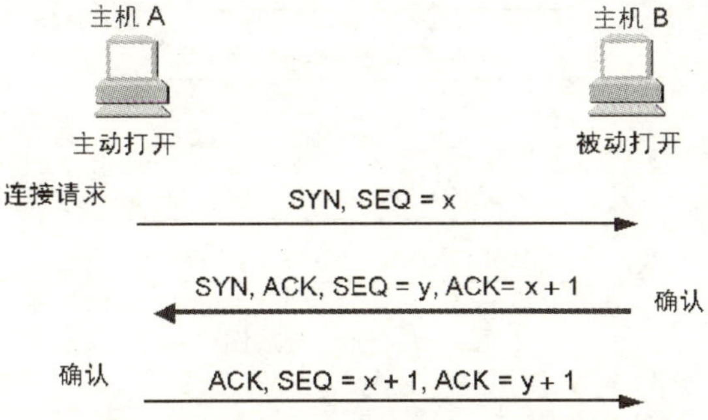

图3-4　三次握手

三次握手过程:

第一次握手:客户主机A的TCP向服务器主机B发出连接请求报文段,其首部中置同步比特SYN=1,并选择序号x,表明传送数据时的第一个数据字节的序号是x。

第二次握手:服务器主机B的TCP收到连接请求报文段后,如同意,则发回确认。服务器主机B在确认报文段中应置SYN=1,其确认号应为x+1,同时也为自己选择序号y。

第三次握手：客户主机 A 收到此报文段后，向服务器主机 B 给出确认，其确认号应为 y+1。

这时主机 A 的 TCP 通知上层应用进程，连接已经建立，当运行服务器进程的主机 B 的 TCP 收到主机 A 的确认后，也通知其上层应用进程，连接已经建立。这时主机 A 与主机 B 两端的 TCP 连接建立起来，接下来可以向应用层提供相应的传输服务和接口。

c) TCP 连接的释放

在数据传输结束后，通信的双方都可以发出释放连接的请求。TCP 连接释放采用双向释放过程。TCP 连接的释放是两个方向分别释放连接，每个方向上连接的释放，只终止本方向的数据传输。当一个方向的连接释放后，TCP 的连接就称为“半连接”或“半关闭”。当两个方向的连接都已释放，TCP 连接才完全释放。

d) TCP 连接释放的过程

TCP 连接的过程释放通过四次握手完成，如图 3-5 所示。

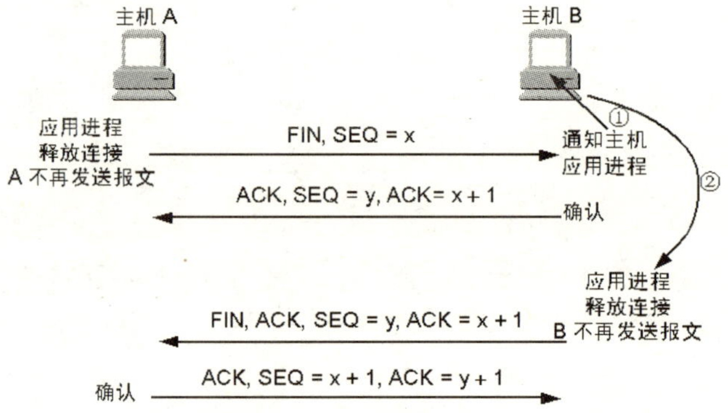

图 3-5　连接释放图

连接释放时的四次握手：

数据传输结束后，通信的双方都可释放连接，主机 A 应用进程先向其 TCP 发出连接释放报文段，并停止再发送数据，主动关闭 TCP 连接。

第一次握手：客户主机 A 发送 FIN=1，SEQ=X 给服务器主机 B。

说明：客户主机 A 把连接释放报文段首部的 FIN=1，其序号 SEQ=X，等待服务器主机 B 的确认。

第二次握手：服务器主机 B 发送 ACK=1，SEQ=Y，ACK=X+1 给客户主机 A。

说明：服务器主机 B 发出确认，确认号 ACK=X+1，而这个报文段自己的序号 SEA=Y。TCP 服务器主机 B 进程通知高层应用进程。到服务器主机B这个方向的连接就释放了,TCP连接处于半关闭状态。这时服务器主机B若发送数据,客户主机A仍要接收。

第三次握手:服务器主机B发送FIN=1,ACK=1,SEQ=Y,A=Y+1给客户主机A。

说明:若服务器主机B已经没有要向客户发送的数据,其应用进程就通知TCP释放连接。

第四次握手:客户主机A发送ACK=1,SEQ=X+1,ACK=Y+1给服务器主机B。

说明:客户主机A收到连接释放报文段后,必须发出确认。在确认报文段中ACK=1,确认号ACK=Y+1。自己的序号SEQ=X+1。随之服务器TCP关闭,而客户必须等待2MSL的时间,然后关闭数据传输从而终止。

e) TCP报文格式

TCP报文介绍:

源端口和目的端口字段——各占2字节。端口是传输层与应用层的服务接口。传输层的复用和分用功能都要通过端口才能实现。

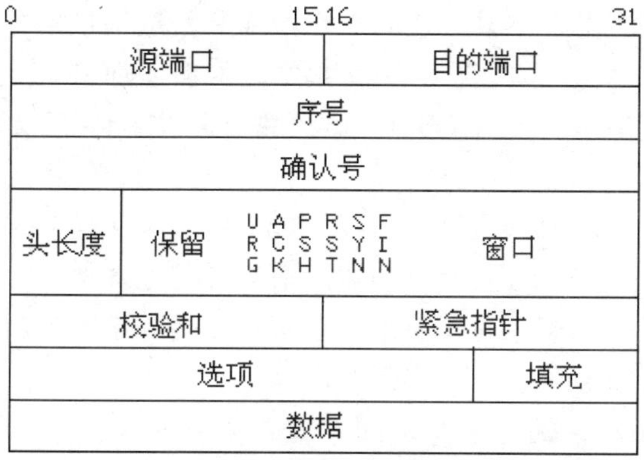

图3-6 TCP报文

序号字段——占4字节。TCP连接中传送的数据流中的每一个字节都编上一个序号。序号字段的值指的是本报文段所发送的数据的第一个字节的序号。

确认号字段——占4字节,是期望收到对方的下一个报文段的数据的第一个字节的序号。

数据偏移——占4bit,它指出TCP报文段的数据起始处距离TCP报文段的起始处有多远。“数据偏移”的单位不是字节而是32bit(4字节为计算单位)。

保留字段——占 6bit,保留为今后使用,但目前应置为 0。

紧急比特 URG——当 URG=1 时,表明紧急指针字段有效。它告诉系统此报文段中有紧急数据,应尽快传送(相当于高优先级的数据)。

确认比特 ACK——只有当 ACK=1 时确认号字段才有效。当 ACK=0 时,确认号无效。

复位比特 RST(Reset)——当 RST=1 时,表明 TCP 连接中出现严重差错(如由于主机崩溃或其他原因),必须释放连接,然后再重新建立运输连接。

同步比特 SYN——同步比特 SYN 置为 1,就表示这是一个连接请求或连接接受报文。

终止比特 FIN——用来释放一个连接。当 FIN=1 时,表明此报文段的发送端的数据已发送完毕,并要求释放运输连接。

窗口字段——占 2 字节。窗口字段用来控制对方发送的数据量,单位为字节。TCP 连接的一端根据设置的缓存空间大小确定自己的接收窗口大小,然后通知对方以确定对方的发送窗口的上限。

检验和——占 2 字节。检验和字段检验的范围包括首部和数据这两部分。在计算检验和时,要在 TCP 报文段的前面加上 12 字节的伪首部。

紧急指针字段——占 16bit。紧急指针指出在本报文段中的紧急数据的最后一个字节的序号。

选项字段——长度可变。TCP 首部可以有多达 40 字节的可选信息,用于把附加信息传递给终点,或用来对齐其他选项。

填充字段——这是为了使整个首部长度是 4 字节的整数倍。

TCP 数据传输不同于 UDP 之处

- 有序数据传输
- 重发丢失的分组
- 舍弃重复的分组
- 无错误数据传输
- 阻塞/流量控制
- 面向连接(确认有创建三方交握,连接已创建才作传输)

TCP 连接创建和连接的释放机制保证了与上层的连接,从而保证数据可靠传输。TCP 通过自身携带的 6 个指针可以对数据进行流量控制、数据分组校验、重传、紧急优先等,在网络通信、服务应用中成为可靠传输协议的标准。

2. UDP 协议

UDP 为用户数据报协议，它是一个不可靠的、无连接的协议，用于不需要 TCP 排序和流量控制能力而是自己完成这些功能的应用程序。UDP 协议基本上是 IP 协议与上层协议的接口。UDP 协议适用端口分别运行在同一台设备上的多个应用程序。它是面向非连接的协议，它不与对方建立连接，而是直接就把数据包发送过去。

UDP 适用于一次只传送少量数据、对可靠性要求不高的应用环境。比如，我们经常使用“ping”命令来测试两台主机之间 TCP/IP 通信是否正常，其实“ping”命令的原理就是向对方主机发送 UDP 数据包，然后对方主机确认收到数据包，如果数据包到达的消息及时反馈回来，那么网络就是通的。在默认状态下，一次“ping”操作发送 4 个数据包。大家可以看到，发送的数据包数量是 4 包，收到的也是 4 包(因为对方主机收到后会发回一个确认收到的数据包)。这充分说明了 UDP 协议是面向非连接的协议，没有建立连接的过程。正因为 UDP 协议没有连接的过程，所以它的通信效率高，但也正因为如此，它的可靠性不如 TCP 协议高。

UDP 与 TCP 位于同一层，但对于数据包的顺序错误或重发处理机制不同，是面向无连接的。因此，UDP 不被应用于那些使用虚电路的面向连接的服务，UDP 主要用于那些面向查询——应答的服务。

0　　　　　　　　15	16　　　　　　　　31
UDP源端口	UDP目的端口
长度	校验和
数据	
…………	

图 3-7　UDP 报文格式

UDP 协议结构

UDP 数据包的格式很简单，源端口和目标端口字段指定了两个 16 长的端口号，其中源端口字段是可选的。如果指定了该字段的值，该值表示相应的数据包应发往的端口号。如果不使用，应将其设为 0。长度字段表示整个 UDP 数据包的 8 位字数，包含 UDP 头部和数据部分。因此，该字段的值最小为 8。

UDP 协议的几个特性

(1) UDP 是一个无连接协议，在传输数据之前源端和终端不建立连接。当它想传送时就简单地去抓取来自应用程序的数据，并尽可能快地把它扔到网络上。在发送端，UDP 传送数据的速度受应用程序生成数据的速度、计算机的能力和传输带宽的限制；在接收端，UDP 把每个消息段放在队列中，应用程序每次从队列中读一个消息段。

(2) 由于传输数据不建立连接，因此也就不需要维护连接状态，包括收发状态等，因此一台服务机可同时向多个客户机传输相同的消息。

(3) UDP 信息包的标题很短，只有 8 个字节，相对于 TCP 的 20 个字节信息包的额外开销很小。

(4) 吞吐量不受拥挤控制算法的调节，只受应用软件生成数据的速率、传输带宽、源端和终端主机性能的限制。

(5) UDP 使用尽最大努力交付，即不保证可靠交付，因此主机不需要维持复杂的链接状态表(这里面有许多参数)。

(6) UDP 是面向报文的。发送方的 UDP 对应用程序交下来的报文，在添加首部后就向下交付给 IP 层。既不拆分，也不合并，而是保留这些报文的边界，因此，应用程序需要选择合适的报文大小。

虽然 UDP 是一个不可靠的协议，但它是分发信息的一个理想协议。例如，在屏幕上报告股票市场、在屏幕上显示航空信息等。UDP 也用在路由信息协议 RIP(Routing Information Protocol)中修改路由表。在这些应用场合下，如果有一个消息丢失，在几秒之后另一个新的消息就会替换它。UDP 广泛用在多媒体应用中，例如，Progressive Networks 公司开发的 RealAudio 软件，它是在互联网上把预先录制的或者现场音乐实时传送给客户机的一种软件。该软件使用的 RealAudio audio-on-demand protocol 协议就是运行在 UDP 之上的协议，大多数互联网电话软件产品也都运行在 UDP 之上。

TCP 协议和 UDP 协议的区别

1) TCP 协议面向连接，UDP 协议面向非连接

2) TCP 协议传输速度慢，UDP 协议传输速度快

3) TCP 协议保证数据顺序，UDP 协议不保证

4) TCP 协议保证数据正确性，UDP 协议可能丢包

5) TCP 协议对系统资源要求多，UDP 协议要求少

(二) 应用层协议

1. DNS

DNS 是计算机域名系统(Domain Name System)的缩写，DNS 属于应用层的协议，DNS 提供了将人类易于理解的主机名或域名转换为计算

机或网络可识别的数字地址的机制，从而使得互联网的广泛应用成为可能。我们上网时通常输入的是网址，其实这就是一个域名。而我们计算机网络上的计算机彼此之间只能用 IP 地址才能相互识别。例如我们要上新浪网，我们可以在 IE 的地址栏中输入网址，也可输入 IP 地址，但是 IP 地址我们很难记住，所以有了域名的说法，这样的域名便于我们记忆。

（1）域名

域名(Domain Name)通常是用户所在的主机名。域名格式是由若干部分组成，每个部分又称子域名，它们之间用“. ”分开，每个部分最少由两个字母或数字组成。域名通常按分层结构来构造，每个子域名都有其特定的含义。从右到左，子域名分别表示不同的国家或地区的名称(只有美国可以省略表示国家的顶级域名)、组织类型、组织名称、分组织名称和计算机名称等，www. example. com 即是一个域名的典型例子。

（2）域名系统的构成

Internet 中的域名地址与 IP 地址是等价的，它们之间通过域名系统 DNS 进行映射变换。实际上，DNS 系统是一种分布式地址信息数据库系统，采用客户机/服务器模式，服务器中包含整个数据库的某部分信息，并供客户查询。DNS 允许局部控制整个数据库的某些部分，但数据库的每一部分都可通过全网查询得到。

网络上的每台主机都有域名，指向主机相关信息，像 IP 地址等。主机也可以有一个或多个域的别名，它只是简单地从一个域名(别名)指向另一个域名(正式域名)。DNS 采用层次结构，其优点是各个组织在内部可以自由地选择域名，只要保证组织内的唯一性即可，而不必担心与其他组织内的域名相冲突。

域名系统采用的是客户机/服务器模式，由三部分构成：域名数据库、域名服务器和地址解析器。其功能如下：地址解析器是客户方，负责查询域名服务器、解释从服务器返回来的应答、将信息返回给请求方等工作；域名服务器(Domain Name Server)是服务器方，存储并管理着所管辖区域的域名数据库，负责接收来自于地址解析器的请求，按照请求类型，进行递归与非递归查询。同时将查询结果返回给地址解析器(网络中的每台主机既可作为客户方，也可作为服务器方)；域名数据库是一个大型的分布在整个网络上的分布式数据库，存储了按层次管理的相关的数据和与该域相关的区域和资源记录(RRS)，以供域名服务器查询使用。域名系统的构成如图 3-8 所示。

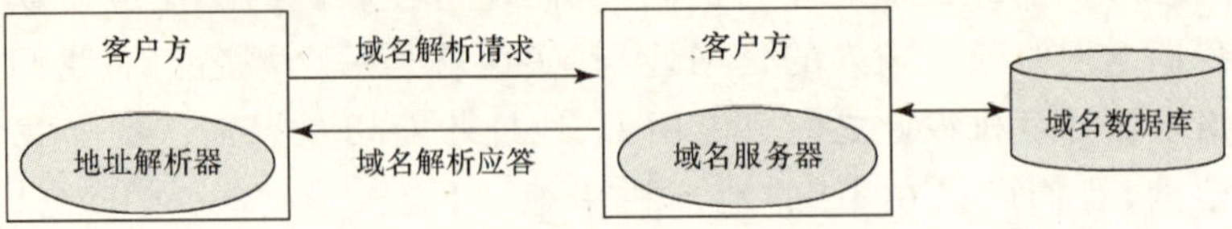

图 3-8　DNS 结构

域名地址解析

当某个主机请求获得域名 payroll. h2. Exam2. com 的 IP 地址时，其地址解析程序首先从树的根节点获得域. com 的域名信息，然后从. com 的域名服务器获得其管辖下的子区域 Exam2. com 的域名信息，这样逐级向下进行查询，直到到达 payroll. h2. Exam2. com 子区域的域名服务器，并从中获得其相应的 IP 地址，并反馈给地址解析程序。

递归查询与非递归查询

一个单一的域名服务器无法对每一个域名查询进行完整的回答，但是它可以对查询路径作出准确的响应。当一个域名服务器存储了一个域名查询所请求域的所有授权信息，它可以直接给出需要的查询结果，否则，它必须给出具有所需信息的最近的域名服务器，以便继续查询。一旦查询到具有目标域名信息的域名服务器，该域名服务器自动将目标地址信息发送到请求方。否则该域名服务器继续向请求方推荐另一个更接近目标的域名服务器，上述过程一直持续到请求方得到正确的结果或在使用授权信息访问某个域名服务器时出现错误为止，这种查询过程可能会反复多次。

1）递归查询

所谓递归查询是指接收请求的第一个域名服务器必须自始至终对请求进行处理，或向其他域名服务器进行请求且最终获得授权数据，并对请求进行应答。采用递归查询时，当所请求的域名信息在自身缓冲区时，域名服务器直接返回缓冲数据。

2）非递归查询

所谓非递归查询是指接收请求的第一个域名服务器可以返回可靠数据(本身有时)，也可以返回指向其他服务器的指针(相当于将查询的接力棒传给了最接近的域名服务器)。

主机的地址解析程序在查询时可以指定是否用递归还是非递归查询方式。非递归查询方式与递归查询方式相比响应速度快。

2. DHCP

1) BOOTP 协议

BOOTP 即引导程序协议(BOOTstrap Protocol),只有一个数据库,物理地址和 IP 地址需要管理员手动绑定,是静态配置协议。当客户请求其 IP 地址时,BOOTP 服务器查找一个表,寻找客户 IP 地址与其物理地址的匹配。BOOTP 协议的缺点是 IP 地址和物理地址的映射表需要人工配置。这就表示一旦物理地址或 IP 地址发生变化,管理员必须进行人工改动。DHCP(动态主机配置协议)是从 BOOTP 协议发展而来的用于自动分配客户端计算机 IP 地址的一种标准协议,在 RFC-2131 中进行定义。Windows 服务器操作系统中,均包含 DHCP 服务器组件。

2) DHCP 协议

动态主机配置协议(Dynamic Host Configuration Protocol)属于应用层,是基于 BOOTP 的,BOOTP 和 RARP 类似,是用于相对静态的环境,其中每个主机都有一个永久的网络连接。管理人员创建一个 BOOTP 配置文件来定义每个主机的 BOOTP 参数。在计算机经常移动和实际计算机数目超过了可获得的 IP 主机地址时,这种只提供从主机标识到主机参数的静态映射就不适用了。为此制订了 DHCP,它加入了自动分配可再利用的地址和附加的配置选项的能力。DHCP 从两个方式上扩充了 BOOTP:第一,DHCP 可使计算机用一个消息获取它所需要的所有配置信息,即传送配置信息的协议;第二,DHCP 允许计算机快速、动态地获取 IP 地址,即动态分配 IP 地址的机制。

DHCP 建立在 client-server 模型上。其中指定的 DHCP server 分配网络地址并向动态配置的主机传送配置参数。只有当系统管理员明确地配置主机作为 DHCP 服务器时,主机才能作为服务器来工作。

DHCP 支持三种类型的地址分配:自动分配方式中 DHCP 给主机指定一个永久的 IP 地址;动态分配方式中 DHCP 给主机指定一个有时间限制的 IP 地址,到时间或主机明确表示放弃这个地址时,这个地址可以被其他的主机使用;手工分配方式中主机的 IP 地址是由网络管理员指定的,DHCP 只是把指定的 IP 地址告诉主机。在这三种方式中,只有动态分配的方式可以对已经分配给主机但现在此主机已经不用的 IP 地址重新加以利用。这样,在给一台临时连入网络的主机分配地址或者在一组不需要永久的 IP 地址的主机中共享一组有限的 IP 地址时,动态分配显得特别有用。当一台新主机要永久地接入一个网络时,而网络的 IP 地址非常有限，为了将来这台主机被淘汰时能回收 IP 地址，这种情况下动态分配也是一个很好的选择。

DHCP 的消息格式是建立在 BOOTP 消息格式上的，这样可以利用 BOOTP 的中继代理功能来避免在每个物理网络都建立一个 DHCP server，同时还允许现有的 BOOTP client 使用 DHCP server。

DHCP 协议的工作过程

首先，DHCP 客户端发送 DHCP DISCOVER 消息（IP 地址租用申请）。这个消息是通过广播方式发送出去的，所有网络中的 DHCP 服务器都将接收到这个消息。

随后，网络中的 DHCP 服务器会回应一个 DHCPOFFER 消息（IP 地址租用提供）。由于这个时候客户端还没有网络地址，所以 DHCPOFFER 也是通过广播的方式发送出去的。需要注意的是，由于网络中可能存在不止一台的 DHCP 服务器，所以，如果不考虑网络丢包的话，客户端将接收到不止一条的 DHCPOFFER 消息。那么客户端会选择它接收到的第一条 DHCPOFFER 作为获取配置的服务器。

然后，向该服务器发送 DHCPREQUEST 消息。虽然目前客户端已经明确知道选择的 DHCP 服务器的地址所在，但仍将采用广播的方式发送 DHCPREQUEST 消息，这样做不仅可以通知选中的服务器向客户端分配 IP 地址，同时也可以通知其他没有选中的 DHCP 服务器不需要再响应它的请求。在 DHCPREQUEST 消息中将包含客户端申请的 IP 地址。

最后，DHCP 服务器将回送 DHCPACK 的响应消息来通知客户端可以使用该 IP 地址。该确认里面包含了分配的 IP 地址和该地址的一个稳定期限的租约（默认是 8 天），并同时更新 DHCP 数据库。

当租约过了一半时（即 4 天），客户端将和设置它的 TCP/IP 配置的 DHCP 服务器更新租约。当租约过了 85.7%时，如果客户端仍然无法与当初的 DHCP 服务器联系上，他将与其他 DHCP 服务器通信，如果网络中再没有任何 DHCP 服务器在运行时，该客户端停止使用该 IP 地址，并重新发送一个 DHCPDISCOVER 消息，再一次重复整个过程。

DHCP 工作时要求客户机和服务器进行交互，由客户端通过广播向服务器发起申请 IP 地址的请求，然后由服务器分配一个 IP 地址以及其他的 TCP/IP 设置信息。DHCPACK 整个工作过程如图 3-9 所示，可以分为以下步骤：

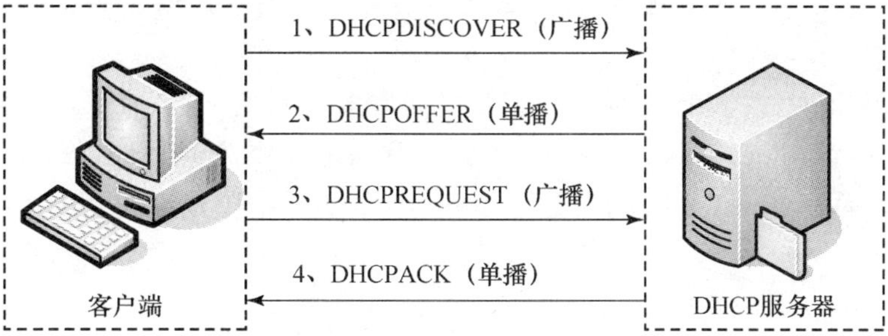

图 3-9　DHCP 报文交互

（A）IP 地址租用申请（DHCPDISCOVER）：DHCP 客户机通过 UDP68 端口发送 DHCPDISCOVER 广播信息来查找 DHCP 服务器。网络上每一台安装了 TCP/IP 协议的主机都会接收到这种广播信息，但只有 DHCP 服务器才会做出响应。DHCP 客户机发送的 DHCPDISCOVER 数据包的源地址是 0.0.0.0，目标地址是 255.255.255.255。

（B）IP 地址租用提供（DHCPOFFER）：当网络中的 DHCP 服务器接收到 DHCPDISCOVER 广播时，将确定是否可以用自己的数据库来为该请求提供服务。如果可以为该请求提供服务，DHCP 服务器就从尚未出租的 IP 地址范围中选择最前面的空置 IP，连同其他 TCP/IP 设定，通过 UDP67 端口以单播 DHCPOFFER 的形式为客户端提供 IP 配置信息。可能有多台 DHCP 服务器收到 DHCPDISCOVER 广播，并且向 DHCP 客户端响应 DHCPOFFER。客户接收到的 DHCPOFFER 数据包中包含客户的 MAC 地址，后面跟着服务器能提供的 IP 地址、子网掩码、租约期限以及 DHCP 服务器的 IP 地址。

（C）IP 地址租用选择（DHCPREQUEST）：DHCP 客户端通常是接收第一个收到的 DHCPOFFER 所提供的信息，并且会向网络发送一个 DHCPREQUEST 广播风暴，告诉所有 DHCP 服务器它将接收哪一台服务器提供的 IP 地址。

（D）IP 地址租用确认（DHCPACK）：当 DHCP 服务器收到 DHCPREQUEST 信息之后，便向 DHCP 客户端发送一个单播的 DHCPACK 信息，以确认 IP 租约的正式生效。然后 DHCP 客户端便将其 TCP/IP 协议与网卡绑定。

FTP 连接

FTP 客户端和服务器端的 FTP 程序通过 TCP20 和 21 端口建立连

接，一个用于传输控制信息（控制连接），另一个用于传输文件数据（数据连接）。

FTP 通过控制连接，客户端可以向服务器发送 FTP 命令，根据登录用户的权限，获取一定的信息，控制管理一定的服务器文件。FTP 控制连接默认通过 TCP21 端口建立。FTP 的控制连接建立过程如图 3-10 所示。

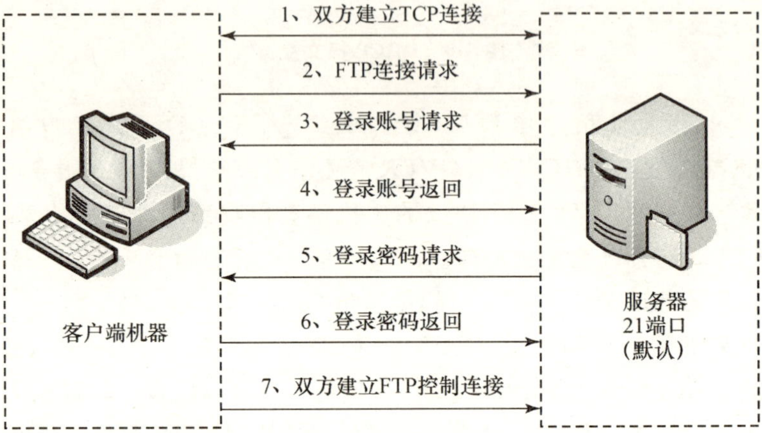

图 3-10　FTP 控制连接建立过程

客户端通过任意端口向 FTP 服务器 TCP 21 端口发送连接请求，服务器确认后，双方便建立一个 TCP 连接。

1）客户端向 FTP 服务器发送登录请求。

2）FTP 服务器接收到请求后，向客户端要求登录账号。

3）客户端向 FTP 服务器返回登录账号。

4）FTP 服务器验证登录账号（正确）后，向客户端要登录密码。

5）客户端向 FTP 服务器返回登录密码。

6）FTP 服务器验证登录密码（正确）后，上方建立 FTP 的控制连接。

7）FTP 在控制连接的基础上建立数据连接，每当客户端需要下载或上传文件时就建立数据连接。FTP 的数据连接有两种模式：一种是主动模式（PORT）；另一种是被动模式（PASV）。

主动模式（PORT）

主动模式（PORT）的工作方式如图 3-11 所示。

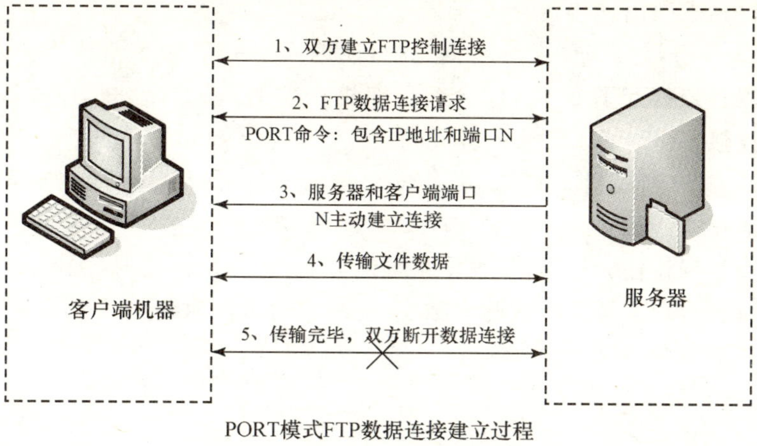

图 3-11　主动模式连接过程

1）客户端软件向 FTP 服务器的 TCP 20 端口发送一个 PORT 命令，请求建立数据连接。PORT 命令包含了客户端的 IP 地址和使用端口，告诉了服务器“X. X. X. X”的客户机打开 N 端口，请求数据连接。

2）服务器接到请求后准备完毕，便通过 PORT 命令中的 IP 地址和端口主动与客户端建立数据连接。

被动模式(PASV)

被动模式(PASV)的工作方式如图 3-12 所示。

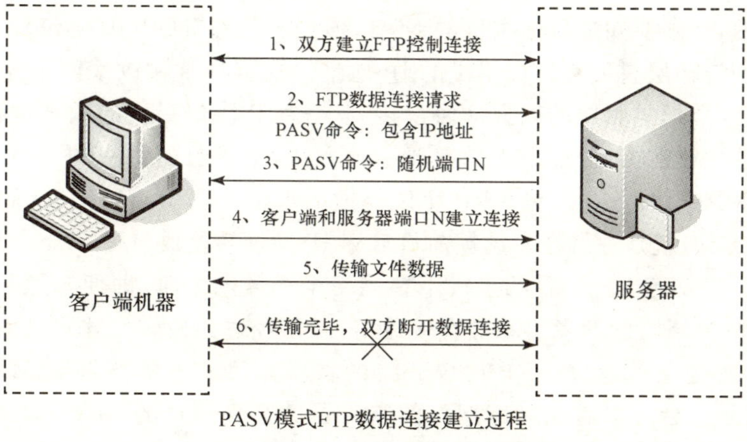

图 3-12　被动模式连接过程

1）客户端软件向 FTP 服务器的 TCP 20 端口发送一个 PASV 命令，请求建立数据连接。PASV 命令只是简单地告诉服务器“X. X. X. X”的客户机请求数据连接。

2）服务器接到请求后准备完毕，便返回 PASV 命令给该客户端，本服务器已经打开了 N 端口，一般是随机产生的，比如（1389、1390），允许你的连接。

3）客户端接到 PASV 应答之后，自己通过 PASV 中的端口号 N 与服务器建立连接。

当数据传输完毕，数据发送端便断开数据连接，但此时控制连接仍然存在着。客户端可以再次建立数据连接，也可以同时建立几个数据连接，用户传输不同的文件。

（三）网络层协议

1. ARP

ARP，即地址解析协议，实现通过 IP 地址得知其物理地址。在 TCP/IP 网络环境下，每个主机都分配了一个 32 位的 IP 地址，这种互联网地址是在网际范围标识主机的一种逻辑地址。为了让报文在物理网路上传送，必须知道对方目的主机的物理地址。这样就存在把 IP 地址变换成物理地址的地址转换问题。以以太网环境为例，为了正确地向目的主机传送报文，必须把目的主机的 32 位 IP 地址转换成为 48 位以太网的地址。这就需要在互联层有一组服务将 IP 地址转换为相应物理地址，这组协议就是 ARP 协议。

在以太网协议中，同一局域网中的一台主机要和另一台主机进行直接通信，必须要知道目标主机的 MAC 地址。而在 TCP/IP 协议栈中，网络层和传输层只关心目标主机的 IP 地址。这就导致在以太网中使用 IP 协议时，数据链路层的以太网协议接到上层 IP 协议提供的数据中，只包含目的主机的 IP 地址。于是需要一种方法，根据目的主机的 IP 地址获得其 MAC 地址，这就是 ARP 协议要做的事情。所谓地址解析（address resolution）就是主机在发送帧前将目标 IP 地址转换成目标 MAC 地址的过程。当发送主机和目的主机不在同一个局域网中时，即便知道目的主机的 MAC 地址，两者也不能直接通信，必须经过路由转发才可以。所以此时，发送主机通过 ARP 协议获得的将不是目的主机的真实 MAC 地址，而是一台可以通往局域网外的路由器的某个端口的 MAC 地址。于是此后发送主机发往目的主机的所有帧，都将发往该路由器，通过它向外发送。这种情况称为 ARP 代理（ARP Proxy）。

在每台安装有 TCP/IP 协议的电脑里都有一个 ARP 缓存表，表里的 IP 地址与 MAC 地址是一一对应的。

ARP 工作原理

如图 3-13 所示，以主机 A(192.168.1.5)向主机 B(192.168.1.1)发送数据为例。发送数据时，主机 A 会在自己的 ARP 缓存表中寻找是否有目标 IP 地址。如果找到了，也就知道了目标 MAC 地址，直接把目标 MAC 地址写入帧里面发送就可以了；如果在 ARP 缓存表中没有找到目标 IP 地址，主机 A 就会在网络上发送一个广播，A 主机 MAC 地址是'主机 A 的 MAC 地址'，这表示向同一网段内的所有主机发出这样的询问："我是 192.168.1.5，我的硬件地址是'主机 A 的 MAC 地址'。请问 IP 地址为 192.168.1.1 的 MAC 地址是什么?"网络上其他主机并不响应 ARP 询问，只有主机 B 接收到这个帧时，才向主机 A 做出这样的回应："192.168.1.1 的 MAC 地址是 00-aa-00-62-c6-09"。这样，主机 A 就知道了主机 B 的 MAC 地址，它就可以向主机 B 发送信息了。同时 A 和 B 还同时都更新了自己的 ARP 缓存表(因为 A 在询问的时候把自己的 IP 和 MAC 地址一起告诉了 B)，下次 A 再向主机 B 或者 B 向 A 发送信息时，直接从各自的 ARP 缓存表里查找就可以了。ARP 缓存表采用了老化机制(即设置了生存时间 TTL)。在一段时间内(一般 15 到 20 分钟)如果表中的某一行没有使用，就会被删除，这样可以大大减少 ARP 缓存表的长度，加快查询速度。

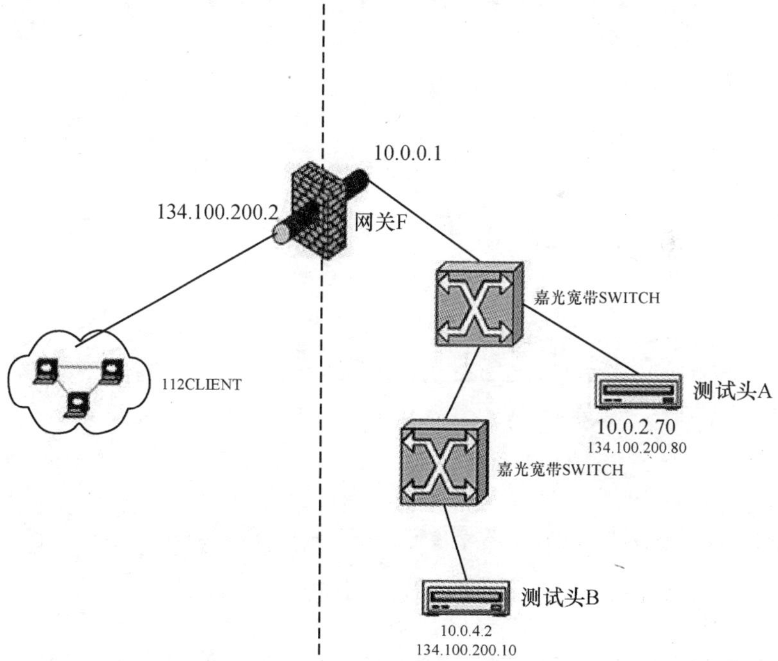

图 3-13　ARP 示例拓扑

RARP 的工作原理

1）发送主机发送一个本地的 RARP 广播，在此广播包中，声明自己的 MAC 地址并且请求任何收到此请求的 RARP 服务器分配一个 IP 地址；

2）本地网段上的 RARP 服务器收到此请求后，检查其 RARP 列表，查找该 MAC 地址对应的 IP 地址；

3）如果存在，RARP 服务器就给源主机发送一个响应数据包并将此 IP 地址提供给对方主机使用；

4）如果不存在，RARP 服务器对此不做任何的响应；

5）源主机收到从 RARP 服务器的响应信息，就利用得到的 IP 地址进行通信；如果一直没有收到 RARP 服务器的响应信息，表示初始化失败。

2. ICMP

ICMP 是（Internet Control Message Protocol）Internet 控制报文协议。它是 TCP/IP 协议族的一个子协议，用于在 IP 主机、路由器之间传递控制消息。控制消息是指网络通不通、主机是否可达、路由是否可用等网络本身的消息。这些控制消息虽然并不传输用户数据，但是对于用户数据的传递起着重要的作用。ICMP 协议用来探测并报告 IP 数据包传输中产生的各种错误。

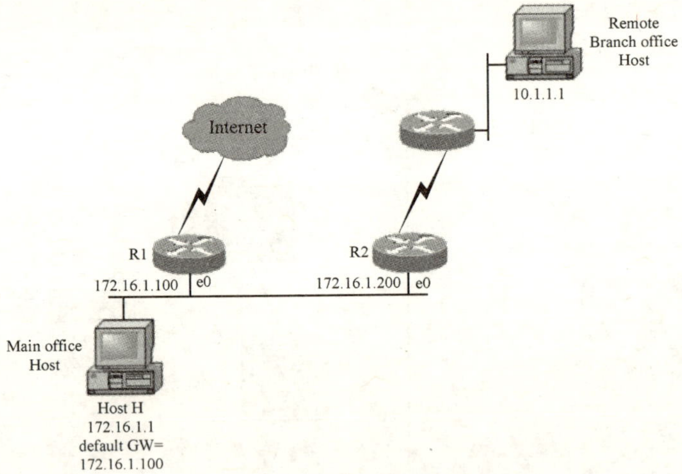

图 3-14　ICMP 示例拓扑

ICMP 协议是一种面向无连接的协议，用于传输出错报告控制信息。它是一个非常重要的协议，它对于网络安全具有极其重要的意义。它是

TCP/IP 协议族的一个子协议，属于网络层协议，主要用于在主机与路由器之间传递控制信息，包括报告错误、交换受限控制和状态信息等。当遇到 IP 数据无法访问目标、IP 路由器无法按当前的传输速率转发数据包等情况时，会自动发送 ICMP 消息。

ICMP 原理

ICMP 提供一致易懂的出错报告信息。发送的出错报文返回到发送原数据的设备，因为只有发送设备才是出错报文的逻辑接受者。发送设备随后可根据 ICMP 报文确定发生错误的类型，并确定如何才能更好地重发失败的数据包。但是 ICMP 唯一的功能是报告问题而不是纠正错误。纠正错误的任务由发送方完成。

如图 3-14 所示。IP 是 10.0.0.1 的主机向 IP 是 172.16.1.1 的主机发送一个 IP 数据包，路由器 R2 发现无法将该数据包转发到 IP 是 172.16.1.1 的主机。通过 R2 接收到的数据包提取的信息，R2 知道数据包的源地址和目标地址，但它无法知道该数据包到达本路由器时途中经过了哪些其他的路由器。因此 R2 只能将出错消息发送给数据包的源地址为 10.0.0.1 的主机，并通知无法转发数据。

ICMP 协议就是这样一种能让我们对网络进行调试的报错机制，它能让发现错误的路由器向数据包的源站发送一个出错消息，报告出错原因，这样源站就可以根据不同的错误采取相应的措施进行处理。需要指出的是，ICMP 的错误报告只能通知出错数据包的源主机，而无法通知从源主机到出错路由器途中的所有路由器。

在网络中经常会使用到 ICMP 协议，比如经常使用的用于检查网络通不通的 Ping 命令。这个“Ping”的过程实际上就是 ICMP 协议工作的过程。还有其他的网络命令如跟踪路由的 Tracert 命令也是基于 ICMP 协议的。

四、虚拟局域网

(一) VLAN 的概念

VLAN(Virtual Local Area Network)的中文名为“虚拟局域网”。VLAN 是一种将局域网设备从逻辑上划分成一个个网段，从而实现虚拟工作组的新兴数据交换技术。这一新兴技术主要应用于交换机和路由器中，但主流应用还是在交换机之中。但又不是所有交换机都具有此功能，只有 VLAN 协议的第三层以上交换机才具有此功能，这一点可以查看相应交换机的说明书即可得知。IEEE 于 1999 年颁布了用以标准化

VLAN 实现方案的 802.1Q 协议标准草案。VLAN 技术的出现，使得管理员根据实际应用需求，把同一物理局域网内的不同用户逻辑地划分成不同的广播域，每一个 VLAN 都包含一组有着相同需求的计算机工作站，与物理上形成的 LAN 有着相同的属性。由于它是从逻辑上划分，而不是从物理上划分，所以同一个 VLAN 内的各个工作站没有限制在同一个物理范围中，即这些工作站可以在不同物理 LAN 网段。由 VLAN 的特点可知，一个 VLAN 内部的广播和单播流量都不会转发到其他 VLAN 中，从而有助于控制流量、减少设备投资、简化网络管理、提高网络的安全性。

交换技术的发展，也加快了新的交换技术(VLAN)的应用速度。通过将企业网络划分为虚拟网络 VLAN 网段，可以强化网络管理和网络安全，控制不必要的数据广播。在共享网络中，一个物理的网段就是一个广播域。而在交换网络中，广播域可以是由一组任意选定的第二层网络地址(MAC 地址)组成的虚拟网段。这样，网络中工作组的划分可以突破共享网络中的地理位置限制，而完全根据管理功能来划分。这种基于工作流的分组模式，大大提高了网络规划和重组的管理功能。在同一个 VLAN 中的工作站，不论它们实际与哪个交换机连接，它们之间的通信就好像在独立的交换机上一样。同一个 VLAN 中的广播只有 VLAN 中的成员才能听到，而不会传输到其他的 VLAN 中去，这样可以很好地控制不必要的广播风暴的产生。同时，若没有路由的话，不同 VLAN 之间不能相互通信，这样增加了企业网络中不同部门之间的安全性。网络管理员可以通过配置 VLAN 之间的路由来全面管理企业内部不同管理单元之间的信息互访。交换机是根据用户工作站的 MAC 地址来划分 VLAN 的。所以，用户可以自由地在企业网络中移动办公，不论他在何处接入交换网络，他都可以与 VLAN 内其他用户自如通信。

VLAN 网络可以是由混合的网络类型设备组成，比如：10 M 以太网、100 M 以太网、令牌网、FDDI、CDDI 等，可以是工作站、服务器、集线器、网络上行主干等。

VLAN 除了能将网络划分为多个广播域，从而有效地控制广播风暴的发生，以及使网络的拓扑结构变得非常灵活外，还可以用于控制网络中不同部门、不同站点之间的互相访问。VLAN 是为解决以太网的广播问题和安全性而提出的一种协议，它在以太网帧的基础上增加了 VLAN 头，用 VLAN ID 把用户划分为更小的工作组，限制不同工作组间的用户互访，每个工作组就是一个虚拟局域网。虚拟局域网的好处是可以限制广播范围,并能够形成虚拟工作组,动态管理网络。

（二）VLAN 的目的

VLAN 技术的出现,主要为了解决交换机在进行局域网互联时无法限制广播的问题。这种技术可以把一个 LAN 划分成多个逻辑的 LAN——VLAN,每个 VLAN 是一个广播域,VLAN 内的主机间通信就和在一个 LAN 内一样,而 VLAN 间则不能直接互通,这样,广播报文被限制在一个 VLAN 内。

（三）VLAN 的特点

1. 限制网络上的广播。VLAN 可以提供建立防火墙的机制,防止交换网络的过量广播。使用 VLAN,可以将某个交换端口或用户赋予某一个特定的 VLAN 组,该 VLAN 组可以在一个交换网中或跨接多个交换机,在一个 VLAN 中的广播不会送到 VLAN 之外。同样,相邻的端口不会收到其他 VLAN 产生的广播。这样可以减少广播流量,释放带宽给用户应用,减少广播的产生。

2. 增强局域网的安全性。不同 VLAN 内的报文在传输时是相互隔离的,即一个 VLAN 内的用户不能和其他 VLAN 内的用户直接通信,如果不同 VLAN 要进行通信,则需要通过路由器或三层交换机等三层设备。

3. 增加了网络连接的灵活性。借助 VLAN 技术,能将不同地点、不同网络、不同用户组合在一起,形成一个虚拟的网络环境,就像使用本地 LAN 一样方便、灵活、有效。VLAN 可以降低移动或变更工作站地理位置的管理费用,特别是一些业务情况有经常性变动的公司使用了 VLAN 后,这部分管理费用大大降低。

4. VLAN 是在数据链路层的,划分子网是在网络层的,所以不同子网之间的 VLAN 即使是同名也不可以相互通信。

（四）组建 VLAN 的条件

VLAN 是建立在物理网络基础上的一种逻辑子网,因此建立 VLAN 需要相应的支持 VLAN 技术的网络设备。当网络中的不同 VLAN 间进行相互通信时,需要路由的支持,这时就需要增加路由设备,要实现路由功能,既可采用路由器,也可采用三层交换机来完成。同时还严格限制了用户数量。

（五）VLAN 的划分

1. 根据端口来划分 VLAN

许多 VLAN 厂商都利用交换机的端口来划分 VLAN 成员。被设定的端口都在同一个广播域中。例如，一个交换机的1、2、3、4、5端口被定义为虚拟网AAA，同一交换机的6、7、8端口组成虚拟网BBB。这样做允许各端口之间的通信，并允许共享型网络的升级。但是，这种划分模式将虚拟网限制在了一台交换机上。

第二代端口VLAN技术允许跨越多个交换机的多个不同端口划分VLAN，不同交换机上的若干个端口可以组成同一个虚拟网。

以交换机端口来划分网络成员，其配置过程简单明了。因此，从目前来看，这种根据端口来划分VLAN的方式仍然是最常用的一种方式。

2. 根据MAC地址划分VLAN

这种划分VLAN的方法是根据每个主机的MAC地址来划分，即对每个MAC地址的主机都配置它属于哪个组。这种划分VLAN方法的最大优点就是当用户物理位置移动时，即从一个交换机换到其他的交换机时，VLAN不用重新配置，所以，可以认为这种根据MAC地址的划分方法是基于用户的VLAN。这种方法的缺点是初始化时，所有的用户都必须进行配置，如果有几百个甚至上千个用户的话，配置是非常累的。而且这种划分的方法也导致了交换机执行效率的降低，因为在每一个交换机的端口都可能存在很多个VLAN组的成员，这样就无法限制广播包了。另外，对于使用笔记本电脑的用户来说，他们的网卡可能经常更换，这样，VLAN就必须不停地配置。

3. 根据网络层划分VLAN

这种划分VLAN的方法是根据每个主机的网络层地址或协议类型(如果支持多协议)划分的，虽然这种划分方法是根据网络地址，比如IP地址，但它不是路由，与网络层的路由毫无关系。

这种方法的优点是用户的物理位置改变了，不需要重新配置所属的VLAN，而且可以根据协议类型来划分VLAN，这对网络管理者来说很重要，还有，这种方法不需要附加的帧标签来识别VLAN，这样可以减少网络的通信量。

这种方法的缺点是效率低，因为检查每一个数据包的网络层地址是需要消耗处理时间的(相对于前面两种方法)。一般的交换机芯片都可以自动检查网络上数据包的以太网帧头，但要让芯片能检查IP帧头，需要更高的技术，同时也更费时。当然，这与各个厂商的实现方法有关。

4. 根据IP组播划分VLAN

IP组播实际上也是一种VLAN的定义，即认为一个组播组就是一个VLAN。这种划分的方法将VLAN扩大到了广域网，因此这种方法具有更大的灵活性，而且也很容易通过路由器进行扩展，当然这种方法不适合局域网，主要是效率不高。

5. 基于规则的 VLAN

也称为基于策略的 VLAN。这是最灵活的 VLAN 划分方法，具有自动配置的能力，能够把相关的用户连成一体，在逻辑划分上称为“关系网络”。网络管理员只需在网管软件中确定划分 VLAN 的规则(或属性)，那么当一个站点加入网络中时，将会被“感知”，并被自动地包含进正确的 VLAN 中。同时，对站点的移动和改变也可自动识别和跟踪。

采用这种方法，整个网络可以非常方便地通过路由器扩展网络规模。有的产品还支持一个端口上的主机分别属于不同的 VLAN，这在交换机与共享式 Hub 共存的环境中显得尤为重要。自动配置 VLAN 时，交换机中软件自动检查进入交换机端口的广播信息的 IP 源地址，然后软件自动将这个端口分配给一个由 IP 子网映射成的 VLAN。

6. 按用户定义、非用户授权划分 VLAN

基于用户定义、非用户授权来划分 VLAN，是指为了适应特别的 VLAN 网络，根据具体的网络用户的特别要求来定义和设计 VLAN，而且可以让非 VLAN 群体用户访问 VLAN，但是需要提供用户密码，在得到 VLAN 管理的认证后才可以加入一个 VLAN。

以上划分 VLAN 的方式中，基于端口的 VLAN 端口方式建立在物理层上；MAC 方式建立在数据链路层上；网络层和 IP 广播方式建立在第三层上。

（六）VLAN 的标准

在 1996 年 3 月，IEEE802.1Internetworking 委员会结束了对 VLAN 初期标准的修订工作。新出台的标准进一步完善了 VLAN 的体系结构，统一了 Fram-eTagging 方式中不同厂商的标签格式，并制定了 VLAN 标准在未来一段时间内的发展方向，形成的 802.1Q 的标准在业界获得了广泛的推广。它成为 VLAN 史上的一块里程碑。802.1Q 的出现打破了虚拟网依赖于单一厂商的僵局，从一个侧面推动了 VLAN 的迅速发展。另外，来自市场的压力使各大网络厂商立刻将新标准融合到他们各自的产品中。当然还有一些公司制定了自己标准，但在网络常常需要与多厂商设备进行互联互通，这就不得不需要考虑设备间的兼容性，因此常用的标准仍旧是 802.1Q。

（七）划分 VLAN 的基本策略

从技术角度讲，VLAN 的划分可依据不同原则，一般有以下三种划分方法：

1. 基于端口的 VLAN 划分

这种划分是把一个或多个交换机上的几个端口划分一个逻辑组，这是最简单、最有效的划分方法。该方法只需网络管理员对网络设备的交换端口进行重新分配即可，不用考虑该端口所连接的设备。

2. 基于 MAC 地址的 VLAN 划分

MAC 地址其实就是指网卡的标识符，每一块网卡的 MAC 地址都是唯一且固化在网卡上的。MAC 地址由 12 位 16 进制数表示，前 6 位为网卡的厂商标识(OUI)，后 6 位为网卡标识(NIC)。网络管理员可按 MAC 地址把一些站点划分为一个逻辑子网。

3. 基于路由的 VLAN 划分

路由协议工作在网络层，相应的工作设备有路由器和路由交换机(即三层交换机)。该方式允许一个 VLAN 跨越多个交换机，或一个端口位于多个 VLAN 中。

就目前来说，对于 VLAN 的划分主要采取上述 1、3 方式，第 2 种方式为辅助性的方案。

五、IP 地址与子网划分

(一) IP 地址概述

IP 的主要任务是支持互联网络间的寻址和分组转发。一个互联网络由路由器连接的多个网络所组成，如图 3-15 所示，子网络 A 和子网络 B 连接在一起组成了互联网络 AB。

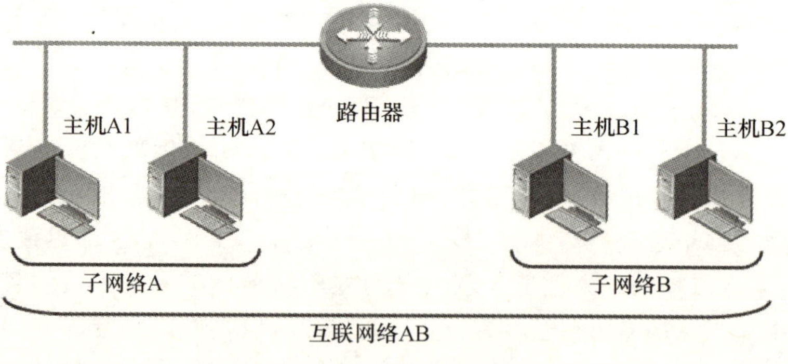

图 3-15 IP 地址示例拓扑

在这个互联网络中，每台计算机都必须要有一个唯一的地址。IP 通过分层次的寻址方案提供了该地址。IP 地址是一个唯一性的数字，它包含有两部分：网络地址和主机地址。例如，子网络 A 和子网络 B 标识了不同的子网，而 A1、A2 和 B1、B2 标识了子网内的主机。网络地址用于在互相连接的网络间转发分组，路由器查找该地址，并沿着去向目的网络的某个路径转发分组。分组到达目的网络后，由 IP 地址的主机部分识别目的主机。

路由器将各个不同的网络互相连接起来。每个网络都有它自己的 IP 网络地址，当数据分组到达路由器时，它确定一条转发数据分组的最佳路径（即使用哪个端口转发数据包）。但是，路由器一般只需要确定通向目的地的最佳下一跳，而不是到达目的地的完整路径。就像问路一样，在一个十字路口，有人告诉你一个正确的方向，在下一个十字路口，另一个人也告诉你正确的方向，最终就可以到达目的地，这期间并不是一开始就知道正确的路径。在这里需要注意的是，IP 提供的数据报传送服务是不可靠和无连接的。

不可靠（unreliable）的意思是它不能保证 IP 数据报能成功地到达目的地。IP 仅提供最好的传输服务。如果发生某种错误时，如某个路由器暂时用完了缓冲区，IP 有一个简单的错误处理算法：丢弃该数据报，然后发送 ICMP 消息报给信源端。任何要求的可靠性必须由上层来提供（如 TCP）。

无连接（connectionless）这个术语的意思是 IP 并不维护任何关于后续数据报的状态信息。每个数据报的处理是相互独立的。这也说明，IP 数据报可以不按发送顺序接收。如果一信源向相同的信宿发送两个连续的数据报（先是 A，然后是 B），每个数据报都是独立地进行路由选择，可能选择不同的路线，因此 B 可能在 A 到达之前先到达。

（二）IP 地址分类

当我们把整个互联网看成一个单一的、抽象的网络时，IP 地址就是给连接到互联网上的每一台主机分配一个全世界范围内唯一的 32 位的标识符。IP 地址现在由互联网名字与号码指派公司 ICANN（Internet Corporation for Assigned Names and Numbers）进行分配。

在主机或路由器中存放的 IP 地址都是 32 位的二进制代码。它包含了两个独立的信息段：网络号（net-id）和主机号（host-id）。网络号用来标识主机或路由器所连接到的网络，主机号用来标识该主机或路由器。

为了提高可读性，我们常常将 32 位的 IP 地址中的每 8 位用其等效的十进制数字表示，并且在这些数字之间加上一个点。此种标记 IP 地址的方法称为点分十进制记法（dotted decimal notation）。如图 3-16 所示，可以看出，IP 地址的每一段的数的范围是 0～255。

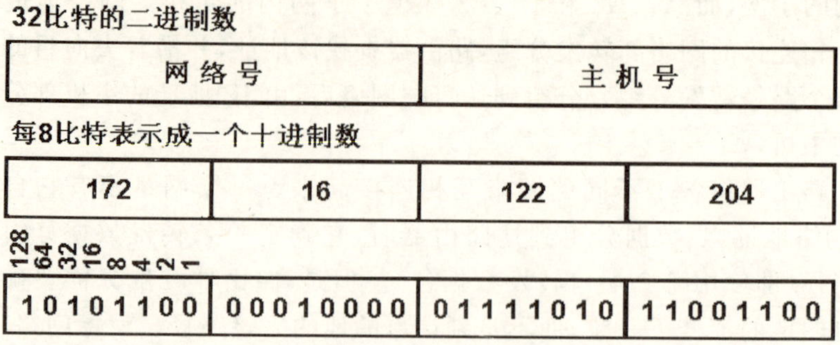

图 3-16　IP 地址

而所谓的“分类的 IP 地址”就是将 IP 地址中网络位和主机位固定下来，分别由两个固定长度的字段组成，左边的部分指示网络，右边的部分指示主机。随着固定的网络号位数和主机号位数的不同，IP 地址分成了不同的几类：A 类、B 类、C 类、D 类和 E 类。其中 A 类、B 类和 C 类地址是最常用的。

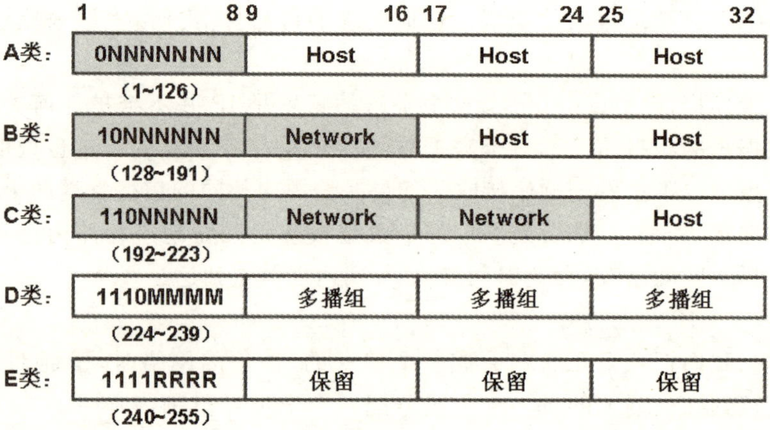

图 3-17　地址划分

A 类、B 类和 C 类 IP 地址的网络号分别为 8 位、16 位和 24 位，其最前面的 1～3bit 的数值分别规定为 0、10 和 110。其主机号字段分别为 24 位、16 位和 8 位。A 类网络容纳的主机数最多。B 类和 C 类网络所容纳的主机数相对少些。D 类和 E 类地址也被定义。D 类地址的前 4 个比特为 1110，范围是 224. 0. 0. 1～239. 255. 255. 254，用于多播地址。E 类地址的前 4 个比特为 1111，范围是 240. 0. 0. 1～255. 255. 255. 254，留作试验使用。

A 类地址

对于 A 类地址而言，其网络号仅占 8 位，主机号占 24 位。A 类地址的特点：

- 前 1 个比特位为 0；
- 网络号的范围是：1.0.0.0 到 126.0.0.0；
- 最大网络数：127 个(1～126 是可用的，127 作为本地软件回路测试本主机之用)。

网络中的最大主机数是 1,677,214(即 $2^{24}-2$)个。其中减 2 的原因是去掉一个主机号全 0 的地址和主机号全 1 的地址。全 0 的主机地址表示该 IP 地址是此主机所连接到的网络地址，全 1 的主机地址表示该 IP 地址是此主机所连接网络的所有主机地址。

B 类地址

B 类地址具有 16 位网络号和 16 位主机号，它的特点是：

- 前 2 个比特位为 1、0；
- 网络号的范围是 128.0.0.0～191.255.0.0；
- 最大网络数 16,384；
- 网络中的最大主机数是 65,534($2^{16}-2$)个。

C 类网络

C 类地址具有 24 位网络号和 8 位主机号，它的特点是：

- 前 3 个比特位为 1、1、0；
- 网络号的范围为 192.0.0.0～223.255.255.0；
- 可用的网络数为 2,097,152；
- 网络中的最大主机数是 254 个。

IP 地址又包括公网和专用(私有)两种类型；公网 IP 地址又称为可全局路出的 IP 地址，是在 Internet 中使用的 IP 地址，主要是 ISP(即：网通、电信、铁通、移动等)提供的一个或几个 C 类地址。

私网地址又称为专用地址(private address)或者私有地址。这些地址只能用于一个机构的内部通信，而不能用于和互联网上的主机通信。换言之，专用地址只能用作本地地址而不能用作全球地址。在互联网中的所有路由器对目的地址是专用地址的数据报一律不进行转发。使用专用地址的私有网络在接入 Internet 时，要使用地址翻译(NAT)技术，将私有地址翻译成公用合法地址。这些专用地址是：

1) A 类地址中的 10.0.0.0～10.255.255.255

2）B类地址中的172.16.0.0～172.31.255.255

3）C类地址中的192.168.0.0～192.168.255.255

相对应的，其余的A、B、C类地址可以在互联网上使用（即可被互联网上的路由器所转发），称为公网地址或者合法地址。

（三）特殊IP地址

1. 环回地址

127网段的所有地址都称为环回地址，主要用来测试网络协议是否工作正常。比如使用ping 127.1.1.1就可以测试本地TCP/IP协议是否已正确安装。另外一个用途是当客户进程用环回地址发送报文给位于同一台机器上的服务器进程，比如在浏览器里输入127.1.2.3，这样可以在排除网络路由的情况下测试Web服务是否正常启动。

在Windows系统下，该地址还有一个别名叫“local host”，无论是哪个程序，一旦使用该地址发送数据，协议软件会立即返回，不进行任何网络传输，除非出错，包含该网络号的分组是不能够出现在任何网络上的。

2. 0.0.0.0

严格意义上来说，0.0.0.0已经不是真正意义上的IP地址了。它表示的是所有不清楚的主机和目的网络。这里的不清楚是指在本机的路由表里没有特定条目指明如何到达。如果在网络设置中设置了缺省网关，那么Windows系统就会自动产生一个目的地址为0.0.0.0的缺省路由。

此外，0.0.0.0还可以在IP数据包中用作源IP地址，这发生在当设备启动时但又不知道自己的IP地址的情况下。在使用DHCP分配IP地址的网络环境中，这样的地址是很常见的。用户主机为了获得一个可用的IP地址，就给DHCP服务器发送IP分组，并用这样的地址作为源地址，目的地址为255.255.255.255（因为主机这时还不知道DHCP服务器的IP地址）。

3. 255.255.255.255

这是受限制的广播地址。对本机来说，这个地址指本网段内（同一个广播域）的所有主机，该地址用于主机配置过程中IP数据包的目的地址。这时主机可能还不知道它所在网络的网络掩码，甚至连它的IP地址也还不知道。在任何情况下，路由器都会禁止转发目的地址为受限的广播地址的数据包，这样的数据包仅会出现在本地网络中。

4. 直接广播地址

一个网络中的最后一个地址为直接广播地址，也就是主机位全为1

的地址。主机使用这种地址把一个 IP 数据报发送到本地网段的所有设备上，路由器会转发这种数据报到特定网络上的所有主机。

注意：这个地址在 IP 数据报中只能作为目的地址。直接广播地址使一个网段中可分配给设备的地址数减少了 1 个。

5. 网络号全为 0 的地址

当某个主机向同一网段上的其他主机发送报文时就可以使用这样的地址，分组也不会被路由器转发。比如 12.12.12.0/24 这个网络中的一台主机 12.12.12.2/24，在与同一网络中的另一台主机 12.12.12.8/24 通信时，目的地址可以是 0.0.0.8。

6. 主机号全为 0 的地址

这个地址同样不能用于主机，它指向本网，表示的是“本网络”，路由表中经常出现主机号全为 0 的地址。

7. 169.254.*.*

如果网络中的主机配置为使用 DHCP 功能自动获得一个 IP 地址，那么当 DHCP 服务器发生故障或响应时间太长而超出系统规定的一个时间，Windows 系统会自动为主机分配这样一个地址。如果发现网络中的主机 IP 地址是个诸如此类的地址，那么网络很有可能是出现了故障。

（四）子网掩码

子网掩码(subnet mask)是每个网管必须要掌握的基础知识，只有掌握它，才能够真正理解 TCP/IP 协议的设置。

1. 子网掩码的概念

子网掩码是一个 32 位地址，用于屏蔽 IP 地址的一部分以区别网络标识和主机标识，并说明该 IP 地址是在局域网上，还是在远程网上。

2. 确定子网掩码数

用于子网掩码的位数决定于可能的子网数目和每个子网的主机数目。在定义子网掩码前，必须弄清楚本来使用的子网数和主机数目。

互联网是由许多小型网络构成的，每个网络上都有许多主机，这样便构成了一个有层次的结构。IP 地址在设计时就考虑到地址分配的层次特点，将每个 IP 地址都分割成网络号和主机号两部分，以便于 IP 地址的寻址操作。IP 地址的网络号和主机号各是多少位呢？如果不指定，就不知道哪些位是网络号、哪些是主机号，这就需要通过子网掩码来实现。子网掩码不能单独存在，它必须结合 IP 地址一起使用。子网掩码只有一个作用，就是将某个 IP 地址划分成网络地址和主机地址两部分。子网掩码的设定必须遵循一定的规则。与 IP 地址相同，子网掩码的长度也是 32

位，左边是网络位，用二进制数字“1”表示；右边是主机位，用二进制数字“0”表示。子网掩码就确定了一个 IP 地址的 32 位二进制数字中哪些是网络号、哪些是主机号。这对于采用 TCP/IP 协议的网络来说非常重要，只有通过子网掩码，才能表明一台主机所在的子网与其他子网的关系，使网络正常工作。

子网掩码的术语是扩展的网络前缀码，不是一个地址，但是可以确定一个网络层地址哪一部分是网络号，哪一部分是主机号。1 的部分代表网络号，掩码为 0 的部分代表主机号。子网掩码的作用就是获取主机 IP 的网络地址信息，用于区别主机通信不同情况，由此选择不同路径。其中 A 类网络的子网掩码为 255.0.0.0；B 类网络为 255.255.0.0；C 类网络地址为 255.255.255.0。

子网掩码与 IP 地址结合使用，可以区分出一个网络地址的网络号和主机号。例如：有一个 C 类地址为 192.9.200.13，按其 IP 地址类型，它的缺省子网掩码为 255.255.255.0，则它的网络号和主机号可按如下方法得到：

第 1 步，将 IP 地址 192.9.200.13 转换为二进制 11000000 00001001 11001000 00001101。

第 2 步，将子网掩码 255.255.255.0 转换为二进制 11111111 11111111 11111111 00000000。

第 3 步，将以上两个二进制数逻辑进行“与”(AND)运算，得出的结果即为网络部分“11000000 00001001 11001000 00001101”与“11111111 11111111 11111111 00000000”进行“与”运算后得到“11000000 00001001 11001000 00000000”，即“192.9.200.0”，这就是这个 IP 地址的网络号，或者称“网络地址”。

第 4 步，将子网掩码的二进制值取反后，再与 IP 地址进行“与”运算，得到的结果即为主机部分。如：将“00000000 00000000 00000000 11111111”(子网掩码的取值)反与“11000000 00001001 11001000 00001101”进行“与”运算后得到“00000000 00000000 00000000 00001101”，即“0.0.0.13”，这就是这个 IP 地址主机号(可简化为“13”)。

(五) 子网及划分

为了提高 IP 地址的使用效率，一个网络可以划分为多个子网。子网划分的优点是：1. 减少网络流量。2. 提高网络性能。3. 简化管理。4. 易于扩大地理范围。采用的方法是借位，从主机最高位开始借位变为新的子网位，剩余部分仍为主机位，使本来应当属于主机号的部分改变成为网络号，这样就实现了我们划分子网的目的。

如果要将一个网络划分成多个子网，如何确定这些子网的子网掩码和 IP 地址中的网络号和主机号呢？接下来将解决这一问题。子网划分的步骤如下：

第 1 步，将要划分的子网数目转换为 2 的 m 次方。如要分 8 个子网，则为 $8=2^3$。如果恰好不是 2 的多少次方，则以取大为原则，如要划分为 6 个子网，则同样要考虑 2^3。

第 2 步，将上一步确定的幂 m 按高序占用主机地址 m 位后，转换为十进制。如 m 为 3 表示主机位中有 3 位被划为"网络标识号"占用，因网络标识号应全为"1"，所以主机号对应的字节段为"11100000"。转换成十进制后为 224，这就是最终确定的子网掩码。如果是 C 类网，则子网掩码为 255.255.255.224；如果是 B 类网，则子网掩码为 255.255.224.0；如果是 A 类网，则子网掩码为 255.224.0.0。

在这里，子网个数与占用主机地址位数有如下等式成立：2m≥n。其中，m 表示占用主机地址的位数；n 表示划分的子网个数。根据这些原则，将一个 C 类网络分成 4 个子网。

为了说明问题，现再举例。若我们用的网络号为 192.9.200，则该 C 类网内的主机 IP 地址就是 192.9.200.1～192.9.200.254，现将网络划分为 4 个子网，按照以上步骤：

$4=2^2$，则表示要占用主机地址的 2 个高序位，即为 11000000，转换为十进制为 192。这样就可确定该子网掩码为：192.9.200.192。4 个子网的 IP 地址的划分是根据被网络号占住的两位排列进行的，这四个 IP 地址范围分别为：

(1) 第 1 个子网的 IP 地址是从"11000000 00001001 11001000 00000001"到"11000000 00001001 11001000 00111110"，注意它们的最后 8 位中被网络号占住的两位都为"00"，因为主机号不能全为"0"和"1"，所以没有 11000000 00001001 11001000 00000000 和 11000000 00001001 11001000 00111111 这两个 IP 地址(下同)。注意实际上此时的主机号只有最后面的 6 位。对应的十进制 IP 地址范围为192.9.200.1～192.9.200.62。而这个子网的子网掩码(或网络地址)为 11000000 00001001 11001000 00000000，为 192.9.200.0。

(2) 第 2 个子网的 IP 地址是从"11000000 00001001 11001000 01000001"到"11000000 00001001 11001000 01111110"，注意此时被网络号

所占住的 2 位主机号为“01”。对应的十进制 IP 地址范围为 192.9.200.65～192.9.200.126。对应这个子网的子网掩码(或网络地址)为 11000000 00001001 11001000 01000000，为 192.9.200.64。

(3) 第 3 个子网的 IP 地址是从“11000000 00001001 11001000 10000001”到“11000000 00001001 11001000 10111110”，注意此时被网络号所占住的 2 位主机号为“10”。对应的十进制 IP 地址范围为 192.9.200.129～192.9.200.190。对应这个子网的子网掩码(或网络地址)为 11000000 00001001 11001000 10000000，为 192.9.200.128。

(4) 第 4 个子网的 IP 地址是从“11000000 00001001 11001000 11000001”到“11000000 00001001 11001000 11111110”，注意此时被网络号所占住的 2 位主机号为“11”。对应的十进制 IP 地址范围为 192.9.200.193～192.9.200.254。对应这个子网的子网掩码(或网络地址)为 11000000 00001001 11001000 11000000，为 192.9.200.192。

借位使得 IP 地址的结构分为三部分：网络位、子网位和主机位，例如：

原来的子网掩码：11111111.11111111.00000000.00000000 255.255.0.0

现在的子网掩码：11111111.11111111.11000000.00000000 255.255.192.0

11111111.11111111.11000000.00000000

子网变化	00	对应 0
	01	对应 64
	10	对应 128
	11	对应 192

六、IP 路由概述

(一) 路由的概念

路由器实现了在异构网络互连机制中，将数据包从一个网络发送到另一个网络的功能。路由就是指导 IP 数据包发送的路径信息。

在互联网中进行路由选择要使用路由器，路由器只是根据所收到的数据报头的目的地址选择一个合适的路径，将数据包传送到下一跳路由器，路径上最后的路由器负责将数据包送交目的主机。每个路由器只负责自己本站数据包通过最优的路径转发，通过多个路由器一站一站的接力将数据包通过最佳路径转发到目的地，当然有时候由于实施一些路由策略，数据包通过的路径并不一定是最佳路由。路由 IP 数据包路径如图 3-18 所示。

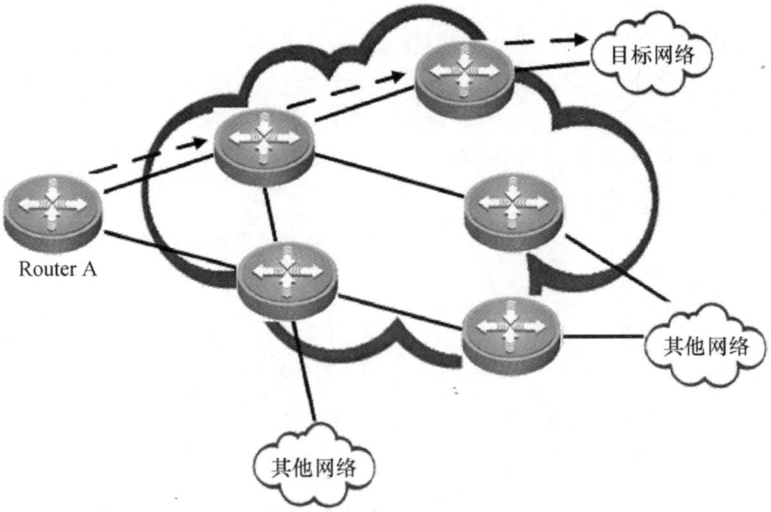

图 3-18　路由 IP 数据包路径

根据路由的目的地不同，可以划分为：

- 子网路由：目的地为子网。
- 主机路由：目的地为主机。

根据目的地与该路由器是否直连，又可以分为：

- 直连路由：目的地所在网络与路由器直接相连。
- 间接路由：目的地所在网络与路由器不是直接相连。

（二）路由选择

路由器转发数据包的关键是路由表。每个路由器中都保存着一张路由表，表中每条路由项都指明数据到某个子网应通过路由器的哪个物理端口发送出去。

当报文到达路由器接口时会检查数据帧目的地址字段中的数据链路标识，如果标识符是路由器接口标识或广播标识符，那么路由器将从帧中剥离出报文并传递给网络层，在网络层，将检查报文的目的地址，如果目的地址是路由器接口的 IP 地址或是所有主机的广播地址，那需要再检查报文协议字段，然后再向适当的内部进程发送被封装的数据。

如果报文是可以被路由的，也就是目的地不是直连网络，那么路由器会查找路由选择表选择一个正确的路径。在数据库中的每个路由选择表项必须包括下面两个项目：

- 目的地址——这是路由器可以到达的网络的地址，路由器可能会有多条路径到达同一地址，但在路由表中只会存在到达这一地址的最佳路径。

● 指向目的地的指针——指针不是指向路由器的直连目的网络就是直连网络内的另一个路由器地址，更接近目标网络一跳的路由器叫下一跳（next hop）路由器。

路由器会尽量地做到最精确的匹配。按精确程序递减的顺序，可选地址排列如下：

● 主机地址（主机路径）
● 子网
● 一组子网（一条汇总路由）
● 主网号
● 一组主网号（超网）
● 缺省地址

如果报文的目的地址在路由表中不能匹配到任何一条路由选择表项，那么报文将被丢弃，同时会向源地址发送 ICMP 网络不可达信息。

如图 3-19 所示，这是一个简单的互联网络，图中给出了路由器需要路由选择表，这里最重要的是看这些路由选择表是如何把数据进行高效地转发的。路由选择表的网络栏目列出了路由器可达的网络地址，指向目标网络的指针在下一跳栏目。

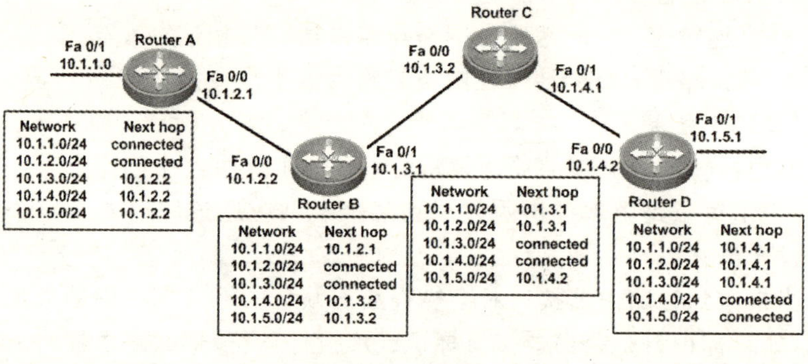

图 3-19　路由表

如果路由器 A 收到一个源地址为 10.1.1.100、目标地址为 10.1.5.10 的报文，那么路由选择表查询的结果对于目的地址 10.1.5.0 的最优匹配是子网 10.1.5.0，报文可以从接口 fa0/0 出站经下一跳地址 10.1.2.2 去往目的地。接着报文被发送给路由器 B，路由器 B 查找路由选择表后发现报文应该从接口 fa0/0 出站经下一跳地地 10.1.3.2 去往目的网络 10.1.5.0，此过程将一直持续到报文到达路由器 D，当路由器接口 fa0/0 接收到报文时，路由器 D 查找路由表发现目的地是连接在端口 fa0/1 的一个直连网络，最终结束路由选择过程，把报文传递给主机 10.1.5.10。

（三）路由的分类

通常情况下，指导 IP 转发的路由信息可以通过如下三种不同的途径来获得：

静态路由，由系统管理员手动配置的到目标网络的唯一路径，当网络结构发生变化时也必须由系统管理员手动修改配置。但合理的使用静态路由可以改进网络的性能，为重要的应用保存带宽。

缺省路由，由系统管理员手动配置的一种特殊路由，可以将所有找不到匹配路由的报文转发到指定的缺省网关。

动态路由，由动态路由协议从其他路由器学到的到达目标网络的发送路径，可以根据网络结构的变化动态地更新路由信息。

网络的配置不同决定了其对网络拓扑结构变化的适应能力，这取决于网络中是否使用动态路由协议。

1. 静态路由

静态路由信息可以指导报文的正常转发。在如图 3-20 所示的网络中，为到达目标网络 N2，在路由器 A 上配置静态路由指向路由器 D，在路由器 D 上配置静态路由指向路由器 C，这样，从网络 N1 发往 N2 的报文就可以经过路由器 A、D、C 最后到达目标网络 N2。

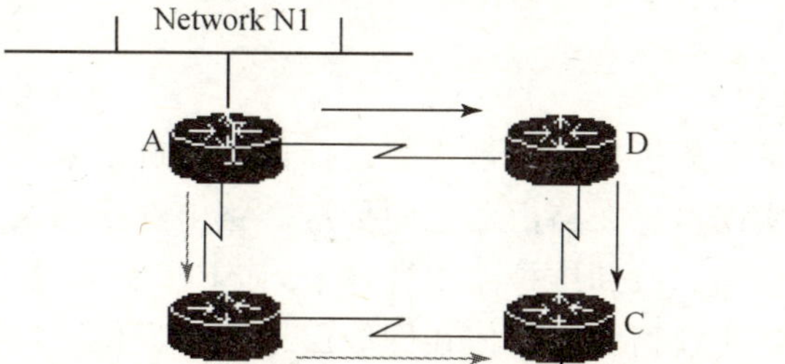

图 3-20 静态路由

但假如从路由器 A 到 D 的通路出现了问题，那么路由器 A 就不能根据静态路由的指示将报文发送到路由器 D 上去。如果想要保证网络的畅通，就必须由网管员手动配置一条经由路由器 B 的静态路由，这样，报文就可以经由路由器 A、B、C，最后到达目标网络。

如果网络中运行了某种动态路由协议（如 RIP 协议），情况就会有所不同。当经由路由器 D 的路由失效之后，路由器之间会通过动态路由协议的路由信息传递，自动地发现另外一条到达目标网络经由路由器 B 的路由，并修改路由表，指导报文进行正确的转发。

2. 默认路由

默认路由指的是路由表中未直接列出目标网络的路由选择项，它用于在不明确的情况下指示数据帧下一跳的方向。路由器如果配置了默认路由，则所有未明确指明目标网络的数据包都按默认路由进行转发。

默认路由一般使用在 stub 网络中（称末端网络），stub 网络是只有 1 条出口路径的网络。使用默认路由来发送那些目标网络没有包含在路由表中的数据包。

默认路由可以看做是静态路由的一种特殊情况。如图 3-21 所示，A 路由器连接了一个末节网络，末节网络中的流量都通过 A 路由器到达 Internet，A 路由器是一个边缘路由器。那么在 A 路由器上配置默认路由。

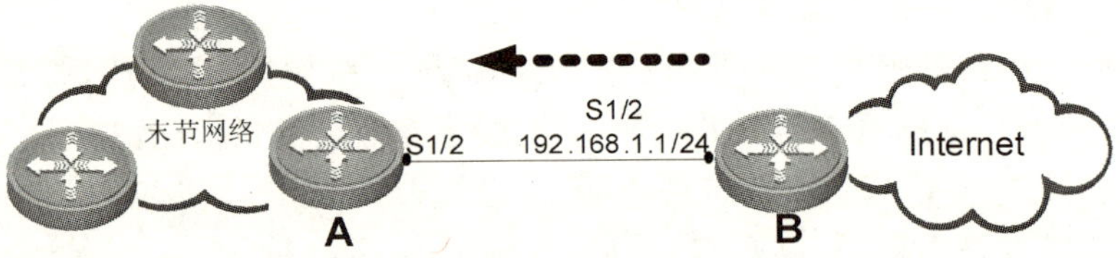

图 3-21　默认路由

3. 动态路由

路由协议是指通过提供共享路由选择信息的机制来支持被动路由协议。路由选择协议消息在路由器之间传送。路由选择协议允许路由器与其他路由器通信来修改和维护路由选择表，如 RIP 路由协议。

被动路由的协议指的是任何在网络层地址中提供了足够信息的网络协议，该网络协议允许将数据包从一个主机转发到以地址方案为基础的另一个主机，如 IP 协议。

路由协议的作用就是来维护路由信息，建立路由表，决定最佳路径。

所有的路由协议都围绕着一个算法构建的，因此对于所有的路由选择协议来说，共有的几个问题是路径决策、度量、收敛和负载均衡。

（1）路径决策

在网络中，如果路由器有一接口连接到一个网络中，那么这个接口必须具有一个属于该网络的地址，这个地址就是可达信息的起始点。如图 3-22 所示。路由器 A 知道有三个网络，10.1.1.0、10.1.2.0、10.1.0.0 存在，因为路由器有接口连接到这些网络上，并且配置了相应地址和掩码，同样，路由器 B 也知道 10.1.1.0、10.1.5.0、10.1.6.0 存在，路由器 C 也知道网络 10.1.6.0、10.1.2.0、10.1.7.0、10.1.8.0 的存在。由于每个接口都实现了所有连接网络的数据链路协议和物理协议，因此路由器也知道网络的状态。

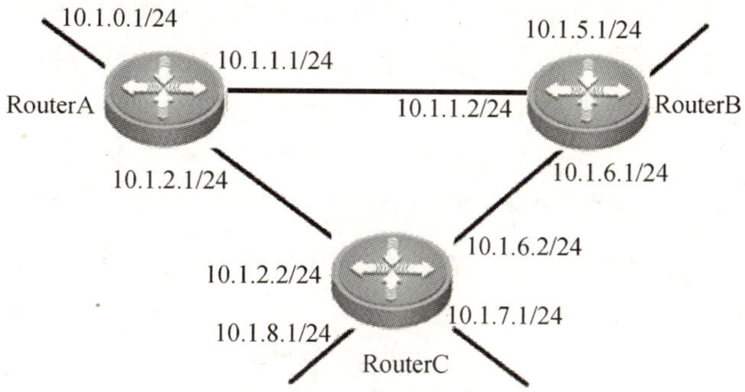

图 3-22　动态路由

路由器之间进行信息共享时，看起来很简单，下面考虑路由器 A，路由器 A 检查自己的 IP 地址和掩码，然后推导出与自身所连接的网络是 10.1.0.0、10.1.1.0、10.1.2.0。

- 路由器 A 将这些连同标记一起保存到路由选择表中，其中标记指明了网络是直连网络。
- 路由器 A 向报文中加入以下信息："我的直连网络是 10.1.0.0、10.1.1.0、10.1.2.0"。
- 路由器 A 向路由器 B 和 C 发送这些路由信息报文，这些路由信息或者叫做路由更新报文。
- 路由器 B 和 C 执行与 A 完全相同的动作，并且也向路由器 A 发送更新报文，其中报文包括与它们直连的网络。路由器 A 收到信息连同发送该更新报文的路由器的源地址一起写入路由选择，现在路由器 A 知道了所有的网络，而且还知道连接这些网络的路由器地址。

（2）度量

当有多条路径到达相同目标网络时，路由器需要一种机制来计算最优路径，度量是指派给路由的一种变量，作为一种手段，度量可以按最好到最坏，或按最先选择到最后选择对路由进行等级划分。

不同的路由协议使用不同类型的度量值，例如 RIP 的度量值是跳数。有时还使用多个度量。比如 BGP 使用多个度量值来衡量路径的优劣，如下一跳属性，AS-Path 属性等。以下是几种度量值：

- 跳数(Hop Count)：简单记录路由跳数。
- 带宽(Band Width)：将会选择高带宽路径，而不是低带宽路径。
- 负载(Load)：反应占用沿途链路的流量大小。最优路径应该是负载最低的路径。与跳数和带宽不同，路径上的负载发生变化，度量也会跟着变化。这里需要注意的是，如果度量变化过于频繁，路由翻动导致最优路径频繁变化，那么路由翻动对路由器的 CPF、数据链路的带宽和网络稳定性都会产生负面影响。
- 时延(Delay)：是度量报文经过一条路径所花费的时间，使用时延计量的路由选择协议将会选择使用最低延时的路径为最优路径。有多种方法可以度量时延，时延不仅要考虑链路时延，而且还要考虑路由器处理时延和队列时延等因素。
- 可靠性(Reliability)：是用以度量链路在某种情况下发生故障的可能性、可靠性是可变化的，链路发生故障的次数或特定时间间隔内收到错误的次数都是可变可靠性度量的例子。
- 代价：由管理员设置的代价可以反应路由的优劣等属性，通过任何策略或链路的特性可以对代价进行定义，同时代价也可以反映出网络员意见的独断性。

(3) 收敛

动态路由选择协议必须包含一系列过程，这些过程用于路由器向其他路由器通告本地的直连网络，接收并处理来自其他路由器的同类信息。此外，路由选择协议还需要定义决策最优路径的度量。

使所有路由选择表都达到一致状态的过程叫做收敛(Convergence)。全网实现信息共享以及所有路由器计算最优路径所花费的时间的总和就是收敛时间。

在任何路由选择协议里收敛时间都是一个重要的因素，在拓扑发生变化之后，一个网络收敛速度越快，说明路由选择协议越好。

4. 动态路由协议的分类

区域向互联网络体系结构中引入了一个新的层次，在此基础上，将一组区域组成一个更大的区域。双向互联网络体系中引入了另一个新的层次，这些更高层的区域在 IP 网中叫自主系统，在 ISO 模型中叫做路由选择域。

一个自主系统被定义为在共同管理域下的一组运行相同路由选择协议的路由器。

动态路由协议按运行时涉及的参数包括：

● 内部网关协议(Interior Gateway Protocol，简称 IGP)：用来在同一个自治系统内部交换路由信息。IGP 内根据路由选择协议的算法不同分为：

● 距离矢量(Distance Vector)：根据距离矢量算法，确定网络中节点的方向与距离。包括：RIP 路由协议及 IGRP(Cisco 私有协议)路由协议。

● 链路状态(Link-state)：根据链路状态算法，计算生成网络的拓扑。包括：OSPF 路由协议与 IS-IS 路由协议。

● 混合算法(Hybird)：根据距离矢量和链路状态的某些方面进行集成。包括 EIGRP 路由协议(Cisco 私有协议)。

5. 距离矢量路由协议

距离矢量名称的由来是因为路由是以矢量(距离、方向)的方式被通告出去，其中距离是根据度量定义的，方向是根据下一跳路由器定义的。比如，“某一路由器 X 的方向可以到达目标 Y，距此 5 跳距离”。这个表述隐含了每个路由器都向邻接路由器学习它们所观察到的路由信息，然后再向外通告自己观察到的路由信息。因为每个路由器在信息上都依赖于邻接路由器，而邻接路由器又从它们的邻居那里学习路由，以此类推，所以距离矢量路由选择协议有时又被认为是“依照传闻进行路由选择”的协议。

下面都属于距离矢量路由选择协议：

● IP 路由选择信息协议(RIP)

● Xerox 网络系统的 XNS RIP

● Novell 的 IPX RIP

● Cisco 的 Internet 网关路由选择协议(IGRP)

● DEC 的 DNA 阶段 4

● Apple Talk 的路由选择表维护协议(RTMP)

在一个使用路由选择算法的典型距离矢量路由选择协议中，路由器通过广播整个路由选择表，定期地向其所有邻居发送路由更新信息，具有如下的通用属性：

● 定期更新(Periodic Updates)：每经过特定时间周期就要发送更新信息，这个时间周期从 10s 到 90s。如果更新信息发送过于频繁可能会引起拥塞，但如果更新信息发送不频繁，收敛时间可能会延长。

● 邻居(Neighbours)：共享相同数据链路的路由器，向邻接路由器发送更新信息，并依赖邻居向其邻居传递更新信息，因此距离矢量路由选择使用逐跳的更新方式。

● 广播更新(Broadcast Updates)：在更新路由信息时，最简单的方法就是向广播地址发送更新信息。

● 包含整个路由选择表的更新信息：更新方式就是广播它的整个路由选择表。

● 依照传闻进行路由选择。

● 路由失效计时器：路由超时的典型周期范围是 3～6 个更新周期，路由器在丢失单个更新信息之后将不会使用路由无效处理方式，因为报文的损坏、丢失或某种网络延迟都会造成这种事件的发生。如果路由失效周期太长，网络收敛速度会过慢。

● 水平分割(Split Horizon)：执行水平分割可以防止路由环路的形成，有两类水平分割方法，简单水平分割方法和毒性反转水平分割方法。简单的水平分割的规则是，从路由器的某一端口学习到的路由信息就不再从此端口发出来给邻居路由器。反转的水平分割规则是当更新信息被发送出某接口时，信息中将指定从该接口接收到的更新信息中获取的网络是不可达的。

● 计数无穷大：水平分割法切断了邻居路由器之间的环路，但是它不能割断网络中的环路，设置最大跳数 15 跳来解决网络环路由问题。

● 触发更新(Triggered Upadte)：设置最大跳数 15 解决了计数到无穷大的问题，但是收敛速度仍旧非常慢，两种加快重新收敛速度的方法是触发更新和挂起计时器，触发更新又叫快速更新，如果一个度量值发生变化，那么路由器将立即发更新信息，而不等待更新定时器超时。

● 抑制定时器(Holddown Timer)：触发更新为正在重新进行收敛的网络增加了响应能力，为了降低受错误路由信息的可能性，抑制定时器引入了某种程序的怀疑量。

● 异步更新(Asynchronous Update)：在共享广播网络中，路由器将有可能发生更新报文的碰撞，碰撞会进一步影响系统的延时。可以为每台路由器的更新定时器独立于路由进程，因而不会受到路由器处理负载的影响，也可以在每个更新周期中加入一个小的随机时间或随机抖动作为偏移。

6. 链路状态路由协议

链路状态路由协议，有时叫最短路径优先协议或分布式数据库协议，是围绕着图论中的一个著名算法——E. W. Dijkstra 的最短路径算法设计的。链路状态协议有以下一些：

● IP 开放式最短路径优先(OSFP)

● CLNS 或 IP ISO 的中介系统到中介系统(IS-IS)

● DEC 的 DNS 阶段 5

- Novell 的 Netware 链路服务协议(NLSP)

虽然链路状态协议确实考虑的比距离矢量协议更复杂，但是基本功能却一点也不复杂。下面是动态路由协商工作的过程。

- 每台路由器与它的邻居之间建立联系，这种联系叫做邻接关系。
- 每台路由器向每个邻居发送链路状态通告(LSA)，也叫链路状态报文(LSP)。对每条路由器链路都会生成一个 LSA，LSA 用于标识这条链路、链路状态、路由器接口到链路的代价度量值以及链路所连接的所有邻居信息。每个邻居在收到公告之后要依次向它的邻居转发这些通告(泛洪)。
- 每台路由器要在数据库中保存一份它所收到 LSA 的备份，如果所有工作正常，所有路由器的数据库应该相同。
- 完整的拓扑数据库，也叫链路状态库，描述了互联网络的地理图，每台路由器使用 Dijkstra 算法计算出到每个网络的最短路径，并将信息保存在路由选择表中。

在链路状态路由协议中，需要注意几个重要的通用属性，如下所述：

- 邻居：邻居发现是建立链路状态环境并运转的第一步。这一步是使用 Hello 协议(Hello Protocol)。Hello 协议定义了一个 Hello 报文的格式和交换报文并处理报文内信息的过程。
- 链路状态泛洪扩散：在建立邻接关系之后，路由器开始发送 LSA，通告被发送给每个邻居。路由器保存接收到的 LSA，并依次向它的每个邻居(除了之前发送该 LSA 的邻居之外)转发。
- SPF 算法：路由器初始化数据库，将自己作为树的根，计算到每台路由器最佳路径，并加入到 LSDB 中。
- 区域：一个区域是构成一个互联网络的路由器的一个子集，划分区域的好处是减少 LSA 的泛洪、降低和内存和 CPU 的占用，这也是层次型网络结构的优点。

静态路由和动态路由的区别

静态路由和动态路由有各自的特点和适用范围，因此在网络中通常静态路由协议和动态路由协议互补使用；在所有的路由中，静态路由优先级最高(静态路由的管理距离为 0 或 1)。如果在网络中动态路由与静态路由发生冲突时，以静态路由为准。

七、无线技术

(一) WLAN 技术简析

对于无线局域网(Wireless Local Area Network，简称 WLAN)的定

义，有很多种说法。我们先从字面上理解“无线局域网”，可以看出它包含了“无线”和“局域网”两个方面的含义。“无线”定义了网络连接的方式，这种连接方式省去了有线局域网中的传输线缆，而是利用红外线、微波等无线技术进行信息传输。“局域网”定义了网络应用的范围，它是将小区域内的各种通信设备互联在一起的通信网络，是相对于“广域网”和“个人网”而言的，就其通信范围而言介于个人网和广域网之间，这个区域可以是一个房间、一个建筑物内，也可以是一个校园或者大至几十公里的广大区域。

所谓无线网络，既包括允许用户建立远距离无线连接的全球语音和数据网络，也包括为近距离无线连接进行优化的红外线技术及射频技术，与有线网络的用途十分类似，最大的不同在于传输媒介的不同，利用无线电技术取代网线，可以和有线网络互为备份。

（二）WLAN 技术分类

WLAN 是计算机网络与无线通信技术相结合的产物，使用无线通信技术将计算机设备互联起来，构成可以互相通信和实现资源共享的网络体系。WLAN 的本质特点是不再使用通信电缆将计算机与网络连接起来，而是通过无线的方式连接，从而使网络的构建和终端的移动更加灵活，无线局域网利用了无线多址信道的一种有效方法来支持计算机之间的通信，并为通信的移动化、个性化和多媒体应用提供了可能。图 3-23 为不同无线数据技术的传输距离以及数据速率的对比图。

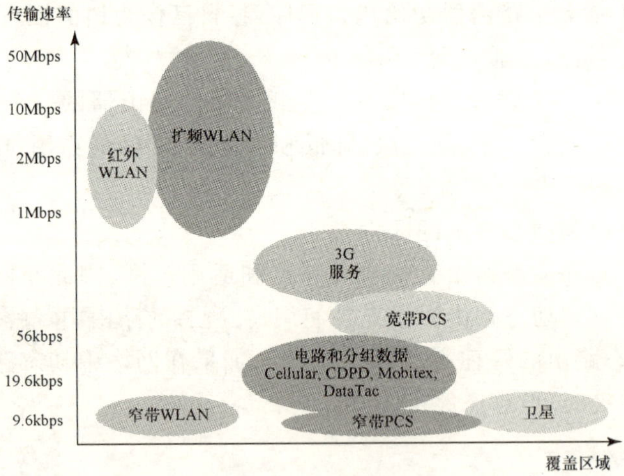

图 3-23　无线覆盖区域

● 红外(Infrared):红外数据协会(Infrared Data Association,简称IrDA)是1993年6月成立的一个国际性组织,专门制定和推进能共同使用的低成本红外数据互联标准。由于标准的统一和应用的广泛,更多的公司开始开发和生产IrDA模块,技术的进步也使得IrDA模块的集成度越来越高,体积也越来越小。IrDA1.0可支持最高115.2 kbps的通信速率,而IrDA1.1可以支持的通信速率达到4 Mbps。IrDA数据通信按发送速率分为三大类:SIR、MIR和FIR。串行红外(SIR)的速率覆盖了RS-232端口通常支持的速率(9.6 kbps~115.2 kbps)。MIR可支持0.576Mbps和1.152Mbps的速率;高速红外(FIR)通常用于4 Mbps的速率,有时也可用于高于SIR的所有速率。IrDA提出了对工作距离、工作角度(视角)、光功率、数据速率、不同品牌设备互联时抗干扰能力的建议。当前红外通信距离最长为3米,接收角度为30度。随着红外通信技术的发展,其通信速率也将不断提高。IrDA红外通信的作用距离也将从一米扩展到几十米。

● 蓝牙(Bluetooth):这种系统是使用扩频(spread spectrum)技术,在携带型装置和区域网络之间提供一个快速而安全的短距离无线电连接。它提供的服务包括电子邮件、影像和数据传输以及语音应用,延伸容纳于3个并行传输的64kbps PCM通道中,提供1Mbps的流量。蓝牙无线技术既支持点到点连接,又支持点到多点的连接。它通常用于在笔记本电脑、PDA、蜂窝手机、PCS电话及其他外设的转发设备中,可以使这些设备在各种环境中进行通信。

● HomeRF:HomeRF的标准集成了语音和数据传送技术,工作频段为10 GHz。数据传输速率达到100 Mbps,在WLAN的安全性方面主要考虑访问控制和加密技术。HomeRF是对现有无线通信标准的综合和改进。当进行数据通信时,采用IEEE 802.11规范中的TCP/IP传输协议;当进行语音通信时,则采用数字增强型无绳通信标准。但是,该标准与802.11b不兼容,并占据了与802.11b和蓝牙技术相同的2.4 GHz频率段,所以在应用范围上会有很大的局限性,更多的是在家庭网络中使用。

● IEEE 802.11:1999年最新版本的无线网络标准。IEEE 802.11无线网络标准于1997年颁布,当时规定了一些诸如介质接入控制层功能、漫游功能、自动速率选择功能、电源消耗管理功能、保密功能等。1999年无线网络国际标准的更新及完善,进一步规范了不同频段的产品及更高网络速率产品的开发和应用。

（三）IEEE 802.11 标准

1. IEEE 802.11

IEEE 802.11 是 IEEE 最初制定的一个无线局域网标准，主要用于解决办公室局域网和校园网中用户与用户终端的无线接入，业务主要限于数据存取，速率最高只能达到 2 Mbps。由于它在速率和传输距离上都不能满足人们的需要，因此，IEEE 小组又相继推出了 802.11b 和 802.11a、802.11g、802.11n 等多个标准，除原始的 802.11 标准外，802.11b、802.11a、802.11g 以及 802.11n 均已成为目前业界的主流标准。

图 3-24　802.11 技术演进

2. IEEE 802.11b

IEEE 802.11b 是无线局域网的一个标准。其载波的频率为 2.4 GHz，传送速度为 11Mbit/s。IEEE 802.11b 是所有无线局域网标准中最著名，也是普及最广的标准。在 2.4-GHz-ISM 频段共有 14 个频宽为 22 MHz 的频道可供使用。IEEE 802.11b 的后继标准是 IEEE 802.11a。

3. IEEE 802.11a

802.11a 标准是得到广泛应用的 802.11b 标准的后续标准。它工作在 5 GHzU-NII 频带，物理层速率可达 54 Mbps，传输层可达 25 Mbps。可提供 25 Mbps 的无线 ATM 接口和 10 Mbps 的以太网无线帧结构接口，以及 TDD/TDMA 的空中接口；支持语音、数据、图像业务；一个扇区可接入多个用户，每个用户可带多个用户终端。IEEE 802.11a 与之前的 IEEE 802.11b 不兼容。

4. IEEE 802.11g

IEEE 802.11 委员会于 2003 年 7 月，通过了第三种调变标准。其载波的频率为 2.4 GHz（跟 802.11b 相同），原始传送速度为 54Mbit/s，净传输速度约为 24.7Mbit/s（跟 802.11a 相同）。802.11g 的设备与 802.11b 兼容。802.11g 是为了提高传输速率而制定的标准，它采用2.4 GHz 频段，使用 CCK 技术与 802.11b（Wi-Fi）后向兼容。

5. IEEE 802.11n

IEEE 802.11n 是目前 802.11 体系最新的正式标准，使用 2.4 GHz 频段和 5 GHz 频段。IEEE 802.11n 标准的核心是 MIMO（multipleinput multiple-output，多入多出）和 OFDM 技术，传输速度 300 Mbps，最高可达 600 Mbps，可向下兼容 802.11b、802.11g。

表 3-1 无线标准对准表

无线技术与标准	802.11	80211a	802.11b	802.11g	802.11n	蓝牙
推出时间	1997 年	1999 年	1999 年	2002 年	2009 年	1994 年
工作频段	2.4 GHz	5 GHz	2.4 GHz	2.4 GHz	2.4 GHz 和 5 GHz	2.4 GHz
最高传输速率	2 Mbps	54 Mbps	11 Mbps	54 Mbps	108 Mbps 以上	2 Mbps
实际传输速率	低于 2 Mbps	31 Mbps	6 Mbps	20 Mbps	大于 30 Mbps	低于 1 Mbps
传输距离	100 m	80 m	100 m	150 m 以上	100 m 以上	10～30 m
主要业务	数据	数据、图像、语音	数据、图像	数据、图像、语音	数据、语音、高清图像	语音、数据
成本	高	低	低	低	低	低

（四）无线的传输介质

无线信号是能够在空气中进行传播的电磁波。无线信号不需要任何物理介质，它在真空环境中也能够传输，就如同在办公室大楼的空气中传播一样。无线电波不仅能够穿透墙体，还能够覆盖比较大的范围，所以无线技术成为一种组建网络的通用方法。

WLAN 运行在 2.4～2.4835 GHz 的微波频段上，所有的波都以光速传播，这个速度可以被精确地称为电磁波速度。所有的波都遵守公式：频率×波长＝光速。

各种电磁波之间的主要区别就是频率。如果电磁波频率低，那么它的波长就长；如果电磁波的频率高，那么它的波长就短。波长表示正弦波的两个相邻波峰之间的距离。

表 3-2 无线通信使用的电磁波频率范围和波段

频段名称	频段范围	波段名称	波长范围
极低频(ELF)	3～30 Hz	极长波	100～10 Mm(10^8～10^7 m)
超低频(SLF)	30～300 Hz	超长波	10～1 Mm(10^7～10^6 m)
特低频(ULF)	300～3000 Hz	特长波	1000～100 km(10^6～10^5 m)
甚低频(VLF)	3～30 KHz	甚长波	100～10 km(10^5～10^6 m)

续表

频段名称	频段范围	波段名称		波长范围
低频(LF)	30～300 KHz	长波		10～1 km(10^4～10^3 m)
中频(MF)	300～3000 KHz	中波		1000～100 m(10^3～10^2 m)
高频(HF)	3～30 MHz	短波		100～10 m(10^2～10 m)
甚高频(VHF)	30～300 MHz	超短波(米波)		10～1 m
特高频(UHF)	300～3000 MHz	微波	分米波	1～0.1 m(1～10^{-1} m)
超高频(SHF)	3～30 GHz		厘米波	10～1 cm(10^{-1}～10^{-2} m)
极高频(EHF)	30～300 GHz		毫米波	10～1 mm(10^{-2}～10^{-3} m)
至高频(THF)	300～3000 GHz		亚毫米波	1～0.1 mm(10^{-3}～10^{-4} m)
		光波		3×10^{-3}～3×10^{-5} mm (3×10^{-6}～3×10^{-8} m)

（五）WLAN 组件

WLAN 可独立存在，也可与有线局域网共同存在并进行互联。在 WLAN 中最常见的组件包括无线应用终端、无线网卡、无线接入点(AP)、无线天线和无线控制器。

1. 无线应用终端

笔记本电脑和工作站都称为无线应用终端，它们作为无线网络的终端接入到网络中。笔记本电脑、掌上电脑、个人数字助理和其他小型计算设备正变得越来越普及，笔记本电脑和台式机最主要的区别是笔记本电脑的组件体积小，而且用 PCMCIA(个人计算机存储卡国际协会)插槽取代了扩展槽，从而可以接入无线网卡、调制解调器以及其他设备。

使用 Wi-Fi 标准的设备的一个明显优势就是，目前很多笔记本电脑和 PDA 都预装了无线网卡，可以直接与其他无线产品或者其他符合 Wi-Fi 标准的设备进行交互。

2. 无线网卡

无线网卡作为无线网络的接口，实现与无线网络的连接，作用类似于有线网络中的以太网网卡。无线网卡根据接口类型的不同，主要分为三种类型，即 PCMCIA 无线网卡、PCI 无线网卡和 USB 无线网卡。

PCMCIA 无线网卡仅适用于笔记本电脑，支持热插拔，可以非常方便地实现移动式无线接入。PCI 接口无线网卡适用于台式计算机使用，安装起来相对要复杂些。USB 接口无线网卡适用于笔记本电脑和台式机，支持热插拔，而且安装简单，即插即用。目前 USB 接口的无线网卡得到了大量用户的青睐。

无线网卡的主要功能就是通过无线设备透明地传输数据包，工作在OSI参考模型的第1层和第2层。除了用无线连接取代线缆，这些适配器就像标准的网络适配器那样工作，不需要其他特别的无线网络功能。

3. 无线接入点(AP)

无线接入点即无线AP(Access Point)它是用于无线网络的无线交换机，也是无线网络的核心。无线AP是移动计算机用户进入有线网络的接入点，主要用于宽带家庭、大楼内部以及园区内部，典型距离覆盖几十米至上百米，目前主要技术为802.11系列。大多数无线AP还带有接入点客户端(AP client)模式，可以和其他AP进行无线连接，延展网络的覆盖范围。

无线AP是一个包含很广的名称，它不仅包含单纯性无线接入点(无线AP)，也同样是无线路由器(含无线网关、无线网桥)等类设备的统称。它主要是提供无线工作站对有线局域网和从有线局域网对无线工作站的访问，在访问接入点覆盖范围内的无线工作站可以通过它进行相互通信。

单纯性无线AP就是一个无线的交换机，仅仅是提供一个无线信号发射的功能。单纯性无线AP的工作原理是将网络信号通过双绞线传送过来，经过AP产品的编译，将电信号转换成为无线电讯号发送出来，形成无线网的覆盖。根据不同的功率，其可以实现不同程度、不同范围的网络覆盖，一般无线AP的最大覆盖距离可达300米。多数单纯性无线AP本身不具备路由功能，包括DNS、DHCP、Firewall在内的服务器功能都必须由独立的路由或是计算机来完成。

无线AP跟无线路由器类似，按照协议标准本身来说IEEE 802.11b和IEEE 802.11g的覆盖范围是室内100米、室外300米。这个数值仅是理论值，在实际应用中，会碰到各种障碍物，其中以玻璃、木板、石膏墙对无线信号的影响最小，而混凝土墙壁和铁对无线信号的屏蔽最大。所以通常实际使用范围是：室内30米、室外100米(没有障碍物)。因此，作为无线网络中重要的环节无线接入点、无线网关也就是无线AP，它的作用其实就类似于我们常用的有线网络中的集线器。

4. 无线天线

当计算机与无线AP或其他计算机相距较远时，随着信号的减弱，或者传输速率明显下降，或者根本无法实现与AP或其他计算机之间通信，此时，就必须借助于无线天线对所接收或发送的信号进行增益(放大)。无线天线有多种类型，不过常见的有两种，一种是室内天线，优点是方便灵活，缺点是增益小，传输距离短；一种是室外天线。室外天线的类型比较多，一种是锅状的定向天线，一种是棒状的全向天线。室外天线的优点是传输距离远。比较适合远距离传输，无线设备本身的天线都有一定距离的限制，当超出这个限制的距离，就要通过这些外接天线来增强无线信号，达到延伸传输距离的目的。

无线天线包括室内无线天线和室外无线天线，室内无线天线又分为两种：全向天线和定向天线。

全向天线——室内全向天线适合于无线路由、AP 这样的需要广泛覆盖信号的设备，他可以将信号均匀分布在中心点周围 360 度全方位区域，适用于链接点距离较近，分布角度范围大，且数量较多的情况。

定向天线——适用于室内，它因为能量聚集能力最强，信号的方向指向性也极好。

5. 无线控制器

无线控制器是一种网络设备，能够自动优化基本无线网络，并支持该网络之上的高级移动服务。专为中小型无线网络设计，可突破三层网络保持与 AP 的通信，部署在任何 2 层或 3 层网络结构中，无需改动任何网络架构和硬件设备，从而提供无缝的安全无线网络控制，为高效的数据转发提供了硬件支持。无线控制器最大可支持 64 个无线接入点的管理。

无线控制器主要对无线网络实施强大的集中式可视化的管理和控制，显著简化原本实施困难、部署复杂的无线网络。无线控制器能够灵活地控制无线接入点的配置，优化射频覆盖效果和性能，同时还可实现集群化管理，将网络中的设备部署工作量降至最低，多台无线控制器可共享用户数据库，实现无线用户在跨越整个网络不同区域的过程中无缝的漫游，彻底满足移动漫游中的安全性和会话完整性。

（六）WLAN 的部署

WLAN 可以根据用户的不同网络环境的需求，实现不同的组网方式。AP 可支持以下六种组网方式。

- AP 模式：又被称为基础架构（Infrastructure）模式，由 AP、无线工作站以及分布式系统（DSS）构成，覆盖的区域称为基本服务集（BSS）。其中 AP 用于在无线 STA 和有线网络之间接收、缓存和转发数据，所有的无线通信都经过 AP 完成。

- 点对点桥接模式：两个有线局域网间，通过两台 AP 将它们连接在一起，实现两个有线局域网之间通过无线方式的互联和资源共享，也可以实现有线网络的扩展。

- 点对多点桥接模式：点对多点的无线网桥能够把多个离散的远程

网络连成一体，通常以一个网络为中心点发送无线信号，其他接收点进行信号接收。

● AP 客户端模式：该模式看起来比较特别，中心的 AP 设置成为 AP 模式，可以提供中心有线局域网络的连接和自身无线覆盖区域的无线终端接入，远端有线局域网络或单台 PC 所连接的 AP 设置成 AP Client 客户端模式，远端无线局域网络便可访问中心 AP 所连接的局域网络了。

● 无线中继模式：无线中继模式可以实现信号的中继和放大，从而延伸无线网络的覆盖范围。无线分布式系统（WDS）的无线中继模式，提供了全新的无线组网模式，可适用于那些场地开阔、不便于铺设以太网线的场所，像大型开放式办公区域、仓库、码头等。

● 无线混合模式：无线分布式系统（WDS）的无线混合模式，可以支持在点对点、点对多点、中继应用模式下的 AP，同时工作在两种工作模式状态，即桥接模式＋AP 模式。这种无线混合模式充分体现了灵活、简便的组网特点。

WLAN 的拓扑结构只有两种，一种是类似于对等网的 Ad-Hoc 模式，另一种是类似于有线局域网中星型结构的 Infrastructure 模式。

1. 点对点 Ad-Hoc 模式

Ad-Hoc 模式是点对点的对等结构，相当于有线网络中的两台计算机直接通过网卡互联，中间没有集中接入设备（AP），信号是直接在两个通信端点对点传输的。如图 3-25 所示：

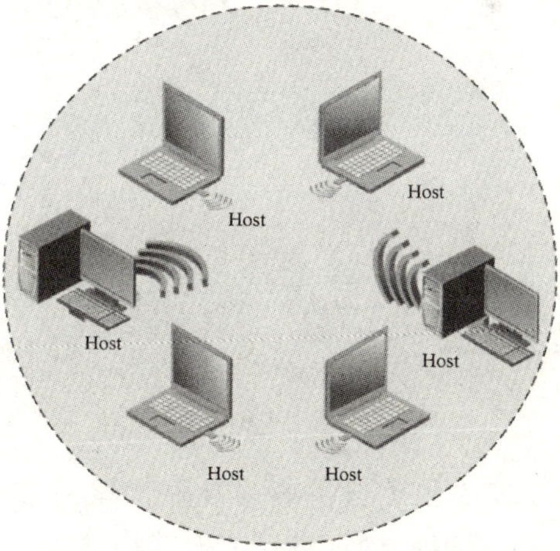

图 3-25　Ad-Hoc 示意图

Ad-Hoc 对等结构网络通信中没有一个信号交换设备，网络通信效率较低，所以仅适用于较少数量的无线节点互连（通常是在 5 台主机以内）。同时由于这一模式没有中心管理单元，所以这种网络在可管理性和扩展性方面受到一定的限制，连接性能也不是很好。而且各无线节点之间只能单点通信，不能实现交换连接，就像有线网络中的对等网一样。这种无线网络模式通常只适用于临时的无线应用环境，如小型会议室，SO-HO 家庭无线网络等。

此外，为了达到无线连接的最佳性能，所有主机最好都使用同一品牌、同一型号的无线网卡，并且要详细了解一下相应型号的网卡是否支持 Ad-Hoc 网络连接模式，因为有些无线网卡只支持下面将要介绍的基础结构（Infrastructure）模式，当然绝大多数无线网卡是同时支持两种网络结构模式的。

2. 基础结构（Infrastructure）模式

Infrastructure 模式与有线网络中的星型交换模式相似，也属于集中式结构，其中无线 AP 相当于有线网络中的交换机或集线器，起着集中连接无线节点和数据交换的作用。通常无线 AP 都提供了一个有线以太网接口，用于与有线网络设备的连接，例如以太网交换机。Infrastructure 模式网络如图 3-26 所示：

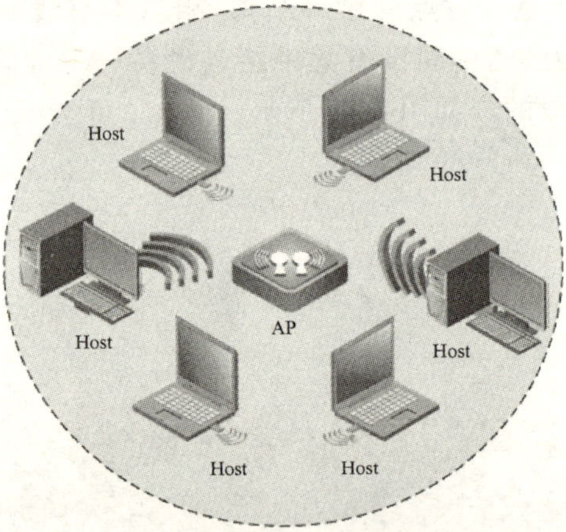

图 3-26　Infrastructure 模式

Infrastructure 模式的优点主要表现在网络易于扩展、便于集中管理、能提供用户身份验证等方面，另外数据传输性能也明显高于 Ad-Hoc 模式。

Infrastructure 模式可在各种环境下进行部署应用，适合于操场、广场、迎新大道等室外开阔区域；在实际的应用环境中，其连接性能往往受到许多方面因素的影响，所以实际连接速率要远低于理论速率。如上面所介绍的，AP 和无线网卡可针对特定的网络环境动态调整速率，原因就在于此。此外，根据不同场景、不同应用对带宽的要求，可以对连接 AP 的无线节点的数目进行控制。对于带宽要求较高的应用（如多媒体教学、电话会议和视频点播等），单个 AP 所连接的无线节点数要少些；对于带宽要求较低的应用，单个 AP 所连接的无线节点数可以适当多些。实际部署如图 3-27 所示：

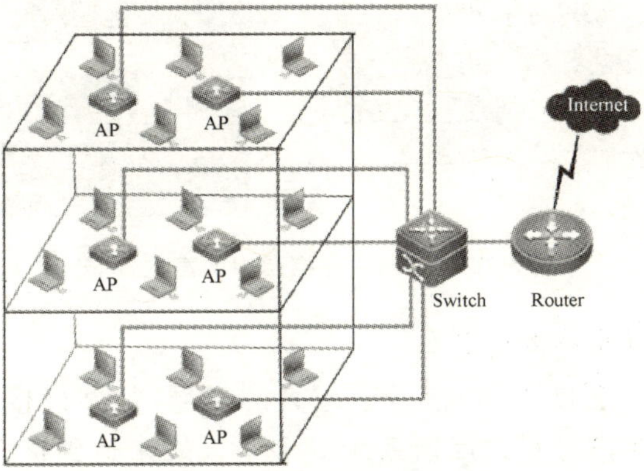

图 3-27　无线部署图

在这种区域中，需要覆盖的区域范围广，并且通常会有比较多的树木等影响无线信号；同时设备部署到室外，必须考虑防水、防尘、防雷、防高温、防低温等因素，因此室外覆盖方案对无线设备要求非常高，一般必须使用专业室外型产品。在距离超过以太网作用范围的情况下，要求 AP 必须支持光纤接口。室外覆盖方案首要考虑的是信号质量，一般情况下，普通 100mw 的室外型产品能够覆盖 100～200 米，大功率室外型 AP 可以覆盖超过 300 米。

WLAN 的部署需要根据目标区域的不同制定最佳的 WLAN 覆盖方案，根据覆盖区域和用户要求的不同，可以采用室内直接覆盖、室内分布式覆盖、室外覆盖、室外覆盖室内等多种覆盖方案。

3. 室内直接覆盖方案

适用于用户密度高，信号衰减小（如图书馆、学术厅、教室）的区域。在这种情况下，AP 可以采用壁挂或者吸顶安装。此时优先考虑的因素是用户数量而不是信号质量。通常，每个 AP 支持用户数量的合理值在 15～20 个，根据用户总数和使用无线局域网的比例来合理规划每个区域部署 AP 的位置和数量。

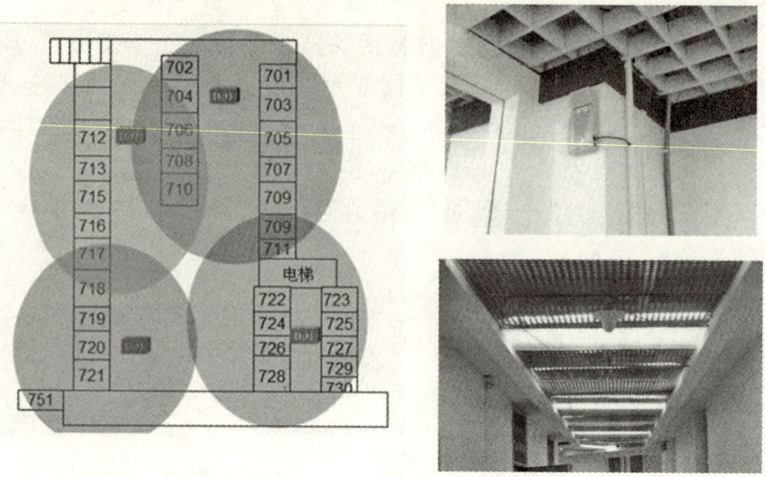

图 3-28 WLAN 在校园中的室内部署

(1) 室内分布式覆盖方案

适用于用户密度不高，信号衰减大的区域，如办公楼、学生宿舍等。每个 AP 通过室内分布式反馈系统带多个天线来达到扩大覆盖区域，提高信号质量的目的。此时 AP 一般部署于楼道天花板上或者弱电间中，天线则部署于楼道内。在使用室内分布式覆盖的情况下，AP 的数量主要在施工难度和信号质量之间取得平衡。

(2) 室外覆盖方案

适合于操场、广场、迎新大道等室外开阔区域；在这种区域中，需要覆盖的区域范围广，并且通常会有比较多的树木等影响无线信号；同时设备部署到室外，必须考虑防水、防尘、防雷、防高温、防低温等因素，因此室外覆盖方案对无线设备要求非常高，一般必须使用专业室外型产品，在距离超过以太网作用范围的情况下，要求 AP 必须支持光纤接口。室外覆盖方案首要考虑的是信号质量，一般情况下，普通 100mw 的室外型产品能够覆盖 100～200 米，大功率室外型 AP 可以覆盖超过 300 米。

(3) 室外覆盖室内方案

适合学生宿舍、家属楼等区域的补点方案。AP 部署在目标区域的两侧，在两侧安装室外型 AP 加定向天线的方式完成对目标区域的覆盖。这种情况下，每个 AP 能够覆盖的区域很广，信号通过窗户进入房间，因此窗口附近的信号质量高，远离出口的区域信号质量稍差。对于家属楼，如果要求不高，可以只覆盖书房所在的一面，而对于学生宿舍楼，必须采用双面覆盖。室外覆盖室内的方案只能解决信号覆盖问题，如果使用无线网络的用户比例增加，上网速度则会下降。在这种情况下，建议更换为室内覆盖方案。

（七）校园无线网络架构图

在校园无线网络中可使用 AP 覆盖，采用点对多点无线中继模式，来满足大范围无线覆盖、远距离高速的无线互联，可保证无线信号被传递到较远的区域进行无线覆盖或连接有线网络。如图 3-29 所示。

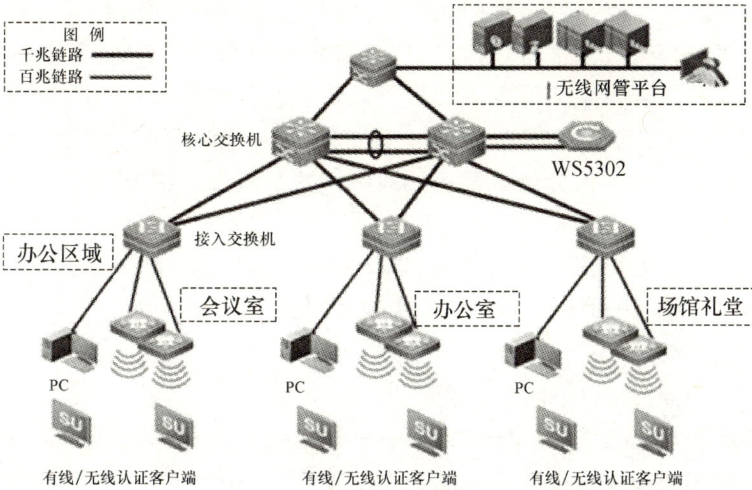

图 3-29　校园网架构图

在部署无线校园网中，采用无线接入 AP＋无线控制器方式部署。在需要无线接入的地方部署无线 AP，无线 AP 通过双绞线连接到就近的网络交换机，如果交换机带有 POE 供电功能，还可以省去无线接入 AP 的电源线路部署，无线 AP 直接通过交换机的 POE 端口供电。

通常部署无线校园网络有两种情况，一种是校园的全面无线覆盖，另一种是在校园的办公室、会议室、场馆等场所部署无线。无论是全网覆盖还是局部的无线应用在规划中首先考虑部署无线场所应用环境，对于无线信号是否存在干扰等。如果校园中的某个场所需要部署无线但环境对无线信号的屏蔽非常严重（如很多中小学的教室墙体的整体结构进行钢筋水泥进行了安全加固，环境手机信号都受到了屏蔽），此时可以采用散头天线部署方式，每个房间部署散头天线，而几个房间的天线可以连接到一个无线 AP，无线 AP 则部署在折中地点；这样一个无线 AP 可以覆盖多个教室。

核心机房部署一台无线控制器，无线局域网控制器可以自动获知同一个网络中不同 AP 接入点之间的信号强度。控制器能利用这些信息，为网络创建一个动态优化 RF 拓扑。无线局域网控制器可以用一种独特的方式提供动态 RF，并能直观地呈现无线物理部署和网络覆盖区域。

在一个接入点启动时，它会立即搜寻网络中的无线局域网控制器。在其找到一个无线控制器之后，无线 AP 会发出加密的协议报文与无线控制建立管理控制连接。这些邻居消息包括 MAC 地址和任何相邻接入点的信号强度。在一个无线控制器网络中，无线控制器可以利用这些邻居信息确定接入点在网络中的相对空间状态。控制器随后会调节每个接入点的信道和信号强度，以获得最佳的覆盖范围和网络容量。

在这种部署模式下所有无线数据及控制流量均交由无线控制器来处理，通过无线控制可以进行 VLAN 和 SSID、加密等配置，无线控制器可以对信道进行整体的分配以避免无线 AP 的信道由于混乱产生无线信号的相互干扰。

无线 AP 为用户提供无线接入，无线控制则负责用户业务数据的交换和路由转发，通过无线控制完全实现校园无线的整体管理与控制，实现一张完成无线网络。

（八）无线教育城域网架构图

如图 3-30 所示，在教育城域网中采取无线 AP＋无线控制器的部署，通过这种部署模式可以实现教育城域网的统一控制管理，在区县学校分别部署无线 AP，区县教委部和市教委部署无线控制，区县教委的无线控制和市教委的无线控制器采用集群方式，首先实现了无线核心的硬件冗余；而各区域的无线控制器分管对应区域的学校无线 AP。

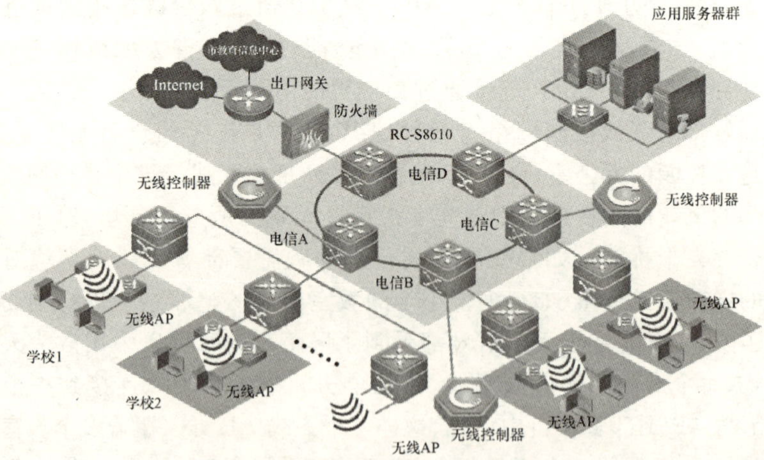

图 3-30　无线教育宽带网架构图

教育城域网无线网络采用先进 802.11n 高速无线网络接入标准，以及向下兼容的 802.11abg 技术标准，共同打造高性能的基础支撑平台。通过智能转发技术解决大规模 802.11n 无线接入点的部署情况下，核心层的无线控制器在集中式转发模式下的流量瓶颈问题。无线接入点可具备根据不同用户、不同 VLAN 等方式来决定数据流量是否需要全部集中流经无线控制器。这样不仅可以保持原有的集中式转发架构下的安全和管理优势，更可以根据网络的数据实际情况将时延敏感、流量较大的数据流分离到有线网络直接处理，将管理控制报文、安全控制要求高的报文送交无线控制器处理，避免因为 AP 的数量众多或者是 AP 的负载过大而造成无线控制器的转发瓶颈。这种解决方案将非常适合罗湖教育城域网这样的大规模的 802.11n 无线网络环境使用。

不仅如此，这种先进的架构，将使得无线网络即使面对今后的校园 VoWLAN(无线语音通话)和无线视频点播等业务，也可以从容地升级和扩充，而无需淘汰现有设备，对用户的投资是极大的保护。

为了保证在高用户数下的网络访问体验，无线控制器可以设定 AP 间对接入用户进行负载均衡，负载均衡的策略可以是基于 AP 接入的用户数量和 AP 的流量负载情况。当无线控制器发现 AP 的负载超过设定的门限值以后，对于新接入的用户无线控制器会自动计算此用户周围是否还有负载较轻的 AP 可供用户接入，如果有则 AP 会拒绝用户的关联请求，用户会转而接入其他负载较轻的 AP。通过负载均衡技术和高性能的 AP 平台，全网的 802.11n 将提供高速的网络访问体验。

WLAN 安全防范措施

以下是在 WLAN 中推荐使用的安全技术及安全操作，通过采取以下安全措施，可以有效地增强 WLAN 的安全性，避免非法的用户接入网络并保护网络资源。虽然下面列出的操作不可能在一个网络中全部实施，但根据网络的自身需求以及实施这些技术的能力选择可行的措施也能够在一定程度上提高 WLAN 的安全性。

1. 使用 WPA2 加密——旧的安全选项，只需使用浏览器插件或是手机应用即可。WPA2 是最新的安全运算法则，它贯彻到了整个无线系统，可以从配置屏幕中进行选取。

2. 使用十个字符以上的密码——即便是比较新的加密方案，如 WPA2，也可以被那些自动套取密码的进程攻克。不见得要用长而难记的密码，可使用更为复杂的密码，如“w1f1p4ss”。

3. 不要使用标准的 SSID——许多无线路由器都自带默认的无线网

络名称，也就是我们所知道的 SSID，如“netgear”或“linksys”，大多数用户都不会想到要对这些名称进行更改。WPA2 加密将这一 SSID 作为密码的一部分来使用。不对其进行更改意味着允许黑客使用密码查询列表，而这样无疑会加速密码破解的进程，甚至可以让他们测试密码的速度达到每秒几百万个。使用自定义的 SSID 则增大了不法分子破坏无线网络的难度。

4. 在密码中，添加数字、特殊符号和大小写字母——复杂的密码增加了字符数，这样便会增加密码破解的难度。例如，如果你的密码包含四个字节，但你仅使用了数字，那么可能的密码就是 10 的四次方，即 10000 个。如果你只使用小写字母，那么密码的可能性达到 36 的四次方。这样就迫使攻击者测试巨大数量的密码，从而增加他解密的时间。

5. 调节无线信号的覆盖范围——调制解调器的接入点具备多个天线和传输功率，所以，用户可以调节信号的覆盖范围。有些产品可以让我们通过菜单选项来调节传输功率。这样就限制了别人能获取你的无线信号的范围，从而可以避免其损坏你的网络。

6. 在无线网络采用 802.1x 安全认证，当无线工作站与 AP 关联后，是否可以使用 AP 的服务要取决于 802.1x 的认证结果。如果认证通过，则 AP 为无线工作站打开这个逻辑端口，否则不允许用户访问网络资源。802.1x 要求无线工作站安装 802.1x 客户端软件，无线 AP 要支持 802.1x 认证代理，同时它还作为 RADIUS 客户端，将用户的认证信息转发给 RADIUS 服务器。802.1x 除了提供端口访问控制能力之外，还提供基于用户的认证及计费，特别适合于公共无线接入解决方案。

第二节　网络安全技术

一、网络安全概述

网络的安全是指通过采用各种技术和管理措施，使网络系统正常运行，从而确保网络数据的可用性、完整性和保密性。网络安全的具体含义会随着“角度”的变化而变化。比如：从用户（个人、企业等）的角度来说，他们希望涉及个人隐私或商业利益的信息在网络上传输时受到机密性、完整性和真实性的保护。

近年来，计算机犯罪案件也急剧上升，计算机犯罪已经成为普遍的国际性问题。据美国联邦调查局的报告,计算机犯罪是商业犯罪中最大的犯罪类型之一,每笔犯罪的平均金额为45,000美元,每年计算机犯罪造成的经济损失高达50亿美元。

而我国的情况也不容乐观,政府、证券,特别是金融机构的计算机网络相继遭到多次攻击。公安机关受理各类信息网络违法犯罪案件逐年增加,尤其电子邮件、特洛伊木马、文件共享,盗取银行账号等一系列的黑客与病毒问题愈演愈烈。

早期的网络安全大多是局限于各种病毒的防护。随着计算机网络的发展,除了病毒,人们更多的是防护木马入侵、漏洞扫描、DoS这几类新型攻击手段。

威胁网络安全的因素是多方面的,目前没有一个统一的方法能对所有的网络安全行为进行区分和有效的防护。下面对网络安全威胁进行基本的分类。

(一)中断威胁

中断威胁破坏了发送端到接收端之间的通路,使数据无法从发送端发往接收端。

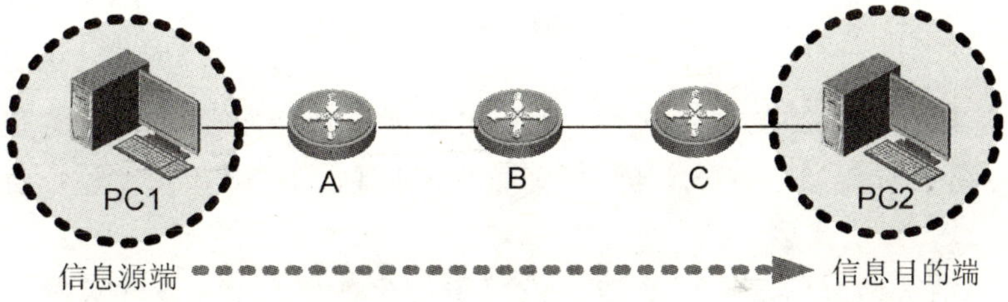

图3-31 正常的信息流

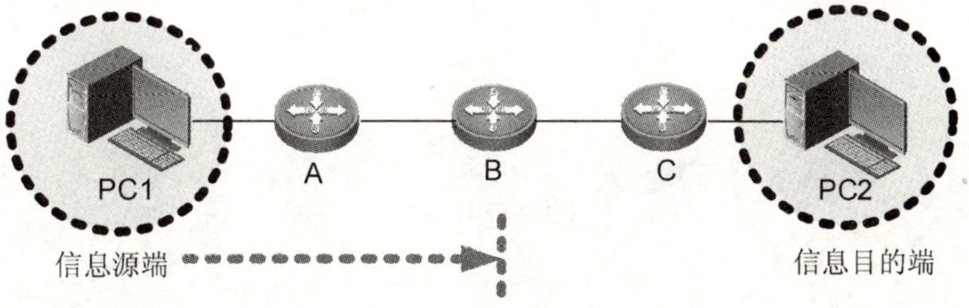

图3-32 中断威胁

造成中断威胁的原因:

- 攻击者攻击破坏信息源端与信息目的端之间的连通性,造成网络链路中断。

● 信息目的端无法处理来自信息源端的数据，造成服务无法响应。

● 系统崩溃：物理上破坏网络系统或者设备组件，如破坏磁盘系统，造成整个磁盘的损坏及文件系统的瘫痪等。

在目前网络中，最典型的中断威胁是拒绝服务攻击（DoS）。

（二）截获威胁

截获威胁是指非授权者通过网络攻击手段侵入系统，使信息在传输过程中丢失或者泄露的一种威胁。它破坏了数据的保密性原则。

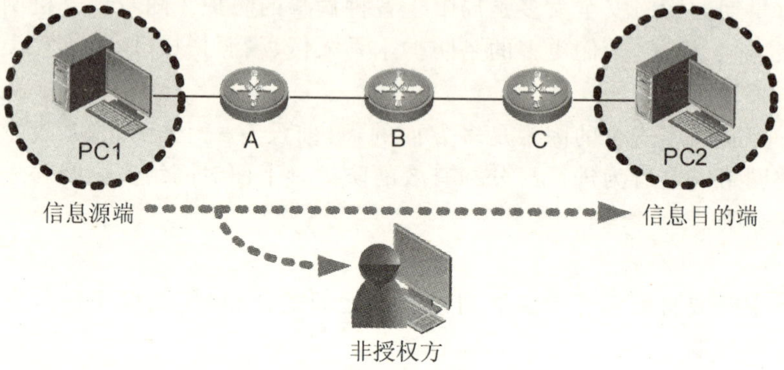

图 3-33　截获威胁

造成截获威胁的攻击包括：利用电磁泄露或者窃听等方式截获保密信息，通过对数据的各种分析，得到有用的信息，如用户口令、账号信息。

（三）篡改威胁

所谓篡改威胁是指以非法手段获得信息的管理权，通过未授权的方式进行数据的创建、修改、删除和重放等操作，使数据的完整性遭到破坏。如图 3-34 所示：

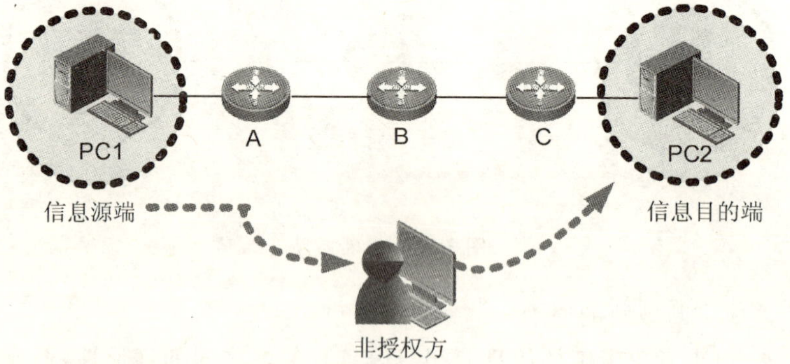

图 3-34　篡改威胁

这种攻击的手段包括：

- 改变数据文件，如修改信件内容。
- 改变数据的程序代码，使程序不能正确地执行。

（四）伪造威胁

伪造威胁指一个非授权者将伪造的数据信息插入数据中，破坏数据的真实性与完整性，从而盗取目的端信息的行为。

> 扩展知识：
>
> 为了避免数据被非授权者篡改，业界开发了一种解决方案：数字签名。
>
> 所谓数字签名就是附加在数据单元上的一些数据，或是对数据单元所作的密码变换。这种数据或变换允许数据单元的接收者用以确认数据单元的来源和数据单元的完整性并保护数据，防止进行数据伪造。

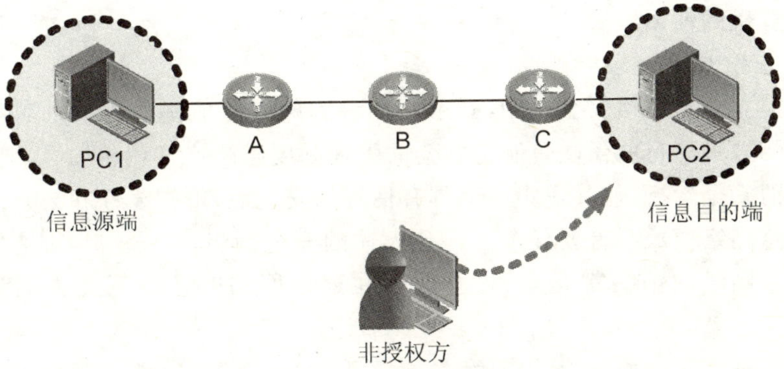

图 3-35 伪造威胁

影响计算机网络安全的因素很多，有些是人为蓄意的，有些是无意造成的。产生网络安全的原因有以下几个方面：

1. 网络设计问题：由于网络设计的问题导致网络流量剧增，造成终端执行各种服务缓慢。典型的案例是由于公司内二层设备设计不合理导致广播风暴的问题。

2. 网络设备问题：在构建互联网络过程中，每个设备都有其特有的功能。比如，路由器和防火墙在某些功能上起到的作用一样，如访问控制。但路由器通过 ACL 来实现访问控制，效果及性能不如防火墙。对于一个安全性需求很高的网络来说，采用路由器 ACL 来过滤流量的话，性能上得不到保证，更重要的是网络黑客可利用各种手段来攻击路由器的路由表，使路由器瘫痪，不但起不到过滤 IP 的功能，更影响了网络的互通。

3. 人为无意失误：此类失误多体现在管理员安全配置不当，终端用户安全意识不强，用户口令过于简单等因素带来的威胁。

4. 人为恶意攻击：这是网络安全最大的威胁。此类攻击指攻击者通过黑客工具对目标网络进行扫描、侵入、破坏的一种举动，此类攻击对网络性能，数据的保密性、完整性均都会有影响，并导致机密数据的泄露，给企业造成损失。

5. 软件漏洞：由于软件程序的复杂性和编程的多样性，在网络系统中的软件有意无意就会留下一些安全漏洞。黑客利用这些漏洞来危害被攻击者的网络及数据。如微软公司每月都在对 Windows 系列操作系统进行补丁的更新、升级，目的是修补其漏洞，避免黑客利用漏洞进行攻击。

6. 病毒威胁：计算机病毒是一种小程序，能够自我复制，会将病毒代码依附在程序上，通过执行，伺机传播病毒程序，会进行各种破坏活动，影响计算机的使用。

（五）安全技术手段

建立全新网络安全机制，必须深刻理解网络并能提供直接的解决方案，因此，最可行的做法是制定健全的管理制度与严格管理相结合。保障网络的安全运行，使其成为一个具有良好的安全性、可扩充性和易管理性的信息网络便成为首要任务。一旦上述的安全隐患成为事实，所造成的对整个网络的损失都是难以估计的，在建设网络时从以下几方面进行设计。

物理措施：例如，保护网络关键设备（如交换机、大型计算机等），制定严格的网络安全规章制度，采取防辐射、防火以及安装不间断电源（UPS）等措施。

访问控制：对用户访问网络资源的权限进行严格的认证和控制。例如，进行用户身份认证，对口令加密、更新和鉴别，设置用户访问目录和文件的权限，控制网络设备配置的权限等。

数据加密：加密是保护数据安全的重要手段。加密的作用是保障信息被人截获后不能读懂其含义。防止计算机网络病毒，安装网络防病毒系统。

网络隔离：网络隔离有两种方式，一种是采用隔离卡实现，一种是采用网络安全隔离网闸实现。

其他措施：其他措施包括信息过滤、容错、数据镜像、数据备份和审计等。近年来，围绕网络安全问题提出了许多解决办法，例如数据加密技术和防火墙技术等。数据加密是对网络中传输的数据进行加密，到达目的地后再解密还原为原始数据，目的是防止非法用户截获后盗用信息。防火墙技术是通过对网络的隔离和限制访问等方法来控制网络的访问权限。

二、交换路由安全策略

对于大多数局域网来说，交换机和路由器已经成为正在使用最多的网络设备之一。在很多管理员眼中，交换机和路由器是一个共享接入 Internet 的硬件设备，如果忽视了它们的安全设置，整个局域网很可能就是一扇敞开的大门。在建设网络过程中设备安全的规划设计至关重要，同时依靠网络设备可以建立多道安全闸门，将网络中的各种业务流量在设备本身转发处理过程中进行安全控制。

在成熟的网络技术应用中交换路由安全策略主要是设备的管理控制安全和对不同业务的安全访问控制。

（一）设备管理安全策略

对于设备的管理控制主要是通过 console、SSH、http、tty、vty 等几种方式进行登录控制管理。通过 console 登录到设备中往往是超级管理用户权限，只要登录成功，通常情况可以对设备做任何操作，但一般此登录都是在设备旁边。

SSH、http、tty、vty 等方式属于远程登录管理，具有一定安全隐患，一旦被他人截获登录口令后会造成一定的安全威胁。

从安全角度来看，口令是保存在配置文件中的，在网络上传输这些文件时（比如使用 TFTP），我们希望保证口令的安全。因此口令在保存到参数文件之前将被加密处理，明文形式的口令变成密文形式的口令。还可以利用 RADIUS 服务器对用户登陆时的用户名和密码进行控制，这样路由器不再用本地保存的密码信息进行认证，而是将加密后的用户信息发送到 RADIUS 服务器上进行验证，服务器统一配置用户的用户名、用户密码、共享密码和访问策略等信息，便于管理和控制用户访问，提高用户信息的安全性。

除了使用认证服务器方式进行对用户登录认证以外，使用 SSH 安全通道进行对设备登录管理也是比较安全的一种方法。

SSH 是英文 Secure Shell 的简写形式。SSH 连接所提供的功能类似于一个 Telnet 连接。与 Telnet 不同的是基于该连接所有的传输都是加密的。当用户通过一个不能保证安全的网络环境远程登录到路由器时，SSH 特性可以提供安全的信息保障和强大的认证功能，以保护路由器不受诸如 IP 地址欺诈、明文密码截取等攻击。

基于 SSH 连接安全性的考虑，禁止使用无认证方式登录。因此在用户登录认证时，所使用的登录认证方式必须设置密码。

（二）ACL 安全策略

ACL（Access Control List，简称 ACL）访问控制列表是路由器和交换机接口的指令列表，用来控制端口进出的数据包。这张表中包含了匹配关系、条件和查询语句。表只是一个框架结构，其目的是为了对某种访问进行控制。

信息点间通信和内外网络的通信都是企业网络中必不可少的业务需求，但是为了保证内网的安全性，需要通过安全策略来保障非授权用户只能访问特定的网络资源，从而达到对访问进行控制的目的。简而言之，ACL 可以过滤网络中的流量，是控制访问的一种网络技术手段。ACL 的定义也是基于每一种协议的。

1. ACL 的作用

（1）ACL 可以限制网络流量、提高网络性能。例如，ACL 可以根据数据包的协议，指定数据包的优先级。

（2）ACL 提供对通信流量的控制手段。例如，ACL 可以限定或简化路由更新信息的长度，从而限制通过路由器某一网段的通信流量。

（3）ACL 是提供网络安全访问的基本手段。如图 3-36 所示，ACL 允许主机 172.17.1.1 访问 172.16.1.0/24 网段中的业务，而拒绝主机 172.17.1.1 访问 172.16.2.0/24 网段业务。

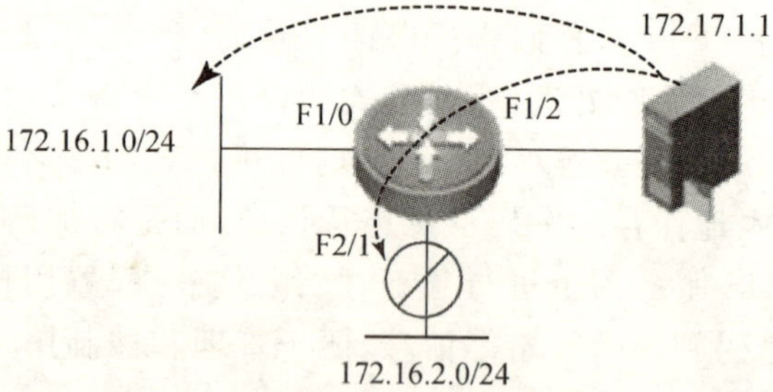

图 3-36　ACL 示例图

（4）ACL 可以在路由器端口处决定哪种类型的通信流量被转发或被阻塞。例如，用户可以允许 E-mail 通信流量被路由，拒绝所有的 Telnet

通信流量。

● 基本原理：ACL 使用包过滤技术，在路由器上读取第三层及第四层包头中的信息，如源地址、目的地址、源端口、目的端口等，根据预先定义好的规则对包进行过滤，从而达到访问控制的目的。

● ACL 的执行过程：一个端口执行哪条 ACL，这需要按照列表中的条件语句执行顺序来判断。如果一个数据包的报头跟表中某个条件判断语句相匹配，那么后面的语句就将被忽略，不再进行检查。

● 功能：网络中的资源节点和用户节点两大类，其中资源节点提供服务或数据，用户节点访问资源节点所提供的服务与数据。ACL 的主要功能是一方面保护资源节点，阻止非法用户对资源节点的访问，另一方面限制特定的用户节点所能具备的访问权限。

● 配置 ACL 的基本原则：在实施 ACL 的过程中，应当遵循如下两个基本原则：

最小特权原则：只给受控对象完成任务所必需的最小权限。

最靠近受控对象原则：所有的网络层访问权限控制。

● 局限性：由于 ACL 是使用包过滤技术来实现的，过滤的依据又仅仅是第三层和第四层包头中的部分信息，这种技术具有一些固有的局限性，如无法识别具体的人，无法识别应用内部的权限级别等。因此，要达到 End to End 的权限控制目的，需要和系统级及应用级的访问权限控制结合使用。

这里要注意，ACL 不能对本路由器产生的数据包进行控制。

2. ACL 的工作原理

(1) ACL 的应用主要包括两个必备条件

第一个条件需要一个源到目的的访问规则，多个规则形成了一张列表即“访问列表”，表中的所有规则都包含了一个动作，这个动作不是“允许”就是“拒绝”，因此通常被称为列表中的两个动作。

第二个条件是接口必须应用 ACL 控制策略，此接口是访问的源数据流进入的端口或者是流出的端口(通常被称为离源最近的端口或者是离目的最近端口)，同时在应用过程中还要指定此访问策略是用于对进入的数据流做控制，还是对出去的流量做控制。

(2) 控制应用流程

当一个访问流量进入端口后，设备首先查看端口是否应用了 ACL 控制策略，如果应用了 ACL，进行查看访问控制列表中的规则，如图 3-37 所示，如果第一条匹配成功将进行执行动作是允许还是拒绝，如果第一条没有匹配成功将逐条向下匹配，直到找到对应的策略条目。

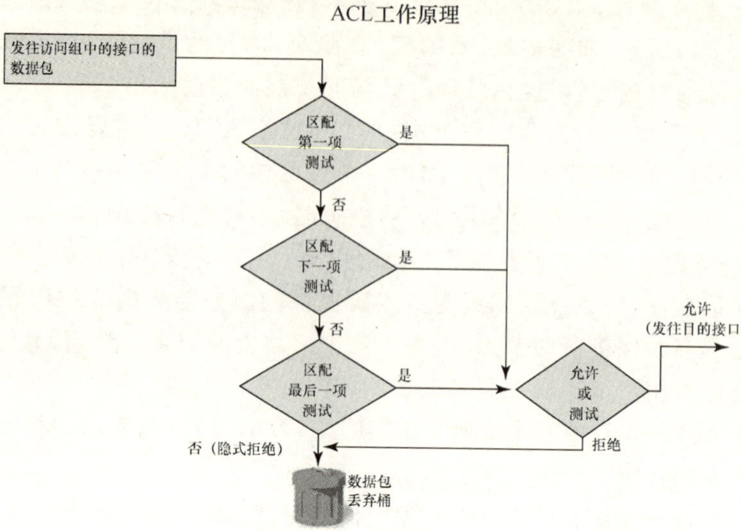

图 3-37　ACL 原理图

如果在整张 ACL 规则列表中都没有找到匹配的策略，将执行默认的策略丢弃数据。在每张 ACL 规则列表中有一条隐含的规则即拒绝转发所有数据。

3. ACL 分类

ACL 根据二层和三层使用环境和实现的功能主要分为两大类：基于 IP 的 ACL 和基于 MAC 地址的 ACL。

基于 IP 的 ACL 主要是依据列表中的 IP 地址、协议端口来进行访问控制，根据访问安全控制精细程度又可以将访问控制表分为：标准 ACL 和扩展 ACL。

(1) 标准 ACL

标准 ACL 根据源 IP 地址允许或拒绝流量。数据包中包含的目的地址和端口无关紧要。

(2) 扩展 ACL

扩展 ACL 根据多种属性(例如，协议类型、源 IP 地址、目的 IP 地址、源 TCP 或 UDP 端口、目的 TCP 或 UDP 端口)过滤 IP 数据包，并可依据协议类型信息(可选)进行更为精确的控制。

使用 ACL 时主要涉及以下两项任务：

第一，通过指定访问列表编号或名称以及访问条件来创建访问列表。

第二，将 ACL 应用到接口或终端线路。

编号 ACL 和命名 ACL

（1）根据要过滤的协议分配编号：

- （1 到 99）以及（1300 到 1999）：标准 IP ACL。
- （100 到 199）以及（2000 到 2699）：扩展 IP ACL。

（2）ACL 名称：

- 名称中可以包含字母数字字符。
- 名称以大写字母书写。
- 名称中不能包含空格或标点，而且必须以字母开头。
- 可以添加或删除 ACL 中的条目。

ACL 应用位置

在适当的位置放置 ACL 可以过滤掉不必要的流量，使网络更加高效。每个 ACL 都应该放置在最能发挥作用的位置。基本的规则是：

- 将扩展 ACL 尽可能靠近要拒绝流量的源。这样才能在不需要的流量流经网络之前将其过滤掉。
- 因为标准 ACL 不会指定目的地址，所以其位置应该尽可能靠近目的地。

4. 基于 MAC 的 ACL

之前介绍的编号和名称的标准 ACL 和扩展 ACL 都是基于 IP 的，所以称作 IP ACL。但是在某些场合基于 IP 的 ACL 可能无法满足网络需求。例如，图 3-38 所示为一个企业网络，只允许公司财务部的主机（172.16.1.1）访问公司的财务服务器（172.16.1.254），不允许其他任何员工的主机访问财务服务器。

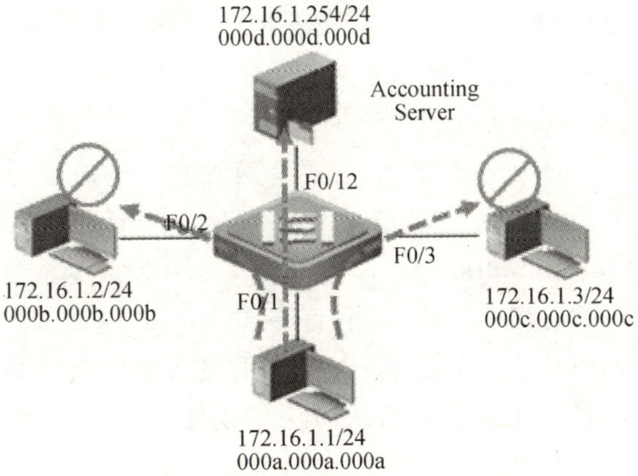

图 3-38　基于 MAC 的 ACL

基于 MAC 的 ACL 所检查的元素为数据包的源 MAC 地址与目的 MAC 地址，通常主机的 MAC 地址是固定的，不能够被修改，所以根据 MAC 地址过滤的访问控制设备不会被“欺骗”。

基于 MAC 的 ACL 根据报文的源 MAC 地址、目的 MAC 地址、802.1p 优先级、二层协议类型等二层信息制定匹配规则，对报文进行相应的分析处理。

二层 ACL 的序号取值范围为各厂商的规定，并不统一，因此在应用时需查阅厂家编辑的产品手册。

三、VPN 虚拟专用网

当今的商业发展变得比以往更加全球化、移动化，需要建立比以往更多的连接。尤其是网络经济的发展，企业日益扩张，客户分布日益广泛，合作伙伴日益增多。这种情况促使了企业的效益日益增长，另一方面也越来越凸显传统企业网的功能缺陷：传统企业网基于固定物理地点的专线连接方式已难以适应现代企业的需求。于是企业对于自身的网络建设提出了更高的需求，主要表现在网络的灵活性、安全性、经济性、扩展性等方面。在这样的背景下，VPN（虚拟专用网）以其独具特色的优势赢得了越来越多的企业的青睐，令企业可以较少地关注网络的运行与维护，而更多地致力于企业商业目标的实现。

VPN 是能够提供当今商业发展所需网络功能的理想途径。它可以使公司获得使用公用通信网络基础结构所带来的便利和经济效益，同时获得使用专用的点到点连接所带来的安全。

网络中传输的数据是明文的，由于互联网是公共的属性，所以数据在网络中传输是不安全的。比如，TFTP、FTP、POP、SMTP 等都是明文传输方式，在这种情况下会受到以下攻击。

- 窃听（Eavesdropping）

窃听的工具：协议分析软件，主要有两种类别的协议分析：普通和攻击。针对此类的攻击解决方案是：链路加密、有效负载加密。

- 伪装（Masquerading）

伪装的工具：与窃听攻击相同，许多类型的工具可以用于伪装攻击。针对此类攻击的解决方案：当然，也可使用完善的防火墙系统，但其有可能阻止合法的流量。最常见的解决方法就是使用一个数据包完整性检查制度。

- 中间人（Man-in-the-middle）

其有两种分类：会话重放攻击(Session replay attacks)和会话劫持攻击(Session hijacking attacks)。攻击者通常会使用协议分析仪捕获数据包来实现两种类型的攻击方法。黑客甚至可以使用 Java 或 ActiveX 脚本从 Web 服务器会话捕获的数据包进行会话重放攻击。如 TCP 会话劫持攻击，攻击者将需要某种形式的专门 TCP 序列号猜测，成功地拦截并接管现有的 TCP 连接。

针对于以上的攻击我们采用最好的方法就是使用 VPN，因为 VPN 提供如下功能。

- 设备认证(Deyice authentication)
- 包完整性检查(Packet integrity checking)
- 加密(Encryption)

(一) VPN 概述

利用公共网络来构建的私人专用网络称为虚拟私有网络(Virtual Private Network，简称 VPN)，用于构建 VPN 的公共网络包括 Internet、帧中继、ATM 等。在公共网络上组建的 VPN 像企业现有的私有网络一样提供安全性、可靠性和可管理性的策略等。

虚拟专用网使用公共基础设施来建立连接，但实现的策略和安全性与私有网络极其相似。顾名思义，虚拟专用网不是真的专用网络，但却能够实现专用网络的功能。虚拟专用网指的是依靠 ISP(Internet 服务提供商)和其他 NSP(网络服务提供商)，在公用网络中建立专用的数据通信网络的技术。在虚拟专用网中，任意两个节点之间的连接并没有传统专用网所需的端到端的物理链路，而是利用某种公众网的资源动态组成。

由于 VPN 是在 Internet 上临时建立的安全专用虚拟网络，用户可节省租用专线的费用，在运行的资金支出上，除了购买 VPN 设备，企业所付出的仅仅是向企业所在地的 ISP 支付一定的上网费用，也节省了长途电话费，这就是 VPN 价格低廉的原因。如图 3-39 所示，企业内部资源享用者只需连入本地 ISP 的 POP(Point Of Presence，接入服务提供点)，即可相互通信，而利用传统的 WAN 组建技术，彼此之间要有专线相连才可以达到同样的目的。虚拟网组成后，出差员工和外地客户只需拥有本地 ISP 的上网权限就可以访问企业内部资源。如果接入服务器的用户身份认证服务器支持漫游的话，甚至不必拥有本地 ISP 的上网权限。这对于流动性很大的出差员工和分布广泛的分公司与合作伙伴来说是很有意义的。并且企业开设 VPN 服务所需的设备很少，只需在资源共享处放置一台 VPN 服务器就可以了。

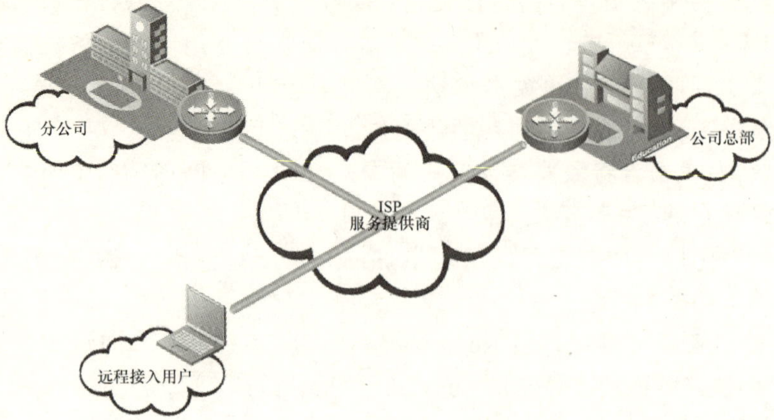

图 3-39　虚拟专用网络

虚拟专用网络(VPN)是一条穿过混乱公用网络的安全、稳定的隧道,在这条安全隧道上可以进行安全、高效的数据传输。虚拟专用网(VPN)将大幅度地减少用户花费在 WAN 和远程网络连接上的费用。同时,这将简化网络的设计和管理,加速连接新的用户和网站。另外,它还可以保护现有的网络投资。

VPN 可以连接两个终端系统,也可连接多个网络,它是使用隧道和加密技术来组建的,是一种 WAN 基础设施替代品,可用于替代或拓展现有的私有网络。在很多情况下,VPN 有很多优于传统 WAN 连接的地方,如费用低廉、易于安装、能够迅速增加带宽等。

VPN 提供了三种主要功能:

- 加密:通过网络传输分组之前,发送方可对其进行加密。这样,即使有人窃听,也无法读懂其中的信息。
- 数据完整性:接收方可检查数据通过 Internet 传输的过程中是否被修改。
- 来源验证:接收方可验证发送方的身份,确保信息来自正确的地方。

与传统的租用线路网络相比,VPN 有很多优点。VPN 连接的主要优点包括:

- 费用更低:通过降低传输带宽、主干设备和运营等费用,降低了总体拥有的成本,LAN-LAN 连接的成本通常比使用租用线路的网络低 6～40%,远程接入的费用降低 60～80%。
- 业务更灵活:与传统的 WAN 相比,VPN 是一种更灵活、可扩展性更高的网络架构，让企业能够快速、经济地拓展网络，根据业务需求，便利地连接分部、分公司、远程办公人员、移动用户和商业合作伙伴。

● 与拥有并运营私有网络设施相比，简单化了管理工作：企业可以将部分或全部 WAN 功能外包给服务提供商，从而将重点放在核心项目上，而不用管理 WAN 或拨号网络。

● 隧道化网络拓扑降低了管理负担：通过使用 IP 主干，避免了永久虚电路和面向连接的协议静态地关联起来，进而可以建立全互联拓扑，同时降低了网络的复杂性和成本。

VPN 拥有私有网络的优点：保密性和使用多种协议，而这些优点是通过使用大型公共 IP 基础设施 Internet 来获得的。

虚拟专用网是通过隧道方式在同一条标准 IP 连接上传输多种协议来实现的，RGNOS 支持三种隧道化方法：通用路由选择封装(GRE)、第 2 层隧道协议(L2TP)和 IPSec。虚拟专用网支持保密性、完整性和身份验证，通过对数据流进行加密并使用 IPSec 协议，使得数据流通过公共基础设施传输时，其身份验证与私有网络中相同。

(二) VPN 类型

VPN 分为三种类型：远程访问虚拟网(Access VPN)、企业内部虚拟网(Intranet VPN)和企业扩展虚拟网(Extranet VPN)。这三种类型的 VPN 分别与传统的远程访问网络、企业内部的 Intranet 以及企业网和相关合作伙伴的企业网所构成的 Extranet 相对应。

1. Access VPN

Access VPN，通过一个拥有与专用网络相同策略的共享基础设施，提供对企业内部网或外部网的远程访问。Access VPN 能使用户随时、随地以其所需的方式访问企业资源。Access VPN 包括模拟、拨号、ISDN、数字用户线路(xDSL)、移动 IP 和电缆技术，能够安全地连接移动用户、远程工作者或分支机构。

随着当前移动办公的日益增多，远程用户需要及时地访问 Intranet 和 Extranet。对于出差流动员工、远程办公人员和远程小办公室，Access VPN 通过公用网络与企业的 Intranet 和 Extranet 建立私有的网络连接。在 Access VPN 的应用中，利用了二层网络隧道技术在公用网络上建立 VPN 隧道(Tunnel)连接来传输私有网络数据。

Access VPN 的结构有两种类型，一种是用户发起(Client-initiated)的 VPN 连接，另一种是接入服务器发起(NAS-initiated)的 VPN 连接。

用户发起的 VPN 连接指的是以下情况：首先，远程用户通过服务提供点(POP)拨入 Internet,其次,用户通过网络隧道协议与企业网建立一条隧道(可加密)连接,从而访问企业网内部资源。在这种情况下,用户端必须维护与管理发起隧道连接的有关协议和软件。

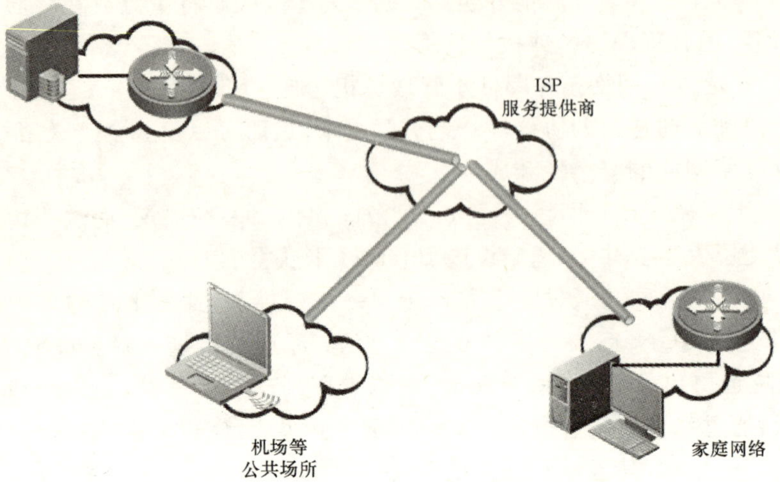

图 3-40　Access VPN 拓扑图

在接入服务器发起的 VPN 连接应用中,用户通过本地号码或免费号码拨入 ISP,然后 ISP 的 NAS 再发起一条隧道连接到用户的企业网。在这种情况下,所建立的 VPN 连接对远端用户是透明的,构建 VPN 所需的协议及软件均由 ISP 负责管理和维护。

Access VPN 的优点如下:

● 减少用于相关的调制解调器和终端服务设备的资金及费用,简化网络。

● 实现本地拨号接入的功能来取代远距离接入或 800 电话接入,这样能显著降低远距离通信的费用。

● 极大的可扩展性,简便地对加入网络的新用户进行调度。

● 远端验证拨入用户服务(RADIUS)基于标准,基于策略功能的安全服务。

2. Intranet VPN

越来越多的企业需要在全国乃至世界范围内建立各种办事机构、分公司、研究所等,各个分公司之间传统的网络连接方式一般是租用专线。显然,在分公司增多、业务开展越来越广泛时,网络结构趋于复杂,费用昂贵。利用 VPN 特性可以在 Internet 上组建世界范围内的 Intranet VPN。利用 Internet 的线路保证网络的互联性,而利用隧道、加密等 VPN 特性可以保证信息在整个 Intranet VPN 上安全传输。Intranet VPN 通过一个使用专用连接的共享基础设施，连接企业总部、远程办事处和分支机构。企业拥有与专用网络的相同政策，包括安全、服务质量(QoS)、可管理性和可靠性。

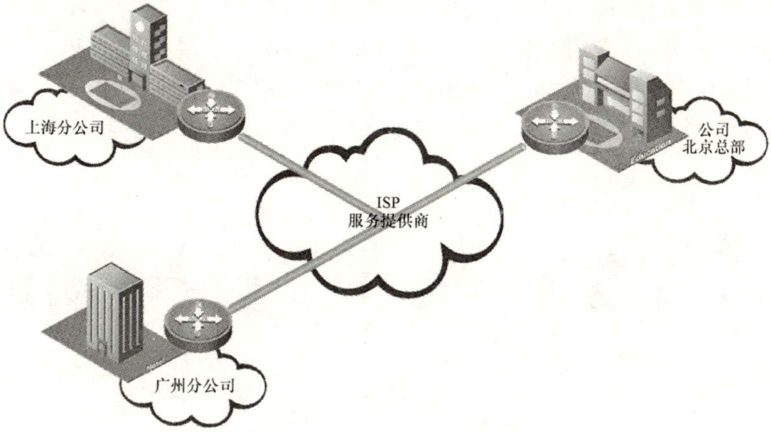

图 3-41 Intranet VPN 拓扑图

Intranet VPN 通过公用网络进行企业各个分布点互联，是传统的专线网或其他企业网的扩展或替代形式。

利用 IP 网络构建 VPN 的实质是通过公用网在各个路由器之间建立 VPN 安全隧道来传输用户的私有网络数据，用于构建这种 VPN 连接的隧道技术有 IPSec、GRE 等。结合服务商提供的 QoS 机制，可以有效而且可靠地使用网络资源，保证了网络质量。基于 ATM 或帧中继的虚电路技术构建的 VPN 也可实现可靠的网络质量，但其不足是互联区域有较大的局限性。而另一方面，基于 Internet 构建 VPN 是最为经济的方式，但服务质量难以保证。企业在规划 VPN 建设时应根据自身的需求对以上的各种公用网络方案进行权衡。

Intranet VPN 的优点如下：

- 减少 WAN 带宽的费用。
- 能使用灵活的拓扑结构，包括全网连接。
- 新的站点能更快、更容易地被连接。
- 通过设备供应商 WAN 的连接冗余，可以延长网络的可用时间。

3. Extranet VPN

- 随着信息时代的到来，各个企业越来越重视各种信息的处理。希望可以提供给客户最快捷方便的信息服务，通过各种方式了解客户的需要，同时各个企业之间的合作关系也越来越多，信息交换日益频繁。Internet 为这样的一种发展趋势提供了良好的基础，而如何利用 Internet 进行有效的信息管理，是企业发展中不可避免的一个关键问题。利用 VPN 技术可以组建安全的 Extranet，既可以向客户、合作伙伴提供有效的信息服务，又可以保证自身的内部网络的安全。

- Extranet VPN 通过一个使用专用连接的共享基础设施，将客户、供应商、合作伙伴或兴趣群体连接到企业内部网。企业拥有与专用网络相同的政策，包括安全、服务质量（QoS）、可管理性和可靠性。

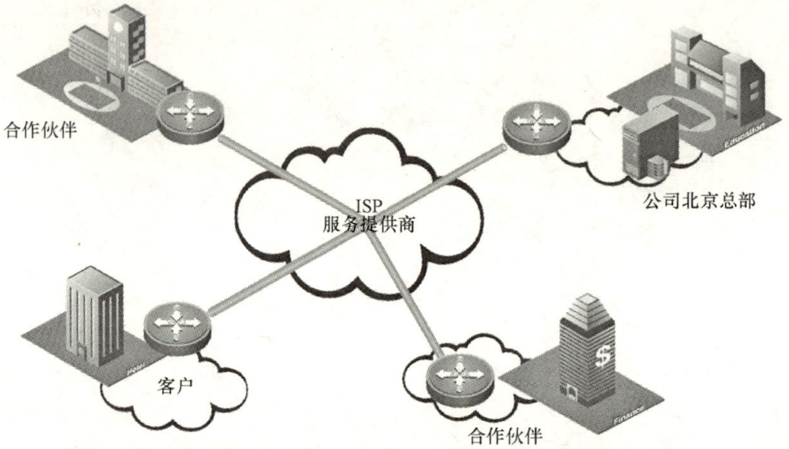

图 3-42　Extranet VPN 拓扑图

Extranet VPN 是指利用 VPN 将企业网延伸至合作伙伴与客户。在传统的专线构建方式下，Extranet 通过专线互联实现，网络管理与访问控制需要维护，甚至还需要在 Extranet 的用户端安装兼容的网络设备，虽然可以通过拨号方式构建 Extranet，但此时需要为不同的 Extranet 用户进行设置，而同样不能降低复杂度。因合作伙伴与客户的分布广泛，这样的 Extranet 建设与维护是非常昂贵的。因此，诸多的企业常常是放弃构建 Extranet，结果使得企业间的商业交易程序复杂化，商业效率被迫降低。

Extranet VPN 以其易于构建与管理为解决以上问题提供了有效的手段，其实现技术与 Access VPN 和 Intranet VPN 相同。Extranet 用户对于 Extranet VPN 的访问权限可以通过防火墙等手段来设置与管理。

Extranet VPN 结构的主要好处是，能容易地对外部网进行部署和管理，外部网的连接可以使用与部署内部网和远端访问 VPN 相同的架构和协议进行部署。主要的不同是接入许可，外部网的用户被许可只有一次机会连接到其合作人的网络。

（三）VPN 技术

VPN 主要采用四项技术：

- 隧道技术（Tunneling）；
- 加解密技术（Encryption&Decryption）；
- 密钥管理技术（Key Management）；
- 使用者与设备身份认证技术（Authentication）。

从 1995 年起，IETF 陆续公布了许多网络安全相关技术标准。

1. 隧道技术

对于构建 VPN 来说，网络隧道技术是个关键技术。网络隧道技术指的是利用一种网络协议来传输另一种网络协议，它主要利用网络隧道协议来实现这种功能。网络隧道技术涉及了三种网络协议，网络隧道协议、支撑隧道协议的承载协议和隧道协议所承载的被承载协议。

现有两种类型的隧道协议：一种是二层隧道协议，用于传输二层网络协议，它主要应用于构建 Access VPN 和 Extranet VPN；另一种是三层隧道协议，用于传输三层网络协议，它主要应用于构建 Intranet VPN 和 Extranet VPN。

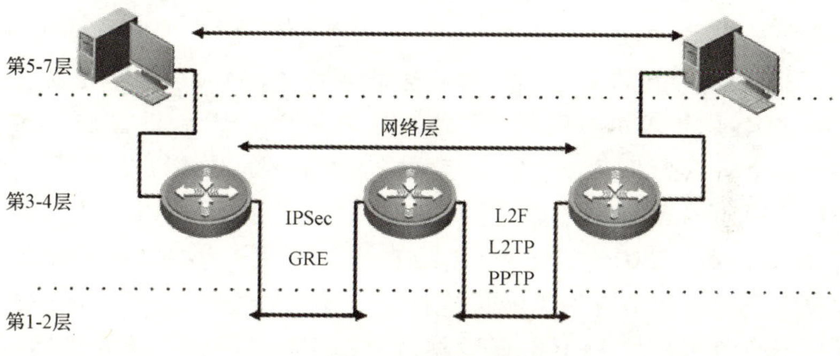

图 3-43　隧道图

2. 二层隧道协议

二层隧道协议主要有三种：PPTP（Point to Point Tunneling Protocol，点对点隧道协议）、L2F（Layer 2 Forwarding，二层转发协议）和 L2TP（Layer 2 Tunneling Protocol，二层隧道协议）。L2TP（二层隧道协议）是思科的 L2F 和微软的 PPTP 的结合。L2TP 将 PPP 通过公网进行隧道传输，提供如数据机密性的服务，L2TP 支持多种第三层协议。L2TP 可以使用 MPPE 来做保护。具有更优越的特性，得到了越来越多的组织和公司的支持，将是使用最广泛的 VPN 二层隧道协议。

(1) L2TP 协议

下面简单介绍一下 L2TP 网络协议。应用 L2TP 构建的典型 VPN 服务的结构如图 3-44 所示：

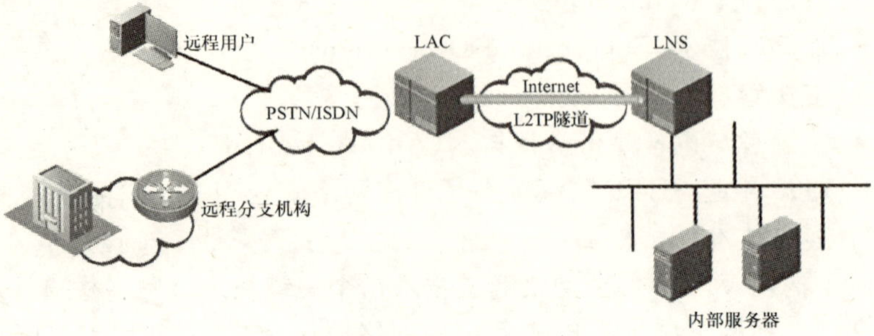

图 3-44　L2TP 拓扑图

其中，LAC 表示 L2TP 访问集中器(L2TP Access Concentrator)，是附属在交换网络上的具有接入功能和 L2TP 协议处理能力的设备。LAC 一般就是一个网络接入服务器 NAS(Network Access Server)，它通过 PSTN/ISDN 为用户提供网络接入服务；LNS 表示 L2TP 网络服务器(L2TP Network Server)，是用于处理 L2TP 协议服务器端部分的软件。

在一个 LNS 和 LAC 对之间存在两种类型的连接，一种是隧道连接，它定义了一个 LNS 和 LAC 对；另一种是会话(Session)连接，它复用在隧道连接之上，用于表示承载在隧道连接中的每个 PPP 会话过程。在一个隧道连接上可以承载多个会话连接。L2TP 连接的维护以及 PPP 数据的传送都是通过 L2TP 消息的交换来完成的，这些消息再通过 UDP 的 1701 端口承载于 TCP/IP 之上。L2TP 消息可以分为控制消息和数据消息两种类型。控制消息用于隧道连接和会话连接的建立与维护；数据消息则用于承载用户的 PPP 会话数据包。L2TP 未得到广泛的应用，因为其本身不提供加密功能。

L2TP 还具有以下几个特性：

● 安全的身份验证机制：与 PPP 类似，L2TP 可以对隧道端点进行验证。不同的是 PPP 可以选择采用 PAP 方式以明文传输用户名及密码，而 L2TP 规定必须使用类似 PPP CHAP 的验证方式。

● 内部地址分配支持：LNS 放置于企业网的防火墙之后，可以对远端用户的地址进行动态分配和管理，还可以支持 DHCP 和私有地址应用(RFC1918)。远端用户所分配的地址不是 Internet 地址而是企业内部的私有地址，方便了地址管理并可以增加安全性。

● 网络计费的灵活性：可以在LAC（一般为ISP）和LNS（一般为企业）两处同时计费，前者用于产生账单，而后者用于付费及审记。L2TP能够提供数据传输的出入包数、字节数及连接的起始、结束时间等计费数据。

● 可靠性：L2TP协议可以支持备份LNS，当一个主LNS不可达之后，LAC（接入服务器）可以重新与备份LNS建立连接，以增加VPN服务的可靠性和容错性。

● 统一的网络管理：L2TP协议已成为标准的RFC协议，有关L2TP的标准MIB也已制定，这样可以统一地采用SNMP网络管理方案进行方便的网络维护与管理。

(2) PPTP协议

点对点隧道协议（PPTP）最初是由微软开发，符合RFC2637。微软开发的PPTP提供的VPN解决方案，基于Windows的系统，如Windows 95、Windows 98、Windows me、Windows NT、Windows 2000和Windows XP操作系统。不同的IPsec支持所有的VPN连接类型包括站点到站点和远程访问，PPTP的开发，使Windows电脑用户安全地访问“网络访问服务器”，如Windows远程访问服务器（RAS）。因此，PPTP主要是用作远程访问协议，但它也支持站点到站点连接。

PPTP实际上是两个标准的结合：

● 点到点协议（PPP）：这个标准用于定义封装过程，PPTP将有效载荷的PPP的数据包封装到一个IP数据包里，通过网络进行传输。

● 微软点到点加密（MPPE）：这个标准用于对PPTP提供数据机密性（加密）。

PPTP特性如下所示：

● 压缩——数据压缩通常是由微软的点对点压缩（MPPC）协议对PPP的有效负载进行处理，PPTP和L2TP都支持这个功能，通常对拨号用户是启动的。

● 加密——数据加密是由微软的点对点加密（MPPE）协议对PPP的有效负载进行处理。这个加密协议使用RSA的RC4加密算法，PPTP使用这种方法，而L2TP使用IPSec更安全些。使用MPPE，在用户验证期间产生的初始密钥用于加密算法，并且会周期性地重新产生。

● 用户验证——用户验证是通过使用PPP的验证方法实现的，例如PAP或CHAP或EAP，MPPE的支持需要使用MS-CHAPv1或v2。如使用的是EAP，可以从大范围内的验证方法中进行选择，这包括静态口令或一次性口令。

- 数据传递——数据使用PPP打包，接着被封装进PPTP/L2TP的包中，通过使用PPP，PPTP可以支持多种传输协议。

- 客户端编址——使用PPP的网络控制协议NCP，PPTP和L2TP支持对客户端的动态编址。

PPTP四个阶段

阶段1：链路控制协议LCP用于发起连接，这包括协商第2层参数，如验证的使用、使用MPPC做压缩、使用MPPE做加密、协议和其他的PPP特性——实际的加密和压缩在第4阶段协商。

阶段2：用户被服务验证，PPP支持4种类型的验证：

- PAP
- CHAP
- MS-CHAPv1
- MS-CHAPv2

阶段3：一个可选阶段，通过使用回拨控制协议CBCP可以提供回拨控制功能。如果启动了回拨，一旦验证阶段完成，服务器会与客户断开，并且基于它数据库中的这个客户的电话号码来回拨这个客户。这可以用来提供额外的安全性，限制用户使用特定的电话号码发起连接，减少访问攻击的可能性。

阶段4：在此阶段，会调用在阶段1协商的用于数据连接的协议。这些协议包括IP、IPX、数据压缩算法、加密算法和其他协议。阶段4完成，数据现在可以通过PPP连接发送。

PPTP组件

PPTP使用PPP，然而并没有改变PPP协议。相反，PPP用于通过一个IP骨干将数据包通过隧道传送出去。PPTP对于远程访问连接是基于客户—服务器架构，它包括两个实体：

- 客户(PAC)：负责建立到服务器的安全连接，通过PPP数据包，以隧道的形式把包发送到服务器。

- 服务器(PNS)：服务器负责终止来自PAC的隧道，它取出隧道中被保护的PPP数据，检验这个保护，解密这个数据包，并且转发被封装的PPP有效负载信息。

PAC负责发起到PNS的连接，使用LCP进行协商，并且参与PPP的验证过程。PNS负责验证PAC、处理通道汇聚和集束管理的PPP多链路、终止 NCP 协议、路由选择或桥接 PAC 的被封装的流量到另外的地方。在这种情况下多链路的使用是不寻常的,因为它允许使用多个 PAC 来给一个 PNS 发送同一股数据流。

在 PAC 和 PNS 之间,有两种连接:

● 一个控制连接,用于呼叫控制和管理功能。这个控制功能使用 TCP,因此 PAC 和 PNS 都必须支持 TCP/IP。

● 一个数据连接,它使用的是扩展版本的通用路由封装 GRE 协议(协议号 47)。这个协议对隧道的 PPP 数据包提供传输、流控和拥塞管理。

3. 三层隧道协议

用于传输三层网络协议的隧道协议叫三层隧道协议。三层隧道协议并非是一种很新的技术,早已出现的 RFC 1701 Generic Routing Encapsulation(GRE)协议就是一个三层隧道协议,此外还有 IETF 的 IPSec 协议。

通用路由封装(GRE)是思科开发的一种 VPN 技术,后来写入了互联网工程任务组(IETF)RFC1701 和 2784,是一个三层协议。

GRE 与 IP in IP、IPX over IP 等封装形式很相似,但比他们更通用。在 GRE 的处理中,很多协议的细微差异都被忽略,这使得 GRE 不限于某个特定的"X over Y"应用,而是一种最基本的封装形式。

GRE 具有如下的优点:

● 多协议的本地网可以通过单一协议的骨干网实现传输;

● 将一些不能连续的子网连接起来,用于组建 VPN;

● 扩大了网络的工作范围,包括那些路由网关有限的协议。如 IPX 包最多可以转发 16 次(即经过 16 个路由器),而在一个 Tunnel 连接中看上去只经过一个路由器。

4. IP 安全协议

IPSec (IP Security)是一组开放协议的总称,特定的通信双方之间在 IP 层通过加密与数据源验证,以保证数据包在 Internet 网上传输时的私有性、完整性和真实性。IPSec 通过 AH(Authentication Header)和 ESP(Encapsulating Security Payload)这两个安全协议来实现。而且此实现不会对用户、主机或其他 Internet 组件造成影响,用户还可以选择不同的硬件和软件加密算法,而不会影响其他部分的实现。

IPSec 提供以下几种网络安全服务:

● 私有性——IPSec 在传输数据包之前将其加密,以保证数据的私有性；

- 完整性——IPSec 在目的地要验证数据包，以保证该数据包在传输过程中没有被修改；
- 真实性——IPSec 端要验证所有受 IPSec 保护的数据包；
- 防重放——IPSec 防止了数据包被捕捉并重新投放到网上，即目的地会拒绝老的或重复的数据包，它通过报文的序列号实现。

IPSec 是确保企业 VPN 安全的主要方式，但是，IPSec 只支持 IP 单播数据流，要对 IP 单播分组进行隧道化，IPSec 提供的单封装足够了，同时 IPSec 配置和故障排除工作更简单。要对多种协议的分组或 IP 多播进行隧道化，必须使用 GRE 或 L2TP。

L2TP 和 GRE 都不支持数据加密和分组完整性。为支持这些宝贵的功能，应该结合 IPSec。结合使用 IPSec 和 L2TP/GRE 时，可提供 IPSec 的加密功能。

5. SSL 协议

安全套接字是一种现有的技术，可以用来加密通过 Web 浏览器连接发送的数据。SSL VPN 可用做一种远程访问 VPN 的解决方案。

以前讨论了 IPSec、PPTP 和 L2TP VPN，所有的这种 3 层 VPN 提供了网络层的保护：它们可以保护网络层和更高层流量。然而，它们的一个缺点是，需要特殊的软件安装在客户端的设备上，甚至需要培训用户如何使用。

安全套接字层（SSL）开始作为一种协议来保护终端用户设备和 Web 服务器之间的 Web（HTTP）流量，通常，它用于电子商务站。SSL VPN 与其他 3 种 VPN 相比一个优点就是不需要 VPN 软件安装在用户的桌面上，可以使用已安装的 Web 浏览器。

SSL 市场上正在新兴的 VPN 实施，它为远程访问解决方案而设计，并不提供站点到站点的连接，SSL VPN 主要提供基于 Web 的应用程序的安全访问。因为 SSL 使用一个 Web 浏览器，用户通常不需要在他们的桌面上安装任何特殊的客户端软件。

多协议标签交换（MPLS）指定了数据包如何通过一种有效的方式送到一个目的地，MPLS 类似于以太网中的 VLAN 标记，MPLS 支持多种协议、支持 QoS 能力，关于此协议在这里不做详细介绍。

四、防火墙

防火墙的英文名为“FireWall”，它是目前一种最重要的网络防护设备，下面就来详细地介绍防火墙的概念、功能和体系结构等内容。

一般来说，防火墙是指设置在不同网络(如可信任的企业内部网络和不可信的公共网络)或网络安全域之间的一系列部件的组合。防火墙犹如一道护栏隔在被保护的内部网与不安全的外部网之间，其作用是阻断来自外部的、针对内部网的入侵和威胁，保护内部网的安全。它是不同网络或网络安全域之间信息的唯一出入口，能根据企业的安全策略控制(允许、拒绝、监测)出入网络的信息流，且本身具有较强的抗攻击能力。

防火墙提供信息安全服务，是在两个网络通信时执行的一种访问控制手段，如同大楼的警卫一般，能允许你"同意"的人进入，而将你"不同意"的人拒之门外，最大限度地阻止破坏者访问你的网络，防止他们更改、复制和毁坏你的重要信息。换句话说，如果不通过防火墙，公司内部的人就无法访问 Internet，Internet 上的人也无法和公司内部的人进行通信。

防火墙是一种非常有效的网络安全模型。随着网络规模的不断扩大，安全问题上的失误和缺陷越来越普遍，对网络的入侵不仅来自高超的攻击手段，也有可能来自配置上的低级错误或不合适的口令选择。而防火墙的作用就是防止不希望的、未授权的信息进出被保护的网络。因此，防火墙正在成为控制对网络系统访问的非常流行的方法。作为第一道安全防线，防火墙已经成为世界上用得最多的网络安全产品之一。

图 3-45 是一个基本的防火墙系统。在逻辑上，防火墙既是一个分离器，一个限制器，也是一个分析器。它有效地监控了内部网络(Trust Zone)和 Internet(Untrust Zone)之间的任何活动，并将服务器隔离在 DMZ(Demilitarized Zone，非军事区)区域内，保证了内部网络的安全。

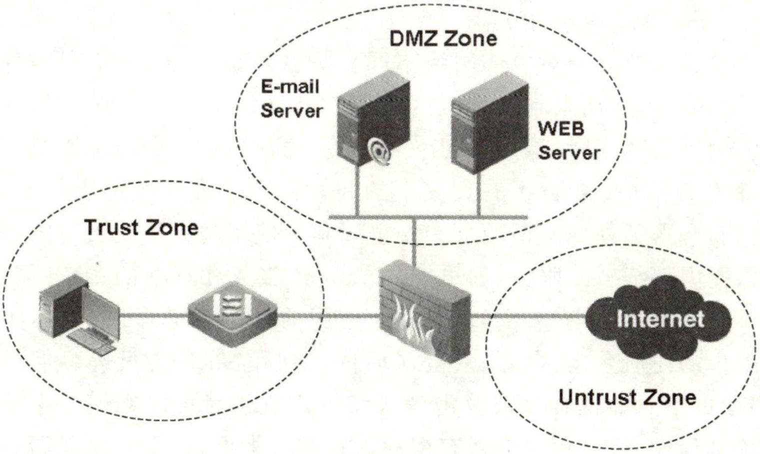

图 3-45　防火墙功能分区图

(一) 防火墙的功能

1. 防火墙是网络的安全屏障

一个防火墙作为一个边界上的控制点，能极大地提高一个内部网络的安全性，并通过过滤不安全的服务而降低风险。由于只有经过精心选择的应用协议才能通过防火墙，所以网络环境变得更安全。例如，防火墙可以禁止众所周知的不安全协议进出受保护的网络，这样外部的攻击者就不可能利用这些脆弱的协议来攻击内部网络。防火墙同时可以保护网络免受大部分的攻击，并在阻止了攻击时通知防火墙管理员。

2. 防火墙可以强化网络安全策略

通过以防火墙为中心的安全方案配置，能将所有安全软件(如口令、加密、身份认证、审计等)配置在防火墙上。与将网络安全问题分散到各个主机上相比，防火墙的集中安全管理更经济。例如在网络访问时，一次一密口令系统和其他的身份认证系统完全可以不必分散在各个主机上，而集中在防火墙身上。

3. 对网络存取和访问进行监控审计

如果所有的访问都经过防火墙，那么，防火墙就能记录下这些访问并作出日志记录，同时也能提供网络使用情况的统计数据。当发生可疑动作时，防火墙能进行适当的报警，并提供网络是否受到监测和攻击的详细信息。另外，收集一个网络的使用和误用情况也是非常重要的。首先的理由是可以清楚防火墙是否能够抵挡攻击者的探测和攻击，并且清楚防火墙的控制是否充足。而网络使用统计对网络需求分析和威胁分析等而言也是非常重要的。

4. 防止内部信息的外泄

通过利用防火墙对内部网络不同安全区域的划分，可实现内部网重点网段的隔离，从而限制了重点区域或敏感网络安全问题对全局网络造成的影响。再者，隐私是内部网络非常关心的问题，一个内部网络中不引人注意的细节可能包含了有关安全的线索而引起外部攻击者的兴趣，甚至因此而暴露了内部网络的某些安全漏洞。使用防火墙就可以隐蔽那些可能透漏内部细节的服务，如早期的 Finger 服务和现在的 DNS 服务等。Finger 服务是在早期的 Unix 系统上使用的一种服务，可以显示主机的所有用户的注册名、真名，最后登录时间和使用 shell 类型等。但是 Finger 显示的信息非常容易被攻击者所获悉。攻击者可以知道一个系统使用的频繁程度，这个系统是否有用户正在连线上网，这个系统是否在被攻击时引起注意等。防火墙可以同样阻塞有关内部网络中的 DNS 信息，这样一台主机的域名和 IP 地址就不会被外界所了解。

除了安全作用，防火墙还支持 NAT（网络地址转换）和 VPN（虚拟专用网）等企业内部网络技术。

（二）防火墙的关键技术

尽管防火墙采用的技术多种多样，但是按照防火墙对内外来往数据的处理方法，大致可以将防火墙分为两大体系：包过滤防火墙和代理防火墙（应用层网关防火墙），其中包过滤防火墙发展到第二代，发展出了包状态检测的技术。

1．包过滤

本质上，包过滤是防火墙的基本功能，首先防火墙是多址的，表明它有两个或两个以上网络适配器或接口。例如，作为防火墙的设备可能有两块网卡（NIC），一块连到内部网络，一块连到公共的 Internet。防火墙的任务，就是作为“通信警察”，指引包的正确走向和截住那些有危害的包。

包过滤防火墙检查每一个传入包，查看包中可用的基本信息（源地址和目的地址、端口号、协议等），然后将这些信息与设立的规则相比较，如果规则允许通过，则放行，如果规则拒绝通过，则阻断。例如，已经设立了阻断 Telnet 连接的规则，而包的目的端口是 23 的话，那么该包就会被丢弃。如果允许传入 Web 连接，而目的端口为 80，则包就会被放行。

多个复杂规则的组合也是可行的。如果允许 Web 连接，但只针对特定的服务器，目的端口和目的地址二者必须与规则相匹配，才可以让该包通过。

最后，可以确定当一个包到达时，如果没有针对该包的规则被定义，通常，为了安全起见，与传入规则不匹配的包就被丢弃了。因此如果有理由让该包通过，就要建立规则来处理它。包过滤防火墙要遵循的一条基本原则是“最小特权原则”，即明确允许那些管理员希望通过的数据包，禁止其他的数据包。

这样的包过滤技术，其实和我们前面讨论过的路由器上的访问控制列表是一致的。一般情况下，防火墙的包过滤规则可以这样建立：

● 对来自专用网络的包，如果其源地址为内部地址，则可以通过。这条规则可以防止网络内部的任何人通过欺骗性的源地址发起攻击。而且，如果黑客对专用网络内部的机器具有不知从何得来的访问权，这种过滤方式可以阻止黑客从网络内部发起攻击。

● 在公共网络，只允许目的地址为特定服务端口——例如 80 端口的包通过，这条规则只允许传入的连接为 Web 连接，不过这条规则也允许了使用 80 端口的其他连接，所以并不是十分安全。

● 丢弃从公共网络传入的，但是其源地址为内网地址的数据包，从而减少 IP 欺骗性的攻击。

● 丢弃包含源路由信息的包，以减少源路由攻击。因为在源路由攻击中，传入的包具有路由信息，导致这个数据包不会采取通过网络应采取的正常路由，可能会绕过已有的安全程序。通过忽略源路由信息，防火墙可以减少这种方式的攻击。

包过滤技术的优点包括：

● 防火墙对每个进入和离开网络的包实行低水平控制。

● 每个 IP 包的字段都被检查，例如源地址、目的地址、协议、端口等。防火墙将基于这些信息应用过滤规则。

● 防火墙可以识别和丢弃带欺骗性源 IP 地址的包。

● 包过滤防火墙是两个网络之间访问的唯一通道。因为所有的通信必须通过防火墙，绕过是困难的。

● 包过滤通常被包含在路由器数据包中，所以不必额外的系统来处理这个特征。

包过滤技术的缺点包括：

● 配置困难。因为包过滤防火墙很复杂，人们经常会忽略建立一些必要的规则，或者错误配置了已有的规则，在防火墙上留下漏洞。然而，在市场上，许多新版本的防火墙对这个缺点正在作改进，如开发者实现了基于图形化用户界面(GUI)的配置和更直接的规则定义。

● 为特定服务开放的端口存在着危险，可能会被用于其他传输。例如，Web 服务器默认端口为 80，而计算机上又安装了 RealPlayer，那么它会搜寻可以允许连接到 RealAudio 服务器的端口，而不管这个端口是否被其他协议所使用，RealPlayer 正好是使用 80 端口而搜寻的。就这样无意中，RealPlayer 就利用了 Web 服务器的端口。

可能还有其他方法绕过防火墙进入网络，例如拨入连接。但这个并不是防火墙自身的缺点，而是不应该在网络安全上单纯依赖防火墙的原因。

2. 状态检测防火墙

状态检测防火墙也被称为动态检测防火墙，它试图跟踪通过防火墙的网络连接和包，这样就可以使用一组附加的标准，以确定是否允许和拒绝通信。状态检测防火墙在基本包过滤防火墙的基础上采用了动态设置包过滤规则的方法，这种技术后来发展成为所谓包状态监测(Stateful Inspection)技术，采用这种技术的防火墙对通过其建立的每一个连接都进行跟踪，并且根据需要可动态地增加或更新过滤规则。

当包过滤防火墙见到一个数据包，这个包是孤立存在的，它没有防火墙所关心的历史或未来。允许和拒绝包的决定完全取决于包自身所包含的信息，如源地址、目的地址、端口号等。包中没有包含任何描述它在信息流中的位置的信息，则该包被认为是无状态的，仅是存在而已。

一个有状态包检查防火墙跟踪的不仅是包中包含的信息。为了跟踪包的状态，防火墙还记录有用的信息以帮助识别包，例如已有的网络连接、数据的传出请求等。

例如，如果传入的数据包包含视频数据流，而防火墙可能已经记录了有关信息，是关于位于某个特定 IP 地址的应用程序最近向该数据包的源地址请求视频信号的信息。如果传入的包是要传给发出请求的相同系统，防火墙进行匹配，包就可以被允许通过。

一个状态检测防火墙可截断所有传入的通信，而允许所有传出的通信。因为防火墙跟踪内部出去的请求，所有按要求传入的数据被允许通过，直到连接被关闭为止，只有未被请求的传入通信被截断。

如果在防火墙内正运行一台服务器，配置就会变得稍微复杂一些，但状态包检查是很有力和适应性的技术。例如，可以将防火墙配置成只允许从特定端口进入的通信，只可传到特定服务器。如果正在运行 Web 服务器，防火墙只将 80 端口传入的通信发到指定的 Web 服务器。

状态检测防火墙可提供的其他一些额外的服务有以下两种：

- 将某些类型的连接重定向到审核服务中去。例如，到专用 Web 服务器的连接，在 Web 服务器连接被允许之前，可能被发到 SecureID 服务器(用一次性口令来使用)。

- 拒绝携带某些数据的网络通信，如带有附加可执行程序的传入电子消息，或包含 ActiveX 程序的 Web 页面。

跟踪连接状态的方式取决于包的类型：

- TCP 包。当建立起一个 TCP 连接时，通过的第一个包具有 TCP 的 SYN 标志。通常情况下，防火墙丢弃所有外部的连接企图，除非已经建立起某条特定规则来处理它们。对内部试图连接到外部主机的情况，防火墙注明连接包，允许响应及随后的包进入，直到连接结束为止。在这种方式下，传入的包只有在它是响应一个已建立的连接时，才会被允许通过。

- UDP 包。UDP 包比 TCP 包简单，因为它们不包含任何连接或序列信息。它们只包含源地址、目的地址、校验和携带的数据。这种信息的缺乏使得防火墙确定包的合法性很困难,因为没有打开的连接可用于检测传入的包是否应被允许通过。可是,如果防火墙跟踪包的状态,就可以确定。对进入的 UDP 包,若它所使用的地址和携带的上层协议与发出的连接请求匹配,该包就被允许通过。和 TCP 包一样,没有进入的 UDP 包会被允许通过,除非它是响应已发出的请求或已经建立了指定的规则来处理它。对其他种类的包,情况和 UDP 包类似。防火墙仔细地跟踪传出的请求,记录下所使用的地址、协议和包的类型,然后对照保存过的信息核对传入的包,以确保这些包是被请求的。

状态检测防火墙的优点有:

- 检查 IP 包的每个字段的能力,并遵从基于包中信息的过滤规则。
- 识别带有欺骗性源 IP 地址包的能力。
- 基于应用程序信息验证一个包的状态的能力,例如基于一个已经建立的 FTP 连接,允许返回的 FTP 包通过。
- 记录有关通过的每个包的详细信息的能力。基本上,防火墙用来确定包状态的所有信息都可以被记录,包括应用程序对包的请求,连接的持续时间,内部和外部系统所做的连接请求等。

状态检测防火墙的缺点:

- 状态检测防火墙唯一的缺点就是所有这些记录、测试和分析工作可能会造成网络连接的某种迟滞,特别是在同时有许多连接激活的时候,或者是有大量的过滤网络通信的规则存在时。可是,硬件速度越快,这个问题就越不易察觉,而且防火墙的制造商一直致力于提高他们产品的速度。

3. 代理防火墙

代理防火墙也叫应用层网关(Application Gateway)防火墙。这种防火墙通过一种代理(Proxy)技术参与到一个 TCP 连接的全过程。代理防火墙实际上并不允许在它连接的网络之间直接通信。相反,它是接受来自内部网络特定用户应用程序的通信,然后建立与公共网络服务器单独的连接。网络内部的用户不直接与外部的服务器通信,所以服务器不能直接访问内部网的任何一部分。这种类型的防火墙被网络安全专家和媒体公认为是最安全的防火墙。它的核心技术就是代理服务器技术。

另外,如果不为特定的应用程序安装代理程序代码,这种服务是不会被支持的,不能建立任何连接。这种建立方式拒绝任何没有明确配置的连接,从而提供了额外的安全性和控制性。例如,一个用户的 Web 浏览器可能在 80 端口,但也经常可能是在 1080 端口,外部网络对 Web 服务器的连接被转到了内部网络的 HTTP 代理防火墙。防火墙然后会接受这个连接请求，并把它转到所请求的 Web 服务器。

这种连接和转移对该用户来说是透明的，因为它完全是由代理防火墙自动处理的。代理防火墙通常支持的一些常见的应用程序有：HTTP、HTTPS/SSL、SMTP、POP3、IMAP、NNTP、TELNET、FTP 等。

代理防火墙可以配置成允许来自内部网络的任何连接，也可以配置成要求用户认证后才建立连接。要求认证的方式由只为已知的用户建立连接的这种限制，为安全性提供了额外的保证。如果网络受到危害，这个特征使得从内部发动攻击的可能性大大减少。

使用应用程序代理防火墙的优点有：

- 代理类型防火墙的最突出优点就是安全。由于每一个内外网络之间的连接都要通过 Proxy 的介入和转换，通过专门为特定的服务，如使用 Http 编写的安全化的应用程序进行处理，然后由防火墙本身提交请求和应答，没有给内外网络的计算机以任何直接会话的机会，从而避免了入侵者使用数据驱动类型的攻击方式入侵内部网。包过滤类型的防火墙是很难彻底避免这一漏洞的。
- 通过限制某些协议的传出请求，来减少网络中不必要的服务。
- 大多数代理防火墙能够记录所有的连接，包括地址和持续时间。这些信息对追踪攻击和发生的未授权访问的事件是很有用的。

使用应用程序代理防火墙的缺点有：

- 代理防火墙的最大缺点就是速度相对比较慢，当用户对内外网络网关的吞吐量要求比较高时（比如要求达到时），代理防火墙就可能会成为内外网络之间的瓶颈。
- 必须在一定范围内定制用户的系统，这取决于所用的应用程序。
- 一些应用程序可能根本不支持代理连接。

除了以上三种技术之外，防火墙中很常见的技术还有网络地址转换（NAT）技术。NAT 严格地讲并不是防火墙技术，当从公共网络传来一个未经请求的传入连接时，NAT 有一套规则来决定如何处理它。如果没有事先定义的规则，NAT 只是简单地丢弃所有未经请求的传入连接，就像包过滤防火墙所做的那样，所以也提供了一定的安全性。

（三）防火墙的分类

从不同的角度可以将防火墙分为各种不同的类型。

1. 从防火墙的软、硬件形式进行分类

从防火墙的软、硬件形式来分，可以分为软件防火墙和硬件防火墙以及芯片级防火墙。

（1）软件防火墙

软件防火墙运行于特定的计算机上，它需要客户预先安装的计算机操作系统的支持，一般来说这台计算机就是整个网络的网关。软件防火墙就像其他的软件产品一样需要先在计算机上安装并做好配置才可以使用。

（2）硬件防火墙

这里说的硬件防火墙是指“所谓”的硬件防火墙。之所以加上“所谓”二字是针对芯片级防火墙来说的。它们最大的差别在于是否基于专用的硬件平台。目前市场上大多数防火墙都是这种所谓的硬件防火墙，它们都基于PC架构，就是说，它们和普通的家庭用的PC没有太大区别。在这些PC架构计算机上运行一些经过裁剪和简化的操作系统，最常用的有老版本的Unix、Linux和FreeBSD系统。值得注意的是，由于此类防火墙采用的依然是别人的内核，因此依然会受到OS（操作系统）本身的安全性影响。

（3）芯片级防火墙

芯片级防火墙基于专门的硬件平台，不需安装通用操作系统。专有的ASIC芯片促使它们比其他种类的防火墙速度更快，处理能力更强，性能更高。这类防火墙由于是专用OS（操作系统），因此防火墙本身的漏洞比较少，不过价格相对比较高昂。

2. 从防火墙的技术进行分类

防火墙技术虽然出现了许多，但总体来讲可分为“包过滤型”和“应用代理型”两大类。

3. 从防火墙的结构进行分类

从防火墙结构上分，防火墙主要有：单一主机防火墙、路由器集成式防火墙和分布式防火墙三种。

（1）单一主机防火墙

单一主机防火墙其实与一台计算机结构差不多，不过具备非常高的稳定性、实用性，具备非常高的系统吞吐性能，是最传统的防火墙。部署时独立于其他网络设备，位于网络边界。

（2）路由器集成式防火墙

随着防火墙技术的发展及应用需求的提高，原来作为单一主机的防火墙现在已发生了许多变化。最明显的变化就是现在许多中、高档的路由器中已集成了防火墙功能。

路由器集成式防火墙可以降低企业网络投资。企业不用再同时购买路由器和防火墙，大大降低了网络设备购买成本，但这种防火墙通常是较低级的包过滤型。

(3) 分布式防火墙

现在有些防火墙已不再是一个独立的硬件实体，而是由多个软、硬件组成的系统，这种防火墙俗称“分布式防火墙”。

分布式防火墙再也不只是位于网络边界，而是渗透于网络的每一台主机，对整个内部网络的主机实施保护。在网络服务器中，通常会安装一个用于防火墙系统管理的软件，在服务器及各主机上安装有集成网卡功能的防火墙卡，这样一块防火墙卡同时兼有网卡和防火墙的双重功能。这样一个防火墙系统就可以彻底保护内部网络。各主机把任何其他主机发送的通信连接都视为“不可信”的，都需要严格过滤。而不是像传统边界防火墙那样，仅对外部网络发出的通信请求“不信任”。

4. 按防火墙的部署位置进行分类

如果按防火墙的应用部署位置分，可以分为边界防火墙、个人防火墙和混合式防火墙三大类。

(1) 边界防火墙

边界防火墙是最为传统的防火墙，它们位于内、外部网络的边界，所起的作用的对内、外部网络实施隔离，保护边界内部网络。这类防火墙一般都是硬件类型的，价格较贵，性能较好。

(2) 个人防火墙

个人防火墙安装于单台主机中，防护的也只是单台主机。这类防火墙应用于广大的个人用户，通常为软件防火墙，价格最便宜，性能也最差。

(3) 混合式防火墙

混合式防火墙可以说就是“分布式防火墙”或者“嵌入式防火墙”，它是一整套防火墙系统，由若干个软、硬件组件组成，分布于内、外部网络边界和内部各主机之间，既对内、外部网络之间通信进行过滤，又对网络内部各主机间的通信进行过滤。它属于最新的防火墙技术之一，性能最好，价格也最贵。

最后，还可以按照防火墙的吞吐率将防火墙分为百兆、千兆的防火墙。因为防火墙通常位于网络边界，所以对吞吐率要求较高，或者说对带宽要求较高。带宽越宽，性能越高，这样的防火墙因包过滤或应用代理所产生的延时也越小，对整个网络通信性能的影响也就越小。

五、入侵检测系统

IDS(入侵检测系统)是 Intrusion Detection System 的缩写。入侵检

测技术是网络安全体系的一种防范措施，具有识别针对网络和主机资源的恶意攻击并将日志发送到管理控制台的能力。一台 IDS 类似于一个普通的数据包嗅探器。它读取所有数据包，并将这些数据包和已知的攻击特征相对比。形象地说，入侵检测系统就是一台网络摄像机，能够捕获并记录网络上的所有数据，同时它也是一台智能摄像机，能够分析网络数据并提炼出可疑的、异常的网络数据信息，它还是一台高清晰的 X 光摄像机，能够穿透一些伪装，抓住数据包中实际的内容，它更是一台负责的保安员摄像机，能够对入侵行为自动地进行反击。

可以通过检查网络数据流量、日志记录等信息确定入侵活动的位置。每一种 IDS 均由以下三个要素定义：

- IDS 触发器
- IDS 监控位置
- IDS 响应技术

（一）入侵检测系统的作用

在网络安全体系中，入侵检测系统是唯一一个通过数据和行为模式判断其是否有效的系统。这里有一个形象的比喻，防火墙是一道门，阻止一类人群的进入，但无法阻止合法的一类人群中的破坏分子，也不能阻止内部的破坏行为；而访问控制系统可以不让权限低的人做越权行为，但无法限制高级权限的人做破坏动作。

入侵检测系统同样是一种终止针对网络攻击的能力，提供了如下的防御机制：

- 探测——识别和发现针对网络和终端的恶意攻击行为
- 防御——终止识别和发现的攻击行为
- 反应——避免系统在以后遭受同样的恶意攻击
- 报警——遭遇到攻击行为后，发出报警信息
- 丢弃——如果检测到攻击行为的数据包，则选择立即丢弃此数据包
- 阻止——拒绝来自攻击源头的流量

（二）入侵检测系统的类型

在入侵检测系统的发展中，有两种入侵检测系统的类型，分别是：基于主机的 IDS(HIDS)和基于网络的 IDS(NIDS)。

1. 基于主机的 IDS(HIDS)

基于主机的 IDS，我们称之为 HIDS。基于主机的 IDS 通过在主机或者操作系统级别上进行检查有关信息来探测入侵，这种方式的 IDS 对系

统调用、审核日志、错误消息等进行多方面的分析决策，它的优点是它所采集的信息是对到达攻击目标后的数据流量进行分析，只有基于主机的IDS才能拥有攻击是否成功的第一手信息。

基于主机的IDS的缺点也很明显，首先基于主机的IDS对网络的视野有限制，大多数基于主机的IDS不能检测针对主机的端口扫描。其次基于主机的IDS必须运行在网络中所有的操作系统上。图3-46是一个典型的基于主机的入侵检测系统。

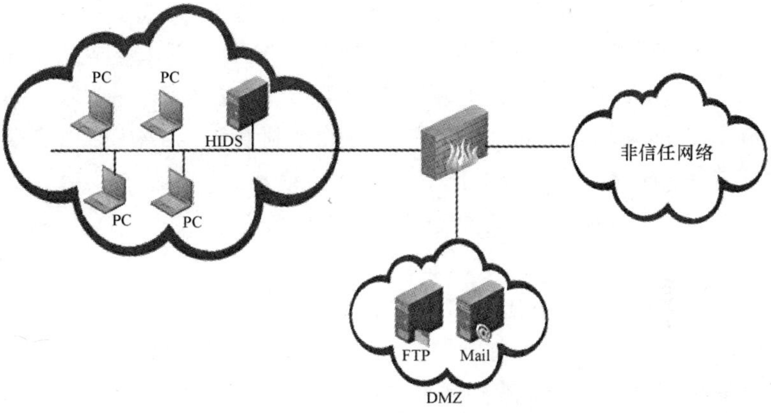

图3-46　基于主机的入侵检测系统

2. 基于网络的IDS(NIDS)

基于网络的IDS，我们称之为NIDS。基于网络的IDS对数据包进行分析以探查网络的攻击。它以嗅探或者捕获数据包的方式将数据流量与已知入侵行为的特征进行比较，针对匹配结果进行报警。图3-47是一个典型的基于网络的入侵检测系统。

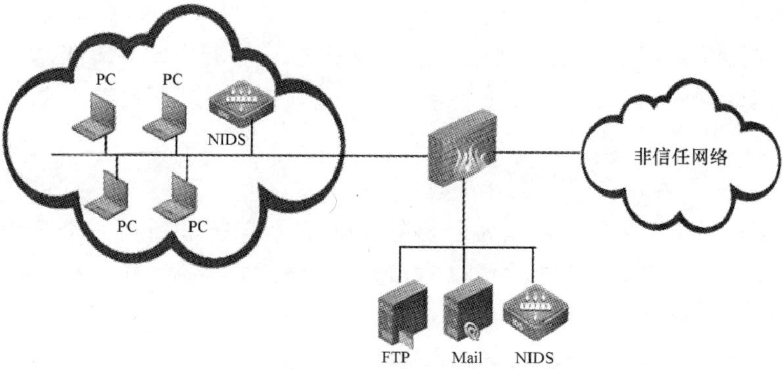

图3-47　基于网络的入侵检测系统

基于网络的 IDS 优点显而易见，基于网络的 IDS 对网络有全局观，不需要运行在网络中的所有操作系统上，除此之外，基于网络的 IDS 只需要有限数量的传感器就可捕获网络流量，不需要增加新的 IDS 组件就可以保护网络。

基于网络的 IDS 最大的缺点是带宽问题，当今的网络，速度越来越快，带宽越来越大，要想实时检测穿过网络的所有流量，就变得越来越困难。

（三）入侵检测系统的原理

我们都按照"审计来源"将 IDS 分成基于网络的 NIDS 和基于主机的 HIDS。这也是目前应用最普遍的两种 IDS，尤以 NIDS 应用最为广泛。大部分 IDS 都采用"信息收集系统—分析控制系统"结构，即由安装在被监控信息源的探头（或代理）来收集相关的信息，然后按照一定方式传输给分析机，经过对相关信息的分析，按照事先设定的规则、策略等给出反应。

1. 基于主机的 IDS 工作原理

HIDS 将探头（代理）安装在受保护系统中，它要求与操作系统内核和服务紧密捆绑在一起，监控各种系统事件，如对内核或 API 的调用，以此来防御攻击并对这些事件进行日志纪录；还可以监测特定的系统文件和可执行文件调用，以及 Windows NT 下的安全记录和 Unix 环境下的系统记录。对于特别设定的关键文件和文件夹也可以进行适时轮询的监控。HIDS 能对检测的入侵行为、事件给予积极的反应，比如断开连接、封掉用户账号、杀死进程、提交警报等。如果某用户在系统中植入了一个未知的木马病毒，可能所有的杀毒软件、IDS 等的病毒库、攻击库中都没有记载，但只要这个木马程序开始工作，如提升用户权限、非法修改系统文件、调用被监控文件和文件夹等，就会立即被 HIDS 发现，并采取杀死进程、封掉账号，甚至断开网络连接。现在的某些 HIDS 甚至吸取了部分网管、访问控制等方面的技术，能够很好地与系统，甚至系统上的应用紧密结合。

2. 基于网络的 IDS 工作原理

NIDS 则是以网络包作为分析数据源的。它通常利用一个工作在混杂模式下的网卡来实时监视并分析通过网络的数据流，其分析模块通常使用模式匹配、统计分析等技术来识别攻击行为。一旦检测到了攻击行为，IDS 的响应模块就作出适当的响应，比如报警、切断相关用户的网络连接等。与 SCANER 收集网络中的漏洞不同，NIDS 收集的是网络中的动态流量信息。因此，攻击特征库数目多少以及数据处理能力，就决定了NIDS识别入侵行为的能力。大部分NIDS的处理能力还是100兆级的，部分NIDS已经达到1000兆级。NIDS设在防火墙后的一个流动岗哨，能够适时发觉在网络中的攻击行为，并采取相应的响应措施。

（四）入侵检测系统的工作流程

入侵检测系统的工作流程按照数据采集，数据检测分析，数据处理三个步骤来进行。

➢ 数据采集技术介绍

1. 网卡的工作模式

首先，我们来介绍一下网卡的工作模式。

网卡的主要工作原理是整理计算机发往网线上的数据，并将数据包发送出去。当网卡接收到传输来的数据时，根据接收数据帧的目的MAC地址和网卡驱动程序设置的接收模式进行判断，对需要接收的就产生中断信号送给CPU，然后由操作系统调用驱动程序进行接收；认为不该接收的就丢弃不管，所以不该接收的数据在网卡处就截断了。

对于网卡来说一般有四种接收模式：

（1）广播方式（Broadcast）：能够接收网络中的广播信息。

（2）组播方式（Multicast）：网卡能够接收组播数据，也就是一个终端发出的包可以同时被其他多个有资格的终端接收，这些终端就形成了一个组，他们在组内的通信是广播式的。

（3）直接方式（Directory）：只有目的网卡才能接收该数据。

（4）混杂模式（Promiscuous）：能够接收一切通过网卡的数据。

网卡的缺省工作模式包含广播模式和直接模式，即它只接收广播帧和发给自己的帧，而网络数据包捕获程序一般采用第4种模式。

2. 网络信息监听技术

从广义的角度上看，一个包捕获机制包含了三个主要部分：

（1）最底层是针对特定的操作系统的包捕获机制。

（2）最高层是针对用户的程序接口。

（3）包过滤机制。

对不同的操作系统实现的底层包捕获机制可能是不一样的，但从形式上看大同小异。数据包常规的传输路径依次为：网卡、设备驱动层、数据链路层、IP层、传输层，最后到达应用程序。而包捕获机制是在数据链路层增加一个旁路处理，对发送和接收到的数据包做过滤/缓冲等相关处理，最后直接传递到应用程序。注意：包捕获机制并不影响操作系统对数据包的网络栈处理。对用户而言，包捕获机制提供了一个统一的接口，使用户程序只需要简单地调用若干函数就能获得所期望的数据包。这样一来，针对特定操作系统的捕获机制对用户透明，使用户程序有比较好的可移植性。包过滤机制是对所捕获到的数据包根据用户的要求进行筛选，最终只把满足过滤条件的数据包传递给用户程序。

目前在操作平台上来实现对底层包的截取过滤技术主要有两种，一种是 UNIX/LINUX 系统下的 Libpacp 技术，一种是 Windows 环境下的 Winpcap 技术。

➢ 数据检测分析技术

数据检测分析技术大体分为三种：模式匹配、协议分析及异常检测。

1. 模式匹配

模式匹配就是将收集到的信息与已知的网络入侵和系统误用模式数据库进行比较，从而发现违背安全策略的行为。该过程可以很简单（如通过字符串匹配以寻找一个简单的条目或指令），也可以很复杂（如利用正规的数学表达式来表示安全状态的变化）。一般来讲，一种进攻模式可以用一个过程（如执行一条指令）或一个输出（如获得权限）来表示。例如，Unicode 漏洞攻击就是在 URL 串中加入一些命令或者是非法字符，从而实现入侵目的。由于 IIS 错误的对“%C11C”字符串进行解码，从而使得黑客有入侵的机会。

模式匹配技术按照以下方式进行操作：

(1) 从网络数据包的包头开始和攻击特征比较；

(2) 如果比较结果相同，则检测到一个可能的攻击；

(3) 如果比较结果不同，从网络数据包中下一个位置重新开始比较；

(4) 直到检测到攻击或网络数据包中的所有字节匹配完毕，一个攻击特征匹配结束；

(5) 对于每一个攻击特征，重复(1)开始的比较；

(6) 直到每一个攻击特征匹配完毕，对数据包的匹配完毕。

2. 协议分析

- 基于数据的协议分析技术是针对每个数据包进行分析和检测。
- 基于状态的协议分析技术是除了针对每个数据包，还针对协议状态进行检测，如 TCP 状态。

网络通信的核心协议是 TCP 协议和 IP 协议，在 RFC 的 0791 和 0793 文档中，分别定义了 TCP 数据包和 IP 数据包的格式。由于这种格式定义只与协议相关，与网络的结构、类型无关，所以协议分析具有很广泛的适用性。下面以以太网为例进行说明。根据以太网的帧结构的定义，在以太帧的第 13 字节处包含了 2 个字节的第三层协议标识，0800 为 IP 协议，0806 为 ARP 协议，8138 为 NOVELL 协议等。在 IP 数据包的格式定义中，第 10 个字节为第四层协议标识，如：TCP 为 06，UDP 为 11，ICMP 为 01 等。而 TCP 数据包的第 3、第 4 个字节为应用层协议标识（端口号）。如 80 为 http 协议，21 为 FTP 协议，23 为 TELNET 协议等。

3. 异常检测

基于异常检测方法主要来源于这样的思想：任何人的正常行为都是有一定规律的，并且可以通过分析这些行为产生的日志信息总结出这些规律，通常需要定义为各种行为参数及其阀值的集合，用于描述正常行为范围。而入侵和滥用行为则通常和正常的行为存在严重的差异，通过检查出这些差异就可以检测出入侵。这样，我们就能够检测出非法的入侵行为甚至是通过未知攻击方法进行的入侵行为，此外不属于入侵的异常用户行为也能被检测到。

因此，异常检测技术假定所有入侵行为都是与正常行为不同的，如果建立系统正常行为的轨迹，那么理论上可以把所有与正常轨迹不同的系统状态视为可疑企图。对于异常阀值与特征的选择是异常发现技术的关键。比如，通过流量统计分析将异常时间的异常网络流量视为可疑。异常发现技术的局限是并非所有的入侵都表现为异常，而且系统的轨迹难于计算和更新。

➢ 数据处理

数据被检测后，会进行以下情况的一些处理：

- 弹出窗口报警
- E-Mail 通知
- 切断 TCP 连接
- 执行自定义程序
- 与其他产品交互或者联动（如防火墙）

六、统一威胁管理（UTM）

UTM（United Threat Management）意为统一威胁管理，是将防病毒、防火墙和入侵检测、VPN 等概念融合到被称为统一威胁管理的新类别中。UTM 是指由硬件、软件和网络技术组成的具有专门用途的设备，它主要提供一项或多项安全功能，将多种安全特性集成于一个硬设备里，构成一个标准的统一管理平台。众多安全厂商提出的多功能安全网关、综合安全网关、一体化安全设备等产品都可被划归到UTM产品的范畴。

UTM概念最早出现在2002年，当时由于混合网络威胁的出现，为了满足用户对防火墙、IDS、VPN、反病毒等产品的集中部署与管理需求，一些安全厂商提出将多种安全技术整合在同一个产品当中，这便是UTM的雏形。2004年，IDC正式提出UTM的概念。

UTM安全设备也可能包括其他特性，例如安全管理、日志、策略管理、服务质量（QoS）、负载均衡、高可用性（HA）和报告带宽管理等。不过，其他特性通常都是为主要的安全功能服务的，如图3-48所示：

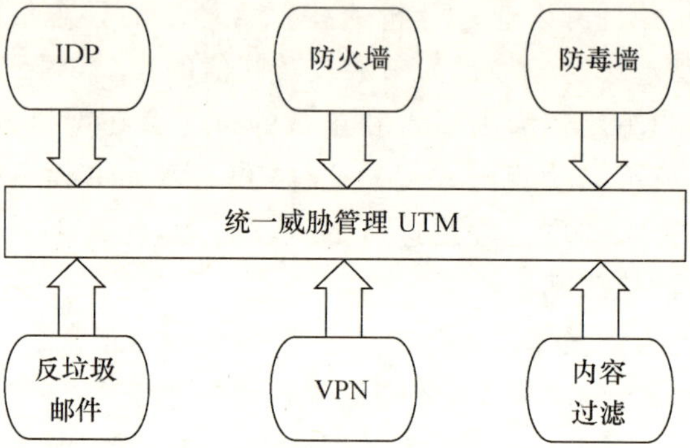

图3-48　UTM架构

（一）UTM技术

实现UTM需要无缝集成多项安全技术，达到在不降低网络应用性能的情况下，提供集成的网络层和内容层的安全保护。以下为一些典型的技术。

1. 完全性内容保护（CCP）

完全性内容保护（Complete Content Protection，简称CCP）提供对OSI网络模型所有层次上的网络威胁的实时保护。这种方法比防火墙状态检测（检查数据包头）和深度包检测（在状态检测包过滤基础上提供额外检查）等技术先进。它具备在千兆网络环境中，实时将网络层数据负载重组为应用层对象（如文件和文档）的能力，而且重组之后的应用层对象可以通过动态更新病毒和蠕虫特征来进行扫描和分析。CCP还可探测其他各种威胁，包括不良Web内容、垃圾邮件、间谍软件和网络钓鱼欺骗。

2. ASIC加速技术

ASIC芯片是UTM产品的一个关键组成部分。为了提供千兆级实时的应用层安全服务（如防病毒和内容过滤）的平台，专门为网络骨干和边界上高性能内容处理设计的体系结构是必不可少的。ASIC芯片集成了硬件扫描引擎、硬件加密和实时内容分析处理能力，提供防火墙、加密/解密，特征匹配和启发式数据包扫描，以及流量整形的加速功能。由于CCP需要强劲的处理能力和更大容量的内存来支持，仅利用通用服务器和网络系统来实现内容处理往往在性能上达不到要求。

3. 定制的操作系统(OS)

定制的操作系统即为专用的强化安全的OS提供精简的、高性能防火墙和内容安全检测平台。基于内容处理加速模块的硬件加速，加上智能排队和管道管理，OS使各种类型流量的处理时间达到最小，从而给用户提供最好的实时系统，有效地实现防病毒、防火墙、VPN、反垃圾邮件、IDP等功能。

4. 紧密型模式识别语言(CPRL)

紧密型模式识别语言(Compact Patten Recognition Language，简称CPRL)是针对完全的内容防护中大量计算程式所需求的加速而设计的。状态检测防火墙、防病毒检测和入侵检测的功能要求，引发了新的安全算法，包括基于行为的启发式算法。通过硬件与软件的结合，加上智能型检测方法，识别的效率得以提高。

5. 动态威胁防御系统(DTPS)

动态威胁防御系统(Dynamic Threat Prevention System，简称DTPS)是由针对已知和未知威胁而增强检测能力的技术。DTPS将防病毒、IDS、IPS和防火墙等各种安全模块无缝集成在一起，将其中的攻击信息相互关联和共享，以识别可疑的恶意流量特征。DTPS通过将各种检测过程关联在一起，跟踪每一安全环节的检测活动，并通过启发式扫描和异常检测引擎检查，提高整个系统的检测精确度，如图3-49所示。

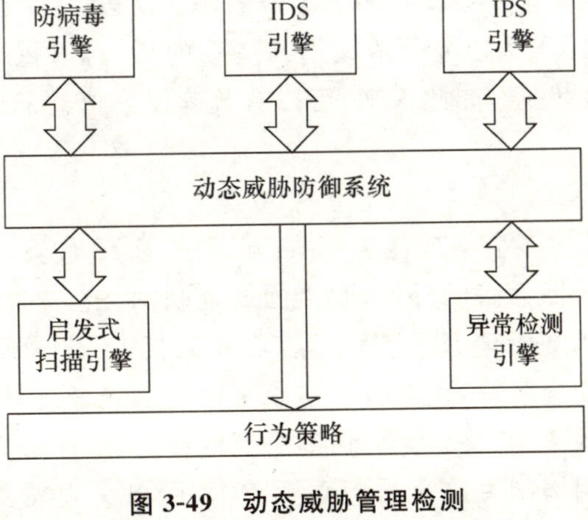

图3-49　动态威胁管理检测

（二）UTM 应用模型

1. 取代防火墙架构

网络中使用的防火墙，如果原本功能就不足，效能也不够，那么直接替换掉既有的防火墙设备，不仅可以确保信息安全保护，处理效能也在一定水平以上，所以对于既有的网络环境而言并不会造成数据传送上的瓶颈。不过这样的使用方式，必须要事先规划好相关 IP 网段与架构，且要测试设备上没有其他问题，相关功能也都能运作正常，否则会让公司网络无法运作而产生中断的可能性。

2. 与防火墙集成架构

如果公司既有的防火墙功能不错，在处理网络攻击的能力也维持在一定水平以上，新添购的 UTM 设备可以摆放在防火墙的内侧使用。这种架构的优点是，原来的防火墙设备不需舍弃，且透过双重防火墙的架构，不仅能够减少不必要的网络攻击数量，也能让 UTM 设备可以专心处理其他的安全保护功能，不需要耗费不必要的系统资源来处理网络攻击。

一般说来，这样的使用方式问题比较少，能够发挥既有的网络设备效能，但缺点是，由于防火墙与 UTM 设备都有自己的管理界面，加上防火墙的设备维护费用还要继续支出，因此公司方面必须要评估相关费用。一般说来，防火墙设备有持续更新系统程序，并提供硬件方面的保护，当 UTM 设备出现问题或是故障时，使用者若用的是透明模式，可以马上切换网络架构，在最短时间之内继续运作。

3. 过滤垃圾邮件架构

相较于防火墙设备，UTM 设备所增加的重要功能是网关防毒与内容过滤，后者又以垃圾邮件防范功能最为有用，可以降低用户处理垃圾邮件所耗费的时间，确保上班时间的工作效率。所以，如果既有的防火墙设备运作顺畅，且 VPN 相关设定又不易变动的话，可以将 UTM 设备当作是垃圾邮件过滤设备，如此一来，可以有效确保公司电子邮件服务器的运作效率。

4. 威胁过滤架构

UTM 设备大多会支持透通模式，可不占用 IP 位置，所以在架构上，可以摆放在防火墙设备的外面，直接面对互联网。在透通模式下，并不会出现可对外使用的管理 IP 位置，黑客不易入侵，不仅为既有防火墙与内部计算机提供安全防护，也具备一定水平以上的安全效果。

采取这样的架构，是因为公司的防火墙设备具有一定防护能力，但是由于公司对外网络网关口容易遭受到攻击，所以会购入具备 IPS 功能的

UTM设备来防御。可是在防火墙应用架构下，又要有对外的IP位置，因此采用透通的方式来布建UTM设备，会让黑客认为企业只有防火墙设备，而疏忽其他安全防护设备。

七、网络认证

网络中的身份认证技术，包括有线网络和无线网络中的身份认证。VIEID是互联网身份认证的工具之一，也是未来互联网基础设施的基本构成之一。VIEID即是俗称的网络身份证，互联网络信息世界中标识用户身份的工具，用于在网络通信中识别通信各方的身份及表明我们的身份或某种资格。

如图3-50所示网络中部署身份认证系统加强网络安全的访问与控制。当用户PC1想接入到网络时，首先需要用户经过认证才允许其接入，否则用户无法接入到网络中。通过身份认证同时可以进行对用户的访问权限进行控制，如：在部署时，在认证服务器中已经设置了网络用户的访问权限，当用户PC2要访问综合服务器，认证服务器会根据用户的身份进行审核，根据认证服务器之前制定权限判定用户是否具有对综合服务器的访问权限，如果具有则允许用户访问综合服务器，否则PC2无法对综合服务器进行业务访问。

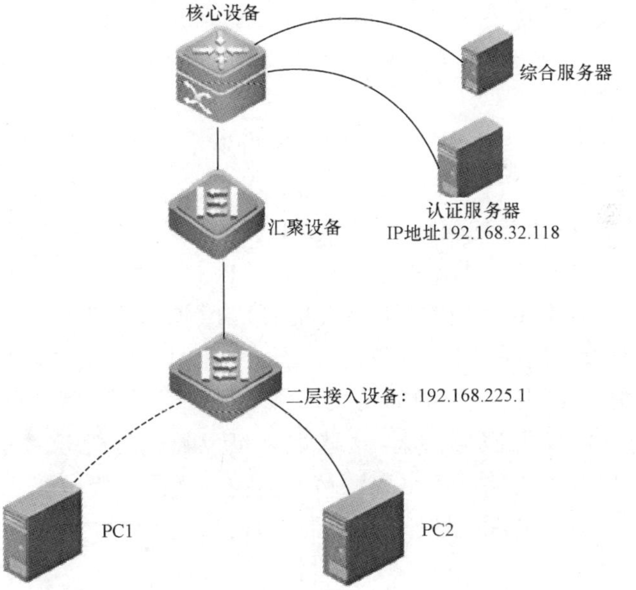

图3-50　网络认证图

实名身份认证已经成为当今信息安全建设的主要安全控制手段，使用身份认证可以实现以下安全防护：

- 只有合法用户使用网络
- 对接入用户权限控制
- 联合策略服务器对用户主机安全检测
- 联合出口设备进行流量控制
- 实现实名日志

（一）AAA认证

AAA是一个提供网络访问控制安全的模型，通常用于用户登录设备或接入网络。AAA（Authentication、Authorization、Accounting）提供了对认证、授权和计费功能的一致性框架。AAA以模块方式提供认证、授权、计费三项服务：

- Authentication（认证）：认证模块可以验证用户是否可获得访问权。身份认证是在允许用户访问网络和网络服务之前对其身份进行识别的一种方法。通过定义一个身份认证方法的命名列表并将其应用于不同的服务可以实现对用户的验证。方法列表定义了身份认证类型和执行顺序。在执行任何一个已定义的身份认证之前，必须将方法列表应用于一个特定的接口或服务。默认方法列表是一个例外。如果没有其他的方法列表被定义，则默认方法列表自动应用于所有接口或服务。但是如果将一个已定义的方法列表应用于某接口或服务，已定义的方法列表将覆盖默认方法列表。

- Authorization（授权）：授权模块可以定义用户可使用哪些服务或者拥有哪些权限。授权通过定义一系列的属性对来实现，这些属性对描述了用户被授权执行的操作。这些属性对可以存放在网络设备本地，也可以存放在远程RADIUS服务器上。

- Accounting（计费）：计费模块可以记录用户使用网络资源的情况。当计费被启用时，网络设备便开始以统计记录的方式向RADIUS服务器发送用户使用网络资源的情况。每个计费记录都是以属性对的方式组成，并存放在安全服务器上，这些记录可以通过专门软件进行读取分析，从而实现对用户使用网络资源情况的记账、统计、跟踪。

事实上，除了AAA之外，对网络进行接入控制的方式还有很多，例如本地用户名身份认证、端口安全等。这些安全功能和AAA相比，区别在于它们所提供的安全等级不同，相对而言，AAA能够提供更高等级的安全保护。

应用AAA具有以下优点：

- 灵活性
- 可控性
- 可扩展性
- 可靠性
- 标准化协议

应用 AAA 的基本网络拓扑如图 3-51 所示。

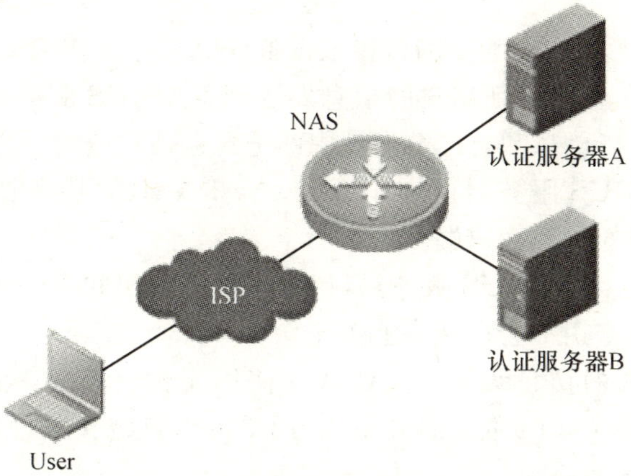

图 3-51　AAA 认证图

当用户需要接入网络时，会向网络接入服务器（Network Access Server，简称 NAS）发起连接请求。NAS 是一个提供网络接入或网络服务的设备，它可以是一个服务器、一台路由器或一部交换机。NAS 接收到用户的接入请求后，将用户的请求发送给认证服务器，通常是一台或多台 RADIUS 服务器。如图 3-51 中所示有多个认证服务器时，NAS 设备会将用户的认证信息发送给主认证服务器，由主认证服务器判断此用户是否合法，即接受（ACCEPT）或者拒绝（REJECT）后，将相应的信息发送给 NAS 设备，NAS 设备对用户采取相应的措施。当主认证服务器因为某种原因，如线路故障或设备故障导致响应超时时，NAS 设备将认证信息发送给备份服务器，由备份服务器进行接入认证。同时，如果在 NAS 设备和认证服务器上配置了授权和计费的功能，那么在用户认证通过后会进行相应的授权和计费工作。

（二）RADIUS 认证

远程认证拨号用户服务（Remote Authentication Dial-In User Service，简称 RADIUS）是一种分布式的客户机/服务器系统，与 AAA 结合对试图连接到服务或设备的用户进行身份认证，防止未经授权的访问。RA-

DIUS 客户端运行在设备或网络访问服务器(NAS)上(例如接入服务器或路由器),并向 RADIUS 服务器发出身份认证请求。RADIUS 服务器包含了所有的用户身份认证和网络服务信息。由于 RADIUS 是一种完全开放的协议,很多系统如 UNIX、Windows 2000 等均将 RADIUS 服务器作为一个组件安装,因此 RADIUS 是目前应用最广泛的安全服务器。

之所以 RADIUS 在网络中得到非常广泛的应用,是因为其具有以下特点:

- 客户/服务器模型:网络接入设备(NAS)通常作为 RADIUS 服务器的客户端,负责将认证用户的信息发送到 RADIUS 服务器。RADIUS 服务器根据用户信息和自己数据库中的记录返回相应的结果。在某些情况,一台 RADIUS 服务器也可作为另一台 RADIUS 服务器或其他类型的认证服务器的代理客户端。
- 安全性:RADIUS 服务器与 NAS 之间使用共享密钥对敏感信息进行加密。该密钥不会在网络上传输。
- 可扩展的协议设计:RADIUS 使用属性—长度—值(ALV,Attribute-Length-Value)数据封装格式,用户可以自定义其他的私有属性,扩展 RADIUS 的应用。
- 灵活的鉴别机制:RADIUS 服务器支持多种方式对用户进行认证,支持 PAP、CHAP、UNIX Login 等多种认证方式。

RADIUS 协议的模型通常由三部分组成,RADIUS 服务器、Client(通常是 NAS 设备)和认证客户端,如图 3-52 所示。

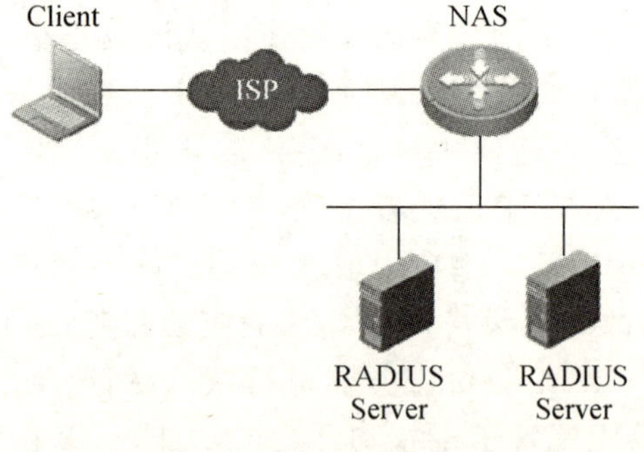

图 3-52 RADIUS 示意图

在这个模型中,NAS 设备作为 RADIUS 服务器的客户端,而认证客户端则作为 NAS 设备的客户端,当客户端需要连接网络时,NAS 决定对用户采用何种验证方法,如 PAP。用户以明文的形式把用户名和它的密码传递给 NAS,NAS 将认证客户端的认证信息发送给 RADIUS 服务器,由 RADIUS 服务器根据数据库中的记录信息返回认证结果。

RADIUS 服务器和 NAS 设备之间的信息交换基于 UDP，而一些其他的认证协议则是采用 TCP 进行信息的传输，例如 TACACS。采用 UDP 协议进行信息传输主要有以下一些优点：

- 当 NAS 设备对一个主服务器的请求失败时，能对辅助服务器（如果配置了辅助服务器）发出相同的请求，在这点上，无连接的 UDP 占有优势。
- RADIUS 协议对时间的控制对使用 UDP 和 TCP 有所不同。RADIUS 协议传输的数据属于短信息流，不应该采用连接方式处理，因为连接建立过程会产生不能接受的建立时延和协议开销。因此，TCP 的重传机制和为了建立可靠连接而花费的时间并无必要。在验证服务中，快速的响应速度和快速的服务器切换是提高服务质量的重要指标。
- UDP 通信的对方状态无关性适合 RADIUS 的应用。在通信对方系统重启动、关机、掉电或其他原因导致网络中断的情况下，对 TCP 协议的应用，通常是使用超时控制来判断是否失去 TCP 连接，需要增加一些代码来处理这些异常事件。使用 UDP 协议的应用中，服务器或客户机均可在发生网络故障的情况下打开传输，可以完全避免任何像 TCP 应用的特殊处理。
- UDP 简化了 Server 的实现。RADIUS 服务器程序是基于多进程或多线程机制。对每一个请求均产生一个进程或线程进行处理和应答。UDP 在这种处理过程中比 TCP 要简化一些。

RADIUS 认证过程如图 3-53 所示：

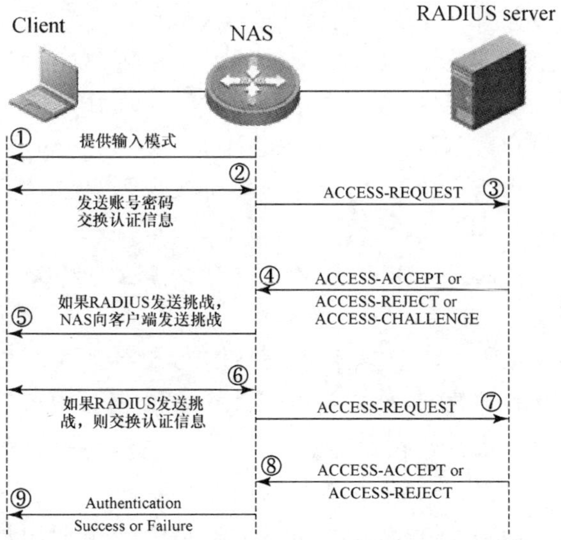

图 3-53　RADIUS 认证报文

1）当用户接入 NAS 的时候，NAS 设备将为用户提供一个输入模式，使用户可以输入自己的账号和密码。这个过程通常以终端方式连接，即还没有进行数据链路层的协议连接，用户设备（一般为 PC）以远程终端方式挂接在 NAS 终端服务器上。

2）NAS 得到用户输入的账号和密码后，运行 RADIUS 客户程序（RADIUS 客户程序通常是 NAS 操作系统的组成部分）生成一个 RADIUS 数据包，将相关的属性字段放置其中，包括用户名、用户密码、NAS 的 IP 地址、NAS 的端口号等。在用户密码字段中，RADIUS 协议规定使用 MD5 算法进行加密。通过网络从 NAS 传给 RADIUS 服务器，并等待应答。如果 NAS 在一段时间内未接收到应答，则作如下处理：

第一步：重试，重复将“Access-Requet”发向同一个 RADIUS 服务器。第二步：切换服务器，若超过重试次数，则切换 RADIUS 服务器，重复第一步。第三步：连接出错。当前两步失败，则认为 RADIUS 网络连接失败。

3）RADIUS 服务器接收到客户（RADIUS Client）的请求（Access-Request）。

第一步：首先进行客户认定。只有是合法客户的请求才作处理。RADIUS 服务器检查用户信息数据库，用户信息数据库包括合法客户的 IP 地址、对称密钥、客户类型等。

第二步：如果客户是合法的，RADIUS 服务器通过用户名的格式，判断用户是否为本地用户。若是本地用户，RADIUS 服务器根据用户名从用户数据库中查找记录。这条记录包括了允许用户访问的一些必要条件，例如：用户密码、被叫号码、主叫号码、NAS 的 IP 地址、NAS 端口号等。若是漫游用户，则开始一次代理会话（proxy session）。此时 RADIUS 服务器作为 NAS 设备的代理客户端将认证信息发送给相关认证服务器。

用户满足条件时，RADIUS 服务器向客户（NAS）发送 Access-Accept 报文或挑战报文。

用户不满足以上的必要条件时，RADIUS 服务器向客户（NAS）发送一个“Access-Reject”数据包。“Access-Reject”数据包中可以包括字符串提示信息。NAS 接收到“收到包中可以包括字符串提示信应答后，拒绝用户连接请求，并向用户标明拒绝访问的提示信息。

如果发送的是 Access-Accept 报文，由 NAS 设备向用户返回认证成功信息。如果发送的是挑战报文，由 NAS 设备向认证客户端发起挑战。

认证客户端收到挑战报文后,认证客户端和 NAS 设备交换认证信息。

NAS 设备向 RADIUS 服务器发送 Access-Request 报文,请求认证。

RADIUS 服务器向 NAS 设备返回认证结果,发送 Access-Reject 或 Access-Accept 报文。

NAS 设备向认证客户端返回认证成功或失败信息。

（三）802.1x 认证

802.1x 认证使用了 EAP 协议在恳求者与认证服务器之间交互身份认证信息,以下描述中使用验证客户端表示恳求者,交换机表示认证系统,RADIUS 服务器表示认证服务器:

- 在客户端与交换机之间,EAP 协议报文直接被封装到 LAN 协议中(如 Ethernet),即 EAPoL 报文。
- 在交换机与 RADIUS 服务器之间,EAP 协议报文被封装到 RADIUS 报文中,即 EAPoRADIUS 报文。此外,在交换机与 RADIUS 服务器之间还可以使用 RADIUS 协议交互 PAP 和 CHAP 报文。
- 交换机在整个认证过程中不参与认证,所有的认证工作都由 RADIUS 服务器完成。RADIUS 可以使用不同的认证方式对客户端进行认证,例如 EAP-MD5、PAP、CHAP、EAP-TLS、LEAP、PEAP 等。

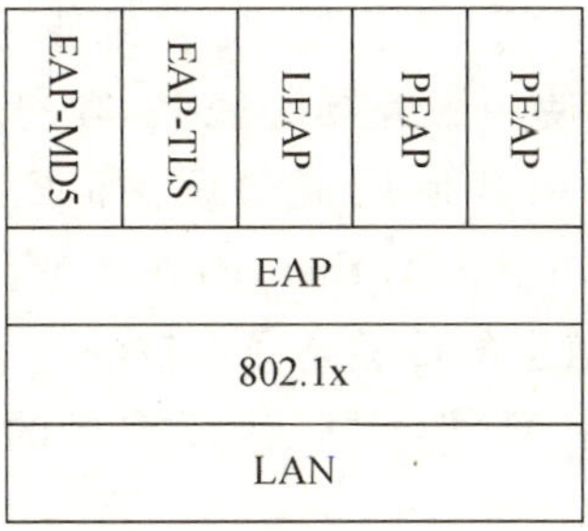

图 3-54　EAPoL 报文图

- 当 RADIUS 服务器对客户端身份进行认证后,将认证结果(接受或拒绝)返回给交换机,交换机根据认证结果决定受控端口的状态。

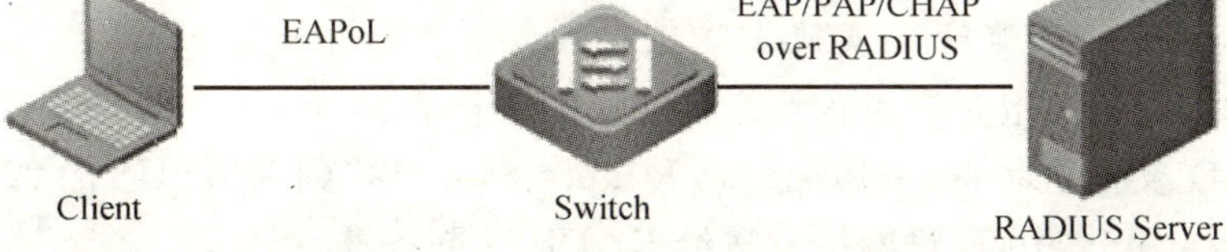

图 3-55　交换机端口控制图

802.1x 认证过程

从认证方式来说，802.1x 支持两种认证模式，EAP 中继模式和 EAP 终结模式，两种模式的报文交互过程略有不同。

(1) EAP 中继模式

EAP 中继模式是 IEEE 802.1x 标准中定义的认证模式，正如之前介绍的，交换机将 EAP 协议报文封装到 RADIUS 报文中通过网络发送到 RADIUS 服务器。对于这种模式，需要 RADIUS 服务器支持 EAP 属性。

使用 EAP 中继模式的认证方式有 EAP-MD5、EAP-TLS(Transport Layer Security，传输层安全)、EAP-TTLS(EAP-Tunneled TLS，扩展认证协议—隧道传输层安全)和 PEAP(Protected EAP，受保护的 EAP)：

● EAP-MD5：这种方式验证客户端的身份，RADIUS 服务器给客户端发送 MD5 挑战值(MD5 Challenge)，客户端用此挑战值对身份验证密码进行加密。

● EAP-TLS：这种方式同时验证客户端与服务器的身份，客户端与服务器互相验证对方的数字证书，保证双方的身份都合法。

● EAP-TTLS：它是 EAP-TLS 的一种扩展认证方式，它使用 TLS 建立起来的安全隧道传递身份认证信息。

● PEAP：与 EAP-TTLS 相似，也首先使用 TLS 建立起安全的隧道，建立隧道过程中，只使用服务器的证书，客户端不需要证书。安全隧道建立完毕后，可以使用其他认证协议[如 EAP-Generic Token Card (GTC)、Microsoft Challenge Authentication ProtocolVersion 2]对客户端进行认证，并且认证信息的传递是受保护的。

图 3-56 所示为使用 EAP-MD5 认证方式的 EAP 中继模式的认证过程：

EAP 中继模式(EAP-MD5)认证过程：

1) 客户端启动 802.1x 客户端程序，向交换机发送一个 EAPoL 报文，表示开始进行 802.1x 接入认证。

2) 如果交换机端口启用了 802.1x 认证，将向客户端发送 EAP-Request/Identity 报文，要求客户端发送其使用的用户名(ID 信息)。

3) 客户端响应交换机发送的请求，向交换机发送 EAP-Response/Identity 报文，报文中包含客户端使用的用户名。

4) 交换机将 EAP-Response/Identity 报文封装到 RADIUS 的 Access-Request 报文中，通过网络发送给 RADIUS 服务器。

5) RADIUS 服务器收到交换机发送的 RADIUS 报文后，使用报文中的用户名信息在本地用户数据库中查找到对应的密码后，用随机生成的挑战值(MD5 Challenge)与密码进行 MD5 运算，产生一个 128 bit 的散列值。同时 RADIUS 服务器也将此挑战值通过 RADIUS 的 Access-Challenge 报文发送给交换机。

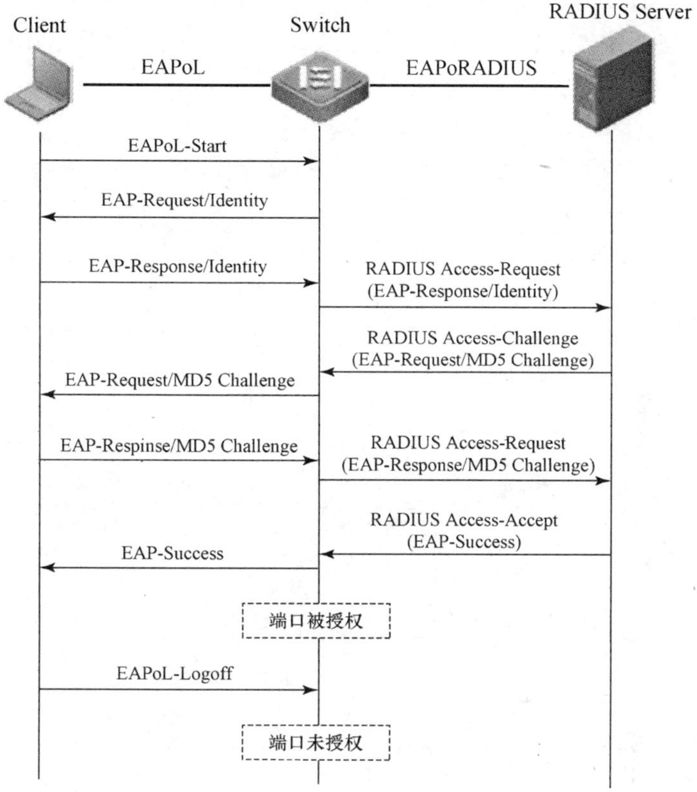

图 3-56 中继模式认证过程

6）交换机从 RADIUS 报文中提取出 EAP 信息(其中包括挑战值)，封装到 EAP-Request/MD5 Challenge 报文中发送给客户端。

7）客户端使用报文中的挑战值与本地的密码也进行 MD5 运算，产生一个 128 bit 的散列值，封装到 EAP-Response/MD5 Challenge 报文中发送给交换机。

8）交换机将 EAP-Response/MD5 Challenge 信息封装到 RADIUS Access-Request 报文中发送给 RADIUS 服务器。

9）RADIUS 通过将收到的客户端的散列值与自己计算的散列值进行比较，如果相同则表示用户合法，认证通过，并返回 RADIUS Accept 报文，其中包含 EAP-Success 信息。

10）交换机收到认证通过的信息后，将连接客户端的端口“开放”，并发送 EAP-Success 报文给客户端，以通知客户端验证通过。

11）客户端可以通过发送 EAP-Logoff 报文通知交换机主动下线，终止认证状态。交换机收到 EAP-Logoff 报文后将端口“关闭”。

从 EAP 中继模式的认证过程可以看出，交换机在整个认证中扮演着一个中间人的角色，对 EAP 报文进行透传。

(2) EAP 终结模式

EAP 终结模式即交换机将 EAP 信息终结，交换机与 RADIUS 服务器之间无需交互 EAP 信息，也就是说 RADIUS 服务器无需支持 EAP 属性。如果网络中的 RADIUS 服务器不支持 EAP 属性，可以使用这种认证模式。

在 EAP 终结模式中可以使用 PAP 与 CHAP 认证方式，并且推荐使用 CHAP 认证方式，因为 PAP 使用明文传送用户名和密码信息。

图 3-57 所示为使用 CHAP 认证方式的 EAP 终结模式的认证过程：

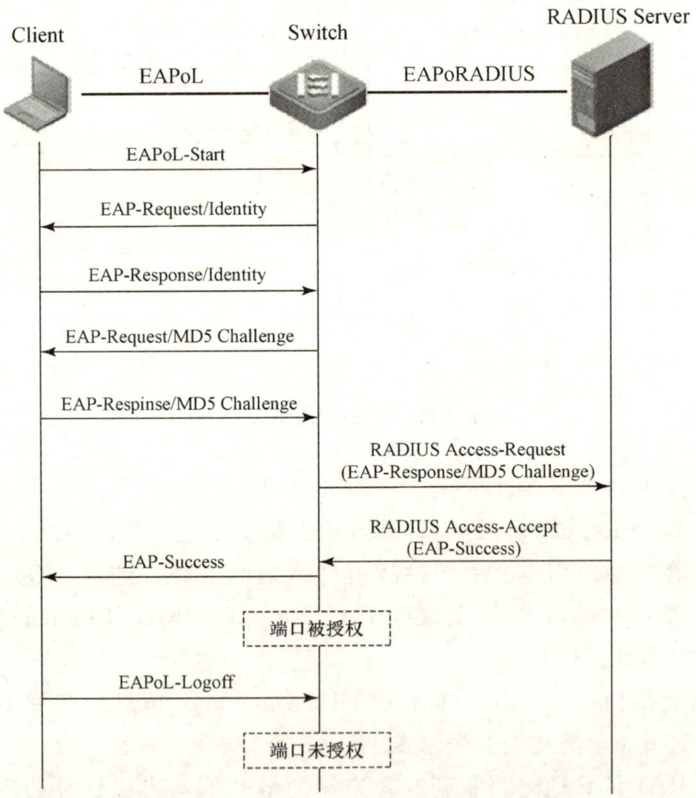

图 3-57　终结模式认证过程

从上图中可以看出在 EAP 终结模式中，MD5 挑战值是由交换机生成的，随后交换机会将客户端的用户名、MD5 挑战值和客户端计算的散列值一同发送给 RADIUS 服务器，再由 RADIUS 服务器进行认证。对于 EAP 终结模式，交换机与 RADIUS 服务器之间只交换两条消息，减少了其间的信息交互量，减轻了 RADIUS 服务器的压力。

（四）Web 认证上线

Web 认证也称为 Web PORTAL，是一种基于网页的认证。未认证用户在 IE 地址栏输入任意 URL，其 HTTP 报文都会被接入设备截获。交换机伪装成用户期望访问的站点，与用户建立 TCP 连接后，将预先设定好的认证页面推送给用户，以达到用户在线认证，且不用安装认证客户端的目的。

Web 认证组件包括 Portal 服务器（Portal server）、BAS 和认证服务器三个基本要素。

- Portal 服务器：提供客户端认证的 Web 界面。
- BAS 设备：主要将客户认证流量重定向到 Portal 服务器，BAS 设备主要指网络交换机。
- 认证服务器：提供身份认证、授权、计费等安全功能，主要包括（RADIUS/AAA 认证服务器）

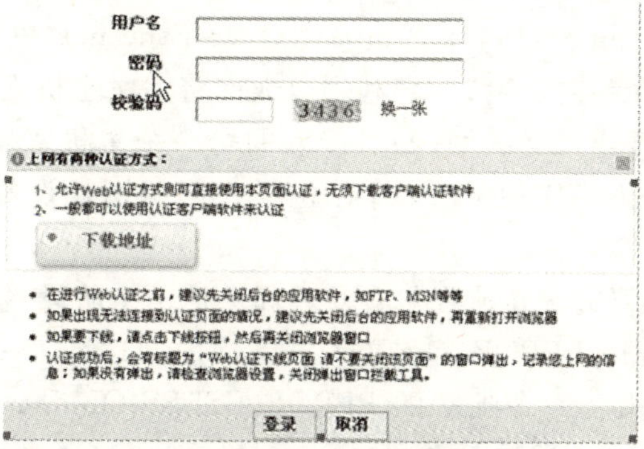

图 3-58　认证界面图

完整的 Web 认证过程包括如下步骤：

1. 未认证 PC 在 IE 地址栏输入任意 URL，访问外网；

2. 交换机（BAS 设备）截获报文，伪装成外网站点，与未认证用户建立 TCP 连接；

3. PC 发出 HTTP 的 get 请求；

4. 交换机回应该请求，告诉 PC 重定向地址为 Portal 服务器地址；

5. 用户根据该地址，与 Portal 服务器建立连接，并请求认证页面；

6. Portal 服务器返回认证页面；

7. PC 通过认证页面，提交用户名密码，到认证服务器认证；

8. 认证服务器返回或失败或成功给 Portal，Portal 向用户推送成功或失败的页面，成功的页面如图 3-59 所示。

用户信息	中文版 | English Version
用户名	hesh
用户IP	192.168.225.94
本次认证可用时长	3天 12小时 46分钟 10秒
在线时长	0:00:07
账户信息	您当前使用的服务为研究,账户余额为5086.17元;计费策略为研究;
提示信息	

刷新　断开

图 3-59　认证成功界面图

9. 如果返回失败，用户访问外网失败，将重复步骤 1—8；

10. 如果返回成功，用户通过 IE 访问外网，可以正常访问，不会被重定向到认证页面。

（五）PPPOE 认证

PPPOE(Point to Point Protocol Over Ethernet)在以太网上承载 PPP 协议(点到点连接协议)，它利用以太网将大量主机组成网络，通过一个远端接入设备连入互联网，并对接入的每一个主机实现控制。计费功能，极高的性能价格比使 PPPOE 在包括小区组网建设等一系列应用中广泛采用。

PPPOE 协议的工作流程包含发现和会话两个阶段，发现阶段是无状态的，目的是获得 PPPOE 终结端(在局端的 ADSL 设备上)的以太网 MAC 地址，并建立一个唯一的 PPPOE ESESSION-ID。发现阶段结束后，就进入标准的 PPP 会话阶段。

当一个主机想开始一个 PPPOE 会话，它必须首先进行发现阶段，以识别局端的以太网 MAC 地址，并建立一个 PPPOE SESSION-ID。在发现阶段，基于网络的拓扑，主机可以发现多个接入集中器，然后允许用户选择一个。当发现阶段成功完成，主机和选择的接入集中器都有了他们在以太网上建立 PPP 连接的信息。直到 PPP 会话建立，发现阶段一直保持无状态的 Client/Server(客户/服务器)模式。一旦 PPP 会话建立，主机和接入集中器都必须为 PPP 虚接口分配资源。

在家庭用户使用的宽带上网大都采用 PPPOE 认证，用户通过在本地 ADSL MODE 上进行简单的 PPPOE 的用户和密码输入后便由设备与对端建立连接(此协议在此处不进行详细讲解)。

八、全局安全

网络安全是一个系统，它不是防火墙，不是入侵检测，不是虚拟专用网，也不是认证、授权以及记账，更不是某种安全产品，虽然这些技术与产品在其中扮演了重要角色，但是网络安全更复杂，所有的网络安全都起始于安全策略。

上面介绍了网络访问控制、身份认证安全、根据身份访问权限控制等。从信息化全局中信息安全如何进行防护呢，本章节将根据不同业务、不同用户、不同区域进行安全区域的隔离、用户控制、访问终端的安全控制等。

随着信息技术的发展与应用，信息安全的内涵在不断地延伸，从最初的信息保密性发展到信息的完整性、可用性、可控性和不可否认性，进而又发展为“攻击、防范、检测、控制、管理、评估”等多方面的基础理论和实施技术。目前信息网络常用的基础性安全技术包括以下几方面的内容。

● 身份认证技术：用来确定用户或者识别身份的合法性。典型的如用户名口令、身份识别、PKI 证书和生物认证等。

● 加解密技术：在传输过程或存储过程中进行信息数据的加解密，典型的加密体制可采用对称加密和非对称加密。

● 访问控制技术：保证网络资源不被非法使用和访问，访问控制是网络安全防范和保护的主要核心策略，规定了主体对客体访问的限制，并在身份识别的基础上，根据身份对提出资源访问的请求加以权限控制。

● 主机加固技术：操作系统或者数据库的实现会不可避免的出现某些漏洞，从而使信息网络系统受到严重的威胁。主机加固技术对操作系统、数据库等进行漏洞加固和保护，提高系统的抗攻击能力。

● 安全审计技术：帮助系统管理员在受到攻击后查看网络日志。这些数据可以用来评估网络配置的合理性、安全策略的有效性，追溯分析安全攻击轨迹，并能为实时防御提供手段。

● 边界防护技术：防止外部网络用户以非法手段通过外部网络进入内部网络，访问内部资源，保护内部网络操作环境的特殊网络互联设备，典型的如防火墙和入侵检测设备。

全局安全主要分如下几步进行：

第一步：用户在入网时需要做认证，目前最安全的准入认证方式就是 802.1x 的认证，可通过用户账号、IP 地址、MAC 地址、硬盘序列号的绑定等七元素进行用户身份的确认，只有这些元素全部合法后允许用户接入网络。

第二步：当用户身份合法后，会对终端本身的安全性做分析，如：是否未安装制定的杀毒软件、是否更新了操作系统最新补丁、更新了最新的病毒库等。通过这种方式只有健康的终端才可接入网络。

第三步：若用户在入网后发起诸如网络扫描、ARP 欺骗攻击等行为，都将被 IDS 监测到，通过安全管理系统与 IDS 的联动，将该行为进行阻断并记录。通过这种方式明确合法操作的终端才可以使用网络。

第四步：对用户的行为审计，行为审计包括：优盘认证、终端审计、网络实名以及非法外联检测等。

第五步：安全域边界隔离，将网络根据业务的不同进行区域划分，如：数据中心的内网业务与外网业务系统进行逻辑区域划分等。通过安全边界的隔离实现同一时间允许访问一个区域的业务。

全局安全工作流程如图 3-60 所示：

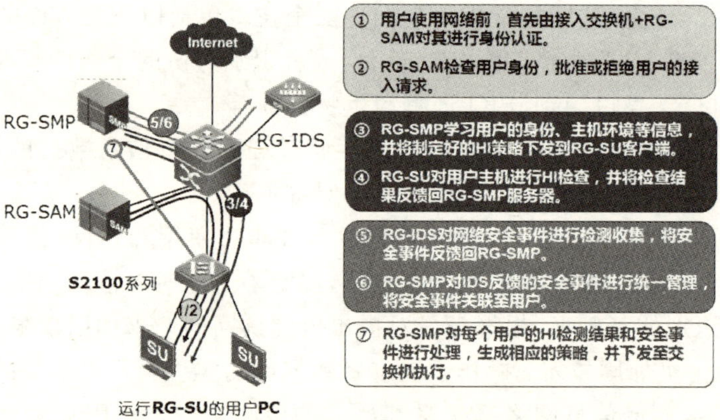

图 3-60　全局安全认证流程图

第三节　网络高可用技术

一、生成树技术(STP)

为了解决冗余链路引起的问题，IEEE 通过了 IEEE 802.1d 协议，即生成树协议(Spanning-Tree Protocol,简称 STP)。IEEE 802.1d 协议通过在交换机上运行一套复杂的算法,使冗余端口置于“阻塞状态”,使得网络中的计算机在通信时,只有一条链路生效,而当这个链路出现故障时,IEEE 802.1d 协议将会重新计算出网络的最优链路,将处于“阻塞状态”的端口重新打开,从而确保网络连接稳定可靠。

在交换式网络中使用生成树协议可以将有环路的物理拓扑变成无环路的逻辑拓扑,为网络提供了安全机制,使得冗余拓扑中不会产生交换环路问题。

(一) 生成树协议概述

生成树协议 STP 最初是由 DEC 公司开发的,后来 IEEE 802 委员会进行修改,最终制定了相应的 IEEE 802.1d 标准。STP 协议的主要功能就是维持一个无环的拓扑结构,当交换机或者网桥发现拓扑中存在环路时,就会逻辑地阻塞一个或更多个冗余端口,解决由于备份连接所产生的环路问题。

STP 协议的主要思想就是当网络中存在备份链路时,只允许主链路激活,如果主链路因故障而被断开后,备用链路才会被打开。当交换机间存在多条链路时,交换机的生成树算法只启动最主要的一条链路,而将其他链路都阻塞掉,将这些链路变为备用链路。当主链路出现问题时,生成树协议将自动起用备用链路接替主链路的工作,不需要任何人工干预。

如图 3-61 所示,为了达到网络冗余,三台交换机通过三条网线连接起来,网络中形成了物理环路,直接产生网络风暴(大量的广播)导致网络瘫痪,通过生成树协议冗余备份的链路被逻辑断开,从而消除了环路。

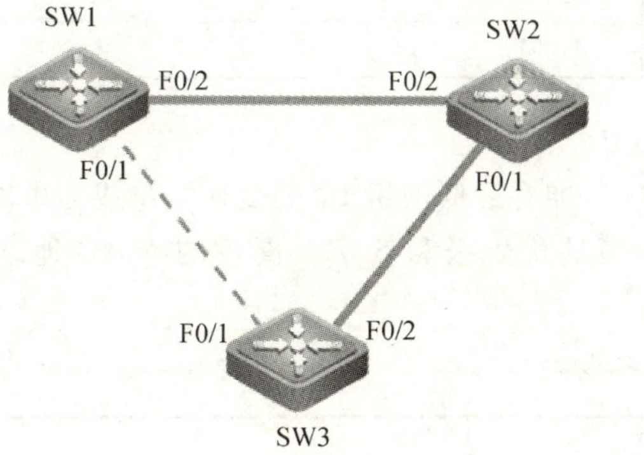

图 3-61 STP 协议拓扑图

STP 协议中定义了根交换机(Root Bridge)、根端口(Root Port)、指

定端口(Designated Port)、路径开销(Path Cost)等概念,目的就在于通过构造一棵自然树的方法达到阻塞冗余环路的目的,同时实现链路备份和路径最优化。用于构造这棵树的算法称为生成树算法 SPA(Spanning Tree Algorithm)。

STP 不断地检测网络,以便可以检测到一个线路、设备或者是接入的故障。当网络拓扑发生变化时,运行 STP 的交换机和网桥会自动重新配置它们的端口以避免环路的产生或者连接的丢失。

(二) 路径成本

STP 依赖于路径成本的概念,最短路径是建立在累计路径成本的基础上的。生成树的根路径成本就是到根网桥的路径中所有链路的路径成本的累计和。

路径成本的计算和链路的带宽相关联,表 3-3 列出了一些在 IEEE 802.1d 标准中规定的路径成本。IEEE 802.1d 的路径成本是被修订了的,在以前的版本中,路径成本是以 1000Mbit/s 带宽为计算基础,而以太网的速度提高很快不得不做出修订,以非线性的方法融合了高速接口重新计算了路径成本。无论是修订前还是修订后,我们都会发现,STP 的路径成本是越低越好。

表 3-3　链路带宽对应成本值

链路带宽	成本(修订前)	成本(修订后)
10 G	1	2
1000 M	1	4
100 M	10	19
10 M	100	100

(三) 网桥 ID

使用 STP 时,拥有最低网桥 ID 的交换机将成为根网桥。网桥 ID 共 8 字节,由 2 字节的优先级和 6 字节网桥的 MAC 地址组成,如图 3-63 所示:

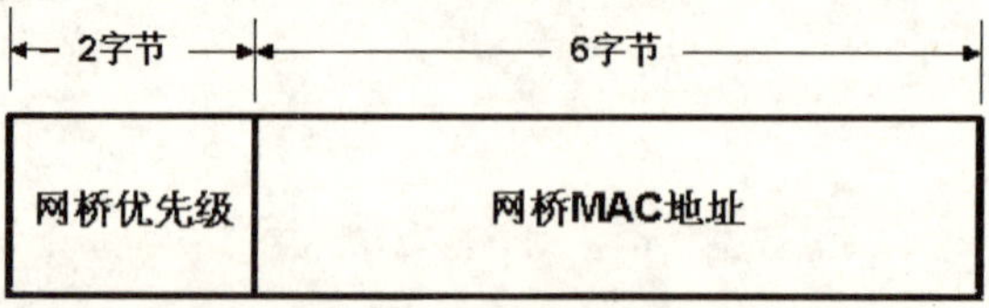

图 3-62　网桥 ID

网桥优先级是从 0 到 65535 的数字，默认值是 32768(0x8000)。优先级最低的网桥将成为根网桥。如果网桥优先级相同，则比较网桥 MAC 地址，具有最低 MAC 地址的交换机或网桥将成为根网桥。

(四) 端口 ID

端口 ID 也参与决定到根网桥的路径。端口 ID 共 2 字节，由 1 字节的端口优先级和 1 字节的端口编号组成，如图 3-63 所示：

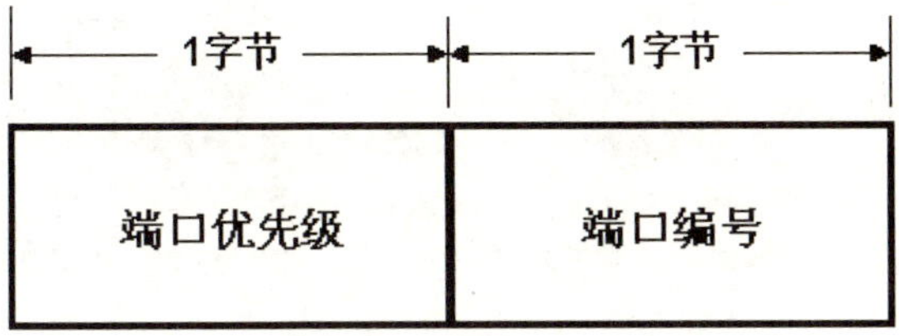

图 3-63 端口 ID

端口优先级是从 0 到 255 的数字，默认值是 128(0x80)。端口编号则是按照端口在交换机上的顺序排列的，例如 1/1 端口的 ID 是 0x8001，1/2 端口的 ID 是 0x8002。端口优先级越小，则优先级越高，如果端口优先级相同，则编号越小，优先级越高。

(五) 生成树协议的工作过程

STP 要构造一个逻辑无环的拓扑结构，需要执行下面四个步骤：第一步：选举一个根网桥；第二步：在每个非根网桥上选举一个根端口；第三步：在每个网段上选举一个指定端口；第四步：阻塞非根、非指定端口。

1. 选举根网桥

首先，STP 会选举根网桥。在一个给定网络中只能存在一个根网桥，也就是具有最小网桥 ID 的交换机。

当网络中的交换机启动后，每一台都会假定它自己就是根网桥，把自己的网桥 ID 写入 BPDU 的根网桥 ID 字段里面然后向外泛洪。当交换机接收到一个具有更低的 Root BID 的 BPDU 时，它就会把自己正在发送的 BPDU 中的 Root BID 字段替换为这个更低的网桥 ID，再向外发送。经过一段时间以后，所有的交换机都会比较完全部的 Root BID，并且选举出具有最小网桥 ID 的交换机作为根网桥。

例如在图 3-64 所示的拓扑结构中，三台交换机通过比较网桥优先级，发现 SW2 的优先级是最小的，因此 SW2 会被选举为根网桥。

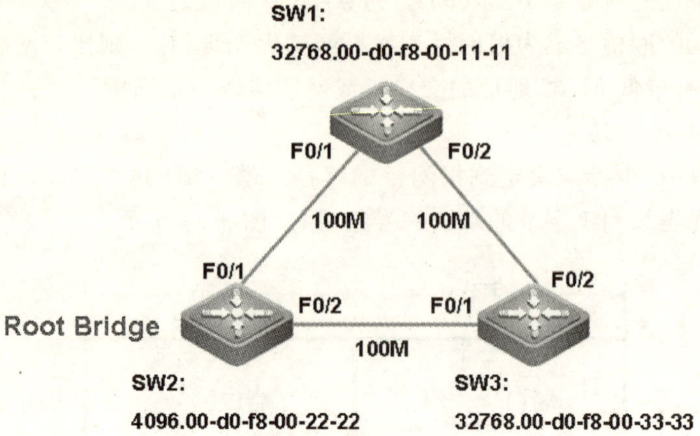

图 3-64　STP 选举根网桥

如果三台交换机的网桥优先级相同的话，则 SW1 会当选为根网桥，因为它具有最小的 MAC 地址。根网桥缺省情况下每 2 秒发送一次 BPDU。生成树下游的非根交换机会接收这些 BPDU。依据其中传递的信息进行根端口、指定端口的选举。需要注意的是，STP 收敛以后，如果有一台网桥 ID 值更小的交换机加入进来，那么，它也会把自己当作一个根网桥而在网络中通告，引起 STP 进行新一轮的根网桥选举。由于那台新交换机的网桥 ID 的确更小，所以其他的交换机在比较一番后，就会把它当作新的根网桥记录下来，再重新计算到达新根网桥的无环路拓扑。

2. 选举根端口

接下来，则要在所有的非根网桥上选举出根端口。所谓根端口，就是从非根网桥到达根网桥的最短路径上的端口，即根路径成本最小的端口。选举根端口的依据顺序为：根路径成本最小；发送网桥 ID 最小；发送端口 ID 最小。

如图 3-65 所示，SW2 为根网桥，SW1 和 SW3 都需要选举出到达 SW2 的根端口（也就是确定根路径）。按照表 3-3 中路径成本的计算方法，对于 SW1 来说，从端口 F0/1 到达根网桥的根路径成本是 19。它的计算方法是这样的：端口 F0/1 接收到根网桥发送的 BPDU 中根路径成本字段是 0，SW1 将端口 F0/1 的路径成本（带宽 100M 的快速以太网链路，路经成本为 19）累加在上面，得到 F0/1 的根路径成本为 0＋19＝19。

从端口 F0/2 到达根网桥的根路径成本是 19＋19＝38，因为它收到 SW3 发送的 BPDU 中根路径成本字段值已经是 19 了，再累加端口 F0/2

的路径成本 19,得到最终的根路径成本为 38。通过比较端口 F0/1 和端口 F0/2 的根路径成本,F0/1 将被选举成根端口。同理,SW3 的 F0/1 端口也会被选举成根端口。

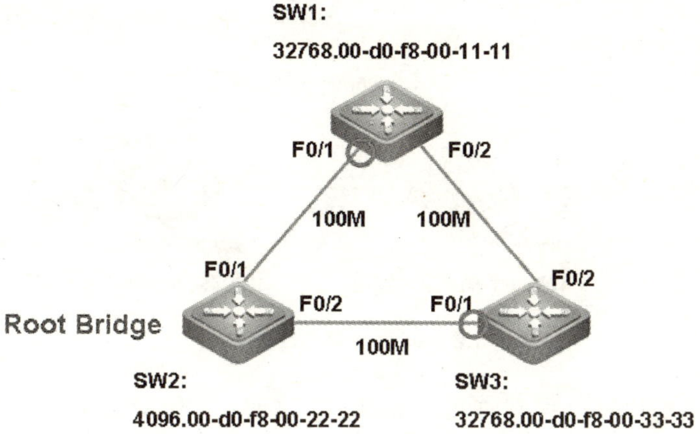

图 3-65 STP 选举根端口

如果一台非根交换机到达根网桥的多条根路径的成本相同,则比较从不同的根路径所收到 BPDU 中的发送网桥 ID,哪个端口收到的 BPDU 中发送网桥 ID 较小,则哪个端口为根端口;如果发送网桥 ID 也相同,则比较这些 BPDU 中的端口 ID,哪个端口收到的 BPDU 中端口 ID 较小,则哪个端口为根端口。

3. 选举指定端口

每个网段需要选取出一个指定端口。所谓指定端口,就是连接在某个网段上的一个桥接端口,它通过该网段既向根交换机发送流量也从根交换机接收流量。桥接网络中的每个网段都必须有一个指定端口。选举指定端口的依据顺序同样为:根路径成本最小;所在交换机的网桥 ID 最小;端口 ID 最小。

因此,根网桥上的每个活动端口都是指定端口,因为它的每个端口都具有最小根路径成本(实际是它的根路径成本是 0)。

如图 3-66 所示,根网桥 SW2 上的活动端口 F0/1 和 F0/2 由于根路径成本为 0,都当选为指定端口;而连接 SW1 和 SW3 的网段情况复杂一些,该网段上两个端口的根路径成本都是 38(19+19=38),那么就需要比较网桥 ID 了。SW1 和 SW3 的网桥优先级相同,但 SW1 的 MAC 地址更小一些,所以 SW1 的 F0/2 端口会被选举为该网段的指定端口。

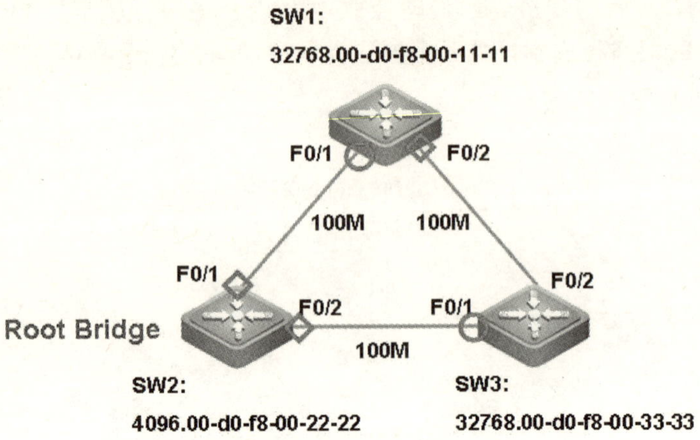

图 3-66 选举指定端口

STP 的计算过程到这里就结束了，这时，只有在交换机 SW3 上的 F0/2 端口既不是根端口，也不是指定端口。

4. 阻塞非根、非指定端口

在网桥已经确定了根端口，指定端口和非根、非指定端口后，STP 就准备开始创建一个无环拓扑了。

为创建一个无环的拓扑，STP 配置根端口和指定端口转发流量，然后阻塞非根、非指定的端口，形成逻辑上无环路的拓扑结构，最终的结果如图 3-67 所示。

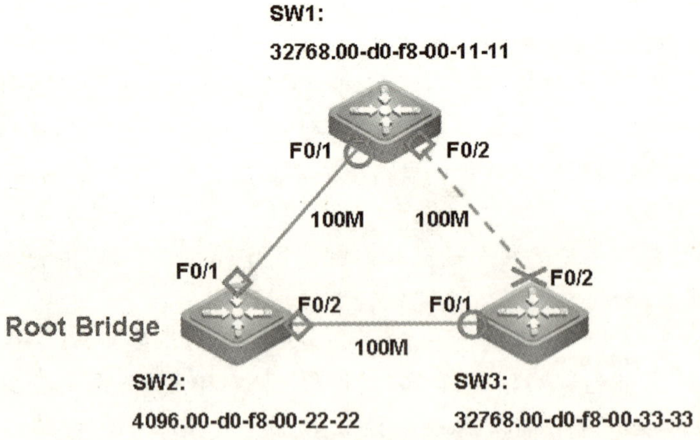

图 3-67 STP 生成的无环路拓扑

此时，SW1 和 SW3 之间的链路为备份链路，当 SW1 和 SW2、SW3 和 SW2 之间的主链路正常时，这条链路处于逻辑断开状态。这样就将交换环路变成了逻辑上的无环拓扑，只有当主链路故障时，才会启用备份链路，以保证网络的连通性。

（六）多生成树

多生成树（Multiple Spanning Tree，简称 MST），能够通过干道（trunks）建立多个生成树，关联 VLANs 到相关的生成树进程，每个生成树进程具备单独于其他进程的拓扑结构；MST 提供了多个数据转发路径和负载均衡，提高了网络容错能力，因为一个进程（转发路径）的故障不会影响其他进程（转发路径）。

一个生成树进程只能存在于具备一致的 VLAN 进程分配的桥中，必须用同样的 MST 配置信息来配置一组桥，这使得这些桥能参和到一组生成树进程中，具备同样的 MST 配置信息的互联的桥构成多生成树区（MST Region）。

MSTP 的特点：

MSTP 设置 VLAN 映射表（即 VLAN 和生成树的对应关系表），把 VLAN 和生成树联系起来；通过增加“实例”（将多个 VLAN 整合到一个集合中）这个概念，将多个 VLAN 捆绑到一个实例中，以节省通信开销和资源占用率；MSTP 把一个交换网络划分成多个域，每个域内形成多棵生成树，生成树之间彼此独立；MSTP 将环路网络修剪成为一个无环的树型网络，避免报文在环路网络中的增生和无限循环，同时还提供了数据转发的多个冗余路径，在数据转发过程中实现 VLAN 数据的负载分担；MSTP 兼容 STP 和 RSTP。

二、VRPP 技术

VRRP（Virtual Router Redundancy Protocol）协议是用于实现路由器冗余的协议，其目的是实现网关冗余。

VRRP 协议是为消除在静态缺省路由环境下的缺省路由器单点故障引起的网络失效而设计的主备模式的协议，使得在发生故障而进行设备功能切换时可以不影响内外数据通信，不需要再修改内部网络的网络参数。VRRP 协议需要具有网关 IP 地址备份，优先路由选择，减少不必要的路由器间通信等功能。

如图 3-68 所示，网络中 172.16.2.0/24 网段的所有主机网关均连接在一台路由上，路由器上的网关 IP 地址是 172.16.2.1/24，所有 172.16.2.0/24

网段的主机要想访问其他网段时都必须通过网关 172.16.2.1，当路由器出现故障时则所有主机均无法访问其他网段的业务。

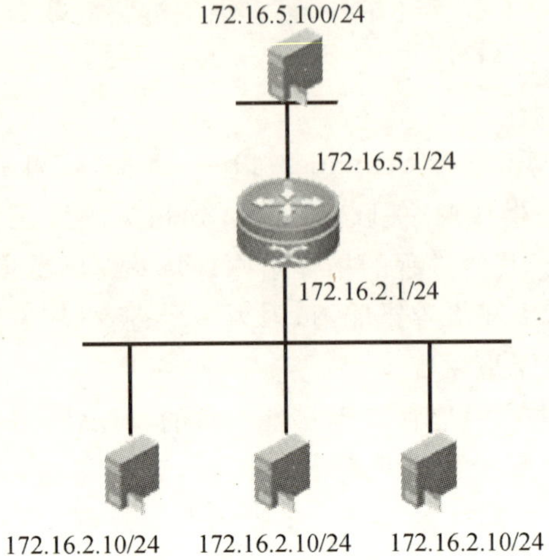

图 3-68　VRRP 示意拓扑图

在 VRRP 协议中，有两组重要的概念：VRRP 路由器和虚拟路由器，Master 路由器和 Backup 路由器。

VRRP 路由器是指运行 VRRP 的路由器，是物理实体。

虚拟路由器是指 VRRP 协议创建的，是逻辑概念。一组 VRRP 路由器协同工作，共同构成一台虚拟路由器。该虚拟路由器对外表现为一个具有唯一固定 IP 地址和 MAC 地址的逻辑路由器。

处于同一个 VRRP 组中的路由器具有两种互斥的角色：主控路由器和备份路由器。一个 VRRP 组中有且只有一台处于主控角色的路由器，可以有一个或者多个处于备份角色的路由器。VRRP 协议使用选择策略从路由器组中选出一台作为主控，负责 ARP 相应和转发 IP 数据包，组中的其他路由器作为备份的角色处于待命状态。当由于某种原因主控路由器发生故障时，备份路由器能在几秒钟的时延后升级为主路由器。由于此切换非常迅速而且不用改变 IP 地址和 MAC 地址，故对终端使用者系统是透明的。

（一）VRRP 备份组介绍

VRRP 将局域网内的一组路由器划分在一起，称为一个备份组。备份组由一个 Master 路由器和多个 Backup 路由器组成，功能上相当于一台虚拟路由器。

VRRP 备份组具有以下特点：

● 虚拟路由器具有 IP 地址，称为虚拟 IP 地址。局域网内的主机仅需要知道这个虚拟路由器的 IP 地址，并将其设置为缺省路由的下一跳地址。

● 网络内的主机通过这个虚拟路由器与外部网络进行通信。

● 备份组内的路由器根据优先级，选举出 Master 路由器，承担网关功能。其他路由器作为 Backup 路由器，当 Master 路由器发生故障时，取代 Master 继续履行网关职责，从而保证网络内的主机不间断地与外部网络进行通信。

一个 VRRP 路由器有唯一的标识：VRID，范围为 0—255。该路由器对外表现为唯一的虚拟 MAC 地址，地址的格式为 00-00-5E-00-01-[VRID]。主控路由器负责对 ARP 请求用该 MAC 地址做应答。这样，无论如何切换，保证给终端设备的是唯一一致的 IP 和 MAC 地址，减少了切换对终端设备的影响。

VRRP 控制报文只有一种：VRRP 通告(advertisement)。它使用 IP 多播数据包进行封装，组地址为 224.0.0.18，发布范围只限于同一局域网内。这保证了 VRID 在不同网络中可以重复使用。为了减少网络带宽消耗只有主控路由器才可以周期性地发送 VRRP 通告报文。备份路由器在连续三个通告间隔内收不到 VRRP 或收到优先级为 0 的通告后启动新的一轮 VRRP 选举。

在 VRRP 路由器组中，按优先级选举主控路由器，VRRP 协议中优先级范围是 0—255。若 VRRP 路由器的 IP 地址和虚拟路由器的接口 IP 地址相同，则称该虚拟路由器为 VRRP 组中的 IP 地址所有者；IP 地址所有者自动具有最高优先级 255。优先级 0 一般用在 IP 地址所有者主动放弃主控者角色时使用。可配置的优先级范围为 1—254。优先级的配置原则可以依据链路的速度和成本、路由器性能和可靠性以及其他管理策略设定。主控路由器的选举中，高优先级的虚拟路由器获胜，因此，如果在 VRRP 组中有 IP 地址所有者，则它总是作为主控路由的角色出现。对于相同优先级的候选路由器，按照 IP 地址大小顺序选举。VRRP 还提供了优先级抢占策略，如果配置了该策略，高优先级的备份路由器便会剥夺当前低优先级的主控路由器而成为新的主控路由器。

(二) VRRP 工作原理

如图 3-69 所示，网络中有两台路由器，两台路由器属于同一个 VRRP 组，这两台通过 VRRP 虚拟了一台路由器(中间)，并虚拟了一个 IP 地址网关。例如，路由器 A 此时是主控路由器，路由器 B 是备份路由器，当两台路由都工作时，位于网段是 172.16.2.0/24 的所有主机与其他网段的通信都由 A 作为网关转发；而用户并不知道是谁在工作，对用户而言网关是在虚拟路由器上。当路由器 A 出现故障后，路由器 B 会立刻代替路由器 A，这时路由器 B 的角色不再是备份路由器而是主控路由器，因此对于用户而言网关正常没有问题。

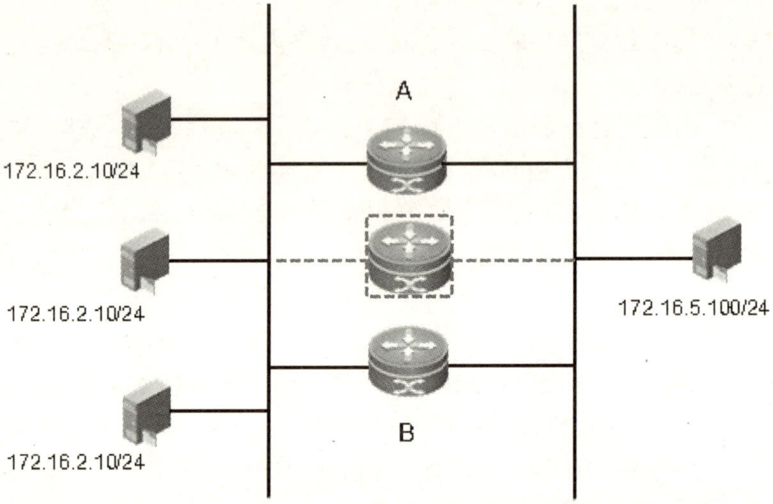

图 3-69　VRRP 工作原理图

三、网络虚拟化

在传统网络中，为了增强网络的可靠性，在核心层部署两台交换机，所有汇聚层交换机都有两条链路分别连接到两台核心层交换机上。为了消除环路，在汇聚层交换机和核心层交换机上配置 MSTP 协议阻塞一部分链路；为了提供冗余网关，在核心层交换机上配置 VRRP 协议。

传统网络中存在如下缺陷：

- 网络拓扑复杂，管理困难。为了增加可靠性，设计了一些冗余链路，使得网络中出现环路，不得不配置 MSTP 协议消除环路，实际应用中可能由于链路流量比较大导致 BPDU 报文丢失，MSTP 拓扑振荡，影响网络的正常运行。
- 故障恢复时间一般在秒级。如 VRRP 协议，状态为主控的交换机发生故障，处于备份状态的交换机至少要等 10 秒钟才会切换成主控。
- 生成树协议为了消除环路，需要把一些链路阻塞，没有利用这些链路的带宽，造成资源浪费。

为解决传统网络的这些问题，提出一种把两台物理交换机组合成一台虚拟交换机的新技术，称为“虚拟交换机”(Virtual Switch)。如图 3-70 所示，把传统网络中两台物理交换机通过虚拟交换机技术逻辑的虚拟成一台交换机，虚拟交换机技术一般应用在网络中的核心层或者汇聚层为整体网络提供安全可靠的保障。左图的两台物理交换机通过虚拟之后逻辑拓扑变成右图所示的形式。

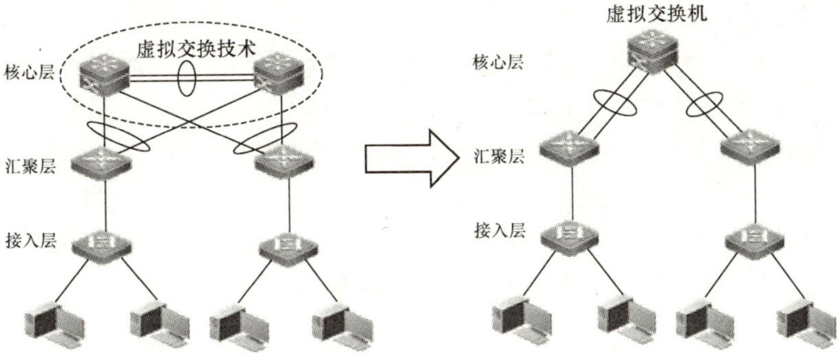

图 3-70 虚拟化拓扑图

(一) 虚拟交换概述

虚拟交换机主要目的是替代传统网络中的 VRRP，实现网络最佳冗余，简化了网络拓扑和管理员的配置维护工作。

参与虚拟交换的交换机被称为“虚拟交换组”。一个虚拟交换组由两台交换机或多台交换机组成，参与虚拟交换组中的交换机数量根据不同厂家设备而不同。两台交换机通过万兆光纤连接，这条链路被称为“虚拟交换链路”。

虚拟交换链路是一条用来在两台成员交换机之间传输控制报文的特殊聚合链路。除了控制报文以外，可能存在跨机箱的数据报文通过虚拟交换链路传输。为了减少控制报文丢失的可能性，控制报文的优先级高于数据报文。

通过虚拟交换技术可以使网络更加稳定，参与虚拟交换的几台物理交换机的相关应用配置相同，组成员之间会定时同步配置信息，因此在每一个虚拟交换组中都必须有一个物理交换机作为“管理者”，虚拟交换组的管理者在这个组中是活跃的，因此被称为：主虚拟交换机(Active 交换机)。可以说所有的数据是由主虚拟交换机负责做相应的处理和转发，包括网络中的路由交换使用的各种协议维护。这个“管理者”被定义为虚拟交换机的“大脑”;组成员交换机被称为备虚拟交换机(Standby 交换机)，组中的其他交换机时刻等待着主虚拟交换机发生故障，如主交换机发生故障则组中的其他交换机立即成为“管理者”并承接主虚拟交换机的工作。

虚拟交换机提高了网络设备、链路的利用率，虚拟后的两台交换机的所有端口都属于同一台逻辑虚拟交换机，因此对于虚拟交换机本身的端口是单台物理交换机的两倍，如一台设备端口总数是96个，两台共192个，在传统网络冗余设备中真正在用的端口只有一台设备的端口数96个，经过虚拟交换机虚拟的交换机是192个端口，而这些端口同时都可以使用。

（二）虚拟交换故障恢复

在建立好虚拟交换机后，虚拟交换组中只有主虚拟交换机是可进行控制操作的，管理员在进行调试配置时的所有命令也都是在这台交换机上进行操作，而虚拟交换组中的其他交换机与管理者交换机维持特定的更新协议，每次“管理者交换机”做了新的配置或者是路由表、MAC地址表等发生变更，其他交换机也随之更新自己，因此你会在交换虚拟组中的所有交换机上看到一样的信息，管理员的维护和配置也变得相对简单。

虚拟交换组中的所有交换机维护相同的配置信息、安全策略、MAC地址表、路由表、路由协议的链路状态数据库等，因此，通过虚拟交换部署的网络故障恢复时间非常短，有的甚至故障恢复时间达到毫秒级。这样的网络环境要远远比传统网络故障恢复时间快很多，例如，传统网络中的二层协议STP在不修计时器的情况下收敛时间为50秒，网关冗余VRRP的主备切换时间最快也要10秒，而OSPF路由协议的收敛时间则更长，需要完成网络中的设备数量、路由表的大小等计算。

（三）实现真正意义的链路负载均衡

通过虚拟交换技术将两台物理交换机虚拟成逻辑交换机后，对其相连的设备是透明的，相连的邻居设备只知道自己连接的是一台虚拟交换机，而非物理的两台交换机。如图3-71所示。

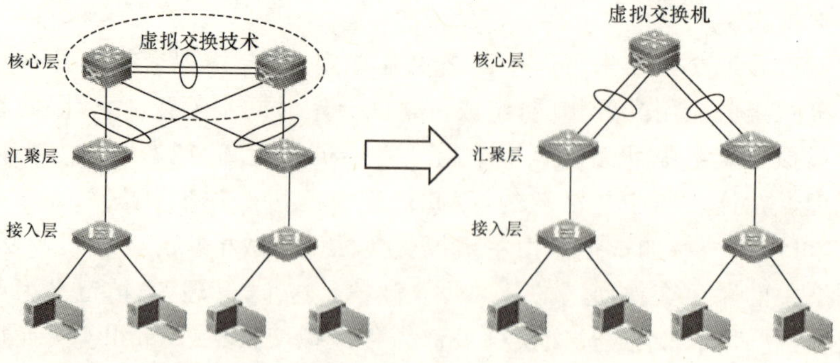

图3-71　网络虚拟化实现负载均衡

汇聚设备通过两条链路分别连接到两台核心交换机，通过虚拟技术，两台核心设备虚拟成一台虚拟交换机，汇聚设备从逻辑上连到了一台逻辑交换机，因此可以把汇聚交换机到逻辑交换机的两条链路通过聚合链路技术进行捆绑形成一条逻辑链路。

聚合链路中的两条链路将同时使用，链路带宽也变为原来的 2 倍，如单条链路是 1000 M，通过聚合链路捆绑后的链路成为 2000 M，提高了链路的利用率。

当网络中汇聚设备与核心虚拟交换机的两条链路中的一条链路出现故障时，网络没有任何影响，汇聚仍然与核心连接，对于用户网络是正常的没有发生故障，这时只是汇聚到核心的链路带宽由原来的 2000 M 变为 1000 M 而已。

第四节 网络出口技术

一、NAT 技术

(一) NAT 简介

网络地址转换(Network Address Translation，简称 NAT)是将 IP 数据报文头中的 IP 地址转换为另一个 IP 地址的过程。在实际应用中，NAT 主要用于实现私有网络访问公共网络的功能。这种通过使用少量的公网 IP 地址代表较多的私网 IP 地址的方式，将有助于减缓可用 IP 地址空间的枯竭。

私网 IP 地址是指内部网络或主机的 IP 地址，公网 IP 地址是指在互联网上全球唯一的 IP 地址。

RFC 1918 为私有网络预留出了三个 IP 地址块。A 类：10.0.0.0～10.255.255.255；B 类：172.16.0.0～172.31.255.255；C 类：192.168.0.0～192.168.255.255。

上述三个范围内的地址不会在互联网上被分配，因此可以不必向 ISP 或注册中心申请而在公司或企业内部自由使用。

NAT 最初的设计目的是用于实现私有网络访问公共网络的功能，后扩展到实现任意两个网络间进行访问时的地址转换应用，本文中将这两个网络分别称为内部网络(内网)和外部网络(外网)，通常私网为内部网络，公网为外部网络。

Direction	Before NAT	After NAT
Outbound	192.168.1.3	20.1.1.1

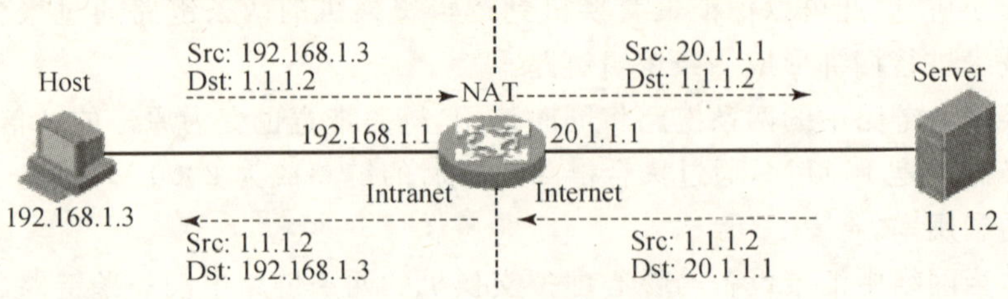

图 3-72　NAT 原理图

在实际应用中，我们可能希望某些内部网络的主机可以访问外部网络，而某些主机不允许访问，即当 NAT 设备查看 IP 数据报文的报头内容时，如果发现源 IP 地址属于禁止访问外部网络的内部主机，它将不进行地址转换。另外，也希望只有指定的公网地址才可用于地址转换。

设备可以利用访问控制列表（Access Control Limit，简称 ACL）和地址池来对地址转换进行控制。

访问控制列表可以有效地控制地址转换的使用范围，只有满足访问控制列表规则的数据报文才可以进行地址转换。

地址池是用于地址转换的一些连续的公网 IP 地址的集合，它可以有效地控制公网地址的使用。用户可根据自己拥有的合法 IP 地址数目、内部网络主机数目以及实际应用情况，定义合适的地址池。在地址转换的过程中，NAT 设备将会从地址池中挑选一个 IP 地址作为数据报文转换后的源 IP 地址。

（二）NAT 的实现

1. 基本地址转换

从地址转换过程可见，当内部网络访问外部网络时，地址转换将会选择一个合适的外部地址，来替代内部网络数据报文的源地址。这样所有内部网络的主机访问外部网络时，只能拥有一个外部网络的 IP 地址，因此，这种情况同时只允许最多有一台内部网络主机访问外部网络。

当内部网络的多台主机并发地要求访问外部网络时，NAT 也可实现对并发性请求的响应，允许 NAT 设备拥有多个公有 IP 地址。当第一个内网主机访问外网时，NAT 选择一个公有地址 IP1，在地址转换表中添加记录并发送数据报；当另一内网主机访问外网时，NAT 选择另一个公有地址 IP2，以此类推，从而满足了多台内网主机访问外网的请求。

2. NAPT

网络地址端口转换(Network Address Port Translation，简称NAPT)是基本地址转换的一种变形，它允许多个内部地址映射到同一个公有地址上，也可称之为“多对一地址转换”。

NAPT同时映射IP地址和端口号，来自不同内部地址的数据报文的源地址可以映射到同一外部地址，但它们的端口号被转换为该地址的不同端口号，因而仍然能够共享同一地址，也就是“私网IP地址＋端口号”与“公网IP地址＋端口号”之间的转换。

Direction	Before NAT	After NAT
Outbound	192.168.1.2:1111	20.1.1.1:1001
Outbound	192.168.1.2:2222	20.1.1.1:1002
Outbound	192.168.1.3:1111	20.1.1.1:1003

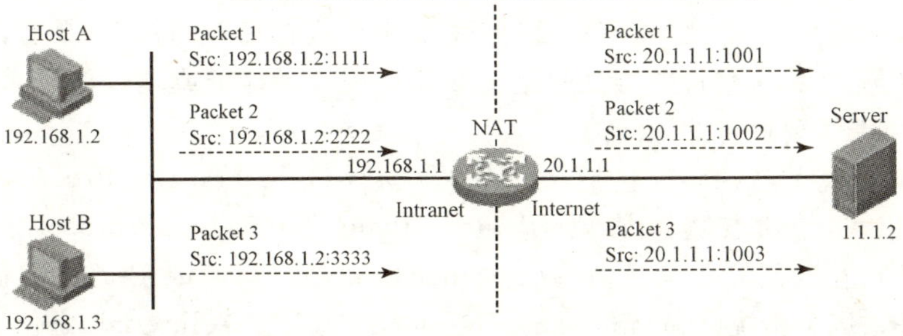

图3-73　NAPT原理图

3. 内部服务器

NAT隐藏了内部网络的结构，具有“屏蔽”内部主机的作用，但是在实际应用中，可能需要给外部网络提供一个访问内网主机的机会，如给外部网络提供一台Web服务器，或是一台FTP服务器。

NAT设备提供的内部服务器功能，就是通过静态配置“公网IP地址＋端口号”与“私网IP地址＋端口号”间的映射关系，实现公网IP地址到私网IP地址的“反向”转换。例如，可以将20.1.1.1：8080配置为内网某Web服务器的外部网络地址和端口号供外部网络访问。

如图3-74所示，外部网络用户访问内部网络服务器的数据报文经过NAT设备时，NAT设备根据报文的目的地址查找地址转换表项，将访问内部服务器的请求报文的目的IP地址和端口号转换成内部服务器的私有IP地址和端口号。当内部服务器回应该报文时，NAT设备再根据已有的地址映射关系将回应报文的源IP地址和端口号转换成公网IP地址和端口号。

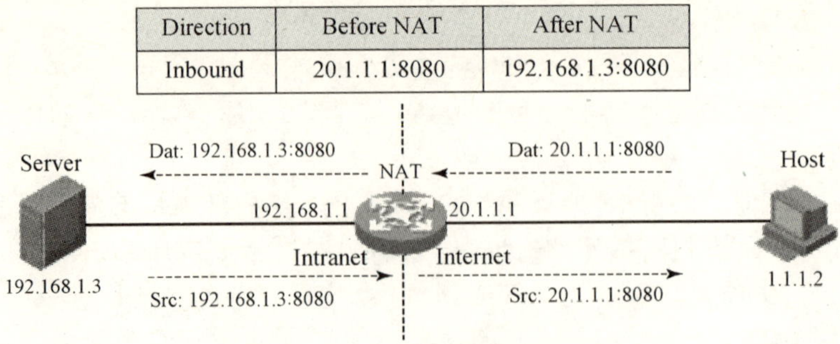

图 3-74　NAT 内部服务器映射

4. NAT 支持的特殊协议

NAT 不仅实现了一般的地址转换功能，同时提供了完善的地址转换应用级网关（Application Layer Gateway，简称 ALG）机制，使其可以支持一些特殊的应用协议，而不需要对 NAT 平台进行任何的修改，具有良好的可扩充性。这些特殊协议的报文载荷里携带了地址或端口信息，该信息也可能需要进行地址转换。

可支持的特殊协议包括：文件传输协议（File Transfer Protocol，简称 FTP）、点到点隧道协议（Point-to-Point Tunneling Protocol，简称 PPTP）、互联网控制消息协议（Internet Control Message Protocol，简称 ICMP）、域名系统（Domain Name System，简称 DNS）、Internet 定位服务（Internet Locator Service，简称 ILS）、实时流协议（Real Time Streaming Protocol，简称 RTSP）、H. 323、会话发起协议（Session Initiation Protocol，简称 SIP）、NetMeeting 3. 01、基于 TCP/IP 的网络基本输入输出系统（NetBIOS over TCP/IP，简称 NBT）等。

5. NAT 日志

NAT 日志是 NAT 设备在进行 NAT 转换时生成的一种系统信息。该信息包括报文的源 IP 地址、源端口、目的 IP 地址、目的端口、转换后的源 IP 地址、转换后的源端口以及用户执行的操作等。它只用于记录内网用户访问外部网络的情况，不记录外部用户对内网服务器的访问。

内网用户通过 NAT 设备访问外部网络时，多个用户共用一个外网地址，从而无法定位访问网络的用户。利用日志功能可以实时跟踪、记录内网用户访问外部网络的情况，增强网络的安全性。

二、智能 DNS 技术

（一）网络多出口

传统路由器部署在多链路的网络出口时，通常采用配置静态路由控制出口流量在多条链路上实施分流。

采用配置静态路由的方法最大的问题是无法动态根据链路负载，或者访问时延选择出口。如果出现访问某一 ISP 的流量非常集中，同时访问其他 ISP 流量很少时，链路还是会出现负载不均衡的问题。此外还存在两个问题：一是由于各 ISP 分配的地址信息难以获得完整的数据，还会存在大量访问匹配到默认路由，这一部分访问流量并没有做到选择访问最快的出口；二是需要配置数百条静态路由数据，在部署上增加了复杂程度。

因此多链路负载均衡主要是通过测量多个出口的线路带宽，计算线路实际负载和线路实际时延。根据各线路的测量参数，动态调整各线路的流量。

（二）智能 DNS 的工作原理

智能 DNS 相当于一种在 DNS 解析服务器上进行的负载均衡。

目前市面上比较流行的智能 DNS 都是从 DNS 下手，实现方式有两种：迭代查询和递归查询。

某个用户从电信发起访问，客户端 Client 访问 www. test. com 这个网站，过程如下：Client 问自己的 Client DNS，www. test. com 的 IP 是多少；Client DNS 服务器通过递归或者迭代完成。

迭代查询则最终向 test. com 询问谁是 www. test. com。这样，test. com 的 DNS 服务器将得到 Client 的 IP，再根据 IP 地址的网段是属于电信还是联通的，决定返回 www. test. com 的 IP 1. 1. 1. 1 还是 2. 2. 2. 2。如果是电信用户，则返回 1. 1. 1. 1，这样该电信 Client 最终得到 www. test. com＝1. 1. 1. 1 的 A 记录解析，从而通过电信网络访问 www. test. com，这样就能达到我们所预期的目的。

递归查询则比较麻烦，因为最终向 test. com 的 DNS 服务器询问谁是 www. test. com 的，是 Client DNS。这样只能判定 Client DNS 是电信还是联通，而无法断定 Client 是电信还是联通。不过，由于网络接入的方式不一样，例如联通的 ADSL 方式，其 IP、DNS 地址均由动态获取，这样此时 Client DNS 服务器与 Client 应该是属于相同运营商 IP，这样就能够通过判定 Client DNS 地址来大约断定 Client 所属运营商。

但是假如某联通用户手工指定 DNS，恰好又指定了一个电信的 DNS 服务器，这个时候，就比较麻烦了，因为将会从电信的链路上收到一个 TCP 连接，其源地址为联通 IP。

考虑此时是递归查询，所知 Client DNS 的 IP 地址为电信 IP，则会返回 1. 1. 1. 1 地址给予该 Client DNS，那么 Client 作为联通用户最终得到的 IP 将是 www. test. com＝1. 1. 1. 1（该地址为电信地址），这样就会导致此用户得到错误的服务器地址。

现在的大多数DNS服务器都是迭代查询，因为没有多少DNS服务器可以承受递归查询的流量，所以对于99%的用户来说，都能得到正确的地址解析，从而正确地访问服务器。

三、流量控制

流量控制是通信网中必不可少的一项技术，它能起到有效利用通信系统资源的作用，同时也能保障通信系统的稳定运行，满足客户对服务质量的需求。

一般我们认为通信网由信道、终端、交换和协议规程四个部分组成。对于各个终端来讲，它们的处理能力有大有小，因而它们之间的信息传输需要加以控制，否则会导致信息的丢失或信息的重发。对于信道来讲，每个信道的能力也是有限的，因此需要控制流入信道的信息速率。对于交换来讲，各交换设备的能力也不同，交换设备间和交换设备与终端间的通信也是需要控制信息传输速率的。对于协议规程来讲，一般会考虑到流量控制。也就是说在通信网中到处都会用到流量控制。

采用流量控制具有重要的意义。在互联网中，有时由于服务器要处理过多的包导致服务器性能降低。如果采用流量控制手段的话可以保证服务器不过载，从而保护了服务器。同时目前互联网上的病毒肆虐造成网络的负载加大，甚至有时造成网络的瘫痪，采用流量控制可以一定程度地减少网络负载，从而保证网络的运行。另外由于以太网规模的扩大会造成广播风暴，也需要对网络流量加以控制。

在数学理论上也可以看到流量控制带来的效果。我们以通信系统常用的分析工具——排队论来简单阐释一下。无拒绝排队系统是一个不稳定的系统，在业务量很大时它是不稳定的。流量控制可以看作是一个拒绝系统，对于拒绝系统来讲，它是稳定的。因而流量控制能保障通信系统的稳定。

在从客户角度来讲，他付了费就需要得到相应的服务，在没有控制的系统中是不容易保证服务质量的。例如，在网上在线看视频节目时，常常会有停顿，这就是由于传统以太网没有流量控制造成的。如果采用了流量控制就可以保证客户的使用质量。

（一）网络出口流量现状

网络出口流量包括主要办公业务流量、上网流量、视频流量、P2P下载流量等。由于大量的非业务流量占据了大量带宽而导致了工作人员的正常网络办公无法进行，在网络中比较突出的是 P2P 流量。

相对于传统 Internet 业务流量而言，P2P 业务流量表现出以下特点：高速传输、数据量大、在线时间长、上下行流量对称、业务点分布广泛、有固定的流量特征。大多数的 P2P 流量都有比较固定的特征，如固定的端口号或者是固定的关键字。

（二）流量层次划分

在进行层次化流量控制前，先要对网络流量，按照使用用户的一定层次需求，进行流量识别。目前对流量识别进行分类一般采用以下几种方式：

- 基于报文的链路层的 VLAN_ID 信息的流量分类。
- 基于内网用户的流量分类，这里的用户分类对象包含了用户名和内网源 IP 的映射关系。
- 基于外网网络的流量分类，一般指的是访问的外网 IP 地址。
- 基于应用识别的流量分类，支持用户自定义的协议分类对象。

（三）层次化流量控制原理

层次化流量控制通过识别不同的报文，分不同的队列予以缓存，然后以一定的策略，如根据优先级，带宽控制等，在队列间进行调度发送。和传统报文转发的尽力而为不同，流量控制对报文区分对待，可以做到优先转发某些报文，从而满足现实环境中的各种需求，如保证基本应用和关键应用，保证重点用户带宽等。

改进后的流量控制示意图如图 3-75 所示，为层次化的流量控制模型，其显著的特点在于报文缓存队列个数不定，完全根据用户需要进行配置。

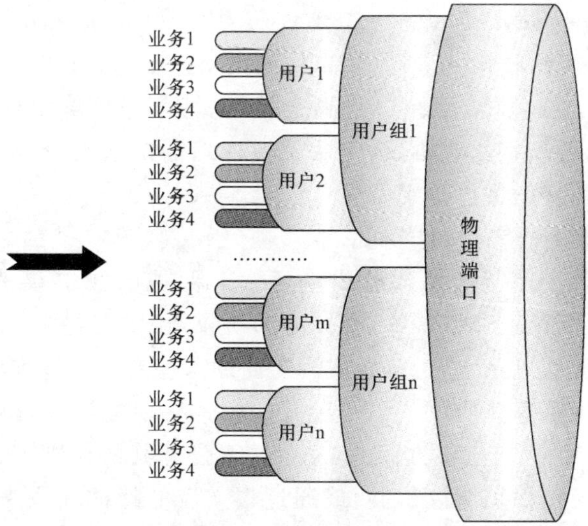

图 3-75　流量控制示意图

（四）基于 DPI 技术的应用识别

层次化流量识别中，很重要的一项技术是应用识别，即能够识别网络流量的应用类型，应用识别是以 DPI 技术为核心，通过 DPI 智能识别引擎，结合基于应用特征字（签名）及基于行为启发式的技术，通过对 IP 地址、源/目标端口、会话信息以及应用层数据的深入分析，可以识别 L2 到 L7 层的各种协议和应用，最终实现网络传输流量的全面可识别。

网络协议和应用软件，涵盖了目前主流的各种应用，包括 P2P、VoIP、IM、视频/流媒体、网络游戏、炒股软件以及企业内部核心应用（如 HTTP、数据库、E-mail）等。

通过 DPI 技术可实现应用和协议的自动识别与分类，同时结合层次化流量控制算法，为用户提供主动的、智能化的带宽管理服务。

系统还会根据您定义的应用，将应用加入到关键应用组、抑制应用组、其他应用组和未知应用组中。您可以为关键应用组定义保证的带宽策略，为抑制应用组定义抑制的带宽策略，通过一个整体的带宽策略，排除因为滥用网络带宽而导致办公不流畅的隐患。

（五）流量控制措施

1. 识别出 P2P 应用

要对 P2P 进行管理，首先要能够对 P2P 应用进行识别。常用的 P2P 检测技术包括端口检测技术、报文特征字检测技术和行为特征检测技术。

（1）端口检测技术

端口检测根据 TCP/UDP 的端口来识别应用，检测效率高。例如早期 Edonkey 使用端口为 4661-4662，BT 使用端口为 6881-6890。

随着 IP 网络技术的发展，端口检测技术适用的范围越来越小。新兴的 P2P 应用，在一个常用端口范围之外，也可以随机选取任意端口进行通信。因此，要识别这些协议，无法单纯依赖端口检测，而必须在应用层对这些协议的特征进行识别。

（2）报文特征字检测技术

应用层特征识别，大致分为两种：一种是已知协议的识别，例如 FTP、HTTP、DNS、SMTP 等，有标准的协议，规定了特有的消息和命令字以及状态迁移机制，通过分析应用层内的这些专有字段和状态，就可以精确可靠地识别这些协议。另一种是未公开协议的识别，例如当前多数的 P2P 协议，厂家出于多方面的考虑，并不公开其协议细节，这时一般需要通过反向工程识别协议机制，或通过报文流的特征字段来识别该通信流量。这类方法工作量大，而且协议的变化快，要保持各种协议变化的及时跟踪，必须有大量的人力投入和不断的技术跟踪才能保证检测的高效性，因此要有较强大的研发队伍作后盾。例如，BT 的报文中就含有 0x13＋“BITTORRENT”的特征码报文。

(3) 行为特征检测技术

端口检测可以逐包进行，报文特征检测可以逐流进行。行为特征检测是更为复杂的流量识别技术，通过分析各种应用的连接数、单 IP 的连接模式、上下行流量比例关系、数据包发送频率等指标来对应用类型进行区分。

例如，在网络电话应用中，通常语音数据报文长度较为稳定，发送频率较为恒定，P2P 网络应用单 IP 的连接数多、每个连接的端口号都不同等，这些都是可以作为进行应用特征检测的特征指标。行为特征检测，可以用于预测未知特征字段的流量，但一般不能进行精确的协议判定，而且判断结果滞后，难以进行实时的控制。

上面简单阐述了深度业务分析用到的各种单项技术，需要指出的是，很多情况下，对业务的识别是多种技术的综合运用。以数据包特征检测为主，以行为特征检测为辅，才能达到较好的效果。

2. 选择适当的管控技术

在对 P2P 应用进行有效检测之后，运营商即可对 P2P 应用进行管理和控制。常用的管理控制技术包括“限流＋限连接数”技术和 P2P Cache 技术。

(1) 限流＋限连接数

最常见的 P2P 限流技术表现为对基于带宽和连接数量两方面的限制，带宽限制的结果表现为用户的 P2P 下载速度下降，而连接数量限制的结果则表现为 P2P 连接用户数目下降，两者都能达到限制 P2P 流量的目的。

由于 P2P 协议有的承载在 TCP 上，有的承载在 UDP 上，因此对于 P2P 的控制既可基于 TCP 连接，也可基于 UDP 连接。对 TCP 连接，连接数限制比较简单，主要发送 TCP RST 报文；带宽限制则是通过发送 TCP 乱序包，让接收方误以为网络拥塞，自动减少滑动窗口值，达到降速的目的。而对 UDP 连接，则要基于协议具体分析，不管是连接数限制还是带宽限制都可采用模拟协议消息的方法，发送相应的控制命令。比如 BT 协议中，CHOCK 消息意味着网络拥塞，接收方收到此消息则自动减缓发送速度；CANCEL 消息意味着下载结束，接收方接收到此消息则自动停止。

运营商可以根据不同阶段、不同对象灵活制定适合的控制策略。既可以基于网络出口的总流量、总带宽，保证全网流量的全局统筹，也可以针对单个用户实施个性化控制。比如，对那些长时间、大量占用网络带宽的 P2P 用户可以实施高强度的干扰，全天控制其带宽使用情况。针对只在某一时间段内流量比较大的 P2P 用户，可以设定分时策略，只在网络高峰期控制其流量。

(2) P2P Cache

通过对城域网出口网络流量的检测，对命中的 P2P 流量进行重定向到 Cache Server 处理，由 Cache Server 向用户提供服务。目前这一技术的主要目的是把 P2P 流量尽量控制在城域网范围之内，而不要大量占用城域网出口的带宽，同时尽量保证宽带用户对 P2P 的使用体验。由于 P2P 应用存在着很大的不确定性，因此 Cache Sever 有可能需要庞大的存储容量，而且还可能存在版权问题。

3. 实施部署管理

大量的 P2P 应用充斥网络，对运营商的网络带宽形成很大的压力，同时也给网络安全带来了一定的风险，比如恶意软件利用 P2P 应用传播、敏感信息的泄漏，对承载网如 NGN、3G 等电信级业务的能力造成极大冲击而造成的网络服务质量下降，电信级业务得不到保证等。这些都迫使运营商对 P2P 业务必须进行管理和控制。

现有的几种管理部署方式各有特点。集中式部署方式(网络出口处部署)，其优点是投资少、维护量小、接入层或汇聚层网络的变动不需部署新的设备；缺点是网络内部流量无法监控，只能监控网络出口的流量。分布式部署方式(接入层或汇聚层部署)，其优点是所有流量都可监控；缺点是投资大、部分浪费(接入层上行流量不满)、维护量大、网络改动频繁、增加接入层链路就需要部署新的设备。

第五节 存储技术

一、磁盘阵列(RAID)技术概述

RAID 是"Redundant Array Of Independent Disk"的缩写，称为独立冗余磁盘阵列，简称为磁盘阵列。RAID 技术是把磁盘按照一定的方法和策略组合而成，把多块磁盘组合而形成一套存储设备。把若干块磁盘通过 RAID 的方式组合当做一块磁盘使用，不但获得了比单块磁盘更高

的速度、更好的稳定性、更大的存储能力，而且最重要的是为磁盘数据存储提供了冗余的功能，对数据起到了更加安全的保护作用。

在计算机网络发展的这些年里，网络硬件逐步发展，CPU 的运算速度提高了近 40 多倍。但网络存储领域，数据存储最关键的组件——磁盘的速度才提升了三四倍。这显然落后于其他计算机硬件发展的速度，不能满足人们对存取数据速度的需求。当今，存储数据一方面要求磁盘的数据读写速度要快，另一方面又要求存储在磁盘上的数据必须可靠、稳定。这就给数据存储技术带来了巨大的挑战。那么如何满足我们的需求？RAID 技术就是在这种背景下被提出并且发展的。

RAID 磁盘阵列系统是美国加州大学伯克利分校 Patterson 教授，于 1988 年首次提出的。

在计算机发展的初期，大容量的磁盘价格相对偏高。数据的海量存储需求和数据的安全问题一直没有得到行之有效的一种解决方法，一般都采用磁带机等设备进行数据的备份工作。这种方法虽然可以满足这种需求，但存储、查阅和检索都非常繁琐。1987 年，Patterson、Gibson 和 Katz 三位工程师，在加州大学伯克利分校发表了题为《廉价磁盘冗余阵列方案》(A Case Of Redundant Array Of Inexpensive Disk)的论文，这篇论文阐述了其主要的思想：将多块容量较小的、相对廉价的磁盘驱动器进行有机地组合，使其性能成级数提升。这一思想逐渐被业界所接受。从此，RAID 技术得到了广泛的推广和使用，数据存储领域进入到了一个更快捷、安全、可靠和廉价的新时代。毫不夸张地说，RAID 是数据存储领域一个划时代的里程碑。

RAID 的原理是将若干个小型磁盘驱动器与控制系统组成一个整体，对于使用者来说是透明的，就好像是一个大磁盘一样。由于多个驱动器并行工作，大大提高了存储容量和数据存储的稳定性，同时也提高了数据传输率。

在磁盘阵列中，可以让若干个磁盘驱动器同时传输数据，而这些磁盘驱动器在逻辑上又是一个磁盘驱动器，所以使用 RAID 可以达到单个磁盘驱动器几倍、几十倍甚至上百倍的速率。这也是 RAID 最初想要解决的问题。因为当时 CPU 的速度增长很快，而磁盘驱动器的数据传输速率无法大幅度提高，所以需要有一种方案解决二者之间的矛盾。RAID 解决了这个问题。

通过数据校验，RAID 可以提供容错功能。RAID 除了提高存储系统的数据吞吐量之外，提供容错功能是 RAID 的第二大特色，因为普通磁盘驱动器无法提供容错功能，如果不包括写在磁盘上的 CRC（循环冗余校验）码这种技术的话。RAID 容错是建立在每个磁盘驱动器的硬件容错功能之上的，所以它提供了更高的安全性。在很多 RAID 模式中都有较为完备的相互校验/恢复的措施，甚至是直接相互的镜像备份，从而大大提高了 RAID 系统的容错度，提高了系统的稳定冗余性。

（一）RAID 的基本功能

RAID 技术最初的研制目的是为了组合小的廉价磁盘来代替大的昂贵磁盘，以降低大批量数据存储的费用，同时也采用了冗余技术，即使一块磁盘遭受到物理损坏，整个数据也不会被破坏。

RAID 技术主要有以下三种功能特性：

1. 通过对磁盘进行条带化，实现对数据成块存取，减少磁盘的机械寻道时间，提高数据存取速度。

2. 对 RAID 阵列中的若干块磁盘同时读取，减少磁盘的机械寻道时间，提高数据存取速度。

3. 通过镜像或者提供奇偶校验方式，实现数据的冗余安全。

当前，随着 RAID 技术的逐步推广和普及，经常使用的 RAID 主要分为 RAID0，RAID1，RAID5，在 RAID0～5 的基础上，发展了 RAID0＋1、RAID0＋3、RAID0＋5 等几种不同的 RAID 阵列，可以根据不同的需求实现不同的功能，如扩大磁盘存储容量，提供数据冗余的安全特性及大幅度提高磁盘系统的 I/O 吞吐能力。

（二）RAID 的实现方式

RAID 的实现有两种方式，分别是硬件方式和软件方式。硬件方式就是通过 RAID 控制器来实现；软件方式是通过软件把服务器中的多个磁盘组合起来，实现存储的安全冗余特性。

硬件 RAID 是利用服务器主板上所集成的 RAID 控制器或者是单独具有 RAID 功能的 RAID 卡，把若干块磁盘进行连接来实现 RAID 功能的。当今市面上绝大多数的服务器主板都具有集成 RAID 功能，可以实现 RAID0、RAID1、RAID5 的基本功能。随着 RAID 技术的普及，现在家用电脑的某些高端主板上也集成了 RAID 控制器，为桌面级别的存储提供了更好的效率与更安全的冗余。如果主板上没有集成 RAID 控制器，那么就需要单独购买 RAID 控制卡来实现 RAID 功能。软件 RAID 是利用操作系统（Windows 2003、Windows 2008、Windows Storage Server 等）及第三方存储软件来实现 RAID 功能。这种方式的好处是不需要购买单独的 RAID 控制卡。这种软件实现 RAID 的方法成本较低，但是配置相对复杂，性能与硬件 RAID 相比也比较低，比较适合家庭及小型网络数据存储使用。

1. RAID0（无差错控制的条带集）

RAID0 被称为条带集（Striping），又被称为条带化（Stripe），它提供了高速的访问速率，速度在 RAID 中是最快的，但 RAID0 也有这突出的缺点，它不提供磁盘的冗余技术，RAID0 中如有一块磁盘发生损坏，则整个数据都将丢失。

RAID0 不仅可以将多块磁盘连接起来形成一个容量更大的磁盘，而且可以获得成级数的性能提升。如果是三块磁盘组成 RAID0，则性能是单块磁盘的 3 倍。与串联 JBOD 模式的顺序读写不同，并行模式的 RAID0 在读写时是对多个磁盘进行同时的并行操作。写入数据时，数据会以设定的交叉存储区域（Striping）的大小为单位均匀分割成等量的数据块，然后被分别存放到几个硬盘中；而在读取时，目标数据则被同时从多块磁盘中读取出并经控制器组合成完整文件。

在这种磁盘阵列中，数据条带以系统设定的"段"为单位依次写入多块磁盘，例如，数据 A 段写入磁盘 0，数据 B 段写入磁盘 1，数据 C 段写入磁盘 2 等。当一个数据的最后一段写入到最后一个磁盘后，下一个数据再从第一块磁盘 0 进行写入，直到这个数据的最后一段写入到最后一个磁盘，以此类推。图 3-76 是 RAID0 的工作原理图：

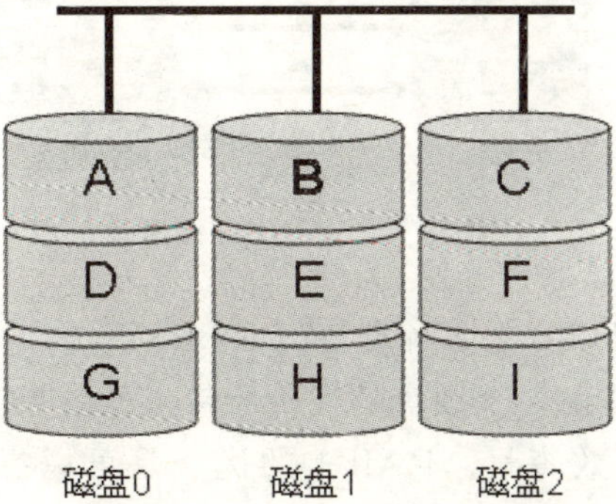

图 3-76 RAID0 工作原理图

RAID0 使磁盘存储速度大大提高，但 RAID 也有着非常大的缺点，RAID0 不具备数据的冗余能力，即组成 RAID0 的磁盘中如有一块磁盘发生故障，则将导致整个数据丢失。

正因为 RAID0 不具备数据的冗余能力，所以 RAID0 不适合做关键数据的备份与存储，但由于 RAID0 的存储速度方面的优势，使 RAID0 在视频、图像、3D 制作等方面发挥出了其自身存取数据快的优势。在 RAID0 级别中，至少需要 2 块硬盘才能组成 RAID0。

2. RAID1(磁盘镜像)

如果说 RAID0 是为了取得更高效的存储速度，那么 RAID1 正好弥补了 RAIDO 数据冗余能力方面的不足。我们可以通过 RAID1 的中文解释来理解 RAID1，RAID1 被称为磁盘镜像，它使用一个磁盘作为主硬盘，另一个磁盘作为主硬盘的镜像，以确保在主硬盘出现故障时数据能及时从镜像硬盘中得到恢复，提高了数据的冗余性，这是 RAID1 的优点。

RAID1 之所以被称为磁盘镜像是因为 RAID1 将一个磁盘上的数据完全复制到另一块磁盘上，完全实现了数据的冗余。如果说 RAID0 是单纯地提升了数据的存取速度的话，那么 RAID1 是完全只考虑了数据的冗余性，而没有考虑任何在数据容量和数据读写速度方面的特性。相反，正因为 RAID1 做了磁盘上的镜像，在 RAID1 中浪费了一块磁盘空间作为镜像的内容。图 3-77 是 RAID1 的存储原理：

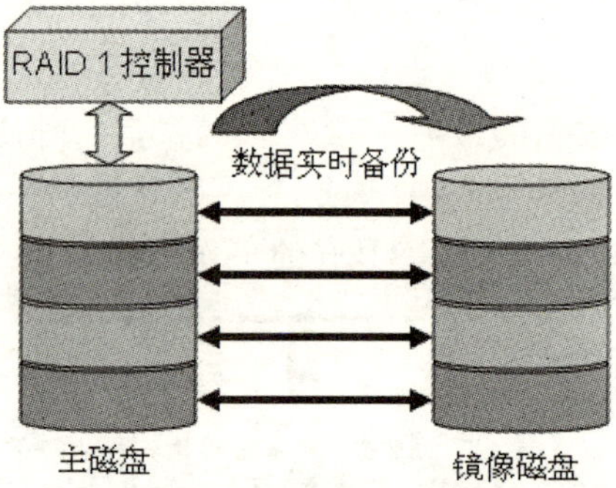

图 3-77 RAID1 存储原理

RAID1 已经可以算是一种真正的 RAID 系统，它提供了强有力的数据容错能力，但这是由一个硬盘的代价所带来的效果，而这个硬盘并不能增加整个阵列的有效容量。RAID1 的优点是可以提供 100% 的数据冗余，数据安全有保障。但 RAID1 的缺点是不能提高磁盘的读写性能，而且磁盘利用率低，只有 50%，对于运营来说，花费了更多的开销成本。

3. RAID5(分布式奇偶校验的独立磁盘结构 RAID)

RAID5 采用"分布式奇偶校验的条带集磁盘结构"，是目前应用最为广泛的一种磁盘阵列模式。RAID5 由于其出色的性能与数据冗余平衡设计而被广泛采用。与 RAID3、RAID4 一样，它也是一种即时校验 RAID 系统，但设计更为巧妙，而管理也相对复杂。它与 RAID3 比较相似，每个条带上都有相当于一个"块"那么大的地方被用来存放奇偶校验，RAID3 是把奇偶校验放到一块磁盘上，而 RAID5 是把奇偶校验信息随机平均地分布到所有的磁盘上，而不是一块磁盘，这样可以减轻奇偶校验盘的负担。RAID5 读取效率一般，但写入效率比较好。RAID5 与 RAID3 进行比较的话，重要的区别是在于 RAID3 每进行一次数据传输，需要涉及所有的磁盘，对于 RAID5 来说，大部分数据传输只需要对一块磁盘进行操作。

RAID5 是目前最常用的高级 RAID 等级，是 RAID3、RAID4 的理想替代者，许多高层次 RAID 控制器都提供了对 RAID5 的支持，并以此作为高层次 RAID 系统的标志。

图 3-78 是 RAID5 的存储原理图：

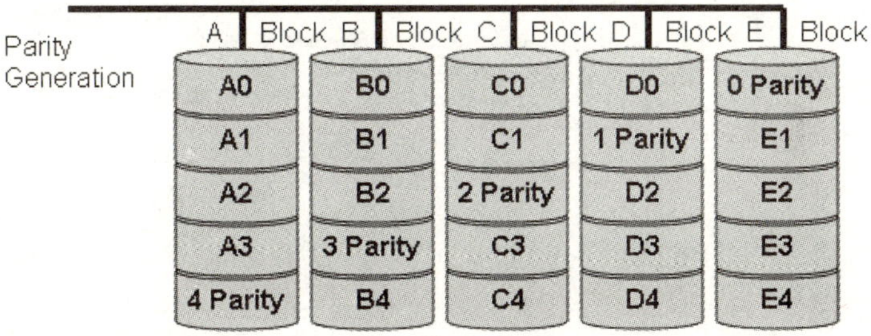

图 3-78　RAID5 存储原理图

RAID5 在配置时，至少需要 3 块磁盘。

1951 年莫克利和埃克特设计的第一台通用自动计算机 UNIVAC-I 采用磁带机作为外存储器，到 1956 年第一台硬盘存储器在 IBM 诞生，一直到 20 世纪 90 年代，我们的计算机所使用的存储环境都是直连式存储(Direct Attached Storage，简称 DAS)的形式。

传统的 DAS 存储系统尽管使用方便，但这种模式是直接将存储设备连接到服务器上的。一方面，当存储容量增加时，这种方式很难扩展；另一方面，当服务器出现异常时，会使数据不可获得，容错性差；再者，存在着存储数据无法被其他服务器共享，扩充容量则需要关闭整个系统，远程管理不方便等诸多缺陷。于是存储界掀起了一场网络存储的革命，更先进的存储技术应用到各个存储领域，DAS 在存储领域的龙头地位开始动摇。

二、网络存储分类与方式

网络存储技术是基于数据存储的一种通用网络术语。网络存储结构大致分为三种：直连式存储、网络附加存储(Network Attached Storage，简称 NAS)、存储区域网络(Storage Area Network,简称 SAN)。

存储分类根据服务器类型分为:封闭系统的存储和开放系统的存储,封闭系统主要指大型机、AS400 等服务器,开放系统指基于包括 Windows、UNIX、Linux 等操作系统的服务器;开放系统的存储分为:内置存储和外挂存储;开放系统的外挂存储根据连接的方式分为:直连式存储和网络化存储(Fabric-Attached Storage,简称 FAS);开放系统的网络化存储根据传输协议又分为:网络附加存储和存储区域网络,存储分类如图 3-79 所示。

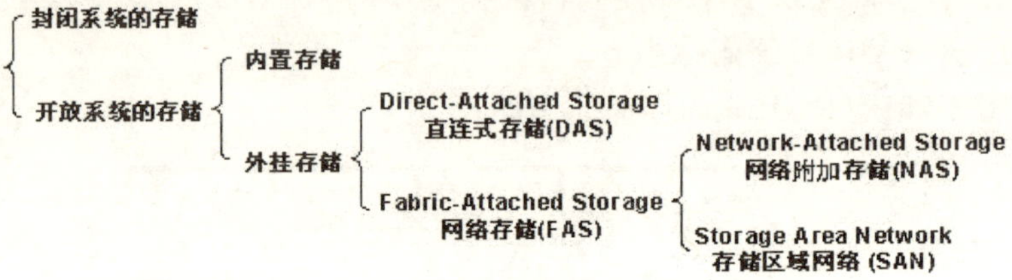

图 3-79　存储分类

存储解决方案主要分为:直连式存储(DAS)、存储区域网络(SAN)、网络附加存储(NAS)。

直连式存储(DAS):这是一种直接与主机系统相连接的存储设备,如作为服务器的计算机内部硬件驱动。到目前为止,DAS 仍是计算机系统中最常用的数据存储方法。

网络附加存储(NAS):是一种采用直接与网络介质相连的特殊设备实现数据存储的机制。由于这些设备都分配有 IP 地址,所以客户机通过充当数据网关的服务器可以对其进行存取访问,甚至在某些情况下,不需要任何中间介质客户机也可以直接访问这些设备。

存储区域网络(SAN):SAN 是指存储设备相互连接且与一台服务器或一个服务器群相连的网络。其中的服务器用作 SAN 的接入点。在有些配置中,SAN 也与网络相连。SAN 中将特殊交换机当作连接设备。它们看起来很像常规的以太网络交换机,是 SAN 中的连通点。SAN 使得在各自网络上实现相互通信成为可能,并带来了很多有利条件。

(一) DAS 数据存储方式

人们最早都是采用一种被称为 DAS 的存储方案。这种存储方案的服务器结构如同 PC 机架构,外部数据存储设备(如磁盘阵列、光盘机、磁带机等)都直接连接在服务器内部总线上,数据存储设备是整个服务器结构的一部分,同样服务器也担负着整个网络的数据存储职责。在网络中各服务器的数据存储设备都是独立的,DAS 存储结构如图 3-80 所示。

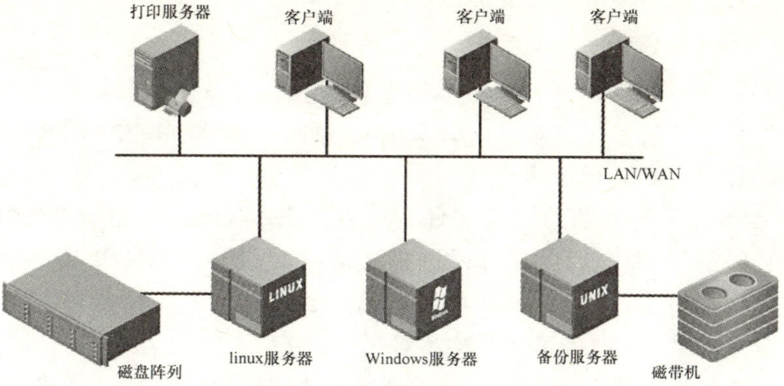

图 3-80　DAS 存储结构

DAS 存储方案主要在 PC 和早期的服务器上使用。由于当时对数据存储的需求并不大,单个服务器的存储能力就可以满足日常数据存储需求,因此在低档网络中的应用还是相当普遍的,但由于这种存储方案中的存储设备都是直接连接在服务器上,随着需求的不断扩大,越来越多的存储设备和服务器被添加进来,DAS 环境将导致服务器和存储孤岛数量的激增,资源利用低下。在该环境中,数据共享和存储设备扩展能力均受到了严重的限制。另外,在这种存储方式中,数据存储任务也由服务器担当,使得服务器的性能受到相当大的影响,十分不利于存储设备的增加和存储更复杂的多媒体数据流。所以这种存储方案在目前来说已经不是主流,只是在一些小型网络中应用。

DAS 存储方式主要适用于以下环境:

小型网络

因为网络规模小,数据存储量小,且也不是很复杂,采用这种存储方式对服务器的影响不会很大,并且这种存储方式也最经济,适合拥有小型网络的企业用户选用。

地址位置分散

虽然企业总体网络规模较大,但在地理分布上很分散(如商店或银行的分支),通过 SAN 或 NAS 在它们之间进行互联非常困难,此时各分支的服务器也可采用 DAS 存储方式。这样,一方面可以降低成本,另一方面也可以说是一种无奈的选择。

特殊应用服务器

在一些特殊应用服务器上,如微软的集群服务器或某些数据库使用的“原始分区”，均要求在存储设备直接连接到应用服务器，此时也就只能在这些应用服务器上采取这种存储方式了。

（二）NAS 数据存储方式

NAS，人们通常称之为“网络附加存储”或“网络存储设备”。NAS 开始作为一种开放系统技术是由 Sun 公司于 20 世纪 80 年代中期推出的网络文件系统（NFS）开始的。

NAS 是一种专业的网络文件存储及文件备份设备，它是基于 LAN（局域网）的，按照 TCP/IP 协议进行通信，以文件的 I/O（输入/输出）方式进行数据传输。在 LAN 环境下，NAS 已经完全可以实现异构平台之间的数据级共享，比如 NT、UNIX 等平台的共享。

它是一种向用户提供文件级服务的专用数据存储设备，直接连到网络上，不再挂接服务器后端，避免给服务器增加 I/O 负载。

一个 NAS 系统包括处理器、文件服务管理模块和多个硬盘驱动器（用于数据的存储）。NAS 可以应用在任何的网络环境当中。主服务器和客户端可以非常方便地在 NAS 上存取任意格式的文件，包括 SMB 格式（Windows）、NFS 格式（Unix、Linux）和 CIFS（Common Internet File System）格式等，如图 3-81 所示。

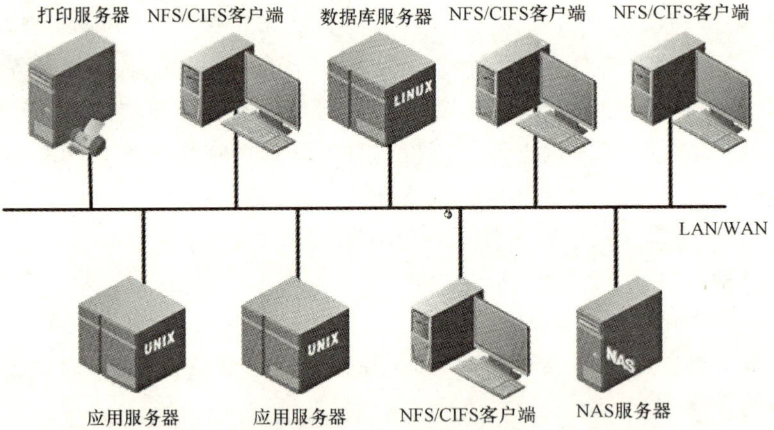

图 3-81　NAS 存储结构

1. NAS 的协议

NAS 目前采用的协议是 NFS 和 CIFS。NFS（Network File System）协议是 1985 年由 Sun 公司开发的基于 Unix 环境下的网络文件系统。它采用 TCP/IP，其主、从连线可覆盖整个互联网。也就是说，处在不同区域的 NFS 客户机也可通过互联网分享相隔万里的另一台 NFS 服务器的文件档案。

NAS采用了NFS沟通Unix阵营和CIFS沟通NT与Unix,这也反映了NAS是基于操作系统的“文件级”读写操作,访问请求是根据“文件句柄+偏移量”得出。句柄是比进程还要小的单元,通常用作进程之间通信、资源定位等。SAN中计算机和存储间的接口是底层的块协议,它按照协议头的“块地址+偏移地址”来定位。从这点说,SAN天生具有存储异构整合的存储虚拟化功能。

NFS是Unix系统间实现磁盘文件共享的一种方法,支持应用程序在客户端通过网络存取位于服务器磁盘中数据的一种文件系统协议。相比之下,SAN采用的网络文件系统,作为高层协议,需要特别的文件服务器来管理磁盘数据,客户端以逻辑文件块的方式存取数据,文件服务器使用块映射存取真正的磁盘块,并完成磁盘格式和原数据管理。

CIFS则是由微软开发,用于连接Windows客户机和服务器的通用互联网文件系统。后来经过Unix服务器厂商的重新开发后,它可用于连接Windows客户机和Unix服务器,执行文件共享和打印等任务。它最早的由来是NetBIOS,这是微软开发的在局域网内实现基于Windows名称资源共享的API。之后,产生了基于NetBIOS的NetBEUI协议和NBT(NetBIOSOVERTCP/IP)协议。NBT协议进一步发展为SMB(Server Message Block Potocol)和CIFS协议。其中,CIFS用于Windows系统,而SMB广泛用于Unix和Linux,两者可互通。SMB协议还被称作LanManager协议。

2. NAS的构成和拓扑结构

对于NAS网络存储设备自身而言,它是直接连接到网络上,而不需像通常的存储设备那样挂接在服务器后,这样可最大限度减小服务器的I/O负载。图3-82是NAS的结构图。

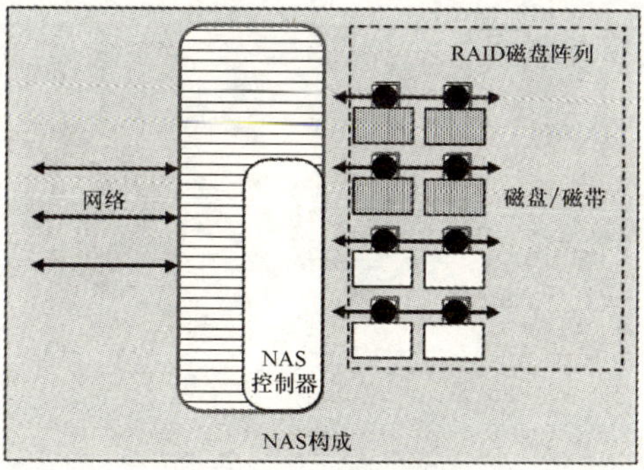

图3-82　NAS结构图

NAS从结构上可以分解为存储设备、网络部分、控制器部分三部分。

存储设备可以是磁盘和磁带，或是RAID磁盘阵列。在SAN中采用的FC(Fiber Channel)技术和Fabric交换技术由于其成本较高，在中低端NAS中几乎没有选用。而SCSI技术则是在中端和部分高端NAS中广泛采用的技术。另外，iSCSI给存储带来了一个崭新的发展方向，SATA和SATA300等IDE技术也有用在低端NAS的存储设备上。这类存储设备拥有一个共有的特点就是低成本优势。

网络部分可支持各种网络技术，支持多种网络拓扑。虽然NAS理论上可支持各种拓扑结构和网络协议，但由于以太网技术是目前最普遍的一种局域网技术，特别是快速以太网络技术，数据传输率已经达到了1 Gbps，且正在推出10 Gbps的标准和技术，这些都确定了以太网技术的霸主地位，因此以太网是NAS设备通常采用的技术。

控制器部分从结构和功能上讲就像是一个有着自己的CPU和自己的操作系统的瘦服务器(Thin Server)，NAS实际上是一个专用的网络文件服务器。

NAS网络存储设备是直接通过数据网络向客户端提供文件共享的，它所连接的网络介质可以是局域网、广域网。图3-83是一种比较典型的NAS拓扑结构。

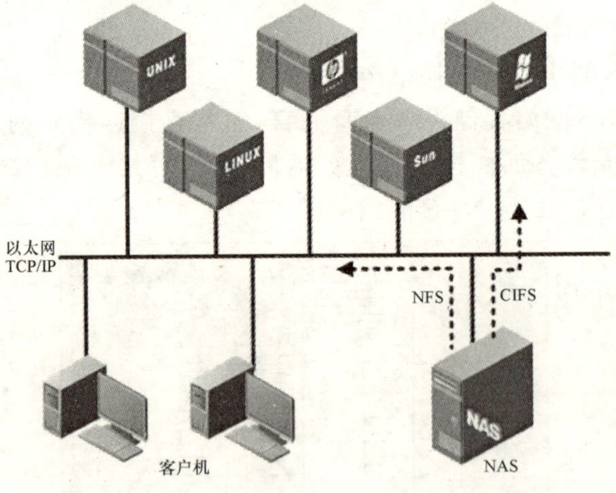

图3-83 NAS拓扑结构

NAS与传统的以太网相连，使用的是TCP/IP协议，当需进行文件共享和访问时则利用 NFS 和 CIFS 以沟通 Windows NT 或 Unix 系统。NAS 的这种结构奠定了它自身的优点，那就是配置灵活、管理方便，另外成本较低，不需要配置额外的网络配件。但因为 NAS 是直接与网络相连的，无疑在数据传输时会增加网络负担，一旦发生网络拥塞，其性能会大幅下降。所以 NAS 自身要受到网络传输能力的制约。

3. NAS 的核心操作系统

NAS 作为一种专用的网络文件服务器，需要核心操作系统的支持。NAS 操作系统通常需要实现 4 个方面的功能：设备驱动功能、设备管理功能、文件共享服务功能和应用系统功能。

目前，NAS 操作系统大致可以分为三类，

以 FreeBSD/Linux 等开放源码的通用网络操作系统为蓝本，进行重新优化构建而成的操作系统。因为源码开放的原因，这类操作系统所需的成本较低，性能也不错，受到很多用户的欢迎。

以 Microsoft 的 SAK 为基础而开发的，例如 Windows Storage Server 2003(WSS2003)。SAK 是微软公司专门为存储系统进行优化的 NAS 操作系统，比普通的 Windows 操作系统简单。由于 Windows 系列是目前人们使用最为广泛的操作系统，也是各种存储管理软件和备份软件首要支持的平台之一，因此它的最大优势在于可轻易与第三方存储管理软件及备份软件集成。

4. NAS 分类

(1) 电器型服务器

在一些小型企业和公司的 NAS 存储设备中，需要一类实现诸如网络地址翻译(NAT)、代理、DHCP、电子邮件、Web 服务器、DNS、防火墙和 VPN 等一些与 Internet 互联所需服务的服务器设备。NAS 电器型服务器正好可满足这类基本需求。它不需配备专门的冗余设备，不需高性能的组件，能满足这类用户的低成本要求即可。确切地说，电器型服务器并非是专门附加的存储设备，它仅为服务器提供一个存储的位置，主要实现一些基本的与网络相连的服务。

(2) 工作组 NAS

工作组级的 NAS 则发挥了 NAS 的真正用途——网络存储。只不过工作组 NAS 的存储级别相对较小，一般从几百 GB 到 1TB。

(3) 中型 NAS

中型 NAS 则具有更好的扩展性和可靠性，存储级别大为上升。但它

同样有着安装简单、操作方便的优点，但与电器型服务器和工作组级别NAS相比，这些NAS网络存储设备的成本则要高出很多。

(4) 大型NAS

大型企业和商业应用系统中，文件存储的高效性、冗余性和安全性都是至关重要的，而且还需随时方便的扩展性。大型的NAS则符合这些苛刻的要求，并且大型NAS还能提供高端服务器的性能，拥有灵活的管理及与异类网络交互的能力。

5. NAS优势与劣势

NAS使用了传统以太网和IP协议，当进行文件共享时，则利用了NFS和CIFS以沟通NT和UNIX系统。由于NFS和CIFS都是基于操作系统的文件共享协议，所以NAS的性能特点是进行小文件级的共享存取。从NAS的简单机制可引申出它的一些明显的优缺点。

优势方面：

- NAS的部署非常简单，只需与传统交换机连接即可；
- 成本较低，因为NAS的投资仅限于一台NAS服务器；
- NAS服务器的价格往往是针对中小企业定位的；
- NAS服务器的管理非常简单；
- 一般都支持Web的客户端管理；
- 对熟悉操作系统的网络管理人员来说，其设置既熟悉又简单。

劣势方面：

- 从性能上看，由于与应用使用同一网络，NAS会增加网络拥塞，反过来，NAS性能也严重受制于网络传输数据能力
- 从扩展性来看，增加一个NAS设备相对简单，但我们很难按应用来做存储的动态分配，也很难在NAS内部进行存储扩展；
- 从数据安全性看，NAS一般只提供两级用户安全机制，虽然这能简化使用，但还需要用户额外增加适当级别的文件安全手段；
- 当发生硬件或软件故障时，整个系统处于瘫痪状态，短时间内很难恢复；
- NAS属于网络设备，处理能力以及安全机制非常不稳定；
- 一般NAS用的为SATA硬盘，速度根本达不到需求，SATA硬盘由于制作工艺等原因，所以很容易损坏，造成数据丢失。

由此可以看出，NAS主要适用于文件共享任务：在典型的如UNIX环境下的NFS和在Windows NT环境下的CIFS提供了高水平的文件

同时存取保护。另外，在某些情况下，用户可以在数据库应用中谨慎使用NAS解决方案，这类情形通常限于以下条件：大多数数据存取为只读方式、数据库小、存取量低，且不指定预定性能，数据不是很重要的情况下。这时，NAS解决方案有助于减少整体存储成本。

（三）SAN数据存储方式

SAN是一种在服务器与外部存储资源或独立的存储资源之间实现高速、可靠访问的专用网络。在SAN中，每个存储设备并不隶属于任何一台单独的服务器。相反，所有的存储设备可以在全部的网络服务器之间作为对等资源共享。就像局域网可以用来连接客户机和服务器一样，SAN可用来在服务器与存储设备之间、服务器之间及存储设备之间建立连接。

SAN是一个特殊的网络，它可以被看做是整个计算环境中的一个子网，但这个子网是以存储接口为基础的。

SAN是一个高速的子网，这个子网中的设备可以从你的主网卸载流量，通常SAN由磁盘阵列（RAID）连接光纤通道（Fibre Channel）组成，数据处理是“块级”（Block level）。SAN也可以定义为是以数据存储为中心，它采用可伸缩的网络拓扑结构，通过具有高传输率的光通道的直接连接方式，提供SAN内部任意节点之间的多路可选择的数据交换，并且将数据存储管理集中在相对独立的存储区域网内，SAN最终将实现在多种操作系统下，最大限度的数据共享和数据优化管理，以及系统的无缝扩充。

存储域网络（Storage Area Network）的支撑技术是Fibre Channel（FC）技术，这是ANSI为网络和通道I/O接口建立的一个标准集成。支持HIPPI、IPI、SCSI、IP、ATM等多种高级协议，它的最大特性是将网络和设备的通信协议与传输物理介质隔离开。这样多种协议可在同一个物理连接上同时传送，高性能存储体和宽带网络使用单I/O接口使得系统的成本和复杂程度大大降低。如通过Switch扩充至交换仲裁复用结构则可将用户扩至很多。FC使用全双工串行通信原理传输数据，传输速率高达1062.5 Mbps，Fibre Channel的数据传输速度为100 MB/S，双环可达200 MB/S，使用同轴线传输距离为30米，使用单模光纤传输距离可达10公里以上。光纤通道支持多种拓扑结构，主要有：点到点（Links）、仲裁环（FC-AL）和交换式网络结构（FC-XS）。

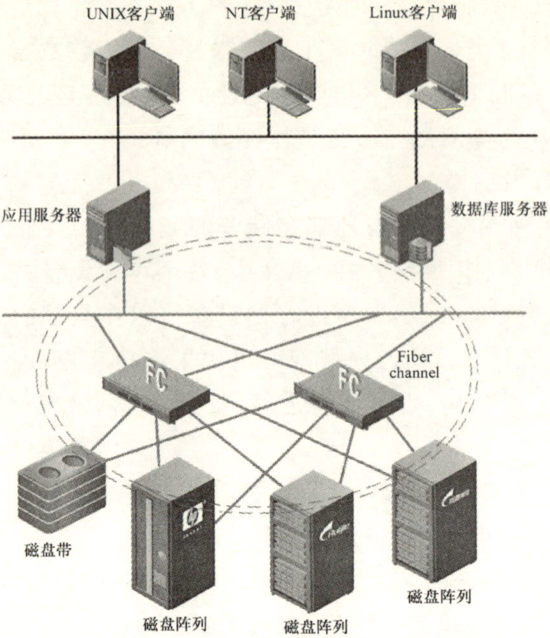

图 3-84　SAN 存储结构

常常有人将 SAN 描述为“藏在服务器背后的网络”，事实上，SAN 是一种隧道共享的、多主机连接的企业存储方式的出现而产生的一种新型存储应用模式，SAN 绕过了传统网络的瓶颈，用以下三种方式实现了数据的直接高速传输：

- 服务器与存储设备之间传输
- 服务器之间传输
- 存储设备之间

SAN 与前面介绍的 NSA 完全不同，它不是把所有的存储设备集中安装在一个专门的 NAT 服务中，而是将这些存储单独通过光纤交换机连接起来，形成一个光纤通道的存储子网，然后再与企业现有局域网进行连接。

1. SAN 的组成

SAN 通过光纤通道连接到一群计算机上，在该网络中提供了多主机连接，但并非通过标准的网络拓扑。在这种方案中，实现 SAN 的硬件基础设施是光纤通道，用光纤通道构筑的 SAN 由以下三部分构成：

- 存储和备份设备：包括磁带库、磁盘阵列和光盘库等。
- 光纤通道网络连接部件：包括主机总线适配卡（HBA，Host Bus

Adapter)、驱动程序、光缆、集线器、交换机、光纤通道和SCSI间的桥接器(Bridge)等。

- 应用和管理软件：包括备份软件、存储资源管理软件和存储设备管理软件。

由此可以看到，在SAN解决方案中，除存储设备外，其关键部件就是网络连接部件——光纤交换机。但要明确的一点就是SAN不是建立在现有的IP网络基础上的，而是采用全背反的FC通信协议，所以组建和管理这种存储网络需要非常专业的管理员才能胜任，管理成本很高，并且还要求网络服务商能够提供专业的技术支持。

光纤通道协议的最大特性是将网络和设备的通信协议与传输物理介质隔离开，这样多种协议可在同一个物理连接上同时传输，高性能存储系统和宽带网络使用单I/O接口，使得系统的构建成本和复杂程序大大降低。

2. SAN优势与劣势

SAN具有以下几个方面的优势：

网络部署容易

SAN提供了一种与现有LAN连接的简易方法，并且通过同一物理通道支持广泛使用的SCSI和IP协议。SAN不受当前主流的、基于SCSI存储结构限制。

高速存储性能

因为SAN采用了光纤通道技术，所以它具有更高的存储带宽，存储性能明显提高。SAN的光纤通道使用全双工串行通信原理传输数据，传输速率高达1062.5 Mb/s，并会很快开发出传输速度为200 MB/s和400 MB/s的光纤通道交换机。从实测结果看，SAN系统可以在不占用大量CPU的情况下，轻松地超过NAS的性能。

良好的扩展能力

由于SAN采用了网络结构，服务器可以访问存储网络上的任何一个存储设备，因此用户可以自由增加磁盘阵列、磁带库和服务器等设备。使得整个系统的存储空间和处理能力得以按客户需求不断扩大和提高。比起所有网络设备连接在NAS服务器上的NAS方式更具扩展性能。

而且，光纤接口提供了10公里的连接长度，这使得物理上分离的远距离存储变得更容易。而DAS和NAS受传统以太网传输介质的限制都不具备这一能力。在SAN方案中，服务器系统的规模拓展将更加灵活多变，SCSI每条通道最大可支持15个设备，而一条单一的FC环路最大可以承载 126 个设备。

FC 与 SCSI 相比的另一个特点是它可以支持网络设施，如集线器、交换机等。在电缆距离方面的优点和支持网络的特点使得 FC 极为灵活，它不仅可以支持具有高可用性的系统配置，还可以支持网络应用程序的存储。

更好的容错能力

SAN 系统允许镜像配置，这样可以改善存储系统的容错能力，这对于企业用户，特别是内容服务型企业非常重要。

适合复杂网络应用

SAN 用于非线性编辑、服务器群集、远程灾难恢复和互联网数据服务等多个领域。而 NAS 则受传统以太网接入性能的限制，在这些方面性能差。

SAN 具有以下几个方面的劣势：

SAN 方案的成本太高，许多中小型企业无法承受，另外一些大中型企业喜欢采用 NAS 和 SAN 的混合存储，就是在本地网络中，采用 NAS 存储方式，在总公司与分支机构之间采用 SAN 方案进行镜像，因为光纤传输距离可达 10 公里以上。

SAN 方案不采用传统的 IP 技术，所以一般的网络管理员并不熟悉，可能需要聘请专业人员，或花高价培训网络管理员，维护和管理成本大大增加。

SAN 目前还面临着标准未统一的难题，不同 SAN 网络设备厂商的产品不能相互兼容。使得用户难以作出恰当的选择。现在由多个著名的存储设备商共同提出了 Open SAN 概念。

存储应用最大的特点是没有标准的体系结构，DAS、NAS 和 SAN 三种方式共存。三种方式从体系架构的逻辑上看，有明显的区别。本质上，各种存储方式都建立在数据传输标准上，存储方式的差别实际上不是协议标准的差别。新兴的存储方式也必将会逐步走向普及。NAS 和 SAN 的出现，满足了数据独立的要求，也满足了存储资源共享的需求。

总体来说，DAS、NAS、SAN 三种存储方式，已经很好地满足了目前企业信息化应用在单服务器扩容、服务器双机高可用集群、高性能、高可用、高扩展的网络存储，简单易用的网络文件共享等方面的需求。随着信息化建设向深度和广度发展。

DAS、NAS、SAN 三种存储方案，如果从网络体系结构进行区分，如图 3-86 所示，在 DAS 方式中应用程序、文件系统和硬盘存储系统之间的连接是直接进行的，在 NAS 方式中磁盘存储和文件系统是在一起的，然后通过网络与应用程序连接，而 SAN 方式则是把磁盘存储系统独立开来，通过网络将它与应用程序和文件系统连接起来。

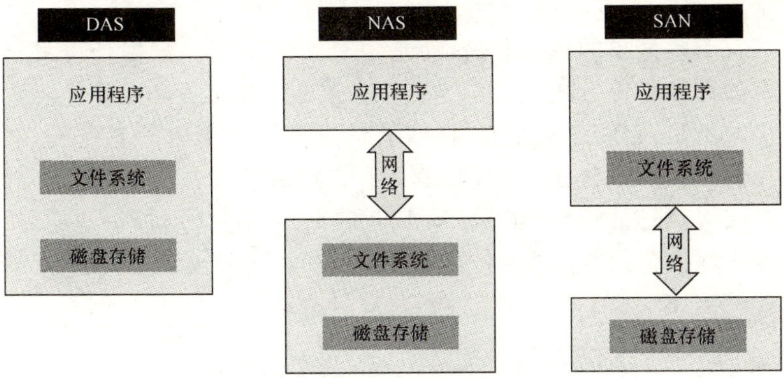

图 3-85　三种存储方式的系统结构比较

关于 NAS 与 SAN 就目前来说它们只能是共存。它们具有各自不同的特点，适用于不同的用户群，NAS 具有安装管理方便、价格平民化等优点，是中小型企业存储的优先选择方案。而 SAN 可以适用于企业级数据存储、服务器群集、远程灾难恢复、Internet 数据服务等多个领域。SAN 和 NAS 因满足用户的不同层面的应用需求而共存，同时随着 iSCSI、IP 和 InfiniBand 等技术的不断出现，未来的 SAN 和 NAS 最终会逐渐走向统一。

三、备份与容灾

（一）数据容灾等级

容灾根据不同实际的需求可以有不同的等级。一般来说，提到数据的安全，我们最先会想到的是网络的安全，比如黑客攻击，病毒入侵。普遍的企业认为把自己企业的数据进行备份就可以了，根本没有考虑到数据的完整等，那么对于有数据安全需求的企业来说，有哪些数据容灾等级呢？

首先我们了解一下数据备份与容灾的关系。

数据的备份和数据的容灾是两个不同的概念，数据的备份和容灾的关系如下：

数据备份是数据容灾的基础，传统的数据备份是通过磁带机把需要备份的数据拷贝到磁带上，此外磁带机及备份磁带通常都放于机房内。

在数据无法恢复时，利用备份的数据来还原关键的数据。但如果机房遭受到火灾或者不可抗力的因素破坏的时候，这样数据就会永久丢失，这些备份的磁带也会遭到损坏，所以说磁带机只能备份重要数据，而不能叫做是完全的容灾。

容灾不是简单的数据备份，而是一套系统工程。数据备份只是传统冷备份的一种备份方式，有着它特有的缺点。而数据容灾就是要弥补数据备份的不足，它能在灾难发生时，全面、及时地恢复整个系统。

我们介绍一下数据容灾的等级：容灾按其容灾能力的高低可分为以下几个层次，根据国际标准 SHARE78 定义的容灾 7 层模型规定，从最简单的本地数据备份与恢复到最高级别的零数据丢失，共分为七个层次。如图 3-86 所示：

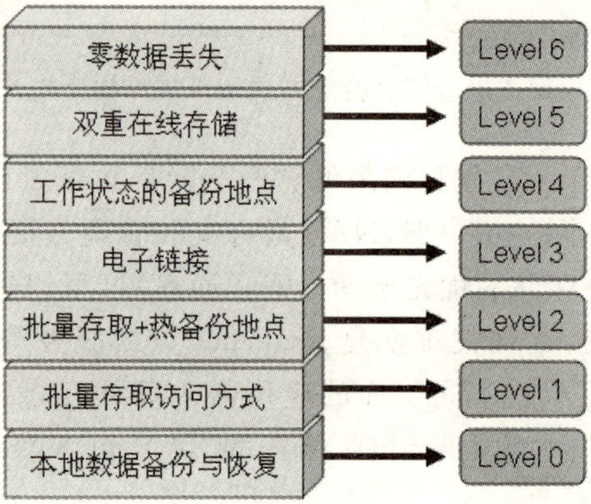

图 3-86　国际标准 SHARE78 容灾 7 层模型

Level 0：被定义为没有信息存储的需求，没有发展应急计划的需求，数据仅在本地进行备份恢复，没有数据送往异地。这种方式是成本最低的灾难恢复解决方案，它的容灾恢复能力最弱。

一种典型 Level 0 方式就是采用本地磁带库自动备份方案，通过制定相关的备份策略，可以实现系统 Level 0 级备份。

Level 1：PTAM 是一种为许多站点采用的备份的标准方式。数据在完成写操作之后，将会送到远离本地的地方，同时具备有数据恢复的程序。在灾难发生后，在一台未启动的计算机上重新完成。系统和数据将被恢复并重新与网络相连。这种灾难恢复方案相对来说成本较低，但同时有难以管理的问题，即很难知道什么样的数据在什么样的地方。这种情况下，恢复时间长短依赖于何时硬件平台能够被提供和准备好。

PTAM 的一种典型方式就是将数据备份到本地磁带介质上，然后通过运输方式（如“卡车”）将备份介质送往异地保存，而异地没有主机系统。当灾难发生时，再使用新的主机，利用数据备份介质（磁带）将数据恢复起来。

Level 2：相当于 Level 1 再加上具有热备份能力的站点的灾难恢复。热备份站点拥有足够的硬件和网络设备去支持关键应用的安装需求。对于十分关键的应用，在灾难发生的同时，必须在异地有正运行着的硬件提供支持。这种方式与 Level 1 的 PTAM 方式的区别是在异地有一个热备份站点，该站点有主机系统，平时利用数据备份介质（磁带）将数据恢复到主机系统。一旦发生灾难，利用该主机系统将数据恢复。

这种情况下，由于备份介质是采用运输方式送往异地，可能会有一天，甚至一周的数据丢失。由于备份站点已经有主机系统，数据恢复的时间通常需要一天的时间。

Level 3：它是在 Level 2 的基础上用电子链路取代了“卡车”进行数据传送的灾难恢复。接收方的硬件必须与主站点物理分离，在灾难发生后，存储的数据用于灾难恢复。由于热备份站点要保持持续运行，因此增加了成本。但由于采用了电子链接方式，取消了传输工具，这样提高了灾难恢复的速度。

该方式的特点是用电子数据传输取代了使用传统交通工具（“卡车”）来传输备份数据。由于采用了电子数据传输，数据丢失的时间可能是一天甚至更短，而数据恢复则可能是一天的时间。

这种灾难恢复要求两个站点同时处于活动状态并管理彼此的备援数据，允许备援行动在任何一个方向发生。接收方硬件必须保证与另一方平台物理分离。这种情况下，工作负载可以在两个站点之间被分担，站点 1 成为站点 2 的备份。在两个站点之间，彼此的在线关键数据的拷贝不停地相互传送着。在灾难发生时，需要的关键数据通过网络可迅速恢复，通过网络的切换，关键应用的恢复时间也可降低到了小时级或分钟级。

Level 4：第二站点（备份站点）不仅仅是一个分离的备份系统，还处于活动状态（运行）。而备份数据则可以双向传输，数据的丢失与恢复时间达到小时甚至分钟级。

Level 5 在 Level 4 的基础上使用了镜像技术，也就是说，在更新请求被认为满意之前，需要应用站点与备援站点的数据都被更新。数据在两个站点之间相互映象，由远程两步提交来同步，因为关键应用使用了双重在线存储，所以在灾难发生时，仅仅传送中的数据被丢失，恢复的时间被降低到了分钟级。

Level 5 方式的数据不仅在本地进行确认，而且需要在异地(备份)进行确认。因为，数据是镜像地写到两个站点，所以灾难发生时只会丢失正在传输的一部分数据，因而可以在分钟级进行数据恢复。

Level 6 是灾难恢复中最昂贵的方式，也是速度最快的恢复方式，它被认为是灾难恢复的最高级别，可以实现零数据丢失率。Level 6 方式在本地和远程的所有数据被更新的同时，利用了双重在线存储和完全的网络切换能力。Level 6 方式不仅保证数据的完全一致性，而且存储和网络等环境具备了应用的自动切换能力。一旦发生灾难，备份站点不仅有全部的数据，而且应用可以自动接管，实现无数据丢失的备份。

（二）数据容灾技术

在容灾系统的策略部署上，每个存储厂商的异地容灾方案都各不相同，但在基本技术实现上采取了一些主流的存储、容灾技术。

1. 远程镜像技术

远程镜像技术是在主数据中心和备援中心之间的数据备份时用到。镜像是在两个或多个磁盘或磁盘子系统上产生同一个数据的镜像视图的信息存储过程，一个叫主镜像系统，另一个叫从镜像系统。按主从镜像存储系统所处的位置可分为本地镜像和远程镜像。远程镜像又叫远程复制，是容灾备份的核心技术，同时也是保持远程数据同步和实现灾难恢复的基础。远程镜像按请求镜像的主机是否需要远程镜像站点的确认信息，又可分为同步远程镜像和异步远程镜像。

同步远程镜像(同步复制技术)是指通过远程镜像软件，将本地数据以完全同步的方式复制到异地，每一本地的 I/O 事务均需等待远程复制的完成确认信息，这时候才释放。同步镜像使远程拷贝总能与本地机要求复制的内容相匹配。当主站点出现故障时，用户的应用程序切换到备份的替代站点后，被镜像的远程副本可以保证业务继续执行而没有数据的丢失。因远程副本文件需要跨越距离比较远的网络，所以这种方式适合较近距离的复制。

异步远程镜像(异步复制技术)保证在更新远程存储视图前完成向本地存储系统的基本 I/O 操作，而由本地存储系统提供给请求镜像主机的 I/O 操作完成确认信息。远程的数据复制是以后台同步的方式进行的，这使本地系统性能受到的影响很小，传输距离长(可达 1000 公里以上)，对网络带宽要求小。但是，许多远程的从属存储子系统的写没有得到确认，当某种因素造成数据传输失败，可能出现数据一致性问题。为了解决这个问题，目前大多采用延迟复制的技术(本地数据复制均在后台日志区进行)，即在确保本地数据完好无损后进行远程数据更新。

图 3-87 是异地容灾数据镜像复制系统图：

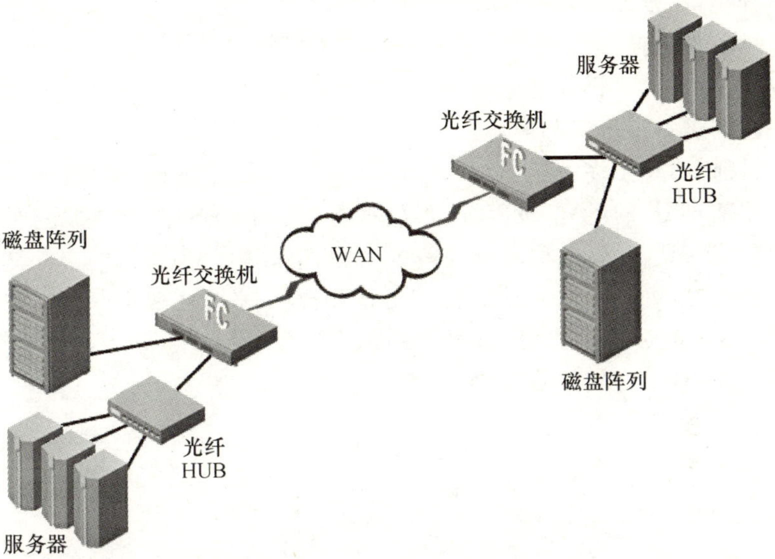

图 3-87　异地数据镜像复制系统

2. 快照技术

快照技术是目前比较热门也比较常用的技术之一。远程镜像技术往往同快照技术结合起来实现远程备份，即通过镜像把数据备份到远程存储系统中，再用快照技术把远程存储系统中的信息备份到远程的磁带库、光盘库中。

快照是通过软件对要备份的磁盘子系统的数据快速扫描，建立一个要备份数据的快照逻辑单元号 LUN 和快照 Cache。在快速扫描时，把备份过程中即将要修改的数据块同时快速拷贝到快照 Cache 中。快照 LUN 是一组指针，它指向快照 Cache 和磁盘子系统中不变的数据块(在备份过程中)。在正常业务进行的同时，利用快照 LUN 实现对原数据的一个完全的备份。它可使用户在正常业务不受影响的情况下(主要指容灾备份系统)，实时提取当前在线业务数据。其“备份窗口”接近于零，可大大增加系统业务的连续性，为实现系统真正的 7×24 小时运转提供了保证。

快照是通过内存作为缓冲区(快照 Cache)，由快照软件提供系统磁盘存储的即时数据映象，它存在缓冲区调度的问题。

3．互连技术

早期的主数据中心和备援数据中心之间的数据备份，主要是基于SAN的远程复制（镜像），即通过光纤通道FC，把两个SAN连接起来，进行远程镜像（复制）。当灾难发生时，由备援数据中心替代主数据中心保证系统工作的连续性。这种远程容灾备份方式存在一些缺陷，如：实现成本高、设备的互操作性差、跨越的地理距离短（10公里）等，这些因素阻碍了它的进一步推广和应用。

目前，出现了多种基于IP的SAN的远程数据容灾备份技术。它们是利用基于IP的SAN的互连协议，将主数据中心SAN中的信息通过现有的TCP/IP网络，远程复制到备援中心SAN中。当备援中心存储的数据量过大时，可利用快照技术将其备份到磁带库或光盘库中。这种基于IP的SAN的远程容灾备份，可以跨越LAN、MAN和WAN，成本低、可扩展性好，具有广阔的发展前景。

结　语

多年来，我国坚持教育要适度超前发展，把基础教育摆在优先发展的战略地位。教育信息化对促进我国基础教育发展和增强国家竞争力具有重要意义，教育信息化也是实现我国基础教育跨越式发展的必由之路。

本书是指导区域教育信息化建设的实践用书，提出了如何全面构建区域教育信息化的基础环境，包括作为硬性环境的网络基础设施、软性环境的业务应用平台及安全运维体系三部分，并从地市、区县级两个层面给出具体的建设方案，具有较强的操作性。本书可用作教育行政部门、中小学的管理者、老师及教育信息化研究者的参考书。

本书的问世，首先应该感谢中央电教馆的领导。本书从策划到编写都得到了中央电教馆的领导的指导、关怀、鼓励、帮助和支持。在本书的编写过程中，锐捷网络公司为本书提供了实践数据和案例。感谢参与了本书编写工作的首都师范大学教育技术系硕士研究生陈雪斐和李响，锐捷网络公司的江红杰、陈思行、彭冰、汪浩、王志辉、王新苗、王济鸿、伍剑、郑立群和张雪梅。本书之所以能够顺利完成，还应感谢北京大学出版社的大力帮助，谨在此对上述单位和个人表达我们深深的谢意。

参考文献

[1] 谈松华,王建著.教育现代化区域发展模式研究(全国教育科学“十五”规划重点课题成果).北京:北京师范大学出版社,2011.

[2] 陈乃林主编.建设区域性学习型社会的实证研究报告——以江苏为个案.北京:高等教育出版社,2010.

[3] 杨吉兴等著.区域教育发展战略研究——湘鄂渝黔桂五省际边境区域教育发展新思路.武汉:华中科技大学出版社,2010.

[4] 杨小微主编.中国基础教育改革报告:区域研究 2008.桂林:广西师范大学出版社,2008.

[5] 胡小勇著.区域教育信息化可持续发展研究.北京:北京师范大学出版社,2011.

[6] 李炳亭,褚清源,张志博著.课改立场——一个区域教育实践样本.济南:山东文艺出版社,2011.

[7] 方铭琳主编.区域教育和学校发展的特色策划:理论概述、实务操作、案例经典.北京:北京师范大学出版社,2011.

[8] 华长慧等著.教育就是服务——宁波构建服务型区域教育体系的理论与实践.北京:高等教育出版社,2009.

[9] 杨明,桑信祥著.价值与选择:区域教育综合评价研究.济南:山东教育出版社,2010.

[10] 中央教育科学研究所教育战略规划与政策研究室编.2002—2003 中国区域教育发展研究报告.桂林:广西师范大学出版社,2003.

[11] RFC 网站:http://www.ietf.org/

[12] IEEE 网站:http://www.ietf.org/

[13] [美]Gary A. Donahue 著,孙余强,孙剑译.思科网络工程师必备手册.北京:人民邮电出版社,2011.

[14] [美]里德(Rcid,A),[美]洛从茨(Lorenz,J)著,思科系统公司译.思科网络技术学院教程 CCNA Discovery:在中小型企业或 ISP 工作.北京:人民邮电出版社,2009.

[15] 魏大新,李育龙编著.Cisco 网络技术教程(第 2 版).北京:电子工业出版社,2007.

[16] 魏大新,李育龙,强振海编著.Cisco 网络工程案例精粹.北京:电子工业出版社,2007.

[17] [美]特南鲍姆(Andrew S. Tanenbaum)著,潘爱民译.计算机网络.北京:清华大学出版社,2008.

[18] [美]特南鲍姆(Andrew S. Tanenbaum)著.计算机网络(英文版·第 5 版).北京:机械工业出版社,2011.

[19] [美]史蒂文斯(W. Richard Stevens)著,范建华等译.TCP/IP 详解(卷 1:协议).北京:机械工业出版社,2007.

[20] [美]莱特(Wright,G. R.),[美]史蒂文斯(Stevens,W. R.)著,陆雪莹等.TCP/IP 详解(卷 2:实现).北京:机械工业出版社,2008.

[21] [美]史蒂文斯(Stevens,W. R.)著,胡谷雨等译.TCP/IP 详解(卷 3:TCP 事务协议、HTTP、NNTP 和 UNIX 域协议).北京:机械工业出版社,2000.